Pesquisas em Ensino e Formação Docente

Conselho Editorial da LF Editorial

Amílcar Pinto Martins - Universidade Aberta de Portugal

Arthur Belford Powell - Rutgers University, Newark, USA

Carlos Aldemir Farias da Silva - Universidade Federal do Pará

Emmánuel Lizcano Fernandes - UNED, Madri

Iran Abreu Mendes - Universidade Federal do Pará

José D'Assunção Barros - Universidade Federal Rural do Rio de Janeiro

Luis Radford - Universidade Laurentienne, Canadá

Manoel de Campos Almeida - Pontifícia Universidade Católica do Paraná

Maria Aparecida Viggiani Bicudo - Universidade Estadual Paulista - UNESP/Rio Claro

Maria da Conceição Xavier de Almeida - Universidade Federal do Rio Grande do Norte

Maria do Socorro de Sousa - Universidade Federal do Ceará

Maria Luisa Oliveras - Universidade de Granada, Espanha

Maria Marly de Oliveira - Universidade Federal Rural de Pernambuco

Raquel Gonçalves-Maia - Universidade de Lisboa

Teresa Vergani - Universidade Aberta de Portugal

Ana Karine Portela Vasconcelos
Antônio Nunes de Oliveira
Organizadores

Pesquisas em Ensino e Formação Docente

2024

Copyright © 2024 os organizadores
1ª Edição

Direção editorial: Victor Pereira Marinho e José Roberto Marinho

Capa: Fabrício Ribeiro
Projeto gráfico e diagramação: Fabrício Ribeiro

Edição revisada segundo o Novo Acordo Ortográfico da Língua Portuguesa

Dados Internacionais de Catalogação na publicação (CIP)
(Câmara Brasileira do Livro, SP, Brasil)

Pesquisas em ensino e formação docente / organização Ana Karine Portela Vasconcelos, Antônio Nunes de Oliveira. – 1. ed. – São Paulo: LF Editorial, 2024.

Vários autores.
Bibliografia.
ISBN 978-65-5563-432-7

1. Aprendizagem - Metodologia 2. Educação 3. Ensino - Pesquisa - Metodologia 4. Formação docente - Metodologias ativas 5. Professores - Formação I. Vasconcelos, Ana Karine Portela. II. Oliveira, Antônio Nunes de.

24-196374   CDD- 370.71

Índices para catálogo sistemático:
1. Formação docente: Educação 370.71

Aline Graziele Benitez - Bibliotecária - CRB-1/3129

Todos os direitos reservados. Nenhuma parte desta obra poderá ser reproduzida sejam quais forem os meios empregados sem a permissão da Editora.
Aos infratores aplicam-se as sanções previstas nos artigos 102, 104, 106 e 107 da Lei Nº 9.610, de 19 de fevereiro de 1998

LF Editorial
www.livrariadafisica.com.br
www.lfeditorial.com.br
(11) 2648-6666 | Loja do Instituto de Física da USP
(11) 3936-3413 | Editora

A todos os estudantes e professores que buscam qualificação
continuada e que ensinam com zelo e dedicação tudo o que
aprendem, buscando na educação uma maneira de transformar
a sociedade mais justa e igualitária.

Prof. Dr. Antônio Nunes de Oliveira
Instituto Federal de Educação, Ciência e Tecnologia do Ceará
Docente Colaborador no programa de
Pós-Graduação em Ensino de Ciências e Matemática
(PGECM-IFCE).

PREFÁCIO

Um livro não é escrito em vão. Traz recados para os(as) que virão. Deixa o registro de um legado para a posteridade. Há de ser lido, comentado, riscado. É o que esperamos. É o que os(as) autores(as) desejam: tocar o(a) leitor(a) e fazê-lo(a) pensar.

Assim, eu inicio o prefácio do livro "Pesquisas em Ensino e Formação Docente", organizado pela Professora Ana Karine Portela Vasconcelos e pelo Professor Antônio Nunes de Oliveira, com esse convite: deixe ser tocado(a) por esta obra. Asseguro que ela certamente representa uma contribuição perene quanto a novas perspectivas acerca do fazer docente, tarefa magistral e necessária ao desenvolvimento de nossa sociedade, sobretudo, na contemporaneidade, atravessada por uma onda de conservadorismo e intolerância.

Assim, muito embora saibamos que a Inteligência Artificial nos coloca em uma encruzilhada discursiva e prática quanto a várias profissões e que se, de um lado, temos os desdobramentos tecnológicos e digitais e, do outro, o preconceito, as desigualdades, a destruição ambiental e a ganância, entre e acima de tudo isso, há a educação, propondo caminhos e trazendo novas perspectivas. É, por isso, que esse livro fala, sobretudo, de perspectivas inquietantes e necessárias acerca do ser/torna-se/fazer-se/refazer-se/compor-se/investigar-se professor(a), atividade deveras necessária para os tempos do sempre.

No primeiro capítulo, *O professor e a sua profissão*, os(as) autores(as) buscam se inserir nos meandros do ato de se constituir professor(a), evidenciando a necessidade dele(a) refletir sobre si e sua prática, como um exercício contínuo de lapidação e compreensão de sua profissionalidade.

No segundo, *A pesquisa e as práticas em sala de aula a partir de diferentes olhares*, os(as) estudiosos(as) se desbruçam sobre a educação inclusiva e as práticas pedagógicas, a partir de um olhar multidimensional, pondo em foco as ferramentas metodológicas que se constituem a partir de diferentes olhares, análises, abordagens e vivências acerca da docência.

Já o capítulo seguinte, *Base Nacional Comum Curricular do Ensino Médio: Estado da Arte das pesquisas produzidas nos programas de doutorado no Brasil no período de 2018 a 2021*, busca apresentar o Estado da Arte sobre Teses de Doutorado que analisam a Base Nacional Comum Curricular (BNCC) do Ensino Médio, colocando luzes sobre a constatação de que a maioria das teses analisadas evidenciou que há na BNCC características ideológicas classistas, dentre outros aspectos.

Potencializando o ensino e a cultura do empreendedorismo na educação profissional: um estudo de caso no IFCE - Campus Maracanaú, o quarto capítulo, nos traz uma panorâmica acerca dos resultados do projeto Startup IFCE, desenvolvido no Campus do IFCE Maracanaú, localizado na região metropolitana de Fortaleza, no estado do Ceará, tomando como plano de fundo a educação para o empreendedorismo e a cultura de inovação.

O quinto capítulo, *Uma visão geral das ferramentas de ensino a distância no contexto brasileiro nos séculos XIX ao XXI: da correspondência aos visores de realidade virtual,* apresenta uma panorâmica histórica sobre as ferramentas utilizadas no ensino a distância entre os séculos XIX e XXI, enfocando as especificidades dessa modalidade de ensino para o contexto brasileiro.

No sexto capítulo, *Uso da narração multimodal no estudo da mediação pedagógica do envolvimento produtivo de professores não licenciados,* por sua vez, os(as) autores(as) analisam o envolvimento produtivo de docentes durante o processo de formação para professores(as) não licenciados(as), a partir da Narração Multimodal (NM), estratégia de descrição da sala de aula e da corporificação do(a) professor(a) pelo exemplo e experiência em relação à sua intencionalidade didática-pedagógica.

Revisão de literatura sobre realidade virtual aplicada ao ensino, o capítulo seguinte, apresenta uma revisão bibliográfica acerca do uso da realidade virtual no processo de ensino, discriminando seus conceitos e exemplificando novas aplicações dessa tecnologia como uma agente potencializadora de ações de ensino em áreas de conhecimento diversificadas.

Já o capítulo *A formação dos professores na crise estrutural do capital confronta a formação desses(as) profissionais no contexto da crise estrutural do capital,* a partir da perspectiva da educação como campo de disputas e da sua importância na atual ambiência, em que há a predominância do capitalismo sobre as mudanças educacionais.

O nono capítulo, *Os desafios e perspectivas da educação inclusiva no Brasil contemporâneo,* apresenta uma análise da evolução da Educação Inclusiva no país, pondo em evidência os seus percursos até chegar à atualidade. Chama a atenção para a sua importância, concebendo a modalidade como instrumento para o desenvolvimento educacional e social.

O décimo capítulo, intitulado *Didática profissional e seus usos: gênese, evolução e formação de professores,* apresenta estudos sobre a Didática Profissional na formação de professores(as), tomando como ponto de partida uma revisão sistemática de textos, evidenciando diferentes usos e concepções da Didática Profissional na formação docente.

Já o capítulo *Possibilidades e perspectivas metodológicas na pesquisa em ensino* traz um estudo sobre a adoção da metodologia mista na área de Ensino de Ciências e Matemática, enfatizando a necessidade da formação científico--metodológica quanto às perspectivas qualitativa, quantitativa e mista no Ensino de Ciências e Matemática ser contemplada no percurso de estudos de futuros(as) pesquisadores(as), contribuindo para uma visão holística da realidade e de seus objetos de pesquisa.

O capítulo seguinte, *Ensino por investigação e aprendizagem baseada em problema: uma experiência no Instituto Federal do Piauí a partir do olhar docente*, trata de um estudo que analisa como o ensino por investigação e a aprendizagem baseada em problema podem contribuir para tornar os(as) estudantes ativos(as) no processo de ensino e aprendizagem, a partir de um relato de experiência, com abordagem qualitativa.

Notas etnográficas sobre corpos insurgentes e divulgação científica no ciberespaço a partir de perfis do Instagram, o décimo terceiro capítulo, vem a partir do conceito de insurgência de corpos que buscam romper com sistemas racistas e sexistas através da produção e da divulgação científica, do ciberespaço, tratar da presença desses corpos e suas performances numa perspectiva que desafia o status quo da Ciência.

Já o décimo quarto capítulo, *Contribuições de uma sessão reflexiva realizada após a aplicação de uma sequência de ensino com estatística*, a partir de uma sessão reflexiva com professoras do 5º ano do Ensino Fundamental, descreve as aprendizagens, as reflexões e os desafios vivenciados por essas profissionais, após a aplicação de uma sequência de ensino baseada no ciclo investigativo Problema, Planejamento, Dados, Análises e Conclusão (PPDAC), durante as aulas de Matemática e Língua Portuguesa, em perspectiva interdisciplinar.

No décimo quinto capítulo, *A teoria da objetivação na formação continuada de professores dos anos iniciais que ensinam matemática: uma revisão integrativa*, adentramos no mundo da formação continuada de professores, explorando como a Teoria da Objetivação (TO) tem influenciado as práticas pedagógicas. Através de uma revisão integrativa da literatura, os autores analisam como a TO tem contribuído para a mudança na prática dos professores que ensinam Matemática nos anos iniciais do Ensino Fundamental, revelando sua importância na análise da prática docente, na relação professor-aluno e na promoção de ações reflexivas para melhoria do ensino.

TIC e ensino de Ciências e Matemática: pesquisas do Grupo Tecnologias da Informação e Comunicação na Formação de Professores Presencial e a distância Online, no décimo sexto capítulo, explora a utilização das Tecnologias da Informação e Comunicação (TIC) no ensino de Ciências e Matemática. Nele, os autores apresentam a produção científica do grupo TICFORPROD, destacando ações formativas realizadas para a capacitação de professores na utilização das TIC na Educação Básica. São discutidas práticas pedagógicas inovadoras em contexto digital, enfatizando-se a necessidade de novas abordagens para motivar os estudantes e promover a autoria no processo de ensino e aprendizagem.

Por fim, no último capítulo desta obra, intitulado *Investigações sobre formação de professores que ensinam matemática: pesquisas e estudos dos grupos de pesquisa do centro de educação (Cedu) da universidade federal de alagoas (Ufal)*, apresenta-se um mapeamento das pesquisas desenvolvidas pelos grupos TEMA e GPEM, que investigam a formação de professores que ensinam matemática. Destaca-se a importância do diálogo colaborativo entre esses grupos e a necessidade de políticas públicas que estimulem propostas pedagógicas inovadoras nesta área do conhecimento, visando atender às demandas da sociedade contemporânea.

A partir do que expomos, procuramos captar a riqueza didática deste livro, elaborado a multimãos pelos(as) Pesquisadores(as) Professores(as) e Doutorandos(as) do Programa de Pós-Graduação em ENSINO da Rede Nordeste de Ensino (RENOEN), convidando o caro leitor e a cara leitora a se debruçarem nessas palavras. Certamente, elas lhe trarão crescimento. Ademais, expressamos nossa alegria e orgulho em apresentá-lo, ao tempo em que o recomendamos. Boa leitura a todas e a todos.

Ana Cláudia Uchôa Araújo
Pós-Doutora, Doutora e Mestre em Educação Brasileira (UFC); Licenciada em Pedagogia (UFC). Servidora Pedagoga no Instituto Federal do Ceará, lotada no Campus de Fortaleza, atuando como Pró-Reitora de Extensão desde março de 2021.

Antônio Nunes de Oliveira
Doutor em Engenharia de Processos (UFCG), Mestre em Ensino de Ciências e Matemática (UFC), Especialista em Ensino de Astronomia (Cruzeiro do Sul) e Graduado em Física (UECE). É autor de diversos livros destinados aos Cursos de Licenciatura e Concursos públicos e Servidor no Instituto Federal do Ceará, lotado no Campus de Cedro.

SUMÁRIO

1. O professor e a sua profissão 15

Antônio Marley de Araújo Stedile
Maria Cleide da Silva Barroso

2. A pesquisa e as práticas em sala de aula a partir de diferentes olhares 27

Ademir de Jesus Silva Junior
Bruno Ferreira dos Santos
Edson José Watha

3. Base Nacional Comum Curricular do Ensino Médio: Estado da Arte das pesquisas produzidas nos programas de doutorado no Brasil no período de 2018 a 2021 59

Paula Trajano de Araújo Alves
Solonildo Almeida da Silva
Sandro César Silveira Jucá

4. Potencializando o ensino e a cultura do empreendedorismo na educação profissional: um estudo de caso no IFCE – *Campus* Maracanaú 71

Anderson de Castro Lima
Sandro César Silveira Jucá
Solonildo Almeida da Silva

5. Uma visão geral das ferramentas de ensino a distância no contexto brasileiro nos séculos XIX ao XXI e as perspectivas para o pós-pandemia.....93

Antonio Rodrigo dos Santos Silva
Gilvandenys Leite Sales
Ana Jorge Balula Pereira Dias

6. Uso da narração multimodal no estudo da mediação pedagógica do envolvimento produtivo de professores não licenciados 129

Adriano Silveira Machado
Maria Mozarina Bezerra Almeida
Maria Goretti de Vasconcelos Silva

7. Revisão de literatura sobre realidade virtual aplicada ao ensino 151

Jonathan Felipe da Silva
Sandro César Silveira Jucá
Solonildo Almeida da Silva

8. A formação dos professores na crise estrutural do capital 169

Greycianne Felix Cavalcante Luz
Maria Cleide da Silva Barroso
Antonio Marley de Araújo Stedile

9. Os desafios e perspectivas da educação inclusiva no Brasil
contemporâneo 183

Carina Maria Rodrigues Lima
Alexya Heller Nogueira Rabelo
Maria Cleide da Silva Barroso

10. Didática profissional e seus usos: gênese, evolução e formação de
professores 195

Georgyana Gomes Cidrão
Francisco Régis Vieira Alves
Anderson Araújo Oliveira

11. Possibilidades e perspectivas metodológicas na pesquisa em ensino ...211

Ana Maria dos Anjos Carneiro Leão
Rafael Santos de Aquino
Woldney Damião Silva André
Vladimir Veras Lira Xavier de Andrade

12. Ensino por investigação e aprendizagem baseada em problema: uma
experiência no Instituto Federal do Piauí a partir do olhar docente 235

Nayana de Almeida Santiago Nepomuceno
Ana Karine Portela Vasconcelos
Betina da Silva Lopes

13. Notas etnográficas sobre corpos insurgentes e divulgação científica no
ciberespaço a partir de perfis do Instagram...251

Ana Paula Fonseca Braga
Ivanderson Pereira da Silva

14. Contribuições de uma sessão reflexiva realizada após a aplicação de
uma sequência de ensino com estatística 269

Márcio Matoso de Pontes
Juscileide Braga de Castro
Maria Cleide da Silva Barroso

15. A teoria da objetivação na formação continuada de professores dos anos iniciais que ensinam matemática: uma revisão integrativa 285

Lara Ronise de Negreiros Pinto Scipião
João Evangelista de Oliveira Neto
Daniel Brandão Menezes

16. TIC e Ensino de Ciências e Matemática: pesquisas do Grupo Tecnologias da Informação e Comunicação na Formação de Professores Presencial e a Distância Online 303

Luís Paulo Leopoldo Mercado

17. Investigações sobre formação de professores que ensinam Matemática: pesquisas e estudos dos Grupos de Pesquisa do Centro de Educação (Cedu) da Universidade Federal de Alagoas (Ufal)... 327

Carloney Alves de Oliveira
Mercedes Carvalho

Posfácio 345

Ana Karine Portela Vasconcelos

Os autores.. 347

Capítulo 1

O PROFESSOR E A SUA PROFISSÃO

Antônio Marley de Araújo Stedile
Maria Cleide da Silva Barroso

RESUMO

Este artigo explora a complexidade da profissão de professor sob várias perspectivas. Ser professor possibilita a utilização de seus conhecimentos específicos e de fontes diversas para enfrentar os desafios da sala de aula. Construir experiências que colaborem para os novos enfrentamentos de outros dias dentro da sua rotina escolar. O docente se desenvolve por meio de ciclos, obviamente que nem todos passam por essas etapas, mas, em sua maioria, são observados momentos de aproximação. Neste capítulo observaremos as competências do ser professor e como elas podem ser desenvolvidas e em qual perfil docente nos aproximamos, podendo nos encaixar como reflexivo; prático-reflexivo ou investigativo. Na sua rotina, o professor pode associar diversas formas de trabalho, tendo o domínio do seu conteúdo específico que colabora com a construção do conhecimento para o discente e do conteúdo pedagógico que auxilia em metodologias para criar esse ambiente de construção cognitiva, e assim, a efetivação de sua prática docente.

Palavras-chave: Professor. Perfil docente. Reflexivo.

INTRODUÇÃO

Para um professor, o conceito de "profissão" pode mudar quando visto de diversos pontos de vista. Para discutir sobre a profissão do professor, Facci baseia-se no entendimento que é parte de uma classe profissional que possui direitos trabalhistas conquistados historicamente, especificamente com o desempenho de seu trabalho, suas características subjetivas e outras características. Facci (2004, p. 25) compreende que:

> momentos de singularidade e momentos de universalidade fazem parte da profissão docente [...] Portanto, em todos os momentos, é necessário analisar a profissão docente levando em consideração aspectos singulares e aspectos universais, desenvolvidos a partir de transformações históricas.

É importante, também, entender a profissão docente de superar os mitos que permeiam sobre ela. A imagem do professor de educação infantil é altamente associada ao mito da maternidade, onde a mulher é tida como a rainha do lar, educadora nata e de suma importância nos anos iniciais da infância. Tal mito é refletido, tanto nos professores dos primeiros anos, quanto nos de séries mais à frente, nos quais os educadores propagam entre si a ideia de que ser passivo, amoroso e cordato é mais importante que uma formação profissional. Em decorrência dessa visão, há uma alienação no dia-a-dia e uma desqualificação no âmbito da docência.

A compreensão do docente como um profissional requer a ruptura do estereótipo estabelecido "como se o professor fosse uma "segunda mãe" e a escola um "segundo lar", já que esta é uma profissão predominantemente feminina" (Facci, 2004, p. 26).

> Dados do censo profissional realizado pelo Instituto Nacional de Estudos e Pesquisas Educacionais (Inep), em 1997, o qual constatou que 85% dos professores da educação básica, no Brasil, são do sexo feminino. A questão de gênero, todavia, pode ter contribuído para a desprofissionalização do magistério, uma vez que as professoras, mesmo na atualidade, ainda são valorizadas pelo aspecto afetivo, no relacionamento com os alunos, e não pela possibilidade de ensinar.

Se faz extremamente necessário que se resgate a profissionalidade do professor para que se conquiste uma identidade profissional para o sujeito. Nóvoa (1995) e Pimenta (1996) propõem a formação do professor em três dimensões: a pessoal, quando a vida do professor está articulada com a autoformação e a troca de experiência e saberes docentes; a profissional, por meio dos saberes da experiência atrelados aos saberes da educação; e a organizacional, dentro do ambiente escolar, onde o trabalho e a formação façam parte do mesmo processo.

Ser professor traz consigo a *expertise* de utilizar seu o seu conhecimento e toda e qualquer experiência para enfrentar os desafios já preestabelecidos e os novos a serem enfrentados na sua rotina docente. Quando temos uma visão de que o professor é esse ser intelectual, isso implica em uma maior abertura para discussões de ações educativas e sociais.

O MAL-ESTAR DOCENTE

O termo "mal-estar" sugere que algo não está ocorrendo tão bem quanto deveria. Com relação aos profissionais da docência, na década de 1980 houveram os primeiros indícios desse estado. A Suécia, um dos países mais desenvolvidos, citou o problema em 1983.

> A sensação de mal-estar, de desânimo e mesmo de descontentamento com o próprio trabalho pode ser representada pelos sentimentos que os professores têm diante das circunstâncias que o próprio processo histórico produziu em termos de educação, tais como: desmotivação pessoal e, muitas vezes, abandono da própria profissão; insatisfação profissional, percebida por meio do pouco investimento e indisposição na busca de aperfeiçoamento; esgotamento e estresse, como consequência do acúmulo de tensões; depressão; ausência de uma reflexão crítica sobre a ação profissional e outras reações que permeiam a prática educativa e que acabam, em vários momentos, provocando um sentimento de autodepreciação (ESTEVES, 1995 *apud* FACCI, 2004, p. 29).

A profissão docente pode representar um desafio para muitos que escolhem essa área. Alguns podem chegar a sofrer de síndrome de *burnout*, que de acordo com Nunes e Teixeira (2000, p. 149 *apud* FACCI, 2004, p. 31), é "um conjunto de respostas à situações estressantes próprias do trabalho, cuja especificidade reside na necessidade de interação e cuidado constante com outras pessoas, no exercício das atividades profissionais". As respostas mencionadas nessa definição podem vir em forma de fadiga crônica, dores de cabeça constantes, alterações emocionais e/ou comportamentais, dores musculares, dentre outros sintomas, podendo, também, ser relacionada ao consumo excessivo de substâncias como cafeína, álcool, psicofármacos etc.

Quando fatores de primeira ordem (tensões associadas a sentimentos e emoções negativas) e de segunda ordem (relacionadas às condições ambientais e ao contexto no qual se exerce a docência) são tratados em conjunto ao invés de forma isolada "influem, fundamentalmente, sobre a imagem que o professor tem de si mesmo e de seu trabalho, gerando uma crise de identidade que pode chegar a um sentimento de autodepreciação" (FACCI, 2004, p. 31).

Atualmente, os professores têm recebido uma grande sobrecarga de trabalho, sendo-lhes atribuídas exigências que não são pertinentes ao perfil profissional de um docente. A sequência mal-estar profissional/frustração/ desânimo/descrença/cepticismo/fechamento fazem com que ingresse em um ciclo vicioso, de uma maneira que justifique a alienação e um progressivo desinvestimento.

CICLO DE VIDA DOS PROFESSORES

O ciclo de vida dos professores é um campo de estudo que propõe uma estrutura em ciclos à vivência dos docentes no desenvolver de suas carreiras. Huberman (1995) foi quem realizou uma pesquisa sobre o assunto, descrevendo detalhadamente suas observações no texto "O ciclo de vida profissional dos professores".

Huberman supõe o desenvolvimento da carreira de um professor como um processo e não uma série de acontecimentos, pois acredita que assim pode estudar o percurso de um profissional, sua organização, e entender a maneira como o desenvolvimento pessoal pode influenciar em tal organização e, em contrapartida, ser influenciada por ela.

Para Huberman, o primeiro ciclo da carreira docente "é o da *entrada na carreira*, que é marcado pelo estágio de sobrevivência e descobertas, aspectos que são vividos paralelamente". Neste ciclo, o professor está entusiasmado com as novas situações do ambiente de trabalho e observam-se fases como a de estabilização, onde o docente compromete-se definitivamente com a profissão; a de diversificação, em que os sentimentos de motivação e dinamismo predominam; e a de pôr-se em questão, que pode surgir em detrimento do estabelecimento de uma rotina ou de uma "crise existencial" relacionada à docência.

O ciclo seguinte é o da serenidade e do distanciamento afetivo. O professor torna-se menos suscetível à avaliações alheias, distancia-se afetivamente dos alunos e aceita-se da forma como é. Por último, há um ciclo cuja maior característica é o desinvestimento, no qual as pessoas, pouco a pouco, vão deixando de investir no trabalho, tendo mais preocupação e momentos de reflexão sobre a vida.

Sendo capaz de caracterizar os ciclos, Huberman (1995, p. 48) procurou propor o caminho mais harmonioso no desenvolvimento da carreira, chegando à seguinte conclusão: diversificação/serenidade/desinvestimento sereno. Em contraste, também indicou o caminho que seria mais problemático: questionamento/desinvestimento amargo ou questionamento/conservantismo/desinvestimento amargo.

AS COMPETÊNCIAS

Até este momento, percebe-se que as pesquisas foram centradas na valorização da interação de aspectos indivíduo-profissionais na busca pela compreensão da profissão docente, com destaque para a importância da formação reflexiva de professores, investindo na aquisição de competências e habilidades.

Para Perrenoud (1999, p. 7), a competência é entendida como "uma capacidade de agir eficazmente em um determinado tipo de situação, apoiada em conhecimentos, mas sem limitar-se a eles". Perrenoud parte do pressuposto de que o sistema educacional só é capaz de formar competências desde a escola mediante a considerável mudança na prática docente.

Contudo, do ponto de vista de Gentile e Bencini (2000, p. 9 *apud* FACCI (2004, p. 37), "de nada adianta, porém, exigir mudança do docente se a escola não diminuir o peso dos conteúdos disciplinares".

> Para isso, é preciso haver mudança na identidade do professor, e Perrenoud apresenta quatro delas: não considerar a relação pragmática com o saber com uma relação menor, aceitar a desordem, a incompletude, o aspecto aproximativo dos conhecimentos, mobilizados como características inerentes à lógica da ação; desistir do domínio da organização dos conhecimentos na mente do aluno; ter uma prática pessoal, do uso dos conhecimentos na ação; aprender a fazer fazendo (FACCI, 2004, p. 38).

Facci (2004, p. 38) esclarece que deve "haver uma ruptura com as didáticas tradicionais e a nova didática tem que dar ênfase ao aluno como sujeito ativo de sua própria aprendizagem". Afirma-se que a constituição de competências é inerente à formação de esquemas de mobilização do conhecimento. A competência pode ser ressaltada pelos esquemas mentais de percepção, pensamento, avaliação e ação, pois uma particularidade da eficiência dos esquemas está em sua aplicabilidade a situações que sejam semelhantes.

Autores que falam sobre essa temática mencionam que o problema seja a transmissão de conhecimentos, que nas escolas devem ser substituídas pelo desenvolvimento de competências. Argumentam que noções vagas e conhecimentos fluidos são suficientes apenas para continuar reproduzindo a prática social estabelecida, não sendo suficiente, em contrapartida, para a formação de um indivíduo crítico.

De acordo com Facci (2004, p. 40), "no Brasil, a reforma curricular pela qual vêm passando os professores, desde os anos 1990, tem reforçado uma ideia de profissionalização centrada no desenvolvimento de competências".

Além da reforma curricular, as propostas de diretrizes para a formação inicial de professores de educação básica em cursos de nível superior também dão ênfase para a formação de competências como uma ferramenta de melhoria na qualificação docente. Apesar da existência de um documento que cite a forma como as competências devem ser construídas, há autores que optam por explicá-las como produtos do uso da reflexão crítica e da constante formação da identidade pessoal.

PROFESSOR REFLEXIVO

Surgido na Inglaterra em 1960, e nos EUA em 1980, o conceito de professor reflexivo iniciou como uma contraposição à visão tecnocrática do professor, a qual prezava pela assimilação de técnicas por meio do racionalismo técnico, nas quais a atividade do professor seriam como uma espécie de instrumental direcionada à resolução de problemas por meio apenas da aplicação rigorosa de teorias e técnicas científicas.

O professor reflexivo, então, é encarado como um indivíduo em constante processo de formação, sendo a sua experiência a fonte do saber e de onde se constrói o saber profissional. O método tecnicista de ensino negligencia esse lado da formação reflexiva, desvalorizando a experiência pessoal do professor e os conhecimentos que podem ser gerados a partir dela, além de gerar problemas na educação de quem é formado por este método, cuja culpa recai toda sobre as escolas e professores. Por isso é necessário que se dê a devida valorização à experiência do docente, permitindo que este fale sobre sua formação e sua profissão.

Apesar de muito se falar sobre o assunto, não existe um conceito definido para *professor reflexivo*. No entanto, Facci (2004, p. 43) propõe que sejam consideradas 3 abordagens sobre a formação reflexiva dos professores: a narrativa, a crítica e a cognitiva. Na abordagem narrativa valorizam-se os conhecimentos práticos e as reflexões do professor, "dando-lhe a razão". Na abordagem crítica, considera-se a tomada de decisões do professor. Por fim, na abordagem cognitiva, a preocupação é relativa ao papel do conhecimento no ensino.

PROFESSOR PRÁTICO-REFLEXIVO

De acordo com Alarcão (1996), John Dewey (1859-1952) foi um filosofo, psicólogo e pedagogo que fundamentou diversos estudos de autores que realizaram pesquisas sobre o professor prático-reflexivo.

Apontamentos de Facci (2004, p. 44) afirmam que Dewey foi um crítico das práticas pedagógicas que difundiam comportamentos de obediência e submissão, defendendo o seu ponto de vista de que a educação é um processo contínuo da construção do conhecimento e que o indivíduo tem participação ativa e produtiva nesta caminhada. Para Cunha (2001, p. 70), a educação tem o papel de remodelar a maneira de pensar de cada indivíduo, levando-os a tomar uma posição ativa no processo de aprendizagem e ir além dos conhecimentos empíricos, adentrando no campo do pensamento reflexivo, o qual deve estar relacionado aos seus interesses. O dever do professor é orientar o aluno no caminho em busca do saber.

Ainda tomando Dewey como referência, este indica que o pensamento reflexivo é formado por cinco etapas:

1ª: ocorre quando a pessoa se defronta com um problema que exige uma solução;

2ª: é a formulação desses problemas de forma clara e objetiva;

3ª: levantamento de sugestões, hipóteses e ideias que possam antecipar uma solução com base nas habilidades intelectuais que a pessoa já possui, e esta confronte as concepções que já tem com o objetivo de explicar o que está acontecendo e formule possíveis soluções para os problemas postos;

4ª: elaboração racional de uma ideia que irá resultar na quinta etapa;

5ª: explicação acompanhada de uma solução para a dificuldade apresentada.

O pensamento reflexivo, então, consiste em analisar um assunto mentalmente, utilizando-se de suas experiências e conhecimentos sobre o assunto, sugerindo, em seguida, uma sequência lógica de ideias obtidas após um período de dúvidas e incertezas, a fim de resolver a questão desconhecida.

Nesta jornada, o professor reflexivo deve incentivar as incertezas dos alunos, de modo que estes trilhem um caminho em busca de respostas, sem que se prendam a verdades tomadas como absolutas. De acordo com Geraldi, Messias e Guerra (1998, p. 248), "a busca do professor reflexivo é a busca entre o equilíbrio entre a reflexão e a rotina, entre o ato e o pensamento". Essa afirmação corrobora ainda mais com o fato de que o pensamento reflexivo não baseia-se apenas em um conjunto de teorias e técnicas aprendidas.

A formação do professor é considerada uma autoformação, cujo saber é constituído de experiências e práticas. Assim, seus saberes estão em constante reformulação, pois seus conhecimentos prévios são sempre confrontados com as novas experiências práticas obtidas em seu cotidiano escolar.

Schön (2000, p. 29) se utiliza do termo *talento artístico profissional* para se referir a determinados "tipos de competências que os profissionais demonstram em certas situações da prática que são únicas, incertas e conflituosas". Seria o que se chama de "aprender fazendo". Tais conhecimentos são intrínsecos e paralelos às suas ações e totaliza o conhecimento proveniente da ciência e técnicas dominadas por ele.

O aprender fazendo corresponderia à primeira etapa do pensamento reflexivo proposto por Dewey, na qual o professor lida com uma situação desconhecida e precisa tomar uma atitude rapidamente, tendo de "aprender fazendo".

Schön considera algumas noções fundamentais para a construção do processo de reflexão:

1ª noção: conhecimento-na-ação. São os conhecimentos que o profissional apresenta ao executar a ação. É o conhecimento técnico.

2ª noção: reflexão-na-ação. O profissional pensa sobre o que faz ao mesmo tempo em que está atuando. É um processo que acontece espontaneamente, sem a necessidade de sistematização.

3ª noção: reflexão-sobre-a-ação. Possibilita a análise de forma retrospectiva da ação por meio de reconstrução mental.

4ª noção: reflexão-sobre-a-reflexão-na-ação. É um processo em que o profissional progride em seu desenvolvimento e constrói sua própria forma de conhecer. É o processo mais profundo da reflexão.

PROFESSOR INVESTIGATIVO

Alguns autores apresentam argumentos de Zeichner, que apontam limites na teoria de Schön. Eles indicam que, embora tenha sido importante por ter entrado no assunto do professor reflexivo, a teoria de Schön é baseada no pressuposto de profissionais que realizam a prática reflexiva de forma reducionista, por o fazerem individualmente.

Zeichner (1993) diz que umas das características mais marcantes da literatura sobre o ensino reflexivo é sua natureza aistórica. Nessa perspectiva, ele identificou 5 concepções que dão base aos cursos de formação de professores:

01. Acadêmica: é importante ensinar conteúdos curriculares e os professores são encarados como acadêmicos e especialistas das matérias de estudo;

02. Eficiência social: desenvolvida com base nas competências e no desempenho (eficiência/behaviorismo) e alicerça a formação em dados resultantes das investigações sobre o ato de ensinar;

03. Desenvolvimentista: foco nos processos de desenvolvimento e aprendizagem, ligada a teorias construtivistas;

04. Reconstrução social: foca a necessidade de uma reflexão crítica que se centre na análise das condições éticas e políticas da escola;

05. Genérica: há defesa no ensino, sem ênfase sobre qual deve ser o tema da reflexão.

O aspecto desenvolvimentista é evidenciado quando o professor recebe incentivo para aprimorar sua capacidade de orientar o ensino partindo do conhecimento da cultura dos alunos. O professor, então, tem mais a função de ajudar os alunos a construírem o conhecimento do que lhes transmitir o saber. Enquanto, para Schön, o professor é retratado como uma figura prático-reflexiva, Zeichner a enxerga como um investigador.

OS PROFESSORES E O CONHECIMENTO DOS CONTEÚDOS DE ENSINO

De outro ponto de vista, ainda na abordagem do professor reflexivo, é a cognitivista, que tem Shulman como seu principal representante. Para Monteiro (2001), a contribuição deste autor é importante por retomar discussões em torno da questão dos conhecimentos que os professores têm do conteúdo e da forma como esses conteúdos transformam o ensino.

Para Shulman, os professores precisam ter três tipos de conhecimento: conteúdo, pedagógico do conteúdo e curricular. O primeiro tipo diz respeito ao conhecimento do conteúdo específico próprio da matéria a ser ensinada. Já o segundo trata do conhecimento pedagógico do conteúdo, que vai além do específico, estando mais relacionado à capacidade de ensinar. O terceiro tipo de conhecimento, o curricular, está presente nos programas de diferentes níveis de ensino, juntamente com os materiais didáticos relacionados a esses programas.

Não deve haver uma divisa entre o conhecimento pedagógico e o específico. O professor em formação não precisa compreender o conteúdo específico primeiro para depois desenvolver o pedagógico. A base do conhecimento do professor existe no cruzamento dos conteúdos pedagógicos com os específicos.

Shulman (1986) cita que a apresentação desses conhecimentos acontece de 3 formas: proposicional, de caso e estratégica. O primeiro acontece pela apresentação de fatos, princípios e máximas, não podendo ser baseado em experiências já vividas pelo aluno. O segundo refere-se a eventos específicos, constituídos de exemplos ricos em detalhes descritivos que auxiliem a compreensão da teoria. O terceiro, e último, surge em situações práticas em sala de aula, ocorrendo quando conhecimentos simples não são suficientes para resolver uma situação contraditória.

CONCLUSÃO

Mudanças na educação só serão possíveis se houver possibilidade de formação reflexiva dos professores. O professor deve refletir sobre a sua prática em sala de aula e estimular o aluno à possibilidade da experimentação. O processo educativo do aluno deve ser o seu conhecimento por meio de suas ações. É de fundamental importância o pensamento prático do professor para que possa desencadear uma grande mudança nos programas de formação de professores.

Análogo ao conceito de professor reflexivo, Alarcão (2001) desenvolveu o conceito de "escola reflexiva", no qual consiste em um ambiente onde os alunos tem a oportunidade de desenvolver competências que lhes concedam a capacidade de conviver e interagir com outras pessoas na sociedade. Estarão sempre motivados a continuar a aprender e a desenvolver novas pesquisas, já que estarão habituados a refletir.

A experiência docente é extremamente relevante para que o discente em formação, ao possuir esse contato com uma sala de aula, possa ter contato com esses momentos de dificuldades encontrados diversamente nos sistemas educacionais e possa seguir na execução dos processos de sua formação acadêmica.

REFERÊNCIAS

ALARCÃO, I. **Ser professor reflexivo**. *In*: ALARCÃO, Isabel (Org.). Formação reflexiva de professores: estratégias de supervisão. Portugal: Porto Editora, 1996. cap. 7, p. 171-189.

CUNHA, M. V. **Dewey, Escola Nova e Construtivismo: continuidade, descontinuidade e recontextualização**. *In*: ALMEIDA, J. S. Estudos sobre a profissão docente. São Paulo: Cultura Acadêmica, 2001.

FACCI, M. G. D. **Valorização ou esvaziamento do trabalho do professor: um estudo critico-comparativo da teoria do professor reflexivo, do construtivismo e da psicologia vigotskiana**. 1. ed. Brasil: Autores associados, 2004. 302 p.

GERALDI, C. M. G.; MESSIAS, M. G. M. & GUERRA, M. D. S. **Refletindo com Zeichner: um encontro orientado por preocupações políticas, teóricas e epistemológicas**. *In*: GERALDI, C. M. G.; FIORENTINI, D.; PEREIRA, E. M. A. (Orgs.). Cartografias do Trabalho Docente. Campinas: Mercado das Letras, 1998.

HUBERMAN, M. O ciclo de vida profissional dos professores. *In*: NÓVOA. A. (Org.). Vidas de professores. Portugal: Porto Editora, 1995. p. 31-61.

NÓVOA, A. S. **Profissão Professor**. Porto: Porto Editora, 1995.

PERRENOUD, Ph. (1995a). **La fabrication de l'excellencescolaire: du curriculum aux pratiques d'évaluation.** Genève, Droz, 2 éd. augmentée (1 éd. 1984).

PIMENTA, S. G. **Educação, Pedagogia e Didática**. *In*: PIMENTA, Selma G. (Org.). Pedagogia, ciência da educação? São Paulo: Cortez, 1996.

SCHÖN, D. **Educando o Profissional Reflexivo: um novo design para o ensino e a aprendizagem**. Trad. Roberto Cataldo Costa. Porto Alegre: Artmed, 2000, 256p.

SEJA UM PROFESSOR. Formação. Disponível em: <http://sejaumprofessor.mec.gov.br/internas.php?area=como&id=formacao>. Acesso em: 11 abr. 2023.

SEJA UM PROFESSOR. Perfil do professor. Disponível em: <http://sejaumprofessor.mec.gov.br/internas.php?area=como&id=perfil.>. Acesso em: 11 abr. 2023.

SEJA UM PROFESSOR. Requisitos. Disponível em: <http://sejaumprofessor.mec.gov.br/internas.php?area=como&id=requisitos>. Acesso em: 11 abr. 2023.

SHULMAN, L. S. **Conocimiento y enseñanza: fundamentos de lanueva reforma**. Profesorado. Revista de Currículum y Formación de Profesorado. v. 9, n. 2, Granada, España, 2005, pp. 1-30.

SHULMAN, L. S. **Those Who Understand: Knowledge Growth in Teaching**. EducationalResearcher. v. 15, n. 2. fev. 1986, pp. 4-14.

ZEICHNER, K. M. **A formação reflexiva de professores: ideias e práticas**. Lisboa: Educa, 1993.

Capítulo 2

A PESQUISA E AS PRÁTICAS EM SALA DE AULA A PARTIR DE DIFERENTES OLHARES

Ademir de Jesus Silva Junior
Bruno Ferreira dos Santos
Edson José Watha

RESUMO

Nesse estudo apresentamos os referenciais teóricos que são utilizados para olhar para a complexidade das interações discursivas em sala de aula. Apresentamos a Teoria dos Códigos Pedagógicos, de Basil Bernestein, a Teoria dos Códigos de Legitimação, de Karl Maton, e os estudos sobre as interações discursivas e as práticas epistêmicas dos estudantes, de Eduardo Mortimer e Gregory Kelly, e os Tipos de Iniciação, de Mehanque, nos permitem analisar o processo de produção, circulação e legitimação do discurso científico na sala de aula sob diferentes perspectivas e, deste modo, ampliar as possibilidades analíticas em uma pesquisa no ensino.

Palavras-chave: Teoria dos Códigos Pedagógicos, Teoria dos Códigos de Legitimação, Interações Discursiva e Tipos de Iniciação.

INTRODUÇÃO

As relações existentes em uma sala de aula apresentam uma natureza complexa e, por isso, uma variedade de estudos tem sido realizada com o intuito de elucidar questões que atravessam a prática docente e a aprendizagem dos estudantes. Uma das perspectivas de estudo que pode contribuir para interpretar e compreender essas relações se constrói por meio de uma análise multidimensional. Uma análise multidimensional permite a articulação entre diferentes perspectivas teóricas no enquadramento e escrutínio das relações de sala de aula. Defendemos que um mesmo objeto, evento ou caso, quando investigado a partir de diferentes referenciais teóricos, pode ser ampliado, de forma a destacar aspectos que se manifestam nos micro eventos de sala de aula, e que não são percebidos quando enfocados por uma única teoria. Assim, a análise multidimensional permite mapear diferentes situações, permitindo recuperar a complexidade dos processos de ensino e aprendizagem em uma sala de aula.

Para nossos estudos, partimos do pressuposto bourdieusiano de que a sala de aula se constitui em um espaço social. Ao se constituir como espaço social, nossas análises não podem considerar apenas as relações entre conhecimento e conhecedores em torno dos conteúdos de instrução, mas também considerar outras relações que se constituem com os demais sujeitos que circulam pela escola, com as normas que estabelecem a organização do espaço/tempo escolar, com as propostas curriculares oficiais que resultam em um processo gestado no interior de um complexo de relações, que não se restringe ao espaço escolar, mas também não o exclui.

Este capítulo está organizado em quatro partes. Na primeira, recorremos às contribuições de Basil Bernstein para ampliarmos a compreensão da escola como espaço social. As ideias de Bernstein são fundamentais para compreendermos a prática pedagógica como uma modalidade de discurso que implica a aquisição de regras de ordem social. Ainda nessa parte, discutimos a noção de espaço social desenvolvida por Pierre Bourdieu, isso porque é comum se considerar a escola como algo à parte na sociedade. Assim, para melhor compreender essa questão, é necessário olhar para as relações entre a escola, o currículo e a sociedade. Como nos coloca Saviani (2016, p. 57):

> (...) É necessário também não perder de vista que os conhecimentos desenvolvidos no âmbito das relações sociais ao longo da história não são transpostos direta e mecanicamente para o interior das escolas na forma da composição curricular. Isto significa que para existir a escola não basta a existência do saber sistematizado. É necessário viabilizar as condições de sua transmissão e assimilação. Isto implica dosá-lo e sequenciá-lo de modo que a criança passe gradativamente do seu não domínio ao seu domínio. E o saber dosado e sequenciado para efeitos de sua transmissão-assimilação no espaço escolar ao longo de um tempo determinado, é o que

convencionamos chamar de "saber escolar". E é nessa condição que os conhecimentos sistematizados passam a integrar os currículos das escolas.

Em síntese, Saviani (2016) quer nos dizer que são as necessidades sociais que determinam o conteúdo, isto é, o currículo da educação escolar em todos os seus níveis e modalidades. Portanto, não é possível considerar a escola desvinculada da sociedade.

Na segunda parte, apresentamos os referenciais teóricos que orientam na construção de ferramentas metodológicas que se constituem em diferentes olhares e análises para a prática realizada na sala de aula. Apresentamos a Teoria dos Códigos de Legitimação (MATON, 2013; 2014) em suas diferentes dimensões que nos permite verificar o processo de circulação e legitimação do discurso na sala de aula; os estudos que versam sobre as Interações Discursivas (MORTIMER; SCOTT, 2002) que permitem verificar a forma como os professores podem agir para guiar as interações que resultam na construção de significados em salas de aula de ciências; os estudos sobre Práticas e Movimentos Epistêmicos (SILVA, 2015; KELLY, 2008) que permitem verificar as formas como os membros de um determinado grupo social propõem, comunicam, avaliam e legitimam o conhecimento científico, os Tipos de Iniciação (MEHAN, 1979) que permitem verificar como o tipo da questão formulada pelo professor ou estudante tem uma influência importante na duração e na natureza das respostas e no potencial para gerar cadeias de interação por meio de *feedbacks* ou prosseguimentos na fala do respondente. Por fim, apresentamos o processo de construção e validação de sequências de ensino que se constroem e se reconstroem durante o processo.

Na terceira parte apresentamos o processo de construção e análise dos dados de acordo com cada referencial teórico adotado e de suas ferramentas de análise. E, por fim, na quarta parte, discutimos o processo de triangulação dos dados oriundos do processo da análise multidimensional.

MÚLTIPLOS OLHARES PARA A PESQUISA E A AS PRÁTICAS EM SALA DE AULA

a) Escola como espaço social: um diálogo com Bernstein e Bourdieu

Dentre as chamadas teorias da reprodução, desenvolvidas a partir dos anos 1960 em diante, a teoria dos códigos pedagógicos proposta por Basil Bernstein buscou responder a questão sobre como o dispositivo pedagógico que opera no interior das escolas é capaz de perpetuar as desigualdades que existem fora dessas instituições. Para este autor, sem essa compreensão, as escolas são vistas como uma espécie de "caixa preta", ou seja, um sistema de entrada e saída dos estudantes que reproduz as relações de poder externas a ela. No desenvolvimento de sua teoria, duas importantes características se sobressaem: Bernstein ambicionava que os conceitos propostos para o estudo dos códigos e do discurso pedagógico fossem capazes de permitir análises, tanto em uma dimensão macrossociológica como em uma dimensão micro, como o são as interações em sala de aula, objeto de nossos estudos. Ele também indicava que uma teoria social deveria desenvolver duas linguagens, uma interna, que diz respeito aos modelos teóricos, e uma externa, que permite a conexão entre os modelos e conceitos teóricos e o mundo empírico. É por meio dos conceitos de classificação e de enquadramento e de sua operacionalização analítica que se vinculam as noções macrossociológicas de poder e de controle com as práticas interativas em sala de aula (BOHLMANN; GELLERT; STRAEHLER-POHL, 2017).

Por meio da classificação se examinam as fronteiras ou o isolamento entre as diferentes categorias, como os agentes, os discursos e as práticas, como, por exemplo, a separação entre a disciplina Química e as demais disciplinas científicas presentes no currículo do Ensino Médio. Quando as práticas pedagógicas incluem instâncias de interdisciplinaridade entre os conteúdos e competências ligados a essas disciplinas, tem-se um grau de classificação fraco; quando as práticas distanciam os conteúdos e competências, trabalhando-os sem estabelecer conexões e vínculos, tem-se um grau de classificação forte. Já o enquadramento, que faz referência às relações sociais dentro de um determinado contexto, permite analisar o controle sobre a comunicação nas interações entre os agentes ou sujeitos: no caso da relação pedagógica entre professores e alunos, tem-se um grau de enquadramento forte quando o professor, que ocupa a posição hierárquica de maior *status*, assume um controle explícito sobre as dimensões da prática instrucional; em um grau de enquadramento fraco, esse controle é compartilhado com os alunos, ainda que o controle por parte dos alunos possa ser somente aparente. As pesquisadoras portuguesas Ana Maria Morais e Isabel Pestana Neves, do grupo ESSA6 – Estudos Sociológicos da Sala de Aula –, vinculado à Universidade de Lisboa, são as responsáveis por aproximar a teoria sociológica de Basil Bernstein da pesquisa em educação científica. A obra e a teoria de Bernstein vão muito além do que está apresentado aqui, porém esse conjunto de conceitos permite o escrutínio de práticas pedagógicas em Ciências e sua relação com questões de aprendizagem e da relação com o contexto social mais amplo no qual essas práticas estão inseridas.

De acordo com o modelo de discurso pedagógico de Bernstein, sem a regra de reconhecimento não é possível uma comunicação legítima em um determinado contexto. Como são as relações de poder que dão origem a diferentes distribuições sociais das regras de reconhecimento, ele acredita, por exemplo, que *"en un nivel más concreto, es muy posible que algunos niños de las clases sociales desfavorecidas se mantengan en silencio en la escuela a causa de la distribución desigual de las reglas de reconocimiento"* (BERNSTEIN, 1998, p. 49). Entretanto, possuir a regra de reconhecimento não garante que os sujeitos serão capazes de produzir uma comunicação legítima. Nesse caso eles não possuem a regra de realização e, desse modo, são incapazes de produzir o texto legítimo esperado. A aquisição das regras de realização, por sua parte, depende dos valores de enquadramento da prática pedagógica.

Bourdieu procurou analisar a ciência a partir do conceito de campo. Para ele, o campo é um "sistema de relações objetivas entre posições adquiridas e o lugar, o espaço de jogo de uma luta concorrencial" (BOURDIEU, 1983, p. 122). Assim, a ciência vai além de um campo isolado, entendendo que o campo científico abrange questões críticas, econômicas, políticas, valores, religião, dentre outros. Ele utiliza a ciência como campo, pois é um local que atravessa várias dimensões e não apenas os interesses da ciência. Em seu livro *A Miséria do Mundo* (1997), Bourdieu levanta discussões acerca da relação entre pesquisador e pesquisado que podem auxiliar na compreensão da relação entre professor e aluno no processo de ensino e aprendizagem. Para ele, "é o pesquisador que inicia o jogo e estabelece a regra do jogo, é ele quem [...] de maneira unilateral e sem negociação prévia, os objetivos e hábitos, às vezes mal determinados, ao menos para o pesquisado" (1997, p. 695). Assim como o pesquisador, é o professor em sala de aula que estabelece as regras e que podem ser, intencionalmente ou não, distorcidas.

No Ensino de Ciências, em particular, observamos a naturalidade dos professores em ensinar conceitos científicos como se já fizessem parte do mundo vivido de seus estudantes. Assim, não há um interesse em se preocupar com a linguagem culta ou não, os sinais verbais e não verbais. Muitas vezes, as próprias atividades são construídas com o intuito dos alunos não saberem a resposta, eliminando-os automaticamente. São exemplos de violências simbólicas que marcam negativamente o processo de aprendizagem.

> [...] Se a violência simbólica inerente à dissimetria entre os interlocutores muito inegavelmente providos de capital econômico e especialmente cultural pode ser exercida com tanta desinibição, é porque os agentes encarregados de conduzir o interrogatório se sentem delegados e autorizados pelo Estado, detentor do monopólio da violência simbólica legítima, e que eles são, a despeito de tudo, conhecidos e reconhecidos como tais (BOURDIEU, 1997, p. 715).

O professor se sente nessa autoridade, enquanto o objetivo da ciência é de desnaturalizar o mundo, colocando os métodos em questionamento. De acordo com Bourdieu, as coisas estão em nós naturalizadas, como se estivessem prontas. No entanto, como responsáveis de disseminar o conhecimento científico, precisamos problematizar aquilo que nos é apresentado como sem problemas, desnaturalizando o seu modo de ser. Em síntese, Bourdieu quer nos dizer que faz-se necessário conhecer o estudante em seu contexto social, conhecê-lo como família, condição social, econômica e cultural para que não haja exclusão. Essa prática de conhecer nos permite controlar a violência simbólica. Ora, se os estudantes possuem capitais culturais diferentes, obviamente que agirão e se expressarão de forma diferente. São momentos em que precisamos muito mais observar e ouvir do que falar. Entendê-los a partir de seu campo social, possibilitando meios de mantê-los e/ou superar as deficiências que não escolheram ter, mas que possuem suas devidas formas de existência.

Para Pierre Bourdieu, a ciência na perspectiva de campo é um lugar de luta, um jogo de estratégias em busca da autoridade científica. O campo científico está envolvido com diversas dimensões, sendo compreendido somente a partir de sua totalidade. Nele são feitas práticas científicas que não são neutras, pois há interesses intrínsecos e extrínsecos por trás. Por ser um campo de lutas, os participantes – os agentes – estão em busca de prestígio, melhor dizendo, no mundo da ciência, mais vale o acúmulo de capital científico.

Para os dois autores, Bernstein e Bourdieu, a linguagem é conceituada como um meio simbólico complexo através do qual o conhecimento é transmitido e transmutado, as identidades são construídas e expressas e os legados de classe organizados e impostos. Dadas essas semelhanças, há também diferenças inegáveis de abordagem e ênfase. Bourdieu, por exemplo, tem um relato mais robusto das relações de classe em sociedades complexas, enquanto Bernstein forneceu relatos mais penetrantes e politicamente informados da pedagogia dentro e fora das escolas. Por fim, a partir de alguns pontos da teoria de Bernstein e de Bourdieu é que o Professor Karl Maton estrutura as bases da Teoria do Código de Legitimação.

b) A Teoria dos Códigos de Legitimação

A Teoria dos Códigos de Legitimação (TCL) surge no início dos anos 2000, no seio da Sociologia da Educação, em torno de Karl Maton, professor na Universidade de Sydney, Austrália. Maton constrói sua teoria inspirado, principalmente, em Basil Bernstein e em Pierre Bourdieu. Do primeiro ele extrai a noção de código e do segundo a de campo, para então postular a legitimação como a reivindicação de legitimidade que alguém faz sobre uma determinada prática social e sobre o conhecimento associado a esta prática e sobre outras práticas. A TCL é descrita por Maton (2013; 2014) como uma ferramenta sociológica que objetiva verificar, por meio de uma análise multidimensional, a prática e os princípios de organização presentes no campo educacional, possibilitando, assim, compreender de uma forma mais ampla os aspectos ligados ao processo de ensino e de aprendizagem. Com a TCL é possível estudar a prática e os princípios de organização nela contidos,sendo estruturada em cinco dimensões (Especialização, Temporalidade, Autonomia, Densidade e Semântica), que apresentam um grande potencial no âmbito da pesquisa educacional, pois revelam diferentes aspectos dos fenômenos pertencentes à área (MATON; CHEN, 2019).

Ao utilizarmos o referencial teórico da Teoria do Código de Legitimação, temos acesso a novas ferramentas de análise, para as quais julgamos importante olhar de maneira a entender como funcionam e quais respostas podem fornecer em relação aos processos de ensino e de aprendizagem em Ciências. A TCL foi construída com base em duas teorias, a dos Campos de Bourdieu e a dos Códigos Pedagógicos de Bernstein, complementando, assim, as ferramentas de análise que se centravam nas relações presentes nas práticas pedagógicas e entre as disposições dos agentes e de seus campos de atuação. Os estudos empíricos e estruturalistas de Bernstein (1996) sobre o conceito de recontextualização discursiva, inserido em um modelo mais amplo de análise das relações pedagógicas que ocorrem na sala de aula, busca compreender os diferentes princípios de transmissão e aquisição do discurso pedagógico. Em vista disso, sua teoria apresenta os conceitos de código como princípio regulativo que integra os significados relevantes às formas de realização e de evocação de contexto; de enquadramento (controle), que descreve como as relações de poder e controle influenciam a gestão do processo de ensino/aprendizagem; e de classificação (poder), que descreve como as relações de poder e controle interferem na relação entre o transmissor e o receptor (BERNSTEIN, 1996). Com a definição de discurso vertical (relacionado ao conteúdo científico) e horizontal (relacionado ao senso comum), são determinadas as bases que constroem a TCL, por meio de suas variações, as quais fortalecem ou enfraquecem as relações entre os agentes do campo educacional. Quanto à fundamentação por Bourdieu, relacionada à teoria dos Campos, o autor apresenta conceitos em relação à disposição dos agentes (*habitus*), às posições que eles ocupam (capital) ao sistema em desenvolvimento em que estão imersos (campo) e ao modo como isso interfere nas práticas (MATON, 2019). As estruturas sociológicas presentes na TCL podem permitir análises mais amplas, no sentido de compreender como o conhecimento circula e como é legitimado na sala de aula, de acordo com diferentes dimensões de análise. Neste capítulo iremos apresentar as três dimensões com as quais temos desenvolvido algumas pesquisas, que são a dimensão especialização, autonomia e a semântica. Essas dimensões são "simultâneas": elas não exploram diferentes objetos de estudo, mas diferentes princípios de organização que podem estar por trás do mesmo objeto. Assim, estudos empíricos frequentemente adotam mais de uma dimensão na análise. Qualquer uma das dimensões da TCL poderia ser usada aqui para revelar princípios relacionais subjacentes a disposições, posições e práticas.

A Dimensão de Especialização, por exemplo, parte da premissa de que toda prática possui relação epistêmica com o objeto ou relação social com os sujeitos, sendo atribuída a ela a disposição de ser construída sobre ou orientada por algo e/ou alguém (MATON; CHEN, 2019). Para analisar essas relações, Maton inicialmente lança mão da classificação e do enquadramento, conceitos centrais na teoria de Bernstein (2001). As relações epistêmicas (RE) e as relações sociais (RS), desse modo, podem exibir diferentes graus de classificação e de enquadramento, e dar origem a diferentes princípios organizadores das práticas, isto é, a diferentes códigos de especialização. Dessa forma, o conhecimento é composto tanto de relações epistêmicas (RE) com o objeto de estudo e relações sociais (RS) com o ator. Como tal, Relações Epistêmicas conceituam estruturas de conhecimento e Relações Sociais conceituam estruturas de conhecedores. Qualquer relação pode ser mais forte (+) ou mais fraca (-) ao longo de um *continuum* de forças sobre as relações epistêmicas e sociais.

De acordo com Maton, a variação das forças para as relações epistêmicas e sociais pode ser representada em um plano cartesiano para criar um espaço tipológico e topológico, que exibe uma capacidade infinita para sua gradação e quatro modalidades principais de códigos de especialização, conforme a Figura 1.

Figura 1 – Plano de especialização.

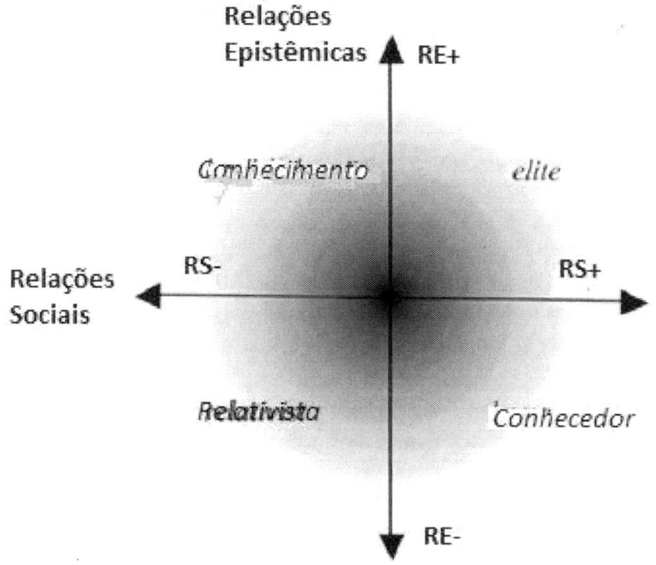

Fonte: Adaptado de Vernon (2021).

As forças relativas das relações epistêmicas e das relações sociais e sua variação entre os diferentes códigos são explicadas da seguinte maneira:

- Códigos de Conhecimento (RE+, RS–), onde a posse de conhecimentos especializados, de princípios ou procedimentos específicos de objetos de estudo é enfatizada como a base de sucesso e os atributos dos agentes são minimizados;

- Códigos de Conhecedor (RE–, RS+), onde o conhecimento e os objetos especializados são minimizados e os atributos dos agentes são enfatizados como medidas de sucesso; sejam elas vistas como inatas (por exemplo, "talento natural"), cultivadas (por exemplo, "gosto") ou sociais (por exemplo, a partir da teoria do ponto de vista);

- Códigos de Elite (RE+, RS+), onde a legitimidade é baseada em ambos, a posse de conhecimento especializado e o fato de ser "o tipo certo de conhecedor"; e

- Código Relativista (RE–, RS–), onde a legitimidade não é determinada nem pelo conhecimento especializado nem pelos atributos do conhecedor – "qualquer coisa serve".

Os códigos de especialização conceituam um conjunto de princípios organizacionais subjacentes a disposições, posições e práticas; eles oferecem uma dimensão das "regras do jogo". Simplificando, a base da legitimidade para cada modalidade é: o que você sabe (códigos do conhecimento), o tipo de conhecedor que você é (códigos de conhecedor), ambos (códigos de elite), ou nenhum dos dois (códigos relativistas).

Quando tratamos da Dimensão de Autonomia, relacionamos o grau de controle da tomada de decisão dos agentes responsáveis e o grau de influência dos campos teóricos e práticos nos materiais e ambientes educacionais (MATON; HOWARD, 2021), é possível trabalhar no *continuum* de forças denominado de autonomia posicional (PA) entre os constituintes posicionados dentro de um contexto ou categoria e aqueles posicionados em outros contextos ou categorias e a autonomia relacional (RA) entre as relações entre os constituintes de um contexto ou categoria e as relações entre os constituintes de outros contextos ou categorias. Essas relações podem ser mais fortes (+) ou mais fracas (-) ao longo de um *continuum* de forças entre a autonomia relacional e a autonomia posicional.

Figura 2 – Plano de autonomia.

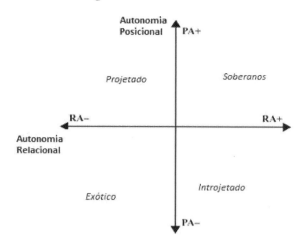

Fonte: Adaptado de Maton e Howard (2018).

Neste plano é possível verificar 04 códigos que estabelecem as relações:

i) Códigos soberanos (PA+, RA+) de posições fortemente isoladas e princípios autônomos, onde os constituintes estão associados ao contexto ou categoria e agem de acordo com suas formas específicas de trabalho;

ii) Códigos exóticos (PA-, RA-) de posições fracamente isoladas e princípios heterônomos, onde os constituintes estão associados a outros contextos ou categorias e agem de acordo com formas de trabalhar a partir de outros contextos ou categorias;

iii) Códigos introjetados (PA-, RA+) de posições fracamente isoladas e princípios autônomos, onde os constituintes associados a outros contextos ou categorias são orientados para caminhos de trabalho emanado de dentro do contexto ou categoria específica;

iv) Códigos projetados (PA+, RA+) de posições fortemente isoladas e princípios heterônomos, onde os constituintes associados ao contexto ou categoria específica são orientados para maneiras de trabalhar de outro lugar.

Esses códigos ajudam a atender à necessidade de tornar visíveis as formas de conhecimento que estão sendo ensinadas e compreendidas pelos estudantes. Simplificando, os quatro códigos afirmam que o que importa são: práticas e princípios internos (códigos soberanos); outras práticas e princípios (códigos exóticos); outras práticas voltadas para propósitos intrínsecos (códigos introjetados); e práticas internas voltadas para outros fins (projetado códigos). Para explorar processos que ocorrem ao longo do tempo, como a prática em sala de aula, pode-se analisar os diferentes caminhos traçados ao redor do plano por sucessivos códigos de autonomia. É possível um número ilimitado de caminhos potenciais.

O código de legitimação na dimensão da autonomia procura deixar claro como os conceitos se manifestam dentro de um objeto de estudo específico, como o que constitui diferentes pontos fortes de autonomia posicional e autonomia relacional ao analisar, por exemplo, os dados da sala de aula de uma aula específica. Na TCL, isso é frequentemente organizado por meio de "dispositivos de tradução" que relacionam conceitos a dados (MATON; CHEN, 2019). A proposta do dispositivo é dividir o contínuo de pontos fortes para autonomia posicional e autonomia relacional em categorias de níveis progressivamente mais refinados de delicadeza, de categorias para mais forte/mais fraco (alvo/não-alvo) por meio de subcategorias, cujo uso depende das necessidades da análise.

Ao trabalharmos com a Dimensão Semântica, podemos estudar a prática com base nas interações e no discurso, demonstrando a construção cumulativa do conhecimento ao longo do tempo, por meio dos códigos semânticos (MATON, 2013). Na dimensão da semântica são trabalhados dois *continuum* de forças, a gravidade semântica (SG) e a densidade semântica (SD). A gravidade semântica é definida como:

> (...) o grau em que o significado se relaciona com seu contexto, seja ele social ou simbólico. A gravidade semântica pode ser relativamente mais forte (+) ou mais fraca (-) ao longo de um continuum de forças. Quanto mais forte a gravidade semântica (SG+), mais intimamente o significado está relacionado ao seu contexto; quanto mais fraca a gravidade (SG−), menos dependente é o significado do seu contexto (MATON, 2011, p. 65).

A gravidade semântica descreve as relações externas das práticas de conhecimento. A densidade semântica é definida como:

(...) o grau de condensação do significado dentro dos símbolos (termos, conceitos, frases, expressões, gestos, roupas etc). A densidade semântica pode ser relativamente mais forte (+) ou mais fraca (−) ao longo de um *continuum* de pontos fortes. Quanto mais forte a densidade semântica (SD+), mais significado é condensado nos símbolos; quanto mais fraca a densidade semântica (SD−), menos o significado é condensado (MATON, 2011, p. 66).

A densidade e a gravidade semântica descrevem as relações internas entre os dois planos. O Plano Semântico (Figura 3) apresenta inúmeras representações de posições relacionais, nele as relações de enfraquecimento e fortalecimentos são observadas pela mudança nos quadrantes, que compreendem códigos semânticos (rizomáticos: GS-/DS+; prosaicos: GS+/DS-; motivação: GS-/DS-; e figurativos: GS+/DS+) que conceituam os movimentos e as diferenças entre e dentro das práticas analisadas (MATON, 2014b).

Figura 3 - Plano da dimensão semântica.

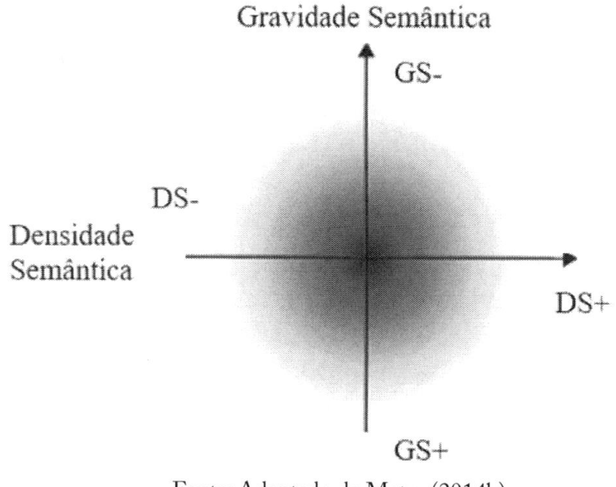

Fonte: Adaptado de Maton(2014b).

O trabalho mais importante do pesquisador ao usar a TCL é construir este *continuum* de forças para identificar em seus dados tais relações, o que Maton (2013; 2014) denomina de dispositivo de tradução.

Assim, o dispositivo de tradução é construído com bases no conceito de "Classificação e Enquadramento" de Bernstein, no qual o termo classificação (poder) é usado para descrever as relações de poder e controle do que é ensinado e aprendido, enquadramento (controle) é usado para descrever as relações de poder e controle que influenciam como o processo ensino/aprendizagem é conduzido. Para Bernstein (1999), onde a classificação é forte (+C), os conteúdos estão separados por limites fortes. Onde a classificação é fraca (-C), há uma reduzida separação entre conteúdos e áreas de conhecimento. Um enquadramento forte (+E) indica que o transmissor (professor, estudante, pais, sistema educacional, texto, televisão) regula explicitamente o conteúdo, sequenciamento, forma, compassamento e o discurso que constituem o contexto de aprendizagem. Se o enquadramento é fraco (-E), o transmissor tem aparentemente um controle menor sobre os elementos da prática pedagógica.

A partir da noção de enquadramento forte e fraco é possível construir os dispositivos de tradução que sejam capazes de identificar o *continuum* de forças que se estabelece ao longo do plano. Por exemplo, para verificar a gravidade semântica, dentro da dimensão semântica, para conceitos da área de química, é possível a construção de um dispositivo de tradução que considere a forte dependência do contexto até a abstração e generalização. Para a caracterização de perfis semânticos, torna-se necessário, como aponta Maton (2014b, 2016), a presença de dispositivos de tradução, pois eles permitem o diálogo entre a teoria e os dados obtidos, potencializando o processo analítico. Cada objeto de estudo requer um dispositivo de tradução próprio, que deve estar alinhado de acordo com as necessidades da pesquisa.

Dispositivos de tradução específicos para o ensino de química foram analisados em um outro estudo, e demonstraram a capacidade de variação dos instrumentos para cada nível de ensino e conteúdo químico. Dentre as contribuições dessas pesquisas, houve um destaque sobre a importância da variação dos níveis semânticos que permitem os movimentos na escala semântica (GRANGE; BLACKIE, 2018; SANTOS; MORTIMER, 2019; CRANWELL; WHITESIDE, 2020; BARRETO *et. al.*, 2020).

Para esses estudos, um dispositivo que se mostrou eficiente para identificar os diferentes perfis semânticos foi a escola que leva em consideração a relação epistêmica dos conceitos científicos.

Quadro 1 - Dispositivo de tradução para os diferentes perfis da Gravidade Semântica.

Gravidade semântica	Nível	Forma	Descrição	Exemplo
GS- Fraca	4	Abstração	Apresenta um princípio geral	Lei, princípio
GS+ Forte	3	Generalização	Apresenta uma observação geral ou uma conclusão generalizada sobre um referente abstrato.	Padrão, modelo
	2	Explicação	Descreve o comportamento de uma classe de referentes.	Relação entre as propriedades e o comportamento observável dos referentes
	1	Descrição	Descrição de um referente específico/concreto	Caso, particularidades

Fonte: Santos e Mortimer (2019).

Santos e Mortimer (2019) desenvolvem também um dispositivo de tradução para analisar os diferentes perfis da densidade semântica. Tal dispositivo foi fundamentado nos níveis da estrutura epistêmica dessa ciência, que considera o nível fenomenológico, o nível teórico e o nível representacional. Desse modo, considera-se a possibilidade de que o discurso associe os fenômenos científicos com quatro diferentes níveis de densidade, a depender da relação conceitual que esteja vinculada nesse discurso.

Quadro 2 - Dispositivo de tradução para os diferentes perfis da Densidade Semântica.

Densidade Semântica	Nível	Forma	Descrição	Exemplo
SD+ Forte SD- Fraca	4	Simbólica	Símbolos químicos, diagramas, gráficos, imagens	Diagrama de mudança de fases de um líquido
	3	Conceitual submicroscópica	Requer a compreensão da teoria corpuscular para a explicação do fenômeno	Associação entre a temperatura de ebulição de um líquido e suas propriedades moleculares
	2	Conceitual macroscópica	Relaciona conceitos científicos com aspectos macroscópicos do fenômeno	Associação entre a evaporação e a temperatura de ebulição de um líquido
	1	Macroscópica e fenomenológica	Relaciona conceitos empregados na linguagem cotidiana com o fenômeno	Associação entre a evaporação de um líquido com a descrição empírica da observação

Fonte: Santos e Mortimer (2019).

A variação da densidade e da gravidade semântica permite traçar um perfil semântico da prática realizada em uma sala de aula. Esse perfil adquire a forma de uma onda e entre as questões que essa "variação semântica" levanta para a pesquisa em Ensino de Ciências são se as práticas de sala de aula ajudam a modelar a ondulação e a tecelagem semântica para todos os alunos e, se não, como eles podem fazê-lo. Maton (2014b, p. 204) acredita que um perfil semântico na forma de uma onda tem potencial para favorecer o processo de aprendizagem.

Figura 4 – Representação de uma onda semântica.

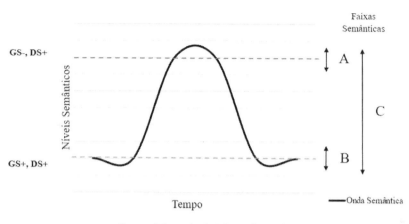

Fonte: Adaptado de Maton (2014b).

Os movimentos de GS+ para GS- envolvem que o professor inicie a aula a partir de exemplos ou de referentes do mundo concreto e caminhe na direção dos referentes do mundo abstrato e, por outro lado, um movimento de DS+ para DS- em que o professor vai realizando um processo de apropriação de novos significados aos conceitos. Também é possível fazer o movimento inverso, partir do abstrato para o concreto, ou seja, realizar um processo de desempacotamento dos conceitos ou de recontextualização.

c) Interações discursivas, abordagem comunicativa, movimentos e práticas epistêmicas

Para compreender o discurso no Ensino de Ciências, partimos do pressuposto de que o discurso pode aproximar os estudantes da cultura científica, favorecendo uma apropriação consistente dos conhecimentos abordados em sala de aula. Portanto, o discurso nas aulas de ciências pode possibilitar ao professor uma melhor percepção e análise do processo de elaboração conceitual dos estudantes, bem como entrar em um processo de enculturação, ou seja, apropriação de uma nova cultura, neste caso, a científica. Consideramos que será através do discurso que as pessoas terão oportunidade de entrar em contato com uma nova cultura e, que a maneira como esse discurso se estabelece irá determinar como a relação entre os indivíduos irá se estruturar. Assumindo a perspectiva que discurso refere-se à inserção do processo de comunicação em um determinado contexto, incluindo neste contexto os efeitos decorrentes da comunicação sobre os que dela participam, postulamos que, por meio da análise do discurso e das interações discursivas que ocorrem durante as aulas de ciências, é possível reelaborar estratégias de ensino com o objetivo de ampliar as interações discursivas em aulas de ciências possibilitando aulas de ciências mais eficazes.

Considerando o discurso de sala de aula como a linguagem em uso, cujo estudo é baseado na maneira como o contexto afeta a linguagem utilizada. Desse modo, o discurso é a linguagem em uso no ambiente, porém, o contexto vai muito além do ambiente da sala de aula. O contexto do discurso vem da comunidade, das vivências, das interações entre estudantes e o meio em que vivem. Existem três dimensões entrelaçadas que são abordadas em sala de aula: o contexto social, o contexto interacional e o próprio ser. Essa multidimensionalidade é presente em todas as salas de aula, de maneira inseparável, porém com dimensões que se destacam em determinados momentos. A análise do discurso pode proporcionar um maior entendimento e controle dos processos gerados em sala de aula, justamente por não interpretar palavras unidimensionalmente, mas sim como um todo, a fim de direcionar esses processos.

O discurso científico apresenta características específicas, derivadas intrinsecamente da natureza das comunidades epistêmicas construídas a partir de processos discursivos e práticas. Em contextos ainda mais específicos, profissionais e educacionais, o discurso científico é caracterizado por múltiplos modos de comunicação semiótica, incluindo fala, escrita, representação, inscritos e simbólicos, entre outros. O discurso, dessa maneira, deve ser analisado partindo de pressupostos que considerem aspectos epistemológicos distintos. Para examinar o alcance e os tipos de situação de comunicação em trânsito no Ensino de Ciências, procura-se entender como o uso do discurso está estabelecido na prática social e, ao longo do tempo. Práticas sociais, interações e expectativas acerca da comunicação e suas demandas estão ligadas à maneira como a linguagem é usada (KELLY, 2014).

As ações dos professores no sentido de propiciar interações discursivas e as práticas epistêmicas dos estudantes, impulsionam o crescente interesse nessa área de pesquisa (SANDOVAL, 2001; KELLY; TAKAO, 2002; TAKAO; KELLY, 2003; KELLY; DUSCHL, 2002; SANDOVAL; MORRISON, 2003; WICKMAN, 2004; KELLY, 2005; LIDAR; LUNDQVIST; OSTMAN,

2005; JIMÈNEZ-ALEIXANDRE, 2008; SILVA, 2008). Nesses estudos considera-se que a ciência deve ser compreendida como uma prática social, e, portanto, epistêmica. Isso, fazendo a alusão à epistemologia como estudo embasado no ambiente e construção social em que o sujeito está inserido. Ainda, a ciência como prática que se sustenta em critérios estabelecidos por meio do discurso, de modo que a maneira como cientistas produzem e validam conhecimentos tem origem em processos epistêmicos (KELLY; DUSCHL, 2002; SANDOVAL; REISIER, 2004; KELLY, 2005; SANDOVAL, 2005; SILVA, 2015).

Em salas de aula de ciência, a maneira como os professores falam sobre a ciência, condutas comunicativas e as ações para envolver os alunos de maneira a construir significados e saberes é bastante distinta (KELLY, 2007). A forma como a comunicação se dá e a interpretação desse fenômeno leva a uma gama de significados semióticos que integram o ensino e a aprendizagem, levando o estudo do discurso a ser cada vez mais relevante para pesquisadores interessados em entender como o acesso à ciência é realizado de maneira interativa em configurações educacionais. Segundo Sasseron e Duschl (2016), as intervenções realizadas pelo professor tecem uma rede dinâmica das interações entre os alunos e o conhecimento. Essas intervenções são denominadas de movimentos epistêmicos. Os movimentos epistêmicos são compreendidos como a forma através da qual o professor auxilia o estudante na construção de seus conhecimentos (LIDAR *et al.*, 2005). Essas ações do professor na sala de aula têm o objetivo de sustentar o discurso, a argumentação e a aprendizagem. Esses movimentos epistêmicos são a base das interações discursivas entre o professor e o aluno (SASSERON; DUSCHL, 2016). A validação desses conhecimentos científicos se dá pelas práticas epistêmicas.

Ainda, em se tratando dos movimentos epistêmicos, são aqui considerados como sendo as *ações do professor* no intuito de engajar os estudantes nas atividades, na tentativa de orientar uma aprendizagem significativa e com foco no estudante. Por outro lado, as práticas epistêmicas serão consideradas como sendo as *ações dos estudantes*, a fim de engajar-se no processo de aprendizagem de forma ativa. Em relação às ações do professor, definidas como movimentos epistêmicos, visando propiciar o processo de aprendizagem, as categorias selecionadas para caracterizar esses movimentos são propostas por Silva (2015).

Estas categorias podem ser visualizadas no Quadro 3, em que podem também ser observadas suas principais definições.

Quadro 3 – Categorias que caracterizam os movimentos epistêmicos

Movimento Epistêmico	Definições relativas aos movimentos epistêmicos
Elaboração	Corresponde às ações do professor que possibilitam aos alunos, em geral por meio de questionamentos, construir um olhar inicial sobre o fenômeno. Geram espaço para que os alunos reflitam segundo determinada perspectiva e exponham seus pontos de vista sobre os objetos e os eventos investigados.
Reelaboração	Corresponde às ações do professor que instigam os alunos, por questionamentos ou breves afirmações, a observação de aspectos desconsiderados ou a incorporação de novas ideias, favorecendo uma modificação ou uma problematização do pensamento inicial apresentado.
Instrução	Ocorre quando o professor apresenta explicitamente novas informações para os alunos.
Compreensão	É observada quando o professor busca apenas compreender, por meio de questionamentos determinados, procedimentos e ideias apresentadas pelos alunos.
Confirmação	Se dá quando o professor concorda com as ideias apresentadas pelos alunos e/ou permite que eles executem determinados procedimentos planejados.
Correção	Ocorre quando o professor corrige explicitamente as afirmações e os procedimentos dos alunos.
Síntese	É o processo observado quando o professor explicita as principais ideias alcançadas pelos alunos.

Fonte: Adaptado de Silva (2015, p. 73 e 74)

A ferramenta analítica apresentada no estudo de Silva (2015) para a classificação dos movimentos epistêmicos de professores em sala de aula apresenta sete categorias analíticas: elaboração, reelaboração, instrução, correção, confirmação, síntese e compreensão. Outra ferramenta analítica que permite analisar as interações discursivas foi proposta por Mortimer e Scott (2002), a qual permite classificar a forma como os professores conduzem suas atividades em sala de aula de forma a propiciar o engajamento dos alunos nas atividades. As categorias de análise propostas por esses autores consistem na diferenciação entre discurso dialógico e discurso de autoridade.

No Quadro 4 podem ser observadas as categorias de análise propostas por Mortimer e Scott (2002) e que foram utilizadas por Amaral e Mortimer (2006) em um estudo em que fazem essa diferenciação relacionada ao discurso do professor.

Quadro 4 – Categorias que caracterizam Abordagens Comunicativas.

Classes de comunicação	Definições relativas às classes de comunicação
Interativa-Dialógica	Há uma participação de mais de uma pessoa e são considerados diferentes pontos de vista na interação. Geralmente professores e alunos exploram diferentes ideias, fazem perguntas autênticas e oferecem, escutam e discutem pontos de vista.
Interativa de autoridade	Há uma participação de mais de uma pessoa, mas somente um ponto de vista é considerado na interação, normalmente o da ciência escolar. O professor, geralmente, conduz os estudantes mediante uma sequência de perguntas e respostas com o objetivo de chegar a um determinado ponto de vista.
Não interativa-dialógica	Somente uma pessoa está envolvida na ação comunicativa e mais de um ponto de vista é considerado. Geralmente, o professor sintetiza e revê diferentes pontos de vista, destacando similaridades e diferenças.
Não interativa de autoridade	Somente uma pessoa está envolvida na ação comunicativa e somente um ponto de vista é considerado na ação comunicativa. Normalmente, o professor apresenta esse único ponto de vista, o da ciência escolar.

Fonte: Adaptado de Mortimer e Scott (2003, p. 35).

A abordagem comunicativa refere-se à resposta da interação do professor com os alunos e, ainda, considera se as ideias dos alunos são valorizadas no processo de construção/reconstrução de ideias científicas ao longo das aulas (AMARAL; MORTIMER, 2006). Ainda, considerando a interação dialógica na sala de aula como um processo de comunicação e a linguagem propiciando a (re)construção do conhecimento pelo aprendiz, ressaltamos o papel do professor como mediador desse complexo processo de ensino argumentativo que é ao mesmo tempo organizador de conceitos e socializador no sentido das relações entre os pares. Concordamos com Mortimer e Scott (2002, p. 284), no sentido de que "as interações discursivas são consideradas como constituintes do processo de construção de significados".

Em relação às práticas epistêmicas, definidas como a resposta dos alunos frente às ações do professor, ressalta-se, porém, que nem todas as práticas epistêmicas são observadas no contexto escolar, mesmo diante dos movimentos epistêmicos. A depender do desenvolvimento da aula, determinada prática ou movimento epistêmico pode ocorrer ou não, não sendo possível determinar em um episódio de Roda de Conversa, por exemplo, se ocorrerão todos os movimentos e práticas epistêmicas, dada a complexidade das ações que vão sendo desenvolvidas.

Tabela 1 – Práticas epistêmicas e sociais em relação ao conhecimento.

Instâncias sociais	Práticas epistêmicas gerais	Práticas epistêmicas (específicas)
Produção	Articular os próprios saberes; Dar sentido aos padrões de dados.	1. Monitorando o progresso; 2. Executando estratégias orientadas por planos ou objetivos; 3. Utilizando conceitos para planejar e realizar ações (por exemplo, no laboratório); 4. Articulando conhecimento técnico na execução de ações (por exemplo, no laboratório); 5. Construindo significados; 6. Considerando diferentes fontes de dados; 7. Construindo dados.
Comunicação	Interpretar e construir as representações; Produzir relações; Persuadir os outros membros da comunidade.	1. Relacionando/traduzindo diferentes linguagens: observacional, representacional e teórica; 2. Transformando dados; 3. Seguindo o processo: questões, plano, evidências e conclusões; 4. Apresentando suas próprias ideias e enfatizando os aspectos cruciais; 5. Negociando explicações.
Avaliação	Coordenar teoria e evidência (argumentação); Contrastar as conclusões (próprias ou alheias) com as evidências (avaliar a plausibilidade) – argumentação.	1. Distinguindo conclusões de evidências; 2. Utilizando dados para avaliação de teorias; 3. Utilizando conceitos para interpretar os dados; 4. Contemplando os mesmos dados de diferentes pontos de vista; 5. Recorrendo a consistência com outros conhecimentos; 6. Justificando as próprias conclusões; 7. Criticando declarações de outros; 8. Usando conceitos.

Fonte: Adaptado de Jimènez-Alexandre *et al.* (2008)

Na primeira coluna da Tabela 1, estão apresentadas as instâncias sociais de produção, comunicação e avaliação do conhecimento propostas por Kelly (2005); na segunda coluna, podemos verificar as práticas epistêmicas gerais relacionadas às instâncias da primeira coluna; e, na terceira coluna, encontram--se práticas mais específicas.

Ressaltamos que as ferramentas analíticas construídas por esses autores são fruto de uma tentativa de desenvolver uma linguagem para descrever as interações discursivas das salas de aula de Ciências e suas categorias buscam caracterizar formas de como os professores guiam as interações que resultam ou não na construção de novos significados em sala de aula. Para finalizar, é importante enfatizar que não consideramos a argumentação na Ciência e no Ensino de Ciências como sendo práticas idênticas. Concordamos com Brown *et al.* (2005) que as práticas discursivas na Ciência e nas aulas de Ciências são dois conjuntos distintos de práticas, as quais apresentam finalidades e con-textos distintos. As aulas de ciências se configuram por requererem formas especiais de falar, ouvir, escrever, que se relacionam com a linguagem científica.

d) Tipos de Iniciação

Um dos primeiros pesquisadores que investigou os processos interativos em salas de aula foi Hugh Mehan. Por meio do método etnográfico, Mehan caracterizou de forma detalhada as trocas verbais existentes nesses espaços, o que gerou o livro *Learning Lessons: social organization in the classroom (1979)*. Em seu trabalho, Mehan (1979) tece algumas críticas aos sistemas de obser-vação que limitam os comportamentos de sala de aula a unidades mensurá-veis, como o sistema de Flanders. De acordo com ele, "um sistema como o de Flanders, que simplesmente tabula o número de questões feitas pelo professor e o número de respostas dadas pelos estudantes, não é adequado para a tarefa de capturar as interações em sala de aula porque mesmo simples trocas do tipo questões-respostas que ocorrem em sala de aula são produções interacionais complexas, estabelecidas pela professora em colaboração com seus estudantes" (MEHAN, 1979, p. 10-11). O autor recorreu à etnografia como método de pesquisa, desenvolvendo estratégias para analisar os processos que ocorrem no interior das salas de aula, sem desassociar o cognitivo do afetivo.

Mehan (1979) apresenta uma caracterização do discurso educacional envolvendo os intercâmbios que ocorrem durante a instrução. Ao invés de considerar os enunciados como perguntas e respostas, Mehan os chama de iniciações, baseado em uma compreensão das funções da linguagem nas situações examinadas. Este autor identificou um padrão triádico de discurso que foi e ainda é muito utilizado nas pesquisas que versam sobre a sala de aula: o padrão conhecido como I-R-A, que significa: Iniciação do professor, Resposta do aluno, Avaliação do professor. Esse padrão foi utilizado como estrutura analítica, embora autores como Sinclair e Coulthard (1975) tenham nomeado o terceiro movimento como *follow-up* dando a ideia de prosseguimento, ou seja, ao invés da ocorrência da avaliação, havia uma continuidade no movimento discursivo iniciado pelo professor. Em seus trabalhos, Mehan refere-se à Avaliação. Wells (1999) destaca que esse terceiro movimento pode exercer funções diferentes, a depender do contexto e da discussão em sala de aula. Ou seja, pode servir para que o professor avalie a resposta do aluno ou para oportunizar o estudante a complementar tal resposta. Assim, "a função do terceiro movimento é muito mais uma oportunidade de estender a resposta do estudante, de chamar a atenção para a sua importância, ou para estabelecer conexões com outras partes de toda a experiência dos estudantes durante a unidade" (WELLS, 1999, p. 200). Para Mortimer (2010), Wells contribuiu ao chamar a atenção para o "fato de que esses padrões triádicos não são inerentemente bons ou ruins". Assim, entendemos que a maneira como este padrão é utilizado em ocasiões específicas é que determina a sua proficuidade.

De acordo com Mortimer (2010, p. 2), "Mehan foi pioneiro ao chamar a atenção para a necessidade de formular conceitos funcionais e não mais gramaticais para o estudo da linguagem em situações naturais como, por exemplo, a sala de aula". Com base em seus estudos, Mehan definiu quatro tipos de iniciação durante os momentos instrucionais de uma aula, apresentados no Quadro 5:

Quadro 5 – Tipos de Iniciação de Mehan.

Iniciação de escolha	A iniciação de escolha demanda ao respondente que concorde ou discorde com uma afirmação feita pelo perguntador.
Iniciação de produto	A iniciação de produto demanda ao respondente uma resposta factual como um nome, um lugar, uma data, uma cor.
Iniciação de processo	A iniciação de processo demanda a opinião ou interpretação do respondente, normalmente por uma frase completa.
Iniciação de metaprocesso	A iniciação de metaprocesso demanda aos estudantes que sejam reflexivos sobre o processo de estabelecer conexões entre iniciação e respostas.

Fonte: Adaptado de Mehan (1979, p. 43-46).

Podemos associar os tipos de iniciações de Mehan com a noção de demanda conceitual, uma categoria que se relaciona com a capacidade de realização de operações cognitivas e que envolve diferentes formas de pensamento e com a taxonomia de Bloom, cuja finalidade é auxiliar a identificação e a declaração dos objetivos ligados ao desenvolvimento cognitivo (FERRAZ; BELHOT, 2010). Uma iniciação de escolha envolve uma pequena demanda conceitual, enquanto uma iniciação de metaprocesso exige uma elevada demanda conceitual. A demanda conceitual de uma determinada prática pedagógica contribui para promover a abstração no pensamento, e é fundamental para a aprendizagem dos conceitos científicos.

Construção e análise de dados

Como nossa pesquisa envolve o estudo e análise de práticas em sala de aula, o processo de construção de dados se dá através da pesquisa-ação e/ou estudo de caso. Geralmente o pesquisador é introduzido ou se introduz no contexto dos participantes no qual pretende realizar sua investigação. Os objetivos da pesquisa é que vão nos dizer se a pesquisa será uma "Pesquisa-ação" ou um "Estudo de Caso". Os dados são coletados junto aos participantes usando diferentes técnicas de recolha de dados. Inicialmente é recomendada a "observação participante" na qual o pesquisador faz um registro sistemático de tudo o que ouve e observa. Para o registro dos dados, utilizamos filmadoras e/ou gravadores de áudio para poder capturar as enunciações e os diálogos estabelecidos entre professores e estudantes em conjunto com um diário de bordo no qual o pesquisador faz registros que podem complementar as informações em conjunto com os registros de vídeo-áudio. A utilização desse conjunto desses recursos permite reconstituir as situações observadas de forma a preservar também os elementos não verbais, apesar de que o enfoque do estudo se dará sobre os elementos verbais.

Em um segundo momento, os registros de vídeo-áudio são transcritos integralmente e, depois, se transformam em dados brutos para a análise. De acordo com os objetivos do estudo é que são selecionados os episódios para as análises. Episódios são aqueles que fazem parte de uma sequência ou atividade desenvolvida durante as aulas que buscam responder às questões de pesquisa. Um episódio é definido como um conjunto coerente de ações e significados produzidos pelos participantes em interação, que tem início e fim claros e que pode ser facilmente discernido dos episódios precedentes e subsequentes.

Após a seleção dos episódios é que sobre eles se faz as análises. A análise, na perspectiva deste estudo a qual nos propomos, é olhar para os mesmos episódios a partir de diferentes olhares, ou seja, realizar a análise a partir de diferentes campos teóricos. Essa perspectiva nos permite ampliar a análise de um mesmo episódio e melhor compreender e analisar, por meio da triangulação teórica, as práticas que ocorrem em sala de aula. Com esse modelo de análise *multi*, ambicionamos aprofundar a compreensão de como os diferentes repertórios discursivos são modulados em diferentes contextos sociais no ensino de ciências. Desse modo, a Teoria do Código de Legitimação permite analisar o processo de circulação e legitimação do conhecimento científico na sala de aula, a Teoria da Abordagem Comunicativa permite analisar a forma como os professores podem agir para guiar as interações que resultam na construção de significados em salas de aula de ciências, bem como fornece a perspectiva sobre *como* o professor trabalha as intenções e o conteúdo do ensino por meio das diferentes intervenções pedagógicas que resultam em diferentes padrões de interação. Por fim, a Teoria dos Tipos de Iniciação, que permite relacionar as interações realizadas em sala de aula com a capacidade de realização de operações cognitivas e que envolve diferentes formas de pensamento nos estudantes. A Teoria do Tipos de Iniciação permite identificar os movimentos discursivos em uma atividade.

Dentro do Grupo de Pesquisa LTC-Brasil propomos a realização de duas formas de triangulação dos dados: a triangulação dos investigadores e a triangulação das teorias. Enquanto a triangulação dos investigadores remete à estruturação da equipe de trabalho que admite, na sua composição, a participação de pesquisadores e colaboradores, com o objetivo de estudar o mesmo problema de pesquisa. Uma pesquisa com diversos investigadores permite, ainda, que diferentes pontos de vista sejam discutidos coletivamente, o que tende a minimizar um direcionamento equivocado. Além da triangulação dos dados e dos investigadores, é possível trabalhar com a triangulação das teorias. Esta, por sua vez, pressupõe a análise do objeto empírico a partir de múltiplas teorias, com o objetivo de avaliar a utilidade e a relevância dos dados coletados sob diferentes óticas. Para Guion (2002), a triangulação das teorias visa usar pesquisadores com diferentes bagagens teóricas e áreas do conhecimento para analisar o mesmo problema.

Nessa perspectiva, é necessário estabelecer diferentes níveis de análises:

Nível 01: análise dos episódios usando as categorias analíticas de cada campo teórico. Pesquisadores de diferentes instituições e/ou grupos de pesquisa realizam as análises.

Nível 02: triangulação teórica de cada episódio a partir da Teoria dos Códigos de Legitimação, das Abordagens Comunicativas e dos Tipos de Iniciação.

Nível 03: triangulação entre os pesquisadores. Os dados das triangulações realizadas pelo pesquisador na sua instituição são discutidos e analisados por meio de uma nova triangulação.

Nível 04: construção de uma matriz conceitual da investigação com sínteses horizontais e verticais para cada episódio selecionado para análise.

Quadro 6 – Procedimento para elaboração da meta análise.

Objetos de análise	Pesquisador 1	Pesquisador 2	Pesquisador 3	Sínteses horizontais
Campo teórico 1				
Campo teórico 2				
Campo teórico 3				
Sínteses verticais				

Fonte: os autores.

A partir deste modelo é possível a interpretação das respetivas relações entre os diferentes campos teóricos e de diferentes pesquisadores para uma mesma prática em sala de aula.

REFERÊNCIAS

AMARAL, E. M. R; MORTIMER, E. F. **Uma metodologia para análise da dinâmica entre zonas de um perfil conceitual no discurso da sala de aula**. A pesquisa em ensino de ciências no Brasil e suas metodologias. Ijuí: Editora Unijuí, p. 239-296, 2006.

BERNSTEIN, B. **A estruturação do discurso pedagógico: classe, códigos e controle.** Vozes: Petrópolis, 1996.

BERNSTEIN, B. **Class, codes and control: theoretical studies towards Sociology of Language**. London: Routlegde & Kegan Paul, 1998.

BERNSTEIN, B. Vertical and horizontal discourse: an essay. **British Journal of Education**, v. 20, n. 2, p. 157-173, 1999.

BOHLMANN, N.; GELLERT, U.; STRAEHLER-POHL, H. Investigando las desigualdades socialesen aulas de matemáticas: logros y expectativas. **Didacticae**, n. 1, p. 26-44, 2017.

BOURDIEU, P. **A estrutura e o funcionamento do campo de produção erudita**. *In:* BOURDIEU, P. A economia das trocas simbólicas. São Paulo: Perspectiva, 2009.

BOURDIEU, P. **A Miséria do mundo**. 4. ed. – Petrópolis, RJ: Vozes, 1997.

BOURDIEU, P. **Escritos de Educação**. Petrópolis: Vozes, 1998.

BOURDIEU, P. **O campo científico**. *In:* Pierre Bourdieu: sociologia / organizador [da coletânea] Renato Ortiz; [tradução de Paula Montero e Alícia Auzmendi] – São Paulo: Ática, 1983.

CRANWELL, P. B.; WHITESIDE, K. L. Investigation into the semantic density and semantic gravity wave profile of teachers when discussing electrophilic aromatic substitution (SEAr). **Journal of chemical education,** 97(10), 3540-3550, 2020.

FERRAZ, A. P. C. M.; BELHOT, R. V. Taxonomia de Bloom: revisão teórica e apresentação das adequações do instrumento para definição de objetivos instrucionais. **Gestão & Produção**, v. 17, p. 421-431, 2010.

GRANGE, I. R.; BLACKIE, M. A. Assessing assessment: in pursuit of meaningful learning. **Chemistry education research and Practice**, 19(2), 484-490, 2018.

GUION, L.A. **Triangulation: establishing the validity of qualitative studies**. Gainesville: University of Florida, 2002.

JIMÉNEZ-ALEIXANDRE, M. P.; ERDURAN, S. **Argumentation in science education: an overview**. *In:* ERDURAN, S.; JIMÉNEZ-ALEIXANDRE, M. P. (ed.). Argumentation in Science Education: perspectives from classroom-based research, p. 3-27, Netherlands: Springer. 2008.

JÚNIOR, A. J. S.; SANTOS, B. F. Um modelo multidisciplinar para a análise do discurso em aulas de química. **Investigações em Ensino de Ciências**, v. 25, n. 3, p. 537-556, 2020.

KELLY, G.J.; TAKAO, A. Epistemic levels in argument: An analysis of university oceanography students' use of evidence in writing. **Science Education**, 86: 314-342, 2002.

KELLY, G. J. **Discourse in Science Classrooms**. *In*: Handbook of Research on Science Educations. Cap. 16, p. 443-469, 2007.

KELLY, G. J. **Inquiry, Activity and Epistemic Practices**. Paper presented in Inquiry Conference on Developing a Consensus Research Agenda. New Brunswick, NJ, 2005.

KELLY, G. J.; DUSCHL, R. A. **Toward a research agenda for epistemological studies in science education**. *In*: Annual meeting of the National association for research in Science Education, Nova Orleans, Louisiana, EUA, 2002.

KELLY, G. J. **Inquiry, activity and epistemic practice**. *In*: Duschl, R. A. & Grandy, R. E. (Eds.), Teaching Scientific Inquiry: recommendations for research and implementation (p. 288-291). Rotterdam, Holand: Taipei Sense Publishers, 2008.

LIDAR, M; LUNDQUIVIST, E.; OSTMAN, L. Teaching and learning in the science classroom: the interplay between teachers' epistemological moves and students' practical epistemology. **Science Education**. v. 90, p. 148-163, 2005.

MATON, K. 'Making semantic waves: A key to cumulative knowledge-building', **Linguistics and Education**, 24(1): 8-22, 2013.

MATON, K. Legitimation Code Theory for academic language and learning. **Journal of academic language and learning**, v. 8, n. 3, p. A34-A48, 2014.

MATON, K. Building powerful knowledge: the significance of semantic waves. *In*: E. Rata & B. Barrett (Eds.). Knowledge and the Future of the Curriculum: International studies in social realism, London, England: Palgrave Macmillan, p. 181-212, 2014b.

MATON, K. **Context, complexity and academic discourse. Accessing academic discourse: Systemic functional linguistics and Legitimation Code Theory**, 2019.

MATON, K.; CHEN, R. T. H. **Specialization codes: Knowledge, knowers and student success**. *In:* Martin, J. R., Maton, K. & Doran, Y. J. (Eds.) Accessing Academic Discourse: Systemic Functional Linguistics and Legitimation Code Theory (p. 35-58). London: Routledge, 2019.

MATON, K.; HOWARD, S. K. **Taking autonomy tours**. LCT Centre for Knowledge Building. Sydney: Australia, p. 1-35, 2018.

MATON, K.; HOWARD, S. K. **Targeting science: Successfully integrating mathematics into science teaching**. *In*: Maton, K.; Martin, J. R. and Doran, Y. J. (Eds.), Teaching Science: Knowledge, language, pedagogy (p. 23-48). London: Routledge, 2021.

MEHAN, H. **Learning Lessons: Social organization in the classroom**. Cambridge, MA: Harvard University Press, 1979.

MORTIMER, E.; SCOTT, P. Atividade discursiva nas salas de aula de ciências: uma ferramenta sócio-cultural para analisar e planejar o ensino. **Investigações em Ensino de Ciências**, 7(3): 1-24, 2002.

MORTIMER, E. F. **Linguagem e formação de conceitos no ensino de ciências**. Belo Horizonte: Editora UFMG, 2006.

MORTIMER, E. F. (2010). **Sala de aula**. *In*: OLIVEIRA, D. A.; DUARTE, A. M. C. & VIEIRA, L. M. F. Dicionário: trabalho, profissão e condição docente. Belo Horizonte: UFMG, Faculdade de Educação.

REISER, B.; BERLAND, L. K. & KENYON, L. O. Engaging students in the scientific practices of explanation and argumentation: Understanding a Framework for K-12 Science Education. **The Science Teacher**, 79(4), p. 34-39, 2004.

SASSERON, L. H.; DUSCHL, R. A. Ensino de ciências e as Práticas epistêmicas: o papel do professor e o engajamento dos estudantes. **Investigações em Ensino de Ciências**, 21, p. 5267, 2016.

SANTOS, B. F.; MORTIMER, E. F. Ondas semânticas e a dimensão epistêmica do discurso na sala de aula de Química. **Investigações em Ensino de Ciências**, v. 24, n. 1, p. 62-80, 2019.

SANTOS, B. F.; SANTOS, K. N.; SILVA, E. S. Interações discursivas em aulas de química ao redor de atividades experimentais: uma análise sociológica. **Ensaio Pesquisa em Educação em Ciências (Belo Horizonte)**, v. 16, p. 227-246, 2014.

SANDOVAL, W. A.; MORRISON, K. High school students' ideas about theories and theory change after a biological inquiry unit. Journal of Research in Science Teaching: The Official **Journal of the National Association for Research in Science Teaching**, v. 40, n. 4, p. 369392, 2003.

SANDOVAL, W. A. **Students' uses of data as evidence in scientific explanations**. Paper presented at the Annual Meeting of the American Educational Research, Seattle, WA. 2001.

SAVIANI, D. Educação escolar, currículo e sociedade: o problema da Base Nacional Comum Curricular. **Movimento-revista de educação**, n. 4, 2016.

SILVA, A. C. T. Interações discursivas e práticas epistêmicas em salas de aula de ciências. **Ensaio Pesquisa em Educação em Ciências**, 17(spe), p. 69-96, 2015.

SILVA, A. C. T. **Estratégias enunciativas em salas de aula de química: contrastando professores de estilos diferentes**. 353f. Tese (Doutorado em Educação). Faculdade de Educação-UFMG, Minas Gerais, 2008.

SINCLAIR, J.; COULTHARD, M. **Towards an Analysis of Discourse**. Oxford University Press, 1975.

TAKAO, A. Y.; KELLY, G. J. Assessment of evidence in university students' scientific writing. **Science & Education**, Dordrecht, v. 12, n. 4, p. 341-363, 2003.

VERNON, ESTHER K. L. F. Could Legitimation Code Theory offer practical insight for teaching disciplinary knowledge? A case study in geography, **The Curriculum Journal**, 1-26, 2021.

WELLS, C. G. **Dialogic inquiry**. Cambridge: Cambridge University Press, 1999.

WICKMAN. Per-Olof. The practical epistemologies of the classroom: a study of laboratory work. **Science Education.** 88, p. 325-344, 2004

Capítulo 3

BASE NACIONAL COMUM CURRICULAR DO ENSINO MÉDIO: ESTADO DA ARTE DAS PESQUISAS PRODUZIDAS NOS PROGRAMAS DE DOUTORADO NO BRASIL NO PERÍODO DE 2018 A 2021

Paula Trajano de Araújo Alves
Solonildo Almeida da Silva
Sandro César Silveira Jucá

RESUMO

Esta pesquisa tem como objetivo principal estabelecer o Estado da Arte sobre teses de doutorado que analisam a Base Nacional Comum Curricular (BNCC) do Ensino Médio. Por meio de uma pesquisa do tipo Revisão de Literatura promoveu-se a catalogação e análise das pesquisas no nível acadêmico de teses de doutorado produzidas no Brasil após a implementação oficial da Base no sistema de ensino. Estamos diante de uma pesquisa do tipo qualitativa e tendo como teoria de base a Pedagogia Histórico-Crítica fundamentada nos autores Saviane (2016), Duarte (2020) e Zank e Malanchen (2020). A pesquisa realizada constatou que, segundo a maioria das teses analisadas, há na BNCC características ideológicas classistas. Além disso, o levantamento bibliográfico de imediato comprovou a carência de pesquisas, no nível de doutorado, envolvendo essa nova política curricular.

Palavras-chave: Ensino. Ensino Médio. Currículo. BNCC.

INTRODUÇÃO

Inicialmente é importante destacar que estamos diante de uma pesquisa resultante de um recorte de tese em andamento no programa de Doutorado em

Ensino na Rede Nordeste de Ensino – RENOEN, polo Instituto Federal de Educação, Ciência e Tecnologia do Ceará – IFCE. A referida tese em andamento tem como tema geral as repercussões da implantação da Base Nacional Comum Curricular – BNCC no Ensino Médio.

A Base Nacional Comum Curricular – BNCC é um documento normativo que tem como objetivo nortear e fundamentar o currículo escolar na Educação Básica; de maneira geral, pode-se afirmar que esse documento define as aprendizagens que todo aluno deve apreender ao longo do seu processo escolar.

No caso do Ensino Médio, etapa na qual esta pesquisa foca, a BNCC foi homologada no final do ano de 2018, após muita discussão e debate relacionado ao teor do documento e quatro anos depois do Plano Nacional de Educação – PNE, em 2014, orientar a necessidade da criação de uma base nacional comum para as escolas. A partir de então, esse tema começou a vigorar dentro do campo de investigações nas áreas de educação e ensino, sendo, inclusive, assunto principal de teses de doutorado.

Nesse contexto, surge a necessidade de se explorar o tema BNCC para, acima de tudo, conhecer o impacto dessa mudança no currículo educacional no Ensino Médio, visto que essa é uma etapa de ensino historicamente marcada por mudanças estruturais a fim de responder as demandas sociais consequentes do sistema econômico capitalista, pois ao longo da história da educação brasileira, o Ensino Médio sempre foi um campo marcado por disputas ideológicas diversas (ALVES, 2021).

Entendemos que conhecer o que já se produziu cientificamente sobre esse assunto é o primeiro passo para aprofundar o conhecimento em relação a esse objeto de estudo, BNCC. Sendo assim, esta pesquisa que ora se apresenta, mostra-se como fundamental ponto de partida para o domínio do estado da arte, isto é, sobre o conhecimento já produzido e sistematizado relacionado a BNCC em teses de doutorado.

Além disso, oportunizará de maneira simplificada e didática o acesso de outros pesquisadores à teses relevantes e recentes sobre o tema em questão. Portanto, o objetivo geral desta pesquisa é conhecer o estado da arte sobre BNCC Ensino Médio por meio das teses produzidas a partir de 2018 até os dias atuais, que abordaram diretamente esse tema; como objetivo específico buscou-se verificar lacunas de pesquisa nesse campo de investigação.

Na seção a seguir, veremos a descrição metodológica que amparou este estudo, seguida de uma breve apresentação do tema em discussão (BNCC/Ensino Médio) com posterior exposição e discussão dos resultados encontrados.

METODOLOGIA

Foi realizada uma pesquisa no final do mês de abril de 2023 no Catálogo de Teses e Dissertações da CAPES – Coordenação de Aperfeiçoamento de Pessoal de Nível Superior, a fim de conhecer quais trabalhos de pesquisa abordavam diretamente a questão da Base Nacional Comum Curricular – BNCC no contexto do Ensino Médio, bem como conhecer o teor, isto é, as conclusões dessas pesquisas. Sendo assim, a fim de se estabelecer o Estado da Arte sobre BNCC Ensino Médio, certos critérios predefinidos nortearem uma revisão de literatura sobre o assunto; os critérios e/ou limites estabelecidos foram: 1) teses; 2) citavam os termos "BNCC" ou "Base Nacional Comum Curricular" no título; 3) publicadas nos anos de 2018 até 2022; 4) tratavam sobre a etapa de Ensino Médio.

É importante ressaltar que o recorte temporal estabelecido para essa pesquisa justifica-se pelo fato do documento referente a BNCC ter sido apresentado oficialmente pelo Conselho Nacional de Educação – CNE no final de dezembro de 2017, portanto, consideramos que só a partir de então a BNCC estava começando a ser considerada como base para os currículos das escolas de Ensino Médio no Brasil. Outro critério metodológico importante está relacionado à escolha do banco de teses e dissertações da CAPES como fonte de dados para essa pesquisa, a escolha dessa plataforma de informação justifica-se pelo fato dela ser oficial do Ministério da Educação e congregar todas as pesquisas de pós-graduação concluídas no Brasil em diversos programas.

A pretensão, portanto, foi por meio de uma pesquisa do tipo Revisão de Literatura, estabelecer o Estado da Arte sobre BNCC/Ensino Médio através da catalogação e análise das pesquisas no nível acadêmico de tese de doutorado produzidas no Brasil após a implementação da Base no sistema de ensino (dezembro de 2017). Estamos diante de uma pesquisa do tipo qualitativa e tendo como teoria de base a Pedagogia Histórico-Crítica amparada nos autores Saviane (2016), Duarte (2020) e Zank e Malanchen (2020).

A BNCC do Ensino Médio: contextualizando a discussão

A questão referente à definição de uma base nacional comum curricular figura nas discussões no campo educacional brasileiro desde a promulgação da Constituição da República Federativa do Brasil, em 1988, no qual o Art. 210 já citava "serão fixados conteúdos mínimos para o Ensino Fundamental, de maneira a assegurar formação básica comum e respeito aos valores culturais e artísticos, nacionais e regionais" (BRASIL, 1988).

Essa orientação ganhou força em 1996 com a Lei de Diretrizes e Bases da Educação Nacional, ao regulamentar uma base nacional comum para a educação básica. A partir de então esse assunto foi obtendo destaque nas políticas educacionais à medida que eram definidos parâmetros, diretrizes, pactos e resoluções apontando quais aprendizagens básicas deveriam ser priorizadas pelas escolas.

Até que em 2014, o Plano Nacional de Educação – PNE, ao apresentar as 20 metas educacionais propostas para a década 2014-2024, cita a necessidade da definição de uma base nacional comum curricular para as escolas brasileiras e, a partir de então, as políticas educacionais começaram efetivamente a focar na definição de uma base curricular que fosse comum a todas as escolas e padronizasse os conhecimentos mínimos que deveriam ser adquiridos pelos estudantes ao longo da educação básica.

Em 2015, no governo da presidenta Dilma Roussef, a primeira versão da BNCC foi disponibilizada e a partir de então iniciou-se um longo período de debates e discussões para revisar e aprimorar o texto a fim de sanar as dúvidas e lacunas existentes nessa questão. Nesse período de ajustes, foi-se instaurando no país debates que evidenciavam visões antagônicas relacionadas ao perfil de estudantes – e, portanto, de trabalhadores e de sociedade – que se estava buscando formar.

De um lado o empresariado fundamentado por ideais neoliberais defendendo a necessidade de unir ideais pedagógicos, com a dinâmica econômica do capitalismo, e do outro especialistas em educação afirmando que a BNCC teria como objetivo principal estreitar a relação entre educação escolar e mercado de trabalho, formando trabalhadores que teriam acesso apenas a uma pequena parte do saber sistematizado historicamente pela sociedade, ou seja, tendo acesso ao currículo mínimo.

Assim, diante de muita polêmica, em 2018, no governo do presidente Michel Temer, a versão final da BNCC do Ensino Médio foi homologada. A Resolução nº 4, de 17 de dezembro de 2018, estabelecia em todo o território nacional a obrigatoriedade das escolas seguirem, como orientação oficial na elaboração de seus currículos, a base nacional comum. Feita a apresentação inicial do contexto que envolve a BNCC, partiremos agora para a exposição dos resultados encontrados relacionados à pesquisa de teses sobre o assunto.

O que dizem as teses?

Ao consultar o banco de teses e dissertações da Capes, aplicando os seguintes critérios estabelecidos: 1) teses; 2) citavam os termos "BNCC" ou "Base Nacional Comum Curricular" no título; 3) publicadas nos anos de 2018 até 2021; 4) tratavam especificamente sobre a etapa de Ensino Médio, foram encontrados cinco resultados.

Isso significa que atualmente existem apenas 5 teses sobre BNCC Ensino Médio cadastradas no repositório da Capes. Considerando que é relativamente recente a oficialização desse documento curricular normativo, não causa surpresa o pouco número de teses sobre esse assunto, mas ao mesmo tempo evidencia a lacuna existente no campo de pesquisa sobre essa base curricular nacional.

É importante ressaltar o que já foi dito na seção anterior em relação a esta pesquisa considerar apenas as teses registradas a partir de 2018: acontece que foi neste ano que a BNCC foi homologada pelo Ministério da Educação após ter sido já oficializada pelo Conselho Nacional de Educação no final de dezembro de 2017 – Resolução CNE/CP nº 2, de 22 de dezembro de 2017. A seguir, no Quadro 3.1, a apresentação dos resultados encontrados.

Quadro 3.1 – Lista de teses sobre BNCC Ensino Médio no período
de 2018 a 2021[1] constantes no portal da CAPES.

	TÍTULO	AUTOR	INSTITUIÇÃO	ANO
1	Educação CTS no Ensino de Física: um caminho para o desenvolvimento das Dez Competências Gerais da BNCC no Ensino Médio.	Arivaldo Lopes	Universidade Cruzeiro do Sul	2021
2	O jogo das posições sociais BNCC, educação em ciências e a formação do cidadão.	Jeferson Fagundes Ataíde	Universidade Federal de Goiás	2020
3	Manipulação em campanhas publicitárias na educação? uma análise semiolinguística do discurso para o caso da BNCC e reforma do Ensino Médio.	Autamir Souto Dias	Universidade Federal do Rio Grande do Norte	2020
4	A disciplina escolar biologia na Base Nacional Comum Curricular do Ensino Médio: expressões da pós-modernidade e do neoliberalismo.	Thalita Quatrocchio Liporini	Universidade Estadual Paulista Júlio de Mesquita Filho	2020
5	A Base Nacional Comum Curricular no contexto da educação do campo: desencontros e contradições.	Eduardo Ribeiro Mueller	Universidade Federal de Mato Grosso	2018

Fonte: Catálogo de Teses e Dissertações da CAPES. Acessado em 20 de abril de 2023. Disponível em: https://catalogodeteses.capes.gov.br/catalogo-teses/#!/

Segundo o Quadro 3.1, a primeira tese do ano de 2018 sobre BNCC foi apresentada ainda em 2018 na Universidade Federal de Mato Grosso. Na ocasião, o autor Eduardo Ribeiro Mueller, com sua tese intitulada "A Base Nacional Comum Curricular no contexto da educação do campo: desencontros e contradições", analisou a implantação da BNCC no contexto da Educação do Campo e concluiu defendendo que as contradições reveladas nos discursos analisados atestam posicionamentos de dominação, de ideologia dominante e de posicionamento político de classe (MUELLER, 2018).

Já no ano de 2020, na Universidade Estadual Paulista Júlio de Mesquita Filho, no estado de São Paulo, foi elaborada uma tese no programa de douto-rado em Educação para a Ciência, de autoria de Thalita Quatrocchio Liporini. Essa tese fundamentou-se teoricamente no materialismo histórico-dialético e na pedagogia histórico-crítica para investigar a influência da pós-modernidade

---

1 Não foram encontrados resultados referentes ao ano de 2022 que atendesse aos critérios de inclusão nesta pesquisa. Por isso o Quadro 3.1 só lista dados até o ano de 2021.

e do neoliberalismo na BNCC do Ensino Médio, em especial para a disciplina de Biologia, e concluiu que a BNCC, de modo geral, prega um currículo baseado no neoprodutivismo e neotecnicismo, negando-se, portanto, aos estudantes, grande parte do conhecimento científico (LIPORINI, 2020).

A tese intitulada "Manipulação em campanhas publicitárias na educação? uma análise semiolinguística do discurso para o caso da BNCC e reforma do Ensino Médio", de Autamir Souto Dias, foi elaborada no doutorado em Ensino de Ciências e Matemática na Universidade Federal do Rio Grande do Norte e analisou, através da semiolinguística, o discurso empregado nas campanhas publicitárias em prol da reforma do Ensino Médio via BNCC. A referida tese conclui que há evidências de elementos que caracterizam um discurso de manipulação na intenção de influenciar a opinião pública por meio das propagandas em favor da BNCC (DIAS, 2020).

Também em 2020, Jeferson Fagundes Ataíde, na ocasião aluno do programa de doutorado em Educação de Ciências e Matemática na Universidade Federal de Goiás, desenvolveu sua tese investigando a perspectiva de cidadania atrelada ao currículo de Ciências da Natureza na BNCC. Através de interpretações fundamentadas nos pressupostos do método praxiológico de Pierre Bourdieu (referencial analítico), constatou-se a importância da educação em ciências na promoção de diálogos sobre a formação do agente/cidadão e alertou-se para a repercussão da nova estrutura curricular via BNCC para os rumos da nação (ATAÍDE, 2020).

E já em 2021, Arivaldo Lopes, aluno da Universidade Cruzeiro do Sul/SP, elaborou uma tese relacionando Educação CTS (ciência, tecnologia e sociedade), ensino de Física e BNCC do Ensino Médio. Nesse estudo, o autor fez uso da metodologia de pesquisa intervenção, tendo como um dos objetivos identificar o desenvolvimento das dez competências gerais da BNCC no contexto de ensino de Física e educação CTS. O final do estudo apontou que, nesse contexto, há sim o desenvolvimento em diferentes intensidades de todas as dez competências gerais da BNCC (LOPES, 2021).

Após listar e analisar as teses encontradas na pesquisa, é justo que seja feito um relacionamento entre esses dados, de modo que permita ao leitor/estudante/pesquisador conhecer de modo simplificado e didático as semelhanças e diferenças entre esses estudos feitos no campo da pós-graduação a nível de doutorado sobre a BNCC. Para tanto, temos a seguir as conclusões por meio do entrelaçamento dos dados obtidos.

É importante ressaltar que não foram encontrados resultados referentes ao ano de 2022, ou seja, até o momento do fechamento desta pesquisa não havia sido incluída no site da Capes nenhuma tese do ano de 2022 referente à BNCC atendendo aos critérios de inclusão.

Entrelaçando os estudos e formulando conclusões

Os estudos apresentados anteriormente possuem, de antemão, uma característica que os unem: procuram conhecer um objeto de pesquisa relativamente novo na educação brasileira, buscando desvendar os entrelaçamentos didáticos e sociais que envolvem a BNCC do Ensino Médio.

Por terem sido concluídos após a homologação final do referido documento, os referidos estudos já analisam esse novo formato de política curricular inseridos em um cenário de real implantação da BNCC, isso valida mais ainda as análises feitas e as conclusões estabelecidas.

Além disso, três dos cinco estudos realizados constataram o aspecto classista que a BNCC traduz, pois fica evidente na conclusão desses três estudos que há características evidentes de uma marcada ideologia na BNCC (MUELLER, 2018), (LIPORINI, 2020), (DIAS, 2020). Zanch e Malanchen (2020, p. 131), também nesse sentido, e ressaltando os resultados de suas pesquisas afirmam: "de acordo com nossos estudos e análises, constatamos que a política educacional no Brasil, especialmente a direcionada para o Ensino Médio, reflete medidas e reformas que atendem às transformações no mundo do trabalho e às demandas do capital".

Um fato interessante chamou-nos atenção ao promovermos a análise inicial das teses: todas elas foram desenvolvidas no âmbito de curso de doutorado na área de Ciências, em programas que, ora se situam na área de ensino, ora na área de educação. Isso nos dá uma amostra que os cursos de pós-graduação na área de Ciências estão preocupados também com questões curriculares de modo mais amplo e envolvendo questões sociais, mostrando na prática o que afirma Saviane (2016) sobre a necessidade de se considerar a educação em sua estreita relação com a sociedade, considerando-a como inerente à sociedade.

Os estudos apresentados nesta pesquisa expõem a repercussão da BNCC em contextos específicos diversos, tais como: ensino de Física, Biologia, Ciências e Educação do Campo; mesmo nessa diversidade de pesquisas, as conclusões evidenciam que as mudanças no currículo, conforme a BNCC aponta, nem sempre representam mudanças positivas.

Por último, o fato de até o momento haver oficialmente apenas 5 estudos a nível de tese sobre a Base Nacional Comum Curricular do Ensino Médio nos revela a carência de pesquisas sobre esse tema na pós-graduação. Afirmamos que a implantação da BNCC nas escolas, bem como a sua repercussão no contexto da nova reforma do Ensino Médio chamada de Novo Ensino Médio, merece mais estudos, uma vez que as mudanças por quais estão passando as escolas nessa etapa de ensino são significativas porque a reflexão sobre essas mudanças é o primeiro passo para elaborar a crítica e promover o debate.

Duarte (2020, p. 37), ao considerar a problemática da BNCC, suas repercussões na escola e a necessidade da reflexão, corrobora esse pensamento afirmando que "é preciso compreender porque as coisas são do jeito que são, porque a vida humana assumiu as formas que hoje predominam e quais são as possibilidades que se apresentam para o futuro próximo e distante da humanidade", ou seja, é essencial aprofundar a discussão sobre o que envolve essa reforma curricular.

Portanto, concluímos ressaltando, acima de tudo, a importância da prática do levantamento do Estado da Arte sobre determinado tema que se pretende investigar, nesse caso foi a BNCC. Esse estudo permitiu conhecer o que já se produziu sobre esse tema e esse é o passo inicial para a elaboração de uma tese sobre o referido assunto. Por meio desta pesquisa, verificou-se a carência de pesquisas de alto nível envolvendo essa nova política curricular e constatou-se também a amplitude de temas de pesquisas desenvolvidas na área de ensino de ciências.

AGRADECIMENTO

O presente trabalho foi realizado com apoio da Fundação Cearense de Apoio ao Desenvolvimento Científico e Tecnológico – FUNCAP/CE e da Secretaria de Educação do Estado do Ceará – SEDUC/CE.

REFERÊNCIAS

ALVES, P. T. A. **O Ensino Médio público em alinhamento**: a crítica ao programa Jovem de Futuro do Instituto Unibanco. 128 f. Dissertação (Mestrado) – Instituto Federal do Ceará, Mestrado Profissional em Ensino e Formação Docente, Campus Maranguape, 2021.

ANTUNES, A. **A quem interessa a BNCC?** EPSJV/Fiocruz. Publicado em 24 de outubro de 2018. Disponível em: https://www.epsjv.fiocruz.br/noticias/reportagem/a-quem-interessa-abncc.

ATAIDE, J. F. **O jogo das posições sociais: BNCC, educação em ciências e a formação do cidadão.** 21/12/2020 228 f. Doutorado em Educação em Ciências e Matemática. Instituição de Ensino: Universidade Federal de Goiás, Goiânia.

BRASIL. **Constituição (1988).Constituição da República Federativa do Brasil**. Brasília, DF Senado, 1988 Disponível em: http://www.planalto.gov.br/ccivil_03/constituicao/constituicao.htm.

CONSELHO NACIONAL DE EDUCAÇÃO. Conselho Pleno. **Resolução nº 4, de 17 de dezembro de 2018**. Disponível em: http://portal.mec.gov.br/docman/dezembro-2018-pdf.

DUARTE, N. "Um montão de amontoado de muita coisa escrita": sobre o alvo oculto dos ataques obscurantistas ao currículo escolar. *In*: MALANCHEN, J.; MATOS, N.; ORSO, P. (Org). **A pedagogia histórico-crítica, as políticas educacionais e a Base Nacional Comum Curricular**. Campinas, São Paulo: Autores Associados, 2020.

DIAS, A. S. **Manipulação em campanhas publicitárias na educação?** Uma análise semiolinguística do discurso para o caso da BNCC e reforma do Ensino Médio. 30/10/2020 78 f. Doutorado em Ensino de Ciências e Matemática. Instituição de Ensino: Universidade Federal do Rio Grande do Norte, Natal.

LIPORINI, T. Q. **A disciplina escolar biologia na Base Nacional Comum Curricular do Ensino Médio:** expressões da pós-modernidade e do neoliberalismo. 28/02/2020 210 f. Doutorado em Educação para a Ciência. Instituição de Ensino: Universidade Estadual Paulista Júlio de Mesquita Filho. Bauru.

LOPES, A. **Educação CTS no Ensino de Física: um caminho para o desenvolvimento das Dez Competências Gerais da BNCC no Ensino Médio.** 24/06/2021 231 f. Doutorado em Ensino de Ciências. Instituição de Ensino: Universidade Cruzeiro do Sul, São Paulo.

MUELLER, E. R. **A Base Nacional Comum Curricular no contexto da educação do campo: desencontros e contradições.** 01/08/2018 176 f. Doutorado em Educação em Ciências e Matemática – UFMT – UFPA – UEA Instituição de Ensino: Universidade Federal de Mato Grosso, Belém.

SAVIANI, D. **Educação escolar, currículo e sociedade**: o problema da Base Nacional Comum Curricular. **Movimento-revista de educação**, n. 4, 9 ago. 2016.

ZANK, D.; MALANCHEN, J. A Base Nacional Comum Curricular do Ensino Médio e o retorno da pedagogia das competências: uma análise baseada na pedagogia histórico-crítica. *In*: MALANCHEN, J.; MATOS, N.; ORSO, P. (Org). **A pedagogia histórico-crítica, as políticas educacionais e a Base Nacional Comum Curricular.** Campinas, São Paulo: Autores Associados, 2020.

Capítulo 4

POTENCIALIZANDO O ENSINO E A CULTURA DO EMPREENDEDORISMO NA EDUCAÇÃO PROFISSIONAL: UM ESTUDO DE CASO NO IFCE – *CAMPUS* MARACANAÚ

Anderson de Castro Lima
Sandro César Silveira Jucá
Solonildo Almeida da Silva

RESUMO:

O presente trabalho resulta das inquietações nascidas na práxis pedagógica no Ensino Médio e consiste num relato. O processo educativo deve estimular novas competências capazes de oportunizar e otimizar o desenvolvimento de potenciais, independentemente da condição social e do campo de aplicação. Nesse sentido, a educação para o empreendedorismo, aliada à construção de uma cultura de inovação, abre um amplo leque de opções, oportunidades e possibilidades de aprendizagem para estudantes e profissionais de todas as áreas, além de conceitos de ciência e tecnologia puras, proporcionando-os uma nova perspectiva. Com base em experiências da vida real que moldam o desenvolvimento e o crescimento de carreira, com o objetivo de provocar uma mudança no comportamento tradicional. Dito isso, este trabalho tem como objetivo apresentar um resumo dos resultados do projeto *Startup* IFCE. O projeto foi realizado no *Campus* do IFCE Maracanaú, localizado na região metropolitana de Fortaleza, no estado do Ceará. Em termos metodológicos, este estudo foi realizado por meio de revisão de literatura e desenvolvimento de um estudo de caso. Como resultado, a implantação do projeto contribuiu para a formação de uma cultura de empreendedorismo no *campus*, que incentivou a criação de empresas inovadoras, conhecidas como *startups*, por meio de metodologias inovadoras como: modelagem de negócios, *design think* e Scrum, criando, como esta iniciativa, negócios reais e duradouros.

Palavras-chave: Cultura. Empreendedorismo. *Startups.*

INTRODUÇÃO

O campo de ensino, por definição, é interdisciplinar. Portanto, a interdisciplinaridade tem um papel estratégico ao estabelecer a conexão entre o conhecimento, propondo o encontro entre teoria e prática, entre ciência e tecnologia, entre ciência e arte, expressando conhecimento que responda a problemas do saber complexo (BRASIL, 2019).

A partir dessas informações, é necessário refletir sobre o papel da educação voltada ao empreendedorismo para o desenvolvimento da sociedade. Essa reflexão é importante porque, ser empreendedor não é apenas criar negócios, é criar uma cultura que permita aos empreendedores serem autônomos, protagonistas de suas vidas. Nesse sentido, os jovens empreendedores devem aliar o desenvolvimento pessoal à aquisição das competências e habilidades necessárias para desempenhar um papel de liderança (MELLO; NUNES, 2018). Segundo o Documento da Área 46 de Ensino da CAPES, para desenvolver ações no ensino formal e não formal, os programas atuam em pesquisa, em ensino e em extensão (BRASIL, 2019). Dito isso, propostas com foco no ensino do empreendedorismo podem contribuir para a formação de empreendimentos internos nas universidades e, assim, beneficiar também a sociedade, com a formação de profissionais qualificados para o mercado de trabalho (VALENTI; BUENO, 2020).

Nesse sentido, o IFCE *Campus* Maracanaú, fundado no ano de 2007, localizado no município que, em sua concepção, visou receber indústrias de todas as áreas do setor produtivo, foi o local de desenvolvimento do projeto. Desde a inauguração do *campus*, muitos avanços tecnológicos ocorreram: a Internet se tornou presente em muitos lares, a Internet das Coisas (*IoT*) expandiu-se exponencialmente, a inteligência artificial tornou-se difundida. Verificou-se com isso que a introdução de ferramentas e recursos tecnológicos causou profundas mudanças no fluxo de trabalho em uma infinidade de campos do setor produtivo.

Portanto, nesse cenário caracterizado por mudanças contínuas, é necessário rediscutir o papel e atuação das instituições de ensino. Como discutido no parágrafo anterior, há uma chance mínima de que o colegiado de professores de uma Universidade ou Instituição de ensino superior possa criar um projeto de curso totalmente em sintonia com o mercado de trabalho, uma vez que qualquer mudança curricular deve ser discutida em diferentes instâncias deliberativas e o resultado desse projeto só será visto em um intervalo médio de 4-5 anos depois, quando os alunos se formarem.

Sob esse ponto de vista, destaca-se que o rápido desenvolvimento tecnológico e as novas exigências do setor manufatureiro impõem grandes desafios e dificuldades para as instituições de ensino. Diante desse cenário, o projeto *Startup* IFCE propôs fortalecer a cultura de empreendedorismo entre docentes e alunos da instituição com a criação de eventos voltados a essa área, apoiando a geração empresa juniores e ajustando disciplinas dos cursos de graduação com foco em novas formas de validação de negócios. Dessa forma, essa formação voltada para o empreendedorismo permite que os jovens tomem suas próprias decisões sobre suas vidas, permitindo que eles se tornem protagonistas e autônomos, capazes de fazer suas próprias escolhas (SULAME *et al.*, 2021). O projeto foi, portanto, desenvolvido com o objetivo de formar profissionais mais preparados, gerar novos negócios e assim reavivar a identidade do IFCE junto à comunidade local.

O projeto foi motivado após o acesso a uma pesquisa desenvolvida pela Endeavor (2016) em conjunto com o SEBRAE, que entrevistou 2.230 alunos e 680 professores pertencentes a mais de 70 instituições de Ensino Superior de todas as regiões do país. Seu principal objetivo foi conscientizar as instituições de Ensino Superior sobre seu poder em contribuir com o desenvolvimento econômico e social do Brasil, atuando como um agente chave do desenvolvimento e da transformação do ecossistema empreendedor local (ENDEAVOR, 2016).

A pesquisa demonstrou que há uma clara discrepância entre a percepção dos alunos e professores sobre o papel das universidades na geração de novos negócios (ENDEAVOR, 2016). Por mais que cerca de 65% dos professores estejam satisfeitos com iniciativas de empreendedorismo dentro da universidade, a média entre os alunos é de apenas 36%. Um dos motivos é o fato das faculdades não terem um programa que apoia toda a jornada do aluno que quer empreender, algo que vá além da motivação e dos primeiros passos (ENDEAVOR, 2016). As universidades têm em sua grade disciplinas sobre empreendedorismo, mas a maioria (54%) visa apenas inspirar o aluno a empreender. Assuntos mais práticos como o de franquias (3%) e gestão de pequenos negócios (7%) acabam não recebendo a atenção que merecem pelas instituições de Ensino Superior (ENDEAVOR, 2016).

Outro grande desafio é a falta de conexão entre os professores e o mercado de trabalho (ENDEAVOR, 2016). Por mais que metade dos professores apoiem e/ou estejam relacionados ao movimento de educação empreendedora, 48% deles relataram nunca terem tido uma experiência empreendedora, sendo que 38% não tem vontade e/ou tempo para abrir seu próprio negócio (ENDEAVOR, 2016). Dos poucos que se aventuraram nesse ambiente, 54% são donos de consultorias e apenas 10% deles afirmaram que seu negócio era inovador no cenário nacional.

Os professores também não se mantêm atualizados sobre o mercado de trabalho como seus alunos. Quase 50% dos alunos empreendedores conversam com executivos e empreendedores e acreditam que essa é uma boa tática para se conectar com o mercado e suas oportunidades, ao passo que apenas 6,3% dos professores fazem o mesmo. Esse cenário é insuficiente, uma vez que 70% dos alunos começaram a empreender nos últimos 5 anos e 48% abriram seu empreendimento durante a universidade.

A pesquisa apresentada anteriormente não foi feita no local onde o projeto *Startup* IFCE foi executado, porém, é um reflexo direto do dia a dia da instituição, pois, com 4 cursos superiores e 4 cursos de nível técnico, a instituição possui apenas dois professores da área de empreendedorismo. Além disso, esses dois professores lecionam, em média, 20 horas/aula por semana, o que impacta na capacidade de aprimorar os conteúdos abordados nas aulas e, por consequência, tornando-as desmotivantes para sete de cada dez alunos entrevistados pela equipe que desenvolveu o projeto.

Com todas essas informações explicitadas, fica clara a necessidade de mudar a forma como as universidades e instituições de ensino preparam seus alunos para o mercado de trabalho. Segundo Ghobril *et al.* (2020, p. 45), a inovação e o empreendedorismo são os motores para o crescimento econômico do país fazendo com que a criação de uma nova geração de jovens empreendedores de alto impacto seja vista como um papel importante para as instituições de

Ensino Superior. Para responder a essa nova demanda, as instituições tradicionais devem implementar mudanças estruturais, criando não apenas conjuntos de cursos, atividades e projetos relacionados, mas também revisando sua missão, prioridades, estrutura e construindo uma estratégia de empreendedorismo e inovação articulada com a comunidade externa (ETZKOWITZ; ZHOU, 2017).

Uma vez que, caso não se efetue nenhuma modificação, progressivamente essas instituições poderão se tornar obsoletas, por exemplo, áreas que não atendam às novas necessidades do setor produtivo podem ter uma demanda diminuída, assim como áreas estratégicas podem não ter uma formação suficiente, o que pode gerar déficit de profissionais e, consequentemente, afetar a sociedade (ETZKOWITZ; ZHOU, 2017; GHOBRIL *et al.*, 2020). Como solução a essa problemática, pode ser aplicado o modelo de tríplice hélice com a participação do setor público, do setor privado e da academia (BENCKE *et al.*, 2018).

REFERENCIAL TEÓRICO

O referencial teórico descrito neste trabalho objetiva discutir algumas definições importantes que norteiam a discussão a respeito da presente proposta voltada para o ensino e a implementação de uma cultura do empreendedorismo na Educação Profissional. Todo o referencial teórico foi baseado em autores que consideram o ensino de empreendedorismo algo que vai além da criação de um negócio. Desse modo, a seguir, abordamos os seguintes conceitos: ensino do empreendedorismo, inovação, cultura empreendedora e a tríplice hélice.

Ensino de Empreendedorismo

De acordo com Dornelas (2008, p. 14), o termo empreendedor tem registros desde o século XIII na língua francesa (*entrepreneur*), que significava assumir riscos começando algo novo. Nesse sentido, o mencionado termo abrangia as mais diversas atividades dentro da sociedade francesa, porém, a partir do século XVIII, passou a ser diretamente associado ao pensamento de crescimento econômico (DORNELAS, 2008).

Ainda segundo esse autor, o empreendedorismo se refere ao envolvimento de pessoas e processos, concomitantemente, a fim de ressignificarem ideias existentes e as implementarem a partir de ações inéditas (DORNELAS, 2008). O empreendedor tem como função reformular ou modificar um método ou maneira existente, podendo até criar algo novo, objetivando aproveitar oportunidades com a premissa de obter lucros, assumindo os riscos envolvidos (TEIXEIRA *et al.*, 2019). Outro termo importante nesse contexto é o intra-empreendedorismo, que nada mais é do que o empreendedorismo que ocorre no âmbito interno das empresas, decorrente de ideias que possam gerar valor ou economia advinda de funcionários (PALHARES; CARVALHO, 2019).

Dolabela (2003, p. 16) afirma que todos nascem com enorme potencial criativo. Desse modo, quando se fala no ensino do empreendedorismo, o indivíduo não está aprendendo conteúdo ou novas habilidades, pelo contrário, ele está estimulando conhecimentos intrínsecos dos seres humanos (DORNELAS, 2008). Portanto, não nos tornamos empreendedores, mas deixamos de sê-lo ao decorrer da vida, devido aos valores anti-empreendedores na educação, nas relações sociais e a toda cultura comportamental conservadora na qual vivemos. Nesse sentido, é preciso distinguir a educação empreendedora voltada para crianças e para adultos.

Dolabela (2003, p. 16) também afirma que "para os adultos é necessário libertar, enquanto para as crianças trata-se de impedir o aprisionamento". Os autores Barbosa *et al.* (2020, p. 126) corroboram declarando que o ensino do empreendedorismo promove a criatividade e a aprendizagem, tornando os empreendedores capazes de usar o conhecimento já existente para abordar problemas e, consequentemente, encontrar diferentes soluções.

A formação empreendedora envolve práticas pedagógicas que valorizam o interesse dos estudantes e sua participação ativa na construção do próprio conhecimento, acarretando no aluno, enquanto cidadão, uma postura ativa, crítica e empreendedora, no contexto em que está inserido. Outro agente importante nessa jornada é o professor que deve ser mediador, questionador, problematizador e incentivador (MARTINS *et al.*, 2018). Segundo Martins *et al.* (2018, p. 3), cabe aos docentes desvincularem-se da figura de simples executores de planejamentos engessados e passarem a considerar a imprevisibilidade, o inusitado, a participação ativa de seus alunos, com ações que possam ir ao encontro do protagonismo e do empreendedorismo.

O processo de aprendizagem do aluno empreendedor, segundo Hashimoto *et al.* (2018, p. 19), requer um método de ensino fácil de ser aprendido, mas não previsível, pois vai além da compreensão, do saber, da fala, das técnicas utilizadas, da aplicação e da ação (HASHIMOTO, 2018; NECK; GREENE, 2011). Portanto, observa-se que esse método requer uma aplicação que considere a realidade vivenciada pelo discente, pois empreender exige prática (HASHIMOTO, 2018).

Ainda segundo Hashimoto *et al.* (2018, p. 19), nos programas de empreendedorismo das instituições de Ensino Superior, as competências empreendedoras são definidas como: busca de oportunidade, iniciativa, persistência, comprometimento, exigência de qualidade, eficiência, assumir riscos calculados, estabelecer metas, busca de informações, planejamento, monitoramento contínuo, persuasão, rede de contatos, independência e autoconfiança. Todavia, constata-se que essas competências não são diretamente trabalhadas nas instituições de ensino, deixando a cargo do professor determinar em que momento elas serão empregadas na jornada de aprendizagem do aluno.

Isto posto, pode-se aferir que a educação empreendedora não pode se limitar aos professores formados em administração, deve ser uma responsabilidade de todo o corpo docente da instituição. Reforçando o que foi discutido no parágrafo anterior, a concepção do projeto *Startup* IFCE partiu de um professor da área da computação, reforçando a constatação de Dolabela (2007, p. 128), que informou que, nos países da América do Norte ou Europa, quem geralmente leva o conteúdo empreendedor à sala de aula é o professor de administração. Todavia, o referido autor ressalta que, no contexto brasileiro, é possível encontrar profissionais de Física, Ciências Sociais, Arquitetura e Urbanismo, Ciências da Computação, enfim, de todas as áreas do conhecimento oferecendo esse conteúdo aos alunos, sendo considerado pelo autor uma inovação brasileira (DOLABELLA, 2003).

Filion (1997), citado por Teixeira *et al.*, (2019, p. 59), evidenciou que o espírito empreendedor pode ser desenvolvido mediante a influência que a cultura empreendedora pode exercer na formação de um perfil empreendedor. No entanto, Teixeira *et al.* (2019, p. 59) observam que o desenvolvimento de um perfil empreendedor é condicionado pelo ambiente no qual o agente social está inserido, pois este é responsável por incitar o indivíduo a agir de forma empreendedora, vencendo os desafios encontrados e autorrealizando-se.

O aprendizado e o conhecimento do espírito intraempreendedor são considerados ferramentas indispensáveis para encarar as constantes e profundas mudanças tecnológicas e socioeconômicas encontradas atualmente (TEIXEIRA *et al.*, 2019). Ao envolver o agente do empreendedorismo com o processo de inovação, o sucesso ocorre como consequência da junção destes, sendo que ambos são indispensáveis para as organizações públicas e privadas. A inovação em serviço não constitui "algo radical", mas sim um processo gradativo, um novo produto, uma diretriz ou um serviço público (TEIXEIRA *et al.*, 2019).

Inovação

A definição do termo inovação é crítica quando se trabalha no âmbito do empreendedorismo, pois muitos autores e indivíduos utilizam essa denominação para qualquer coisa que indique algo novo (VALENTI; BUENO, 2020). A fim de clarificar esse significado, Valenti e Bueno (2020, p. 287) observam que "[...] inovação significa transformar o conhecimento em produto, processo ou serviço que tenha relevância econômica ou social, que possa solucionar problemas sociais ou ambientais, e/ou gerar desenvolvimento econômico". Emmendoerfer (2019a), citado por Martins *et al.* (2021, p. 3), acrescenta que

> [...] inovação é um processo que requer indivíduos e organizações com capacidades para permitir a identificação e implementação de ideias, sistematizadas para o contexto de sua aplicação, servindo como soluções para problemas que implicam melhor desempenho em termos de eficiência, eficácia e valor dos resultados dos setores público ou privado e para a sociedade.

A inovação pode ser feita a partir da geração de novos conhecimentos, fazendo novos usos de conhecimentos preexistentes ou fazendo uma combinação de conhecimentos novos e já consolidados. Pode-se desenvolver um objeto que desempenha uma funcionalidade, mudar o modelo de utilidade ou aperfeiçoar um objeto que já exista. Esse mesmo conceito se aplica nas inovações de processos e serviços (VALENTI; BUENO, 2020).

Cultura empreendedora

Segundo Mello e Nunes (2018, p. 153), a cultura empreendedora é fundamental, pois representa a essência do empreendedorismo, e pode manifestar-se de várias formas. É o cenário para o fomento da inovação, da busca, da seleção e da identificação de oportunidades, do trabalho criativo e do trabalho mais integrado (MELLO; NUNES, 2018).

Conforme Martins *et al.* (2018, p. 2), a cultura do individualismo e do conformismo está perdendo espaço para a liderança, para a participação ativa e protagonista dos cidadãos, para o empreendedorismo, para a ação transformadora de realidades, para a compreensão dos fenômenos que regem as relações humanas e para a capacidade de construir um referencial viável e efetivo de si mesmo. Em virtude disso, o questionamento das verdades instituídas e a fé no potencial criador e inovador da mente humana vêm cada vez mais ganhando espaço nas discussões sobre o ensinar e o aprender.

As instituições de ensino devem assumir o papel de promover a cultura empreendedora, para tanto, devem oferecer condições para o surgimento desse ambiente disponibilizando salas e pessoal qualificado para orientar os alunos empreendedores, contactar investidores e viabilizar parcerias para concretizar os investimentos. Portanto, podemos considerar a disponibilização dessa estrutura como um ecossistema de *startups* que pode ser definido como um conjunto de fatores que promovem o espírito empreendedor, acompanham e apoiam o processo de desenvolvimento de empresas iniciantes e desempenham um papel no desenvolvimento do empreendedorismo, criando eventos e apoiando toda a parte burocrática durante o início da jornada (ESCALFONI *et al.*, 2018). Em resumo, um ecossistema de *startups* deverá prover:

- Infraestrutura – Incubadora;

- Apoio burocrático – Um servidor dedicado a esse fim e com conhecimento adequado;

- Orientação – Acesso a professores e profissionais com experiência de mercado;

- Eventos – Podendo ser palestras com profissionais experientes, *hackathons* (maratona de ideias para solucionar problemas) e *Startup Weekends* (também uma maratona de um final de semana para resolver problemas, mas que também pode gerar novas *startups*).

Neste ponto, é importante definir dois termos muito utilizados no ecossistema descrito anteriormente, que são *startups* e *spin-offs*. Segundo Valenti e Bueno (2020, p. 288), *Startup* é uma empresa que busca a inovação no seu negócio, utiliza um modelo de negócio que gera valor, é escalável, repetível e trabalha com grandes incertezas e são mais ágeis em relação a empresas tradicionais. Já uma *spin-off* é algo que saiu de uma organização maior, por exemplo, de uma empresa grande ou de uma universidade (VALENTI; BUENO, 2020). Geralmente, uma *spin-off* surge de uma pesquisa, inovação ou tecnologia desenvolvida dentro da universidade. A forma mais rápida e efetiva para as universidades e instituições de ensino licenciarem suas tecnologias é promovendo a criação de um ecossistema de *startups* (ESCALFONI *et al.*, 2018). Para Valenti e Bueno (2020, p. 299), a criação de *startups* ou *spin-offs* contribui para a desburocratização do processo de licenciamento das tecnologias desenvolvidas e da relação do setor privado com o setor público, uma vez que os próprios estudantes e docentes podem ser sócios dessas empresas.

Tríplice hélice

A discussão desse tópico se torna imprescindível para reforçar o processo de criação efetiva do ecossistema de *startups*, pois uma instituição de ensino sozinha não consegue gerar, de forma sistemática, empresas advindas de seus alunos. Para que isso possa ser um processo contínuo entra em cena a tríplice hélice, definida por Etzkowitz e Zhou (2017, p. 23), como sendo um modelo de parceria em que a universidade/academia, a indústria e o governo, como esferas institucionais primárias, interagem para promover o desenvolvimento por meio da inovação e do empreendedorismo.

A tríplice hélice é um modelo universal que busca promover a inovação. É o segredo por trás do conhecido Vale do Silício. Apesar de um ecossistema de inovação que surja como resultado de uma configuração específica da tríplice hélice não possa ser duplicado em seu formato exato – como o Vale do Silício, por exemplo, uma tríplice hélice com três protagonistas e vários atores coadjuvantes pode ser reproduzida em qualquer lugar do mundo como um modelo universal de inovação (ETZKOWITZ; ZHOU, 2017).

MATERIAIS E MÉTODOS

O projeto *Startup* IFCE foi realizado entre os anos de 2016 a 2020 no IFCE *Campus* Maracanaú. A instituição possui 4 cursos de nível técnico, sendo dois integrados com o nível médio, 4 cursos de nível superior e um de pós-graduação a nível de mestrado acadêmico.

O desafio de implantar a cultura empreendedora na instituição iniciou em 2016, tendo como primeira constatação a existência de um programa de empreendedorismo em execução com o nome de Corredores Digitais, promovido pela Secretaria de Ciências e Tecnologia do Estado do Ceará (SECITECE), que é realizado anualmente, mas que não estava tendo grande adesão por parte dos estudantes. Em paralelo a esse programa, foram planejadas e realizadas palestras com o tema empreendedorismo na Semana de Integração Científica (SIC), momento em que o *campus* dedica uma semana para apresentar projetos realizados por seus alunos e professores, tanto para a comunidade interna como para a externa, mas também com pouca adesão dos alunos e professores. No ano de 2017, a adesão ao programa Corredores Digitais e as palestras oferecidas sobre o tema continuaram baixas, causando um certo receio na equipe gestora do projeto.

Em 2018, o projeto realizou entrevistas com 30 alunos e 20 professores, concluindo que o problema estava na baixa adesão dos professores, pois 80% não tinham interesse ou não estavam dispostos a falar sobre empreendedorismo em suas aulas e que, por consequência, não valorizavam iniciativas dessa natureza e, assim, não liberavam seus alunos para participarem dos eventos e programas. Apesar desse dado influenciar fortemente o comportamento dos alunos, mais de 70% deles gostariam de se envolver em projetos de negócio, entretanto, de forma unânime, eles destacaram a falta de tempo e a falta de apoio. Com esses dados em mãos, foram desenvolvidos eventos que interessassem ao corpo docente e discente ao mesmo tempo. A partir do problema do baixo interesse dos alunos e professores, a equipe iniciou reuniões de discussão com a direção geral, direção de ensino e coordenadores dos cursos para pensar em estratégias a fim de resolver a problemática dessa pequena adesão da comunidade. Depois de algumas reuniões e análises das grades curriculares de cada curso, foram definidas as seguintes ações:

- Inserir uma disciplina com um processo de pré-incubação na grade dos cursos superiores;

- Definir uma data no calendário acadêmico para um evento voltado ao empreendedorismo e inovação;

- Apoiar os programas ofertados por parceiros como o SEBRAE e SECITECE;

- Finalizar o processo de oficialização de uma empresa júnior que já estava em fase de implantação.

Com essas opções, foi iniciado o trabalho para a realização dessas iniciativas e constatou-se que, apesar de todo o apoio dado pela direção, ainda continuavam os problemas de baixa adesão, principalmente dos professores. Essas iniciativas devem sempre passar por contínuos processos de melhorias e, a fim de mitigar o problema da baixa adesão dos professores, foi criado um grupo formado por professores que exerciam influência nos demais, chamados de agentes de inovação.

O primeiro ponto resolvido foi a baixa participação nos eventos e, após várias discussões, chegou-se à conclusão de que o possível motivo da pouca adesão nos anos anteriores foi devido às palestras estarem dentro da Semana de Integração Científica (SIC). Esse evento tem como foco principal apresentar o que está sendo feito dentro do IFCE para a comunidade externa, desse modo, o público que vinha assistir era de alunos de outras instituições e os alunos do *campus* que estavam presentes no evento não participavam das palestras de empreendedorismo, pois estavam apresentando seus trabalhos para os visitantes. Nesse contexto, definiu-se que o próximo evento seria em data diferente e que deveria ter temas que interessassem tanto aos professores como aos alunos, assim nasceu o Movimento de Empreendedorismo e Inovação Tecnológica (MOVEIT).

Como pode ser constatado no banner ilustrado na Figura 4.1, a grade foi pensada para alcançar tanto os professores como os alunos. Para garantir a participação de todos, foi solicitado à direção de ensino que o evento fosse incluído no calendário acadêmico do *campus*, permitindo assim que os professores pudessem registrar suas aulas com a participação no evento, que ocorreu nos dias 20 a 23 de maio de 2019.

Outra solução pensada para aumentar o engajamento da comunidade foi a viabilização de capacitações para os colaboradores na área de empreendedorismo, por ser considerado um assunto que não pode mais ser tratado apenas pelo professor da área de administração. Para conseguir atingir de forma mais efetiva os alunos, foram realizados estudos nas grades dos cursos de ensino superior do *campus* para verificar se possuíam alguma disciplina semelhante, para que pudesse ser implantada a metodologia de pré-incubação com os alunos juntos em uma mesma turma, sendo que, dos quatro cursos, apenas dois tinham uma disciplina de 80 horas chamada de Gestão de projetos.

Figura 4.1 – Banner MOVEIT.

Fonte: autoria própria, 2023.

Com essa informação, foi criada uma disciplina chamada Gestão de projetos e negócios, que tinha como objetivo criar soluções para um problema real, com esse discurso, a adesão dos coordenadores responsáveis pelos dois cursos que não possuíam essa disciplina foi conquistada, desse modo, ela foi inserida nas suas respectivas grades. Esse alinhamento possibilitou a integração de alunos com conhecimentos diferentes, permitindo que pudessem elaborar ótimas soluções para gerar negócios e beneficiar a economia local. Os métodos da disciplina de Gestão de projetos e negócios foram baseados no quadro apresentado na Figura 4.2, onde os alunos iniciam sua jornada de aprendizagem seguindo a seguinte sequência:

Figura 4.2 – Jornada GPN

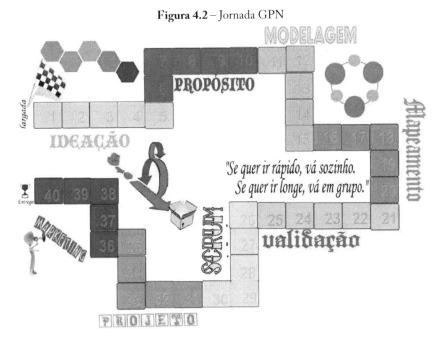

Fonte: autoria própria, 2023.

1. Ideação – Nessa fase inicial os alunos são divididos em grupos de cinco componentes. Com os grupos formados, os alunos pensam em soluções baseadas no problema central proposto na disciplina, que pode ser de empresas ou de órgãos públicos;

2. Propósito – Nessa fase é elaborada a proposta de valor, onde a equipe avalia se o projeto vai de encontro a uma dor real do grupo de pessoas ao qual eles escolheram como alvo para serem beneficiados;

3. Modelagem – Planejamento do funcionamento de uma empresa fictícia com foco no problema a ser resolvido, proporcionando ao grupo de alunos uma visão de como o projeto poderá ser implementado, seus custos, benefícios e como essa empresa poderá se tornar autossustentável;

4. Mapeamento – Estudo de mercado, a fim de descobrir soluções semelhantes e o que pode ser feito de diferente em relação a elas;

5. Validação – Nesse ponto é verificada a veracidade de todas as hipóteses geradas nas etapas anteriores. Dessa forma, a validação do projeto proposto pode ser comprovada, ou seja, os alunos perguntam ao grupo de pessoas beneficiado com a solução se realmente todas as questões levantadas pelos alunos são verdadeiras;

6. *Scrum* – Uma metodologia de gestão de projetos ágeis que não possui tradução para a língua portuguesa. O Scrum é uma metodologia que ajuda as equipes a trabalharem juntas, é centrado em estimular equipes a aprenderem com as experiências práticas, a se organizarem enquanto resolvem um problema e a refletirem sobre os erros e acertos para melhorias contínuas com repriorização integrada no processo;

7. Projeto – Planejamento do projeto a ser executado, onde é incluído a justificativa, seus riscos, quem são os apoiadores, prazos para implementação e seus custos;

8. *Marketing* – Esta é a etapa final da disciplina, onde os alunos aprendem sobre *marketing* digital e como preparar uma apresentação de negócios, que nos eventos de empreendedorismo são conhecidos como *pitch*.

A disciplina foi delineada com uma turma da Computação no semestre 2018.1, resultando em dois projetos, um na área de saúde e outro na área de educação. O último foi apresentado em uma batalha de *pitchs*, termo usado em apresentações rápidas das soluções das *startups*, no evento MOVEIT. Atualmente essa disciplina está em execução com a participação de acadêmicos da Computação, em conjunto com os alunos da Engenharia Mecânica e Ambiental, com um resumo de seus resultados no Quadro 4.1.

Quadro 4.1 – Resumos dos resultados da disciplina GPN.

Turma	QTD. Projetos	Solicitante
2018.1	2	Próprios alunos
2018.2	3	Prefeitura de Maracanaú
2019.1	4	Empresa
2019.2	3	Empresário
2020.1	5	Próprios alunos*
2020.2	4	Próprios alunos*
2021.1	5	Próprios alunos*

Fonte: autoria própria, 2023.
*Contexto da pandemia do Covid-19.

RESULTADOS E DISCUSSÃO

O projeto é algo que tem início, meio e fim, desse modo, nesse estudo de caso, ele apenas é chamado por esse nome devido permitir mostrar os resultados de um ciclo, porém, a cultura empreendedora deve ser sempre trabalhada e aprimorada. Nesse sentido, destacamos que as revisões e aprimoramentos foram incorporados conforme a realização dos ciclos que compõem o projeto. Nesta seção são apresentados os resultados dos ciclos no Quadro 4.2:

QUADRO 4.2 – Resumo dos resultados 2016-2020.

Ação	Resultado da ação
Disciplina de Gestão de Projetos e Negócios	Disciplina sendo ministrada nos 4 cursos de graduação do *campus* desde 2018.
Programa Corredores Digitais	Em 2017 o IFCE *Campus* Maracanaú ficou com a 2ª e 3ª colocação entre as *startups* mais relevantes; em 2018 surgiu a Hgeo, *startup* composta por 3 alunas do curso de Engenharia Ambiental, que conseguiram a 6ª colocação geral, depois participaram de um edital nacional realizado por uma vitrine de negócios de impacto social chamada Pipe.social (PIPE, 2018), ficando com a 4ª colocação a nível nacional. Em 2019 e 2020 foram 2 equipes participando, mas que não chegaram nas fases finais.
Maratona Sebrae	Em 2018 os alunos do *campus* ficaram com 2ª e a 3ª colocação a nível estadual. Em 2019 os alunos do *campus* ficaram com 1ª e a 3ª colocação a nível estadual.
Empresa Júnior	Empresa Catavento consultoria, dos alunos do curso de Engenharia Ambiental, está constituída e em operação desde o início de 2020.
MOVEIT	Em 2018 o evento ocorreu em dois dias, com palestras e minicursos correlatos à área e atingiu mais de 250 pessoas entre alunos e servidores. Em 2019 seu formato foi aprimorado, pois, com o apoio de uma empresa multinacional, foi realizada uma maratona de ideias para solucionar problemas da empresa. Tivemos a participação de mais de 60 alunos só na maratona e mais de 150 alunos nas palestras.
Incubadora	Implantada desde 2017 e em funcionamento com uma empresa incubada: AutoLar.
Centelha	Em 2020 tivemos uma equipe de alunos que aprovou seu projeto no Programa Centelha (CENTELHA, 2020), fomentado pela Fundação Cearense de Apoio a Pesquisas, que receberam R$ 50 mil para implantação da ideia.
Empresas constituídas	3 empresas compostas por alunos do *campus* foram criadas nesse ciclo: • HGEO; • AutoLar; • Sustentap.

Fonte: autoria própria, 2023.

Com o quadro 4.2, pode-se observar que o projeto foi composto de várias ações como: a adequação de uma disciplina com foco em projetos empreendedores, a criação de um evento no *campus*, a participação de programas de empreendedorismo existentes, a constituição de uma empresa júnior, a reativação da incubadora de empresas, até culminar no principal resultado que foi a constituição de três empresas formadas por alunos do IFCE *Campus* Maracanaú.

CONSIDERAÇÕES FINAIS E TRABALHOS FUTUROS

Este trabalho apresenta o resultado de um ciclo do projeto intitulado *Startup* IFCE, e demonstra mudanças reais para o fortalecimento da cultura de empreendedorismo no IFCE *Campus* Maracanaú, como exposto no Quadro 4.2. Contudo, a consolidação de uma cultura empreendedora e, por consequência, a entrega efetiva e sistemática de frutos, ou seja, de soluções que gerem inovação para o mercado, são os pontos a se aprimorar nesse projeto onde recomenda-se os seguintes itens de melhoria:

1. Edital de entrada para pré-incubação de fluxo contínuo;

2. Processo de pré-incubação com o uso da metodologia de gestão de projetos e negócios;

3. Pré-incubação com conteúdo no formato de aulas on-line e duração de 3 meses;

4. Incubação por 3 meses em que os alunos receberão bolsas para implementar suas ideias e legalizar a *startup*;

5. Ao fim do ciclo de incubação, ocorrência de rodadas de apresentações das *startups* para investidores anjo;

6. As *startups* aprovadas pelos investidores anjo passarão por mais um ciclo chamado Aceleração e de mais 3 meses na instituição, a fim de amadurecer o empreendimento e assim seguir com meios próprios.

A ideia proposta tenta seguir o modelo da tríplice hélice, no qual a academia entra com a infraestrutura e orientação inicial, o governo com as bolsas durante o período de incubação e o setor privado com o investimento necessário para o amadurecimento final da *startup* (ETZKOWITZ; ZHOU, 2017). Espera-se que, seguindo essa sequência, um processo de geração de empreendimentos nascentes da instituição possa ser estabelecido, porém, os resultados só poderão ser comprovados após a sua implantação, que no momento da finalização deste artigo está em fase de articulação no *campus* que foi objeto desse estudo.

REFERÊNCIAS

BARBOSA, R. A. P.; SILVA, E. A.; GONÇALVES, F. H. L.; MORAIS, F. R. O impacto da educação empreendedora na intenção de empreender: análise dos traços de personalidade. **Revista de Empreendedorismo e Gestão de Pequenas Empresas**, v. 9, n. 1, p. 124-158, 2020. Disponível em: <https://dialnet.unirioja.es/servlet/articulo?codigo=7299826>. Acesso em 25 de abr. 2022.

BENCKE, F. F. *et al.* A Tríplice Hélice e a construção de ambientes de inovação: o caso da Incubadora Tecnológica de Luzerna/SC. **Desenvolvimento em Questão**, [S. l.], v. 16, n. 43, p. 609-639, 2018. DOI: 10.21527/2237-6453.2018.43.609-639. Disponível em: https://revistas.unijui.edu.br/index.php/desenvolvimentoemquestao/article/view/5592. Acesso em: 27 abr. 2022.

BRASIL. Ministério da Educação. CAPES. **Documento Orientador de APCN Área 46**. Brasília, 2019. Disponível em: <https://www.gov.br/capes/pt-br/centrais-deconteudo/ensino1.pdf>. Acesso em: 10 nov. 2021.

CAUCHICK MIGUEL, P. A. *et al.* **Metodologia de pesquisa em engenharia de produção e gestão de operações**. 3. ed. Rio de Janeiro: Atlas, 2018.

CENTELHA. **Programa Centelha.** Disponível em: <https://programacentelha.com.br/>. Acesso em: 10 nov. 2021.

DOLABELA, F. **Pedagogia Empreendedora**. São Paulo: Editora de Cultura, 2003.

DOLABELA, F. Pedagogia empreendedora. **Revista de Negócios**, v. 9, n. 2, 2007.

DORNELAS, J. C. A. **Empreendedorismo:** transformando ideias em negócios. 3. ed. Rio de Janeiro: Elsevier, 2008.

ENDEAVOR. **Empreendedorismo nas universidades: professores mais satisfeitos que alunos.** Disponível em: <https://endeavor.org.br/pesquisa-universidades-empreendedorismo2016/>. Acesso em: 10 nov. 2021.

ESCALFONI, R. E. L.; FRANÇA, T. C.; IRINEU, M. A. S.; VIVACQUA, A. S.; OLIVEIRA, J. **Um Método para Apoiar a Identificação de Interesses entre Participantes de Ecossistemas de *Startups*.** *In:* Proceedings of SBSI 2018 (SBSI'18). Disponível em: <https://doi.org/10.475/123_4>. doi: 10.475/123_4. Acesso em: 10 nov. 2021.

ETZKOWITZ, H.; ZHOU, C. Hélice Tríplice: inovação e empreendedorismo universidade-indústria-governo. **Estudos Avançados** [online]. 2017, v. 31, n. 90, pp. 23-48. Disponível em: <https://doi.org/10.1590/s0103-40142017.3190003>. doi:0.1590/s010340142017.3190003. Acesso em: 10 nov. 2021.

GHOBRIL, A. N.; BAKER, D.; ROKOP, N.; CARLSON, C. R. Para Além dos Cursos de Empreendedorismo: estratégia, estrutura e processos na Illinois Tech para se tornar uma universidade empreendedora. **Revista de Empreendedorismo e Gestão de Pequenas Empresas**, v. 9, n. 1, p. 42-76, 2020. Disponível em: <https://dialnet.unirioja.es/servlet/articulo?codigo=7299824>. Acesso em: 25 abr. 2022.

HASHIMOTO, M.; KRAKAUER, P. V. C.; CARDOSO, A. M. Inovações nas técnicas pedagógicas para a formação de empreendedores. **Revista Pensamento Contemporâneo em Administração**, v. 12, n. 4, p. 17-38, 2018. Disponível em:<https://periodicos.uff.br/pca/article/view/12584 >. Acesso em: 25 abr. 2022.

MARTINS, S. P.; SANTOS, M. J.; EMMENDOERFER, M. L. Inovação e empreendedorismo nas práticas didático-dedagógica Uma Metassíntese. Encontro Brasileiro de Administração Pública, 2021. Disponível em: <https://sbap.org.br/ebap/index.php/home/article/view/116>. Acesso em: 25 abr. 2022.

MARTINS, S. N.; SILVA, J. S.; DIESEL, A.; SCHNEIDER, M. C. Interface teórica entre o Protagonismo e a Educação Empreendedora: aproximações possíveis. **Educere et Educare**, [S. l.], v. 13, n. 27, p. DOI: 10.17648/educare.v13i27.14613, 2018. DOI: 10.17648/educare.v13i27.14613. Disponível em: https://saber.unioeste.br/index.php/educereeteducare/article/view/14613. Acesso em: 25 abr. 2022.

MELLO, M. F.; NUNES, L. D. L. S. A importância da educação empreendedora para a cultura e formação de novos empreendedores. Saber Humano: **Revista Científica da Faculdade Antonio Meneghetti**, v. 8, n. 13, p. 152-173, 2018. Disponível em: <https://saberhumano.emnuvens.com.br/sh/article/view/342 >. Acesso em: 10 nov. 2021.

NECK, H. M.; GREENE, P. G. Entrepreneurship education: known worlds and new frontiers. **Journal of small business management**, v. 49, n. 1, p. 55-70, 2011. Disponível em: <https://www.tandfonline.com/doi/abs/10.1111/j.1540-627X.2010.00314.x>. Acesso em: 27 abr. 2022.

PALHARES, M. C.; CARVALHO, M. D. O empreendedorismo no contexto de formação do aluno graduando e pós-graduando. **Revista Brasileira de Biblioteconomia e Documentação**, v. 15, p. 86-112, 2019. Disponível em: <https://rbbd.febab.org.br/rbbd/article/view/1218>. Acesso em: 10 nov. 2021.

PIPE. Pipe – **Negócios de Impacto.** Disponível em: <https://pipe.social/>. Acesso em: 10 nov. 2021.

SALUME, P. K.; DIAS, G. F.; JUNQUEIRA, L. R.; GUIMARÃES, L. O. Estímulo ao empreenderismo no ensino superior sob a perspectiva dos discentes. **Revista de Administração FACES Journal**, 2021. Disponível em: <http://revista.fumec.br/index.php/facesp/article/view/8403>. Acesso em: 10 nov. 2021.

TEIXEIRA, T. S.; ANDRADE, D. M.; ALCÂNTARA, V. C.; OLIVEIRA, N. K. Inovação e empreendedorismo: um caso no setor público. **Revista Pretexto**, p. 57-71, 2019. Disponível em: <https://doi.org/10.21714/pretexto.v20i1.5609>. doi: 10.21714/pretexto.v20i1.5609. Acesso em: 10 nov. 2021.

VALENTI, W. C.; BUENO, G. W. Inovação e empreendedorismo nas universidades do século XXI. *In*: VALENTINI, S. R. & NOBRE, S.R. Universidade em Transformação. São Paulo, Editora UNESP. p. 283-304. ISBN: 978-65-5711-006-5, 2020. Disponível em: *<https://www.researchgate.net/publication/349870281_INOVACAO_E_ EMPREENDEDORISMO_NAS_UNIVERSIDADES_DO_SECULO_XXI>*. Acesso em: 10 nov. 2021.

YIN, R. Estudo de Caso - **Planejamento e Métodos.** 5. ed. Porto Alegre: Bookman, 2015. agens. **Ensaio - Pesquisa em Educação em Ciências,** v. 13, n. 03, p. 67-80, set-dez 2011.

Capítulo 5

UMA VISÃO GERAL DAS FERRAMENTAS DE ENSINO A DISTÂNCIA NO CONTEXTO BRASILEIRO NOS SÉCULOS XIX AO XXI E AS PERSPECTIVAS PARA O PÓS-PANDEMIA

Antonio Rodrigo dos Santos Silva
Gilvandenys Leite Sales
Ana Jorge Balula Pereira Dias

RESUMO

Quais as perspectivas futuras de ferramentas para o Ensino a Distância com o fim da emergência de saúde pública de importância internacional referente à Covid-19? Este ensaio acadêmico busca não somente apontar respostas a esse questionamento, mas trazer à baila o processo histórico, buscando entender como esses instrumentos se desenvolveram e se adaptaram às mudanças tecnológicas e sociais ao longo dos séculos XIX e XXI. Nesse ínterim, foca--se nas peculiaridades do contexto brasileiro, sem a pretensão de alcançar a exaustividade da temática. Trata-se de um trabalho de cunho qualitativo, com um levantamento bibliográfico feito através de buscas por artigos científicos, trabalhos de conclusão de cursos e livros eletrônicos utilizando a plataforma *Google Scholar*. Adicionalmente, foi realizada uma pesquisa na literatura não convencional por informações veiculadas em páginas governamentais, portais corporativos e plataformas de notícias. Este ensaio encontra-se segmentado em cinco partes. A primeira parte aborda as ferramentas de Ensino a Distância no período anterior à disseminação da internet. A segunda parte discorre sobre os instrumentos para o ensino através da internet. A terceira parte faz uma análise do cenário brasileiro atual, enquanto a quarta parte faz uma perspectiva para a pós-pandemia. Por fim, a quinta parte apresenta as considerações finais.

Palavras-chave: Ferramentas de ensino. Ensino. EaD. Covid-19. Pandemia.

INTRODUÇÃO

Há mais de um século rompia-se, no Brasil, as barreiras de espaço e de tempo que havia no ensino presencial (SOARES *et al.*, 2022, p. 9). Com a invenção da escrita alfabética, do papel e da prensa tipográfica de Gutenberg, em conjunto com a evolução dos meios de locomoção e dos serviços de postagem, foi possível que o conhecimento pudesse ir, finalmente, ao encontro dos alunos (CURLEY, 2010, p. 37; CHALLONER, 2009, p. 164; DIRINGER, 1953, p. 37; GARCÍA ARETIO, 1999, p. 13).

Hoje, pode-se observar que o ensino a distância ampliou o seu espaço graças ao advento da internet e das ferramentas de comunicação digitais (RAMINELI; ARAÚJO, 2021, p. 3) e também aos dispositivos normativos como a Lei de Diretrizes e Bases da Educação Nacional (LDBEN) (BRASIL, 1996), o Decreto nº 2.494/98 (BRASIL, 1998) e o Plano Nacional de Educação (PNE) do período de 2001 a 2010 (BRASIL, 2001), nos quais constam os incentivos do Poder Público ao Ensino a Distância, as possibilidades de ampliação de atendimento nos cursos presenciais, regulares ou de educação continuada com essa modalidade e a sua regulamentação.

Falar sobre um processo histórico implica em considerar as mudanças de ordem social, política, econômica ou tecnológica pelas quais a sociedade passa. Para o sociólogo polonês Zygmunt Bauman, a fluidez é característica da modernidade e está ligada à atual condição humana (BAUMAN, 2001, p. 15). Trata-se de uma época de instantaneidades, em que "a durabilidade perde sua atração e passa de um recurso a um risco" (BAUMAN, 2001, p. 159). Em outras palavras, as coisas modernas tendem a ser impermanentes e de curta duração.

Como um exemplo recente dessa situação, a pandemia de Covid-19 abalou as sólidas estruturas do ensino presencial. Em resposta, o Ministério da Educação (MEC) autorizou o ensino emergencial não-presencial como ação didática voltada para a educação básica e os cursos de graduação e pós-graduação, por meio de portarias publicadas a partir de março de 2020 (BISPO, 2021, p. 5). Houve um aumento na procura por ferramentas tecnológicas em face da recomendação pela manutenção de um estado temporário de quarentena diante do alto índice de transmissibilidade do vírus e da ausência de um tratamento eficaz (CHAN; BISTA; ALLEN, 2022, p. 3). Contudo, no ano de 2022, houve a emissão da Portaria nº 320/2022 (MEC, 2022), que dispôs sobre o retorno às aulas presenciais e o caráter excepcional de utilização de recursos educacionais digitais para a integralização da carga horária das atividades pedagógicas.

Em 2023, chega-se ao fim da emergência de saúde pública de importância internacional referente à Covid-19 (MINGOTE, 2023, Online) e o ensino presencial regressa à sua normalidade. Ante ao exposto, alguns questionamentos podem ser levantados: quais ferramentas estão sendo empregadas em práticas de ensino não-presenciais? Quais mudanças ocorrerão? Como será a utilização dessas ferramentas no contexto escolar pós-pandemia?

Com base nas palavras de Heródoto de Halicarnasso: "pensar o passado para compreender o presente e idealizar o futuro", opta-se, neste ensaio, por iniciar abordando historicamente alguns dos instrumentos de Ensino a Distância a partir do século XIX, contemplando desde as correspondências às ferramentas de inteligência artificial generativa. A primeira seção aborda as ferramentas de Ensino a Distância que eram utilizadas antes da internet se tornar amplamente disponível. Na segunda seção, discute-se as ferramentas e recursos específicos para o ensino online através da internet. A terceira seção analisa o contexto atual da Educação a Distância no Brasil, enquanto a quarta parte lança um olhar prospectivo para o período pós-pandemia. Por fim, a quinta seção apresenta as conclusões finais.

A centralidade da pesquisa foi orientada para a elaboração de uma análise embasada na literatura, evitando aprofundar-se em detalhes que poderiam ampliar ou desviar do escopo do presente estudo.

FERRAMENTAS DE ENSINO A DISTÂNCIA SEM SUPORTE À INTERNET

A correspondência

Segundo Alves (2009, p. 9), as primeiras iniciativas de uso de correspondência no ensino no Brasil datam de antes da década de 1900. Do pouco que se sabe acerca desse período, encontra-se registrado que tais iniciativas não partiram de instituições de ensino, mas de professores particulares de forma pontual. Estes ofereciam aulas de datilografia e as divulgavam por meio de propagandas em jornais, a exemplo do *Jornal do Brasil*, do Rio de Janeiro.

Entretanto, de forma holística e institucional, demarca-se o ano de 1904 como o início do movimento de Ensino a Distância no Brasil, quando as *Escolas Internacionais* (representação de uma organização norte-americana) promoveram cursos profissionalizantes por correspondência para a parcela da população brasileira que estava em busca de emprego nas áreas de comércio e serviços (BARRERA, 2009, p. 2148).

No final da década de 1930 e início da década de 1940, duas instituições definiram o modelo de ensino por correspondência no Brasil: o *Instituto Radiotécnico Monitor* e o *Instituto Universal Brasileiro* (MORA, 2009, p. 16). Nicolás Goldberger fundou o *Instituto Monitor* em 1939, oferecendo treinamento em manutenção de aparelhos de rádio (SOARES, 2014, p. 131). Dois anos depois, Jacob e Michael Wahrhaftig fundaram o *Instituto Universal Brasileiro*, com cursos técnicos de nível fundamental e superior (FARIA, 2010, p. 82). Em ambos os casos, o público-alvo era as pessoas que necessitavam se qualificar rapidamente e também aqueles que viviam em locais que não havia cursos técnicos ou de educação superior.

O rádio

Não é fácil atribuir a primeira transmissão de rádio do Brasil a uma pessoa ou a uma instituição de forma específica. Segundo Ferraretto (2021, p. 10), há indícios de que este feito foi realizado pela *Rádio Clube de Pernambuco*, em meados da década de 1910. No entanto, essa realização é oficialmente atribuída a Roquette-Pinto. Em Jorge (2008, p. 16), verifica-se que Roquette-Pinto foi o primeiro a lançar um sistema de rádio com a finalidade de transmitir conhecimento e cultura à população: a *Rádio Sociedade do Rio de Janeiro*, fundada em 1923.

Roquette-Pinto planejava instalar uma estação de rádio na capital de cada estado brasileiro, recrutando acadêmicos para serem os responsáveis pela produção, pela escrita e pela apresentação dos programas. Apenas os municípios considerados mais desenvolvidos economicamente receberiam uma unidade da estação de rádio e o apoio das cidades vizinhas na sua operação (OLIVEIRA; COSTA, 2012, p. 8-11).

Zuculoto (2015, p. 66) relata que a *Rádio Sociedade* tinha poucos recursos financeiros. Evitando transformá-la em um serviço comercial, Roquette-Pinto doou sua rádio ao Ministério da Educação e Saúde (MES) em 1936, com a promessa do governo federal de manter o propósito educacional da programação. Posteriormente, Roquette-Pinto e o MES assinaram um termo de doação e a Lei Federal nº 378 foi promulgada em 1937, iniciando o Serviço de Radiodifusão Educacional (SRE) e transformando a *Rádio Sociedade* em *Rádio MEC*.

De acordo com Andrelo (2012, p. 143), a grade de programação da *Rádio MEC* era composta por palestras, solenidades, conferências e cursos em áreas como literatura, línguas estrangeiras, história e geografia. Embora houvesse a intenção de transmitir conteúdo educacional a todas as pessoas, o público ouvinte era formado principalmente por pessoas com alto poder aquisitivo, que podiam comprar um equipamento de rádio, um aparelho considerado moderno e caro na época.

Com o tempo, outras emissoras se inspiraram no modelo da *Rádio MEC* para estruturar suas grades de programação. Um exemplo foi a *Rádio Escola do Distrito Federal*, fundada em 1933 por Anísio Teixeira. Segundo Moreira (1991, p. 18), essa estação de rádio foi além da apresentação oral do conhecimento, compondo cartilhas com as lições abordadas nos programas. Outro exemplo foi a *Rádio Nacional do Rio de Janeiro*, que transmitiu o programa *Universidade do Ar* entre 1941 e 1945. As aulas eram destinadas ao aprimoramento de professores do grau secundário, normal e comercial e ministradas de duas a três vezes por semana, no período da noite, pois a maioria dos alunos trabalhava durante o dia (ROMERO, 2014, p. 52 e p. 60). As disciplinas incluíam: Português, Francês, Inglês, Latim, História do Brasil, História da Civilização, Geografia Geral e do Brasil, Ciências, História Natural, Matemática e Noções de Estatística (ROMERO, 2014, p. 55).

Cabe mencionar o *Projeto Minerva*, criado a partir de um convênio entre o Ministério da Educação (MEC), a Fundação Padre Landell de Moura e a Fundação Padre Anchieta em 1970 e encerrado em 1989. Esse projeto teve como objetivo preparar os adultos no processo de obtenção dos certificados de conclusão do Ensino Fundamental e médio, direcionando as aulas aos exames supletivos (SANTOS, 2018, p. 124). Tinham como destaque os fascículos, que chamavam atenção pelo estilo gráfico que agradava os usuários. Além do conteúdo curricular, haviam ilustrações e atividades pós-aula (MONACO; COCKELL, 2020, p. 2).

A televisão

O marco inicial da televisão no Brasil remonta ao ano de 1950, com a inauguração da TV Tupi na cidade de São Paulo por Assis Chateaubriand, jornalista e apresentador de tevê brasileiro. Esta foi considerada a primeira emissora não somente do Brasil, mas também da América Latina. Concentrava suas operações na região Sudeste, com afiliadas em outras regiões. Manteve-se em funcionamento até 1980, quando teve sua concessão cassada pelo governo militar, motivada por problemas financeiros e administrativos (FARIAS, 2012, p. 376; LINS, 2013, p. 121 e p. 126; REIMÃO, 2010, p. 281).

Conforme Leal Filho (2006, p. 9), os veículos de comunicação televisionados possuíam foco comercial e estavam voltados aos interesses dos grupos de investidores. Com o tempo, viu-se que a televisão poderia ser utilizada na tentativa de suprir a carência de professores, de oferecer conteúdo instrucional de qualidade melhorada e de atender a um grande número de alunos simultaneamente (BURKE, 1971, p. 12). Foi somente em 1967 que a exploração da finalidade educacional da televisão foi regulamentada por meio do Decreto-Lei nº 236 (BRASIL, 1967).

Nos parágrafos que seguem, exemplifica-se o uso da televisão no Ensino a Distância brasileiro por meio de dois grupos. No primeiro grupo estão alguns dos canais com transmissão de conteúdo ao vivo, como a *TV Escola* (governo federal), a *Televisão Educativa do Ceará* (governo estadual) e o *Canal Futura* (parceria público-privada). No segundo grupo estão os programas pré-gravados para posterior exibição, a exemplo do Telecurso.

A *TV Escola* foi um canal de televisão financiado pelo MEC e de propriedade da Associação de Comunicação Educativa Roquette Pinto (ACERP). Foi lançado experimentalmente em 1995 e definitivamente em 1996. Segundo Vitkowski (2010, p. 152), a *TV Escola* tinha como objetivo formar professores da rede pública de Ensino Fundamental e melhorar a capacidade do ensino brasileiro. Sua programação era transmitida de forma aberta para todo o país por 24 horas e encontrava-se dividida em faixas temáticas: Educação Infantil, Ensino Fundamental, Ensino Médio, Salto para o Futuro e Escola Aberta. Ela também dispunha de três cursos de línguas estrangeiras: Espanhol, Francês e Inglês (FRANÇA, 2013, p. 41).

A *Televisão Educativa do Ceará* foi um canal de televisão criado pelo governo do Estado do Ceará, com transmissão iniciada em 1974 (SOUSA, 1979, p. 86). Foi inicialmente transmitida para nove cidades cearenses: Fortaleza, Paracuru, São Gonçalo do Amarante, Cascavel, Pacajus, Maranguape, Caucaia, Beberibe e Trairi. Sua criação foi motivada pelo aumento da demanda de vagas para o 1º e 2º graus e pela observação quanto à qualidade de Ensino no Estado (SOUSA, 1979, p. 83). As aulas eram desenvolvidas por uma equipe pedagógica, separadas por áreas de estudo. Cabia a elas preparar uma ficha de emissão para cada dia letivo, que continha o tema da unidade, os objetivos a serem alcançados, as informações do conteúdo, a estratégia de integração, a estratégia de ambientação e a bibliografia. Com a conclusão da ficha, era feita uma triagem do conteúdo, a reprodução por meio de mimeógrafo e a distribuição dos roteiros para a gravação do programa. Os módulos contemplavam conteúdos de: Comunicação e Expressão, Matemática, Estudos Sociais, Ciências Físicas e Biológicas, Educação Artística, Programa de Saúde, Moral e Cívica, Educação Religiosa, Educação Física e Artes Práticas (SOUSA, 1979, p. 91-94).

O *Canal Futura* é uma emissora de televisão criada e mantida pela Fundação Roberto Marinho, uma instituição sem fins lucrativos. O início da sua operação data de 1997. Segundo Amarante Oliveira (2019, p. 117), o canal é um veículo de serviço social comprometido em levar educação para toda a sociedade brasileira. Da sua grade de programação, o *Telecurso* destacava-se entre os programas educativos instrucionais.

O *Telecurso* foi criado com o objetivo de preparar a população que não terminou o Ensino Fundamental ou médio para as provas de exames supletivos, posteriormente abordando conteúdos de formação profissional (SILVA, 2016, p. 169). Sua estrutura continha: (i) o *Telecurso 2º Grau* (1978), que abrangeu os três anos do que é equivalente ao atual Ensino Médio; (ii) o *Telecurso 1º Grau* (1981), que abrangeu a faixa do que corresponde ao atual 6º ao 9º ano do Ensino Fundamental; (iii) o *Telecurso 2000* (1995), que combinou e modernizou o *Telecurso 1º Grau* e *Telecurso 2º Grau*, abordando as disciplinas tanto do Ensino Fundamental quanto do Ensino Médio; (iv) o *Telecurso TEC* (2006), que oferecia cursos nas áreas de Administração de Empresas, Secretaria e Assessoria e Gestão de Pequenas Empresas; e (v) o *Novo Telecurso* (2008), que exibia os programas do *Telecurso 2000* em conjunto com novos temas como filosofia, artes plásticas, música, teatro e sociologia (ALTOÉ; SILVA, 2005, p. 20; CARAM; BIZELLI, 2013, p. 2; LIMA; GUEDES; PEREIRA, 2016, p. 36).

O computador

Na década de 1950, designers instrucionais e programadores de computador criaram e codificaram alguns materiais experimentais para equipamentos de grande porte. A Instrução Assistida por Computador (CAI) foi o termo criado para descrever a interação entre aluno e tutor mediada por computadores (FISCHETTI; GISOLFI, 1990, p. 7).

O *IBM 1500* foi o primeiro computador a receber aplicativos voltados ao ensino. Tutoriais de lógica matemática elementar e aulas para a prática de aritmética foram projetados para uso em disciplinas de matemática contidas no currículo das escolas básicas e das universidades (SUPPES; MACKEN, 1978, p. 9-12). No Brasil, as instituições de ensino iniciaram a adoção da tecnologia baseada em computador na década de 1980, inspirada no desejo dos professores universitários de acompanhar o que estava ocorrendo nos Estados Unidos e na França (VALENTE, 1999, p. 14). Um dos principais usos do computador na época estava voltado para o ensino de programação por meio de linguagens como a *Logo* (OLIVEIRA, 1997, p. 38).

Algumas iniciativas foram direcionadas à concepção de computadores de fácil acesso para uso nas escolas e nos lares brasileiros. Uma delas foi o projeto *Um Computador por Aluno*, que surgiu do contato do governo brasileiro com o projeto *One Laptop per Children* (OLPC) em 2005. Esse projeto visava inserir laptops e tablets em práticas de ensino para promover a inclusão digital nas escolas brasileiras da rede pública municipal, estadual, distrital e federal (ROSA *et al.*, 2013, p. 62 e 63). Também podem ser citados os equipamentos advindos da iniciativa privada, como o *Computador do Milhão*, um computador personalizado para adotar a identidade visual usada em um popular jogo televisivo de perguntas e respostas. Além disso, foram criados brinquedos eletrônicos educativos que se assemelhavam a um computador, como o *Pense Bem*, sendo bastante populares nas décadas de 1990 e 2000 (PASE, 2013, p. 52).

Segundo Valente (1999, p. 12), o computador pode transmitir conhecimento ao aluno de duas maneiras: quando o equipamento transmitia as informações prontas e consolidadas diretamente ao aluno e quando o aluno usava o computador como um meio para construir seu conhecimento. Essa transmissão envolvia, muitas vezes, o uso de mídias removíveis para o transporte e transferência de dados.

No passado, usava-se como mídias removíveis os disquetes, os discos Zip, os CD-ROMs e DVD-ROMs (SCHALL, 1998, p. 54). Posteriormente, mídias do tipo flash, como os pendrives, tornaram-se populares por serem confiáveis, de alta capacidade e permitirem a transferência de dados em alta velocidade (JURADO; PETTERSON, 2011, p. 141). Por meio dessas mídias, empresas, editoras e profissionais liberais começaram a desenvolver e comercializar softwares interativos nas décadas de 1990 e 2000, como dicionários, enciclopédias, jogos, simuladores e cursos. Os lançamentos eram noticiados e exibidos em exposições de computadores como a *Fenasoft Computer Show* e a *Comdex*, que atraíam milhares de visitantes (SANTOS, 1996, p. 34).

FERRAMENTAS DE ENSINO A DISTÂNCIA SUPORTADAS PELA INTERNET

A ferramenta de videoconferência e a plataforma de *streaming* de vídeo

O termo "conferência" vem do latim *conferentia* (NASCENTES, 1966, p. 197) e significa "ajuntamento" (SARAIVA, 1927, p. 276). Sabendo disso, videoconferência é, por similaridade vocabular, uma forma de "juntar" pessoas de diferentes partes do mundo através de um sistema de transmissão e recebimento de vídeo (HORNBY, 2005, p. 1702).

O videofone dos Laboratórios Bell, de 1927, é considerado o primeiro artefato a demonstrar uma transmissão de chamada em vídeo (HECHT, 2016, p. 47). Em princípio, a videoconferência empregava caros equipamentos dedicados compostos por monitor, câmera e microfone para estabelecer uma interação em tempo real entre professores e alunos situados em locais distintos (DYMOND *et al.*, 2008, p. 245). Com o avanço tecnológico, essa tecnologia tornou-se mais acessível com a popularização dos softwares de videoconferência para computadores pessoais, a exemplo do *Microsoft Netmeeting* e do *CU-SeeMe* (MCGEACHIN, 1999, p. 53 e 59), e dos aplicativos que funcionam tanto em computadores quanto em smartphones, como o *Google Meet*, o *Zoom*, o *Microsoft Teams* e o *ConferênciaWeb* (CORRÊA; BRANDEMBERG, 2020, p. 34; MARTINS; DARONCO, ROESLER, 2013, p. 7; ROCHA *et al.*, 2020, p. 73).

Posteriormente, as plataformas de compartilhamento de vídeo surgiram e se desenvolveram com as melhorias tecnológicas advindas da Web 2.0 — uma evolução da Web original (1.0) que trouxe interatividade às páginas e encorajou a participação do usuário, que podia não só compartilhar conteúdo como também criar e editar (BERUBE, 2011, p. 22; LYTRAS; DAMIANI; PABLOS, 2009, p. 2 e p. 3). Ao longo dos anos, várias plataformas de distribuição de conteúdo (*streaming*) em vídeo foram lançadas, como *Metacafe*, *Dailymotion*, *Youtube* e *Vimeo* (EREN; KORKUT, 2021, p. 209). A Kantar IBOPE Media (2022, p. 13) revela que 21% do tempo dedicado pelos brasileiros ao consumo de vídeo ocorre nessas plataformas, sendo o *YouTube* aquela que possui a maior audiência.

A partir de 2012, surgem as plataformas de Cursos *On-line* Abertos e Massivos (MOOC, do inglês *Massive Open Online Course*) com a proposta de ser um lugar dedicado em que os alunos podem assistir vídeos de conteúdos pré-gravados, como a *Khan Academy*, a *FutureLearn*, a *Coursera*, a *Udacity* e a *Udemy* (HOY, 2014, p. 86, p. 89 e p. 90; PAPPANO, 2012, p. 1-7). Esse tipo de plataforma atrai tanto os que buscam por qualificação e como aqueles que querem divulgar e rentabilizar seus cursos (GULATI, 2013, p. 39).

Em um MOOC, cada um pode ser instrutor em uma área do conhecimento, não necessitando estar vinculado a uma instituição de ensino formal, exigindo apenas a posse de uma câmera para gravação das aulas (CONACHE; DIMA; MUTU, 2016, p. 8-9). Nessas plataformas, os alunos são incentivados a serem independentes: devem ter a liberdade de escolher o assunto, o local e a forma como querem estudar (TERUZZI, 2016, p. 8).

O Ambiente Virtual de Aprendizagem

O Ambiente Virtual de Aprendizagem (AVA) é um aplicativo para planejamento e entrega de cursos e programas de formação educacionais (SINGH, 2022, p. 11). Por meio do AVA, os professores podem projetar, monitorar e avaliar o progresso de seus alunos usando tecnologias da Web, por meio do uso de questionários, de fóruns, de salas de bate-papo e de outros módulos de interação (OLAVE *et al.*, 2010, p. 406).

Nas décadas de 1990 e 2000, muitas instituições de ensino superior brasileiras iniciaram o desenvolvimento de seus próprios AVAs (MAIA; MEIRELLES, 2004). Alguns deles serão expostos em ordem cronológica de desenvolvimento: *AulaNet* (1997), *TelEduc* (1997), *Eureka* (1999), ROODA (2000), *Solar* (2001), *e-Proinfo* (2004), *Tidia-Ae* (2004) e *Amadeus LM* (2007).

O *AulaNet* foi desenvolvido pelo Laboratório de Engenharia de Software da Pontifícia Universidade Católica do Rio de Janeiro – PUC (LUCENA *et al.*, 1999, p. 108). De acordo com Fuks *et al.* (2004, p. 27-30), a *AulaNet* utiliza o Modelo de Colaboração 3C. A ideia que prevalecia era que, para colaborar na plataforma, o grupo de usuários deve realizar três atividades: comunicar (administração das tarefas a serem realizadas), cooperar (trabalhar em equipe) e coordenar (lidar com conflitos). Os mecanismos de comunicação incluem: contato com o professor, grupo de interesse, grupo de discussão e debate. Os mecanismos de cooperação são: demonstração, coautoria de professor, coautoria de aluno, download e tutorial. Por fim, os mecanismos de coordenação contêm: agenda, notícias dos cursos, provas, trabalhos e exercícios.

O *TelEduc* foi parte de uma pesquisa de mestrado desenvolvida na Universidade de Campinas (UNICAMP). Este AVA foi criado para oferecer cursos online para formação de professores para o uso de informática na educação, tendo como ponto de partida o ensino de programação por meio da Linguagem Logo (CERCEAU, 1998, p. 30). O *TelEduc* tem quatro tipos de usuários: administrador (cria e organiza cursos), coordenador (insere alunos e gerencia os cursos), formador (auxilia o coordenador) e aluno. Dentre os recursos, os usuários tinham acesso às seguintes opções: estrutura do ambiente, dinâmica do curso, agenda, atividades, material de apoio, leituras, perguntas frequentes, grupos, mural, fóruns de discussão, bate-papo, correio, perfil, diário de bordo, portfólio, acessos, painel administrativo e suporte (FRANCO; CORDEIRO; CASTILLO, 2003, p. 345 e p. 346).

O *Eureka* foi desenvolvido pelo Laboratório de Mídias Interativas da Pontifícia Universidade Católica do Paraná (PUCPR). Este AVA foi desenvolvido em parceria com a Siemens Telecomunicações e com o apoio do Ministério da Ciência e Tecnologia (MCT). Ele surgiu de um projeto de pesquisa que tinha como objetivo implementar um ambiente baseado na Web para aprendizagem colaborativa (TORRES; MATOS, 2004, p. 2). Dentre as funcionalidades gerais encontram-se: agenda, salas, correio geral, pasta pessoal, informações e biblioteca. As funcionalidades específicas incluem: grupos, pasta da sala, plano de ensino, provas online, material online, links, edital, fórum, bate-papo, contatos e blog (SILVA, 2014, p. 14).

O ROODA (Rede Cooperativa de Aprendizagem) foi implementado na Universidade Federal do Rio Grande do Sul (UFRGS) no ano de 2000. Este AVA oferece 21 funcionalidades, divididas em dois tipos de perspectivas: gerais e específicas. As 12 funcionalidades gerais são acessíveis a todos os usuários, independentemente de estarem matriculados em disciplinas. As 9 funcionalidades específicas, por sua vez, só podem ser acessadas por usuários vinculados a uma disciplina. As funcionalidades gerais são: A2, compromissos, configurações, contatos, dados pessoais, disciplinas, fórum, grupos, InterROODA, lembretes, mural e webfólio. As funcionalidades específicas são: aulas, bate-papo, biblioteca, conceitos, diário de bordo, enquete, exercícios, gerência de disciplina e lista de discussão. O docente tem a liberdade de escolher as ferramentas que irá utilizar em suas disciplinas. Dessa forma ele consegue adequar o sistema à sua metodologia de trabalho (BEHAR *et al.*, 2005).

O *Solar* (Sistema Online de Aprendizagem) é um AVA desenvolvido pelo Instituto UFC Virtual para uso na Universidade Federal do Ceará (UFC) e na Universidade Aberta do Brasil (UAB). Como diferencial, seus módulos estão integrados a um sistema de gestão de atividades acadêmicas denominado *SIGAA*, consolidando em um único local os dados administrativos e acadêmicos advindos de diversas fontes (INSTITUTO UFC VIRTUAL, 2022). Como funcionalidades, encontram-se: gerenciamento de unidades curriculares, gerenciamento de aulas, agenda, chat, fórum, webconferência, atividades (trabalhos, exercícios e provas), gestão de referências bibliográficas e avisos (UFC VIRTUAL, 2023).

O *e-ProInfo* foi criado pelo Ministério da Educação (MEC), por meio da Secretaria de Educação a Distância (SEED) e da Diretoria de Infraestrutura Tecnológica (DITEC) para auxiliar o *ProInfo*, uma iniciativa governamental criada em 1997 que visava promover o uso pedagógico de Tecnologias da Informação e Comunicação nas escolas públicas brasileiras via ambiente Web (SILVA, 2006, p. 14-15). Suas funcionalidades contemplam: diário, fórum, textos coletivos; webconferências, glossários, questionários e fóruns (MAQUINÉ, 2020, p. 304).

O *Tidia-Ae* foi um dos três subprojetos do Programa Tecnologia da Informação no Desenvolvimento da Internet Avançada (TIDIA), financiado pela Fundação de Amparo à Pesquisa do Estado de São Paulo (FAPESP). Segundo Borba, Maltempi e Malheiros (2005, p. 2 e p. 3), foi uma ferramenta criada para explorar a *KyaTera*, uma infraestrutura de rede de fibra óptica que interligava laboratórios de pesquisa no Estado de São Paulo. Inicialmente, o *Tidia-Ae* não tinha como objetivo ser utilizado em ambientes escolares, mas em projetos relacionados a redes de computadores de alta velocidade. Dentre as opções disponíveis, encontram-se: avisos, atividades, bate-papo, escaninho, quadro de notas, configuração de *worksites*, novidades, preferências, ferramenta de vídeos, perfil, repositório, participantes, cronograma, informação de turma, conteúdo programático, exercícios, links, notícias, sistemas administrativos, *whiteboard*, áudio conferência 3D, *SimTool*, vídeos e *YoutubeTidia* (USP, 2006, Online).

O *Amadeus LM* é um AVA construído pelo Centro de Informática da Universidade Federal de Pernambuco (UFPE). Inova ao trazer o conceito de micromundos, definido como aplicações semelhantes a simuladores que contêm características construcionistas de instâncias do mundo real, onde o aluno pode gerenciar e construir seu aprendizado (GOMES *et al.*, 2009a, p. 6). Este AVA se destaca pela sua capacidade de integrar diferentes formatos de mídia, incluindo jogos, simulações, vídeos, texto, áudio e imagens com as atividades disponibilizadas pelos professores como fóruns, enquetes, exibição de vídeos, seminários e avaliações. Também possui suporte às plataformas móveis por meio do *Amadeus.Mobile* (GOMES *et al.*, 2009b, p. 13, p. 27 e p. 34, Online).

Fora do ambiente acadêmico, vários AVAs podem ser encontrados integrando soluções comerciais (pagas) e de código aberto (geralmente gratuitas) (ZINE; DEROUICH; TALBI, 2015, p. 5). Luna e Breternitz (2021, p. 16) revelam que, no Brasil, há preferência pela utilização do *Moodle*, do *Canvas* (ambos de código aberto) e do *BlackboardLearn* (proprietário).

O *Moodle* é um AVA de código aberto lançado pelo programador australiano Martin Dougiamas em 2002 (HARRATI; BOUCHRIKA; MAHFOUF, 2016, p. 164). Até setembro de 2023, estima-se que o *Moodle* possua aproximadamente 166 mil AVAs e 395 milhões de usuários registrados

(MOODLE, 2023, Online). Conforme relatado por um censo promovido pela Associação Brasileira de Educação a Distância (ABED, 2022), o *Moodle* responde por 35,4% dos casos de uso de AVAs no Brasil. O *Moodle* traz a possibilidade de criar e personalizar tanto o ambiente quanto as ferramentas que oferece. Por exemplo, a plataforma *Help Class On-line* é apresentada como um AVA gamificado (SILVA; SALES; CASTRO, 2018, p. 77) que contém um módulo chamado *Learning Vectors*, que fornece um instrumento de medição qualitativo e quantitativo não linear para avaliar a interação do aluno na plataforma (SALES, 2010, p. 86).

O *BlackboardLearn* é um dos AVAs comerciais mais usados em todo o mundo, com aproximadamente 150 milhões de usuários em mais de 80 países (SELTZER, 2021, Online). Essa plataforma foi criada pela empresa Blackboard Inc. em 1997, atendendo instituições de ensino regular e ensino superior, clientes comerciais e órgãos governamentais. Segundo Fenton (2017), o *BlackboardLearn* tem uma gama de recursos que podem ser modificados através do conceito de Blocos de Construção, de forma que o AVA possa atender às demandas de qualquer instituição, tanto educacionais como corporativas. A plataforma inclui ferramentas e serviços para a realização de atividades colaborativas, gerenciamento de mídias sociais e acompanhamento da retenção, da matrícula e do engajamento dos alunos. Em 2021, a empresa Anthology anunciou a sua fusão com a Blackboard Inc., ampliando a base de usuários e o portfólio de serviços (ANTHOLOGY, 2021, Online).

O *Canvas LMS* é um AVA de código aberto projetada pela Instructure, uma empresa americana de tecnologia educacional fundada em 2008 por Brian Whitmer e Devlin Daley, dois estudantes de pós-graduação da Brigham Young University (JOHNSON, 2013, p. 4). A adoção desse AVA cresce desde 2016 (EDUTECHNICA, 2020), sendo predominante em países da América do Norte e da Europa (MPUNGOSE; KHOZA, 2022, p. 5). O *Canvas LMS* contém características semelhantes encontradas em outras soluções AVA (GRAY; LAZAREVA, 2022, p. 41). No entanto, muitos usuários preferem utilizar essa plataforma por sentirem que ela é muito útil no aprendizado, além de ser fácil e flexível de usar em qualquer lugar (RATIH; SARI, 2021, p. 93). Até setembro de 2023, a plataforma já conta com mais de 6 milhões de usuários simultâneos e 6 mil clientes globais, excedendo uma taxa de satisfação de 90 por cento (INSTRUCTURE, 2023, Online).

O visor de realidade virtual

O visor de realidade virtual é um equipamento usado sobre a cabeça, contendo viseiras que produzem imagens que dão aos usuários experiências em realidade virtual, realidade aumentada e realidade mista (SHIBATA, 2002, p. 57). Em uma realidade aumentada, uma pessoa vê o ambiente como camadas de objetos criados digitalmente que sobrepõem o ambiente real. Em uma realidade virtual, uma pessoa é visualmente transportada para uma área gerada por um computador. Na realidade mista, uma pessoa desfruta de uma experiência síncrona em espaços reais e virtuais, combinando as características de realidades virtuais e aumentadas (BRIGHAM, 2017, p. 172-174).

Na década de 1960, a *Máscara Telesférica* (HEILIG, 1960) e a *Espada de Dâmocles* (SUTHERLAND, 1968) foram os projetos pioneiros para ver objetos virtuais em espaços naturais. No Brasil, há registros do uso de óculos em simulações virtuais para as áreas médica e de engenharia no início dos anos 2000, em iniciativas como a *Caverna Digital* (ZUFFO *et al.*, 2001) e a *Gruta Digital* (FICHEMAN *et al.*, 2006). Fora do escopo dos ambientes simulados, verifica-se o uso dos óculos *Google Glasses* em um ambiente hospitalar para o treinamento de cirurgiões do Paraguai e do Brasil por especialistas que se encontravam localizados em várias partes todo o mundo. As cirurgias eram capturadas e transmitidas em tempo real, permitindo observação e mentoria em tempo de execução (DATTA *et al.*, 2015).

Os óculos de realidade mista são as iniciativas mais recentes para explorar uma experiência imersiva em um ambiente virtual tridimensional (popularmente conhecidos como metaversos), por meio de dispositivos hápticos de navegação e interação, em conjunto com telas sensíveis ao toque, botões e controles de movimento (por exemplo, *Meta Quest, HoloLens, HTC Vive* e *Apple Vision Pro*). Os esforços atuais são focados para oferecer aos usuários uma experiência orgânica por meio de melhorias na comunicação sem fio, rastreamento de movimento, sensação tátil e cinestésica, redução de desconforto e portabilidade (CAMARDELLA *et al.*, 2022, p. 274; KIM; SHIN, 2021, p. 6-8).

A inteligência artificial generativa

A inteligência artificial generativa (IAG) é um campo emergente da IA que se concentra na criação de conteúdo novo e original (como texto, áudio, imagens, código ou vídeo) com base em um conjunto de dados de exemplos existentes aos quais o sistema foi submetido a um treinamento (BABCOCK; BALI, 2021, p. 3). Por exemplo, um sistema de IA generativa treinado em um conjunto de dados de livros didáticos poderia ser usado para gerar novos problemas de matemática ou resolver exercícios de química.

Os modelos *DALL-E 2*, *GPT-3* e *GPT-4* são três dos modelos de linguagem populares para IA generativa. Eles são de propriedade da empresa OpenAI. O *DALL-E 2* é um modelo apresentado em 2021 e que foi treinado com 650 milhões de imagens para gerar imagens únicas a partir de descrições textuais. Já o *GPT-3 e GPT-4* são modelos de linguagem anunciados em 2020 e 2023, respectivamente. Estes são usados como geradores de texto e fazem parte da ferramenta de bate-papo *ChatGPT* (EL AMRI, 2023, p. 3 e p. 4; THEOBALD, 2022, [s.l.]). A diferença entre a última versão e a sua antecessora está no aumento da velocidade de geração textual, do nível de compreensão de nuances e limite de palavras, assim como também na capacidade de interpretar gráficos e imagens (LEMOS, 2023).

O *Midjourney*, da empresa Midjourney Inc., e o *StableDiffusion*, da Stability AI, são alternativas ao modelo *DALL-E 2*. O *Midjourney* funciona dentro do aplicativo de comunicação *Discord*, enquanto que o *StableDiffusion* é uma alternativa de código aberto e que pode ser encontrado em serviços geradores de imagens baseados em inteligência artificial ou usado em projetos independentes (TAULLI, 2023, p. 9 e p. 87).

Com a popularidade obtida pelo *ChatGPT*, outras iniciativas recentes de IA generativa surgiram por parte da Google e da Microsoft, chamadas de *Bard* e de *CoPilot*, e podem ser utilizadas por meio de terminais de comando ou estando integradas a outros aplicativos e serviços, como editores de texto e ferramentas de busca (EBERT; LOURIDAS, 2023, p. 30).

O CENÁRIO BRASILEIRO ATUAL

No que se refere aos meios de ensinar por meio de TICs em uma modalidade não-presencial, percebe-se que: i) a procura acentuada por ferramentas entre o final de 2019 a 2021 foi reflexo de uma antecipação da demanda em virtude do isolamento social e do trabalho remoto, e atualmente encontra-se em desaceleração (THORBECKE, 2022); ii) lecionar para alguns públicos, como alunos de ensino infantil, requer o apoio de uma pessoa que os possa auxiliar no uso das ferramentas (CHARCZUK, 2020, p. 17); iii) há muitos docentes com dificuldades do manuseio de ferramentas tecnológicas e não se sentem preparados para ensinar online (ALVES; MARQUES, 2023, p. 350); e iv) há a necessidade de utilizar as tecnologias para promover uma interação entre aluno e professor, e não ser apenas um meio de divulgação e reposição de materiais (CHARCZUK, 2020, p. 17).

Como apontado por Meirelles (2023, p. 2.97), a *34ª Pesquisa Anual do Centro de Tecnologia de Informação Aplicada* (FGVcia) da Escola de Administração de Empresas de São Paulo (EAESP) da Fundação Getúlio Vargas (FGV) revela que, no ano de 2023, o Brasil dispõe de aproximadamente 464 milhões de dispositivos digitais em funcionamento. Dentre esses dispositivos, 364 milhões são considerados portáteis, com 249 milhões deles sendo telefones celulares, enquanto 215 milhões são computadores. Em média, cada cidadão brasileiro possui cerca de 2,2 dispositivos digitais, sendo que a maioria (1,7 dispositivos) é portátil.

A pesquisa *TIC Kids Online Brasil*, conduzida em 2022 pelo Comitê Gestor de Internet (CGI) do país, revela que cerca de 24 milhões de crianças e adolescentes no Brasil, com idades variando entre 9 e 17 anos, fazem uso da internet, com o telefone celular sendo o dispositivo mais utilizado para acessá-la. Esse número representa uma participação de 92% desse segmento da população (CGI, 2022).

De acordo com os dados da *Pesquisa Nacional por Amostra de Domicílios Contínua* (PNAD Contínua) publicados pelo IBGE, verifica-se que o acesso à internet está presente em nove em cada dez lares brasileiros em 2021. Esse dado representa um aumento de seis pontos percentuais em relação ao ano de início da pandemia, em 2019, quando 84% dos domicílios tinham acesso à rede mundial de computadores (IBGE, 2022, Online).

Contudo, mesmo diante desses números, não se pode inferir que todos os alunos e professores possuem condições de transmitir e acessar de forma eficaz os materiais didáticos através de computadores, tablets ou smartphones, já que há relatos de utilização de equipamentos lentos, obsoletos e sem manutenção, inexistência de acesso à internet, ausência de laboratórios e escassez de Ambientes Virtuais de Aprendizagem institucionais (BORBA, 2022, p. 28; SOUZA; ARANTES; MOL, 2013, p. 120).

Há instrumentos de ensino que se encontram em desuso há algum tempo. As correspondências, por exemplo, foram substituídas pelas tecnologias de informação e comunicação (TIC) baseadas na transmissão de áudio (HOLMBERG, 2005, p. 166) e, posteriormente, as instituições que ofereciam cursos por correspondência migraram para a Web. Um segundo exemplo são as mídias físicas usadas nos periféricos dos computadores e em alguns aparelhos audiovisuais. Os últimos lançamentos não mais contêm leitores magnéticos e ópticos capazes de executar o material armazenado (KNIGHT, 2017). No entanto, essas mídias permanecem populares em situações pontuais, como suplementos de livros didáticos em áreas como ensino de língua estrangeira (SHAGIYEVA, 2020, p. 128).

Embora em menor número, ainda há movimentos no sentido de utilizar o rádio na Educação a Distância. Um deles é o *Projeto Escola em Casa*, idealizado pela Secretaria de Educação, Cultura e Esportes do Estado do Acre. Segundo Araújo (2022, Online), o projeto surgiu em 2020 para garantir a transmissão de conteúdo curricular para estudantes acreanos durante a pandemia de Covid-19 causada pelo vírus Sars-Cov-2. Há também às rádios universitárias, onde a programação musical divide espaço com conteúdos informativos, educativos, jornalísticos, literários e artísticos, a exemplo da *Rádio Universitária FM*, da *Rádio da Universidade UFRGS*, da *Rádio Federal FM UFPEL*, da *UFMG Educativa* e outras.

No tocante à televisão, ainda que haja canais com conteúdo educativo como *Futura* e *TV Cultura* que conservem a transmissão aberta, muitos já adotam o modelo de assinatura de um plano de TV a cabo e via *streaming* em mídias digitais, como os canais: *Animal Planet*, *History*, *Gloob* e *Discovery* (CONTADO, 2022, Online). Já outras iniciativas estão migrando da TV aberta para serem transmitidas gratuitamente via *streaming* pela Web, como a *TV Escola Juazeiro* (BRITTO, 2023, Online). Também há um recente caso de encerramento de transmissão: a *TV Escola* (PAULA, 2020, Online). Por sua vez, o ensino via satélite (em que os estudantes vão à escola e os professores estão à distância), em virtude de sua complexidade na instalação e no suporte e por haver alternativas contemporâneas mais eficientes, como os *smartphones*, ficou restrito a situações específicas, como em comunidades vulneráveis ou regiões de difícil acesso (BORN; BERBERI, 2023, p. 1472; VERDISCO; BURGESS, 2016, Online).

Em 2022, o Governo Federal anunciou a criação de duas estações de televisão instrucionais: *Canal Educação*, que busca universalizar a educação, melhorar a qualidade da alfabetização brasileira e formar profissionais, abrangendo temas desde a educação infantil até o ensino superior; e *Canal Libras*, que oferece um serviço semelhante ao *Canal Educação*, mas de forma acessível à comunidade com deficiência auditiva (BRASIL, 2022, Online). Contudo, em 2023, se observa que o conteúdo audiovisual de ambas as iniciativas está voltado para a plataforma *YouTube*.

No cenário educacional brasileiro, não há exigência de uma adoção unânime a uma plataforma de videoconferência. Há distinções de preferência entre as instituições de ensino e até mesmo entre os docentes. Diante dessa diversidade, é necessário avaliá-las com base na facilidade de utilização, na facilidade de aprendizagem, na satisfação percebida, na acessibilidade e na segurança (PATRICK; DEWI, 2021, p. 214). Outros aspectos importantes incluem: número máximo de participantes simultâneos, custo, qualidade do áudio e qualidade do vídeo (CHANG *et al.*, p. 225 e p. 227).

No contexto dos AVAs, o *Moodle* predomina no Brasil (ABED, 2022). Sua popularidade deve-se não somente à sua gratuidade e à sua grande quantidade de extensões adicionais que permitem a customização do ambiente, mas também por ser visto como um sustentáculo da Universidade Aberta do Brasil (UAB), um sistema do governo federal brasileiro que visa promover o acesso à educação superior de qualidade em todo o país (KUMAR, 2013, p. 8; NASCIMENTO, 2012, p. 32). Criada em 2005, a UAB é coordenada pela Coordenação de Aperfeiçoamento de Pessoal de Nível Superior (CAPES), vinculada ao Ministério da Educação (MEC). O principal objetivo do UAB é expandir o acesso ao ensino superior por meio da modalidade de Educação a Distância. Para isso, o programa estabelece parcerias com universidades públicas, institutos federais de educação tecnológica e demais instituições interessadas, permitindo que essas instituições ofereçam cursos de graduação, pós-graduação e formação de professores na modalidade a distância (MILL, 2012, p. 282 e p. 283).

Contudo, assim como há pontos positivos em relação ao *Moodle*, há alguns negativos que requerem atenção. Bonneau (2015, p. 6) alertava que não é possível garantir a utilização frequente de uma ferramenta em virtude de sua mera existência. Em sua pesquisa com 16 alunos do quinto e do sexto períodos do curso superior de Análise e Desenvolvimento de Sistemas, os resultados apontam baixo índice de aprovação quanto aos seguintes atributos de usabilidade: intuitividade, operacionalidade, eficiência de uso e atratividade. Quanto à aprendizagem e a satisfação do usuário, tanto a aprovação quanto a desaprovação tiveram um índice neutro (BONNEAU, 2015, p. 86). Mais recentemente, Negreiros *et al.* (2022, p. 1) também alertaram para o fato de que a interface de AVAs como o *Moodle* geralmente não são adequados para crianças.

Em 2021, houve um grande entusiasmo em relação ao metaverso, uma realidade virtual compartilhada onde as pessoas podem jogar, interagir e trabalhar. No entanto, as preferências mudaram com a popularização da inteligência artificial e das ferramentas de chatbot como o *ChatGPT* e *Bard*, levando empresas a priorizarem seus investimentos nessa área (NERI, 2023).

PERSPECTIVAS FUTURAS

Concordamos com Sales *et al.* (2022, p. 7) quanto à importância que haverá a aprendizagem através da tecnologia empregando dispositivos móveis como instrumento de condução, já que, de acordo com Camhi (2015), as projeções otimistas sugerem que até 2025 poderá haver a incrível marca de 500 bilhões de dispositivos conectados globalmente. Também há de concordar a respeito da ubiquidade da internet (SALES, 2022, p. 9). Com base nas datas de implantação das tecnologias 3G e 4G no Brasil (SBRISSIA, 2021, Online), pode-se estimar que a tecnologia 5G irá predominar ao longo de uma década, até a chegada da futura geração de redes móveis 6G. Contudo, não se pode esquecer que o Brasil é um país de extensões continentais e condições geográficas diversas. Sabendo disso, ainda haverá regiões com limitações ou ausência dessa cobertura tecnológica. No cenário mais positivo, tais lugares poderão contar com conexões via satélite, nos moldes do *StarLink* da empresa americana SpaceX.

Possivelmente, a televisão como instrumento de ensino, mesmo que contenha funcionalidades que a rotulem como *smart* (como conexão à internet e suporte à inteligência artificial), será usada de forma esporádica. Um exemplo seria a reprodução de um determinado conteúdo que, pelo seu valor histórico, só esteja disponível em formato de mídia física, como DVD ou *Blu-ray*. Diante do que foi exposto neste trabalho, tudo leva a acreditar que os programas voltados ao ensino em formato aberto pela TV continuarão sendo raros e que a sua transmissão deverá fazer parte de iniciativas governamentais. O formato clássico de transmissão de programação linear e por horários se mostrará antiquado para as futuras gerações de usuários que preferirão escolher algo a ter que esperar por eles serem exibidos.

O conceito de *Learning Experience Platform* (LXP) apresenta-se como uma plataforma promissora para os próximos anos (VALDIVIEZO; CRAWFORD, 2020, p. 312). Como visto em Dinath (2021, p. 255), o principal foco do LXP são as experiências personalizáveis dos usuários. Diferente dos AVAs, eles não focam na transmissão do conteúdo e o controle da plataforma encontra-se sob a responsabilidade dos usuários, ao invés dos administradores. Os LXPs também tendem a utilizar as ferramentas tecnológicas mais modernas para a Web, como realidade aumentada, realidade mista, tridimensionalidade e assistentes inteligentes (MAHMOUDIDEHAK; CHALAK; TABRIZI, 2021, p. 120). São exemplos de LXPs as plataformas: *EdApp*, *Degreed* e *Raptivity*. Contudo, pouco se fala sobre ela no mundo acadêmico, o que leva a crer que seu foco será no ambiente corporativo. Dado o seu histórico de utilização no Brasil, tudo aponta para que o *Moodle* continue sendo a plataforma de referência para Ambientes Virtuais de Aprendizagem.

Com o *ChatGPT*, a inteligência artificial (IA) se tornará uma ferramenta popular no contexto escolar. A IA generativa, em especial, tem o potencial de revolucionar a maneira como os professores ensinam e os alunos aprendem. O uso de IA generativa como instrumento de ensino tem uma série de vantagens. Elas podem ser usadas para criar conteúdo que seja adaptado às necessidades e interesses individuais dos alunos. Elas também podem ser usadas para gerar grandes quantidades de conteúdo de forma rápida e fácil, otimizando o tempo do professor. Há de se crer, portanto, que os sistemas de IA generativa podem ser usados para criar novas experiências de aprendizagem no futuro. No entanto, o uso de IA generativa como instrumento de ensino também apresenta alguns desafios. Em primeiro lugar, é importante garantir que os sistemas de IA generativa não possam ser usados para gerar conteúdo que seja ofensivo ou prejudicial. Em segundo lugar, é importante garantir o controle de plágio textual.

CONSIDERAÇÕES FINAIS

Manifesta-se otimismo quanto à evolução tecnológica pelas quais as ferramentas de Ensino a Distância estão passando e as suas possibilidades vindouras. Contudo, há a possibilidade de que alguns aspectos negativos se perpetuem, o que inclui: a dificuldade de utilização por professores e alunos; o alto custo de compra e manutenção; o acesso limitado à internet banda larga em algumas localidades; e a pouca influência dessas ferramentas na redução da taxa de abandono acadêmico (ABED, 2020, p. 97; COOK *et al.*, 2019, p. 37; NASCIMENTO *et al.*, 2020, p. 7-10).

Espera-se que, contudo, esse trabalho estimule a prática da reflexão sobre o futuro do Ensino a Distância. Sugere-se que os debates e as pesquisas possam ir além da análise e da criação de ferramentas tecnológicas. As políticas públicas, as reformas curriculares, o genuíno comprometimento dos alunos e o bom planejamento feito pela instituição de ensino e pelos professores são igualmente necessários para a condução eficaz dessa modalidade.

REFERÊNCIAS

ABED. **Censo EAD.BR**: Relatório analítico da aprendizagem a distância no Brasil 2020. Curitiba: InterSaberes, 2022. Disponível em: https://tinyurl.com/2p96zajn. Acesso em: 23 set. 2022.

ALTOÉ, A.; SILVA, H. O desenvolvimento histórico das novas tecnologias e seu emprego na educação. *In*: ALTOÉ, A.; COSTA, M. L. F.; TERUYA, T. K. **Educação e novas tecnologias**. Maringá: Eduem, 2005, p. 13-25.

ALVES, J. R. M. A História da EaD no Brasil. *In*: LITTO, F. M.; FORMIGA, M. (Orgs.). **Educação a Distância**: o estado da arte. São Paulo: Pearson, 2009, p. 9-13.

ALVES, A.; MARQUES, R. N. A voz que não ecoa: a docência e o ensino remoto em tempos pandêmicos. **Revista Humanidades & Inovação**, v. 10, n. 3, p. 343-358, 2023.

AMARANTE OLIVEIRA, W. Aprender na TV: os programas educativos da La Cinquième e do Canal Futura (1994-2002). **Revista Escritas**, v. 11, n. 1, p. 116-131, 2019.

ANDRELO, R. O rádio a serviço da educação brasileira: uma história de nove décadas. **Revista HISTEDBR On-line**, v. 12, n. 47, p. 139-153, 2012.

ANTHOLOGY. Anthology Completes Merger with Blackboard, Launches Next Chapter in EdTech. **Anthology newsroom**, 25 out. 2021. Disponível em: https://tinyurl.com/54mec4an. Acesso em: 23 set. 2023.

ARAÚJO, C. Programa Escola em Casa se concretiza como ferramenta de apoio pedagógico para o aluno. **Agência de notícias do Estado do Acre**, 11 maio 2022. Disponível em: https://tinyurl.com/4xy53zxr. Acesso em: 16 maio 2022.

BABCOCK, J.; BALI, R. **Generative AI with Python and TensorFlow 2**. Birmingham: Packt Publishing, 2021.

BARRERA, L. Trends in Distance Education in South America. *In*: ROGERS, P.; BERG, G.; BOETTCHER, J.; HOWARD, C.; JUSTICE, L.; SCHENK, K. (Orgs). **Encyclopedia of Distance Learning**. 2. ed. Hershey: IGI Global, 2009, p. 2146-2154.

BAUMAN, Z. **Modernidade líquida**. Rio de Janeiro: Zahar, 2001.

BEHAR, P. A.; MACEDO, A. L.; SOUZA, A. P. F. C.; AMARAL, C. B.; SCHNEIDER, D.; SOUZA, L. B.; BERNARDI, M.; LEITE, S. M. Plataforma de EAD - ROODA. **Revista Novas Tecnologias na Educação**, Porto Alegre, v. 3, n. 1, 2005.

BERUBE, L. **Do You Web 2.0?** Public libraries and social networking. Oxford: Chandos Publishing, 2011.

BISPO, P. A. Tecnologia da informação e comunicação na educação superior em tempos de pandemia: os novos desafios no enfrentamento ao ensino remoto. **Revista Fatec de Tecnologia e Ciências**, v. 5, n. 1, p. 1-16, 2021.

BONNEAU, P. E. **Ambientes Virtuais de Aprendizagem e avaliação do AVA Moodle**. 2015. 194 f. Trabalho de Conclusão de Curso (Análise e Desenvolvimento de Sistemas) - Faculdade de Tecnologia - Centro Paula Souza, Americana, 2015.

BORBA, A. K. **A realidade da escola pública diante da 5ª competência geral da BNCC**: estudo de caso em escolas públicas no município de Turuçu/RS. 2022. Trabalho de Conclusão de Curso; (Graduação em Licenciatura em Computação) - Instituto Federal Sul-rio-grandense Câmpus Pelotas, Pelotas, 2022.

BORBA, M. C.; MALTEMPI, M. V.; MALHEIROS, A. P. S. Internet Avançada e Educação Matemática: novos desafios para o ensino e aprendizagem on-line. **Revista Novas Tecnologias na Educação**, v. 3, n. 1, p. 1-10, 2005.

BORN, R. C.; BERBERI, M. A. L. A tecnologia aplicada no ensino superior. **Revista Jurídica Luso-Brasileira**, v. 9, n. 4, p. 1469-1490, 2023.

BRASIL. Decreto nº. 236 de 28 de fevereiro de 1967. Complementa e modifica a lei 4.117 de 27 de agosto de 1962. **Diário Oficial da União**, Brasília, DF, 28 fev. 1967, p. 243.

BRASIL. Lei n. 9.394, de 20 de dezembro de 1996. Estabelece as diretrizes e bases da educação nacional. **Diário Oficial da União**, Brasília, DF, 23 dez. 1996.

BRASIL. Decreto n.º 2.494, de 10 de fevereiro de 1998. Regulamenta o art. 80 da Lei n.º 9.394, de 20 de dezembro de 1996, e dá outras providências. **Diário Oficial União**, Brasília, DF, 11 fev. 1998.

BRASIL. Lei nº 10.172, de 09 de janeiro de 2001. Aprova o Plano Nacional da Educação e dá outras providências. **Diário Oficial da União**, Brasília, DF, 10 jan. 2001. Seção 1, p. 1.

BRASIL. Governo Federal lança dois novos canais de TV voltados para a educação. **Portal de notícias do Governo Federal do Brasil**, 26 abr. 2022. Disponível em: https://tinyurl.com/3nret46e. Acesso em: 16 maio 2022.

BRIGHAM, T. J. Reality Check: Basics of Augmented, Virtual, and Mixed Reality. **Medical Reference Services Quarterly**, v. 36, n. 2, p. 171-178, 2017.

BRITTO, C. Programação lúdica nas escolas apresenta novo formato da TV Escola Juazeiro. **Blog Carlos Britto**, 11 abr. 2023. Disponível em: https://tinyurl.com/3naxsvpv. Acesso em: 25 set. 2023.

BURKE, R. **Televisão educativa**. São Paulo: Cultrix, 1971.

CAMARDELLA, C.; GABARDI, M.; FRISOLI, A.; LEONARDIS, D. Wearable Haptics in a Modern VR Rehabilitation System: Design Comparison for Usability and Engagement. *In*: SEIFI, H.; KAPPERS, A. M. L.; SCHNEIDER, O.; DREWING, K.; PACCHIEROTTI, C.; ABBASIMOSHAEI, A.; HUISMAN, G.; KERN, T. A. (Orgs.). **Haptics**: Science, Technology, Applications. Berlin: Springer, 2022, p. 274-282.

CAMHI, J. **Former Cisco CEO John Chambers Predicts 500 Billion Connected Devices by 2025**. Business Insider, New York, NY, 2015. Disponível em: https://tinyurl.com/yc7vjdh6. Acesso em: 17 ago. 2023.

CARAM, N. R.; BIZELLI, J. L. T-Learning: aplicativo em TV Digital Interativa para Telecurso Tec. *In*: CONGRESSO DE CIÊNCIAS DA COMUNICAÇÃO NA REGIÃO SUDESTE, 18., 2013, Bauru. **Anais [...]**. São Paulo: Intercom, 2013.

CERCEAU, A. D. **Formação à Distância de Recursos Humanos para Informática Educativa**. Dissertação (Mestrado em Ciências da Computação) - Universidade de Campinas. Campinas, p. 133. 1998.

CGI. **TIC Kids online Brasil 2022**: Pesquisa sobre o uso da internet por crianças e adolescentes no Brasil. São Paulo: Comitê Gestor de Internet no Brasil, 2022.

CHALLONER, J. **1001 invenções que mudaram o mundo**. Londres: Quintessence, 2009.

CHAN, R. Y.; BISTA, K.; ALLEN, R. M. Is online and distance learning the future in global higher education? *In*: CHAN, R. Y.; BISTA, K.; ALLEN, R. M. **Online teaching and learning in higher education during Covid-19**: international perspectives and experiences. New York: Routledge, 2022, p. 3-12.

CHANG, H.; VARVELLO, M.; HAO, F.; MUKHERJEE, S. Can You See Me Now? A Measurement Study of Zoom, Webex, and Meet. *In*: ACM INTERNET MEASUREMENT CONFERENCE, 21., 2021. **Proceedings [...]**. New York: Association for Computing Machinery, p. 211-215, 2021.

CHARCZUK, S. B. Sustentar a Transferência no Ensino Remoto: docência em tempos de pandemia. **Educação & Realidade**, v. 45, n. 4, p. 1-20, 2020.

CONACHE, M; DIMA, R.; MUTU, A. A Comparative Analysis of MOOC (Massive Open Online Course) Platforms. **Informatica Economică**, v. 20, n. 2, p. 5-14, 2016.

CONTADO, V. TV aberta enfrenta ausência de programação infantil. **Meio & Mensagem**, 18 abr. 2022. Mídia. Disponível em: https://www.meioemensagem.com.br/midia/tv-enfrenta-ausencia-de-programacao-infantil. Acesso em: 25 set. 2023.

COOK, M.; LISCHER-KATZ, Z.; HALL, N.; HARDESTY, J.; JOHNSON, J.; MCDONALD, R.; CARLISLE, T. Challenges and Strategies for Educational Virtual Reality. **Information Technology and Libraries**, v. 38, n. 4, p. 25-48, 2019.

CORRÊA, J. N. P.; BRANDEMBERG, J. C. Tecnologias digitais da informação e comunicação no ensino de matemática em tempos de pandemia: desafios e possibilidades. **Boletim Cearense de Educação e História da Matemática**, v. 8, n. 22, p. 34-54, 2020.

CURLEY, R. **The Britannica guide to inventions that changed the modern world**. Chicago: Britannica Educational Publishing, 2010.

DATTA, N.; MACQUEEN, I. T.; SCHROEDER, A. D.; WILSON, J. J.; ESPINOZA, J. C.; WAGNER, J. P.; FILIPI, C. J.; CHEN, D. C. Wearable Technology for Global Surgical Teleproctoring. **Journal of Surgical Education**, v. 72, n. 6, p. 1290-1295, 2015.

DINATH, W. Linkedin: a link to the knowledge economy. *In*: EUROPEAN CONFERENCE ON KNOWLEDGE MANAGEMENT, 22., 2021, Coventry, UK. **Proceedings [...]**. Kidmore End, UK: Academic Conferences Ltd., 2021.

DIRINGER, D. **The alphabet**. 2nd. ed. London: Scientific and Technical Publications, 1953.

DYMOND, S. K.; RENZAGLIA, A.; HALLE, J. W.; CHADSEY, J.; BENTZ, J. L. An Evaluation of Videoconferencing as a Supportive Technology for Practicum Supervision. **Teacher Education and Special Education**, v. 31, n. 4, p. 243-256, 2008.

EBERT, C. LOURIDAS, P. **Generative AI for Software Practitioners**. IEEE Software, v. 40, n. 4, p. 30-38, 2023.

EDUTECHNICA. LMS Data – Spring 2020 Updates. **Latest LMS Market Share Data**, 2 fev. 2020. Disponível em: https://tinyurl.com/2snpbf96. Acesso em: 11 jun. 2022.

EL AMRI, A. **OpenAI GPT for Python developers**. British Columbia, CA: Leanpub, 2023.

EREN, G. H.; KORKUT, F. TasarımStüdyosuEğitiminde Web 2.0 Ara çlarınınAraştırmaAmaçlıKullanımı: KullanıcıKaynaklı Videolar Örneği. **AvrupaBilimveTeknolojiDergisi**, v. 32, n. 1, p. 207-2014, 2021.

FARIA, A. A. **A História do Instituto Universal Brasileiro e a Gênese da Educação a Distância no Brasil**. Dissertação (Mestrado em Educação) - Universidade Tuiuti do Paraná. Curitiba, Paraná, p. 155. 2010.

FARIAS, A. **História do Ceará**. 6. ed. Fortaleza: Armazém da Cultura, 2012.

FENTON, W. Blackboard Learn LMS Review. **PC Mag**, 13 jul. 2017. Disponível em: https://tinyurl.com/27pepvcf. Acesso em: 11 jun. 2022.

FERRARETTO, L. A. Por que o rádio brasileiro começou em Recife. **Revista Famecos**, v. 28, n. 1, p. 1-13, 2021.

FICHEMAN, I. K.; NOGUEIRA, A. A. M.; CABRAL, M. C.; SANTOS, B. T.; CORRÊA, A. G. D.; ZUFFO, M. K.; LOPES, R. D. Gruta Digital: um Ambiente de

Realidade Virtual Imersivo Itinerante para Aplicações Educacionais. *In*: SIMPÓSIO BRASILEIRO DE INFORMÁTICA NA EDUCAÇÃO, 17., 2006, Brasília, DF. **Anais [...]**. Brasília, DF: UNB/UCB, 2006.

FISCHETTI, E.; GISOLFI, A. From computer-aided instruction to Intelligent Tutoring System. **Educational Technology**, v. 30, n. 8, p. 7-17, 1990.

FRANÇA, A. L. R. **O uso da televisão na Educação a Distância (EAD)**: um estudo sobre o Centro de Mídias da SEDUC no Amazonas. 2013. 113 f. Dissertação (Mestrado em Ciências da Comunicação) - Universidade Federal do Amazonas, Manaus, 2013.

FRANCO, M. A.; CORDEIRO, L. M.; CASTILLO, R. A. F. O ambiente virtual de aprendizagem e sua incorporação na Unicamp. **Educação e Pesquisa**, v. 29, n. 2, p. 341-353, 2003.

FUKS, H. O modelo de colaboração 3C no ambiente AulaNet. **Informática na Educação**: teoria & prática, v. 7, n. 1, p. 25-48, 2004.

GARCÍA ARETIO, L. Historia de la educación a distancia. **RIED: Revista Iberoamericana de Educación a Distancia**, Madrid, v. 2., n. 1, p. 11-40, 1999.

GOMES, A. S.; CARVALHO, R. S.; MELO FILHO, I. J. ROLIM, A. L. S.; MONTEIRO, B. S.; OLIVEIRA, G. R. S. Amadeus: Novo Modelo de Sistema de Gestão de Aprendizagem. **Revista Brasileira de Aprendizagem Aberta e a Distância**, v. 8, n. 1, p. 1-17, 2009a.

GOMES, A. S.; FILHO, I. J. M.; MELLO, M.; PERRIS, P.; RODRIGUES, R. L.; CARVALHO, R. S.; ARAÚJO, T. S.; SILVA, W. M. **Projeto Amadeus: Manual do Usuário**, 2009b. Disponível em: https://tinyurl.com/39acb82j. Acesso em: 24 set. 2023.

GRAY, R; LAZAREVA, A. When the past and future collide: Digital technologies and assessment in Norwegian higher education. *In*: HILLEN, S.; WOLCOTT, P.; SCHAFFER, C.; LAZAREVA, A.; GRAY, R. (orgs.). **Assessment theory, policy, and practice in higher education**. Münster: Waxmann, 2022, p. 39-56.

GULATI, A. An overview of massive open online courses (MOOCs): some reflections. **International Journal of Digital Library Services**, v. 3, n. 4, p. 37-46, 2013.

HARRATI, N.; BOUCHRIKA, I.; MAHFOUF, Z. e-Learning: On the Uptake of Modern Technologies for Online Education. *In*: INTERNATIONAL CONFERENCE ON INFORMATION COMMUNICATION AND

MANAGEMENT, 6., 2016, Hatfield, UK. **Proceedings [...]**. New Jersey: IEEE, 2016, p. 162-166.

HECHT, J. Heard, but not seen. **New Scientist**, v. 232, n. 3104-3106, p. 47-49, 2016.

HEILIG, M. L. **Stereoscopic-television apparatus for individual use**. Inventor: Morton Leonard Heilig. US nº 2955156. Application date: 24. maio. 1957. Granted date: 4 out. 1960. Disponível em: https://patents.google.com/patent/US2955156A/en. Acesso em: 28 maio 2022.

HOLMBERG, B. Teaching Foreign Language Skills by Distance Education Methods: Some Basic Considerations. *In*: HOLMBERG, B.; SHELLEY, M.; WHITE, C. (orgs.). **Distance Education and Languages Evolution and Change**. Clevedon, Buffalo and Toronto: Multilingual Matters, 2005, p. 166-177.

HORNBY, A. S. **Oxford advanced learner's dictionary**. 7th. ed. Oxford: Oxford University Press, 2005.

HOY, M. B. MOOCs 101: An Introduction to Massive Open Online Courses. **Medical Reference Services Quarterly**, v. 33, n. 1, p. 85-91, 2014.

IBGE. **Acesso à Internet e à televisão e posse de telefone móvel celular para uso pessoal 2021**, 2022. Disponível em: https://tinyurl.com/bdzsecsa. Acesso em: 23 set. 23.

INSTITUTO UFC VIRTUAL. **Solar**: o Ambiente Virtual de Aprendizagem da UFC, versão 2.0. Fortaleza, 2022. Disponível em: https://tinyurl.com/2p94ke2c. Acesso em: 2 maio 2022.

INSTRUCTURE. Our Company Story. **Instructure Official Page**, 2023. Disponível em: https://www.instructure.com/about/our-story. Acesso em: 23 set. 2023.

JOHNSON, S. Canvas: Program receives high praise from faculty and students. **The Breeze**, Virginia, v. 92, n. 3, 2 set. 2013. News, p. 4.

JORGE, A. D. F. **Roquette-Pinto e a Rádio Sociedade do Rio de Janeiro**. Dissertação (Mestrado Profissional em Bens Culturais e Projetos Sociais), Programa de Pós-graduação em História, Política e Bens Culturais, Fundação Getúlio Vargas (FGV), Centro de Pesquisa e Documentação de História Contemporânea (CPDOC). Rio de Janeiro, 2008.

JURADO, R. G.; PETTERSON, T. Live USB Mediated Education (LUME). **International Journal of Education and Development using Information and Communication Technology**, v. 7, n. 1, p. 141-144, 2011.

KANTAR IBOPE MEDIA. **Video Streaming Report**. São Paulo: 2022. Disponível em: https://tinyurl.com/a7jafzxz. Acesso em: 04 jun. 2022.

KIM, E.; SHIN, G. User discomfort while using a virtual reality headset as a personal viewing system for text-intensive office tasks. **Ergonomics**, Maryland: NCBI, v. 64, n. 7, p. 891-899, 2021.

KNIGHT, S. If you purchased an optical drive last decade, you may be entitled to a classaction settlement. **Techspot**, 7 fev. 2017. Disponível em: https://tinyurl.com/2p9zem5y. Acesso em: 16 maio. 2022.

KUMAR, P. **Moodle plugin for game based learning**. 2013. 54 f. Dissertação (Mestrado de Tecnologia), Computer Science and Engineering - Indian Institute Of Technology, Bombay, 2013.

LEAL FILHO, L. L. **A TV sob controle**: a resposta da sociedade ao poder da televisão. São Paulo: Summus, 2006.

LEMOS, A. Quais são as principais diferenças entre o GPT-4 e GPT-3. **Exame**, 18 ago. 2023. Inteligência Artificial. Disponível em: https://tinyurl.com/23rswkwa. Acesso em: 25 ago. 2023.

LIMA, T. S.; GUEDES, A. M. S.; PEREIRA, A. C. C. A história da matemática como recurso metodológico para o ensino utilizando o vídeo como suporte. **Boletim Cearense de Educação e História da Matemática**, v. 3, n. 9, p. 33-47, 2016.

LINS, F. Uma aventura chamada Tupi: os primeiros anos da TV brasileira. **Rumores**, São Paulo: USP, v. 7, n. 13, p. 120-137, 2013.

LUCENA, C. J. P.; FUKS, H.; MILIDIU, R.; LAUFER, C.; BLOIS, M.; CHOREN, R.; TORRES, V.; FERRAZ, F.; ROBISCHEZ, G.; DALFLON, L. AulaNet: Ajudando Professores a Fazerem seu Dever de Casa. *In*: CONGRESSO DA SOCIEDADE BRASILEIRA DE COMPUTAÇÃO, 19., 1999, Rio de Janeiro, RJ. **Anais [...]**. Rio de Janeiro, RJ: EntreLugar, 1999.

LUNA, F. D. S.; BRETERNITZ, V. J. Transformação digital em instituições de ensino superior privadas brasileiras: linha de base pré-coronavírus. **Revista de administração Mackenzie**, v. 22, n. 6, p. 1-32, 2021.

LYTRAS, M. D.; DAMIANI, E.; PABLOS, P. O. **Web 2.0**: The Business Model. New York: Springer, 2009.

MAHMOUDI-DEHAK, M.; CHALAK, A.; TABRIZI, H. H. The Impact of Learning through Management System vs. Learning through Experience Platform on Exam Results of Digital Natives and Digital Immigrants. **Journal of Teaching Language Skills**. v. 40, n. 3, p. 117157, 2021.

MAIA, M. C.; MEIRELLES, F. S. As Tecnologias de Informação e Comunicação aplicadas na Educação a Distância no Ensino Superior no Brasil. *In*: ALBERTIN, A. L.; ALBERTIN, R. M. M. (Orgs.). **Tecnologia de Informação**. São Paulo: Atlas, 2004.

MAQUINÉ, G. O. Recursos para avaliação da aprendizagem: estudo comparativo entre ambientes virtuais de aprendizagem. *In*: WORKSHOP DE INFORMÁTICA NA ESCOLA, 26., 2020, Evento Online. **Anais [...]**. Porto Alegre: SBC, 2020. p. 299-308.

MARTINS, G. M. L.; DARONCO, L.; ROESLER, V. **Administração de Videoconferência**. Rio de Janeiro: Escola Superior de Redes, 2013.

MEC. Portaria nº 320, de 4 de maio de 2022. Altera a Portaria MEC nº 1.030, de 1º de dezembro de 2020, que dispõe sobre o retorno às aulas presenciais e sobre o caráter excepcional de utilização de recursos educacionais digitais para integralização da carga horária das atividades pedagógicas, enquanto durar a situação da pandemia do Novo Coronavírus - Covid-19. **Diário Oficial da União**, Brasília, 4 de maio de 2022.

MCGEACHIN, R. B. Videoconferencing and remote application sharing for distant reference service. **The reference librarian**, Philadelphia: Taylor & Francis, v. 31, n. 65, p. 51-60, 1999.

MEIRELLES, F. S. **Uso da TI nas Empresas**: 34ª Pesquisa Anual. 2023. Disponível em: https://eaesp.fgv.br/sites/eaesp.fgv.br/files/u68/pesti-fgvcia-2023_0.pdf. Acesso em: 15 ago. 2023.

MILL, D. A Universidade Aberta do Brasil. *In*: LITTO, F.; FORMIGA, M. (Orgs.). **Educação a Distância**: o estado da arte. São Paulo: Pearson, 2012. v. 2. p. 280-291.

MINGOTE, B. **Decretado fim da emergência sanitária global de Covid-19**, 2023. Rádio Senado. Disponível em: https://tinyurl.com/yc7abxvt. Acesso em: 22 set. 2023.

MONACO, R. M. G.; COCKELL, M. O material didático impresso do Projeto Minerva - Curso Supletivo de 1 Grau Fase II (1973-1979): a dialética das representações na produção das práticas sociais e culturais. *In*: **XIX Encontro de História da ANPUH – Rio**. Rio de Janeiro, RJ, 2020.

MOODLE. **Moodle statistics**, 2023. Disponível em: https://stats.moodle.org. Acesso em: 23 set. 2023.

MORA, L. C. L. **O conceito, o histórico e a evolução da EaD no Brasil**. 2009. Trabalho de Conclusão de Curso (Licenciatura em Química) - Universidade Estadual do Norte Fluminense Darcy Ribeiro, Campos dos Goytacazes, 2009.

MOREIRA, S. V. **O rádio no Brasil**. Rio de Janeiro: Rio Fundo, 1991.

MPUNGOSE, C. B.; KHOZA, S. B. Postgraduate Students' Experiences on the Use of Moodle and Canvas Learning Management System. **Technology, Knowledge and Learning**, Berlin: Springer, v. 27, n. 1, p. 1-16, 2022.

NASCENTES, A. **Dicionário etimológico resumido**. Rio de Janeiro: INL/MEC, 1966.

NASCIMENTO, A. S. R. **As tecnologias digitais como dispositivo de poder: da Universidade Aberta no Brasil ao Sistema Virtual de aprendizagem do Brasil - MOODLE**. 2012. 365 f. Tese (Doutorado em Educação) - Universidade Federal da Paraíba, João Pessoa, 2012.

NEGREIROS, B. F.; DOS SANTOS, G. H.; FOLETO, L. C.; SILVEIRA, I. F. Designing children-oriented educational interfaces: proposal of a new interface for Moodle. *In*: LATIN AMERICAN CONFERENCE ON LEARNING TECHNOLOGIES, 17., 2022, Armenia, Colombia. **Proceedings** […] New Jersey: IEEE, 2022, p. 1-8.

NERI, Y. Meta tira o foco do Metaverso para investir em inteligência artificial. **TechTudo**, 17 mar. 2023. Notícias. Disponível em: https://tinyurl.com/mvkr6h4d. Acesso em: 25 set. 2023.

OLAVE, P. A. A.; TORRES, S. V.; PIANUCCI, I. G.; CHIARANI, M. C. Sistemas de Gestión de Aprendizaje Multientorno. *In*: CONGRESO ARGENTINO DE CIENCIAS DE LA COMPUTACIÓN, 16., 2010, Buenos Aires, AR. **Anales** […]. Buenos Aires: Universidad de Morón, 2010, p. 405-414.

OLIVEIRA, R. **Informática educativa**. São Paulo: Papirus, 1997.

OLIVEIRA, S. A. G.; COSTA, M. L. F. Roquette-Pinto: O caráter educativo do rádio. *In*: SEMINÁRIO DE PESQUISA DO PPE, 11., 2012, Maringá, PR. **Anais** […]. Maringá: Universidade Estadual de Maringá, 2012, p. 1-15.

PAPPANO, L. The year of the MOOC. **The New York Times**, 2 nov. 2012. Education Life. Disponível em: https://tinyurl.com/3sm3uk3f. Acesso em: 25 set. 2023.

PASE, A. F. Pirataria no Brasil, dos produtos baratos às práticas culturais. *In*: **Proceedings of XII SBGames**, São Paulo, SP, BR, 2013, p. 50-57.

PATRICK, J.; DEWI, D. S. Analysis of Student Satisfaction Using Online Video Conference Application Based on Usability Criteria. *In*: CONFERENCE ON BROAD EXPOSURE TO SCIENCE AND TECHNOLOGY, 2021, Banten, Indonesia. **Proceedings [...]**. Amsterdam: Atlantis Press, 2021, p. 211-215.

PAULA, I. Ator Carlos Vereza diz que ministro da Educação confirmou fim da TV Escola. **O Povo**, 13 jan. 2020. Política. Disponível em: https://tinyurl.com/h7mft6ws. Acesso em: 25 set. 2023.

RAMINELI, J. L. F.; ARAUJO, M. F. F. Estratégias para Melhorar a Qualidade dos Textos de Alunos de Biologia do Ensino a Distância, em Consonância com os Objetivos de Desenvolvimento Sustentável. **EaD em Foco**, v. 11, n. 1, e1129, 2021.

RATIH, E.; SARI, A. Students' perceptions on the use of canvas in speaking skill at the university level. *In*: **Proceedings of the 10th Graduate Students Conference**. Yogyakarta, Java, Indonesia, 2021, p. 84-94.

REIMÃO, S. Imaginário Paulista: do livro à telinha. *In*: MELO, J. M.; ADAMI, A. (Orgs.). **São Paulo na Idade Mídia**. São Paulo: Arte & Ciência, 2004, p. 281-290.

ROCHA, F. S. M.; LOSS, T.; ALMEIDA, B. L. C.; MOTTA, M. S.; KALINKE, M. A. O Uso de Tecnologias Digitais no Processo de Ensino durante a Pandemia da CoViD-19. **Revista Interacções**, v. 16, n. 55, p. 58–82, 2020.

ROMERO, M. H. C. **Universidade do ar**: em foco a primeira iniciativa de formação de professores secundaristas via rádio no Estado Novo (1941 1944). 2014. 167 f. Dissertação (Mestrado em Ciências Humanas) - Universidade Federal de Uberlândia, Uberlândia, 2014.

ROSA, V.; COUTINHO, C. P.; SILVA, J. L. C.; SOUZA, C. A.; ROSA, S. S. Projeto Um Computador por Aluno no Brasil. *In*: INTERNATIONAL CONFERENCE ON ICT IN EDUCATION - CHALLENGES, 8., 2013, Braga, PT. **Anais [...]** Braga, PT: Universidade do Minho, 2013, p. 61-71.

SALES, G. L. **Learning Vectors (LV)**: um modelo de avaliação da aprendizagem em EaD online aplicando métricas não-lineares. 2010. 238 f. Tese (Doutorado em Engenharia de Teleinformática) - Centro de Tecnologia, Universidade Federal do Ceará, Fortaleza, 2010.

SALES, G. L.; TAVARES, A. M. B. N.; SILVA, B. D.; SILVA, E. J. C. S. Educação 2050: pensar o futuro em tempos de mudanças aceleradas. **HOLOS**, v. 4, e13962, p.1-14, 2022.

SANTOS, A. **Personalcomputers are hot**. IEEE Spectrum, New York: IEEE.org, v.33, n. 7, p. 34–39, 1996.

SANTOS, J. C. Projetos de idealização do fomento às aulas pelo rádio. **Ideias e inovação**, Aracaju: UNIT, v. 4, n. 2, p. 123-134, 2018.

SARAIVA, F. R. S. **Novíssimo Diccionario Latino-Portuguez**. 9. ed. Rio de Janeiro, 1927.

SBRISSIA, H. 1G, 2G, 3G, 4G e 5G: entenda a evolução da internet móvel. **Tecmundo**, 12 maio 2021. Disponível em: https://tinyurl.com/2p9ds4x9. Acesso em: 26 set. 2023.

SCHALL, D. G. FirstClass® distance education. **American Journal of Distance Education**, v. 12, n. 1, p. 52–67, 1998.

SELTZER, R. Anthology to acquire Blackboard, creating large private equity-owned company spanning ed tech markets. **Higher ED Dive**, 13 set. 2021. Dive Brief. Disponívelem: https://tinyurl.com/2s3cfytn. Acesso em: 23 set. 2023.

SHAGIYEVA, N. The role of information technologies to teach Russian language. **European Journal of Research and Reflection in Educational Sciences**, v. 8, n. 7, p. 128-133, 2020.

SHIBATA, T. Head mounted display. **Displays**, v. 23, n. 1-2, p. 57-64, 2002.

SILVA, J. B; SALES, G. L; CASTRO, J. B. Gamificação de uma sequência didática como estratégia para motivar a atitude potencialmente significativa dos alunos no ensino de óptica geométrica. *In*: WORKSHOPS DO CONGRESSO BRASILEIRO DE INFORMÁTICA NA EDUCAÇÃO, 7., 2018, Fortaleza, CE. **Anais** […] Porto Alegre, RS: SBC, 2018, p. 74-83.

SILVA, A. G. M. **Eureka**: repensando o ambiente virtual de aprendizagem da PUCPR. 2014. 23 f. Trabalho de Conclusão de Curso (Design Digital) - Pontifícia Universidade Católica do Paraná, Curitiba, 2014.

SILVA, R. M. A Trajetória do Programa Telecurso e o monopólio das Organizações Globo no âmbito do tele-ensino no Brasil. **Revista Intermeio**, v. 19, n. 38, p. 154-179, 2016.

SILVA, T. A. E. **Avaliação da Usabilidade de Interfaces Web segundo Critérios Ergonômicos de Bastien e Scapin**: Pesquisa com os Ambientes Virtuais de Educação a Distância Aulanet, E-Proinfo e Teleduc. 2006. 123 f. Dissertação (Mestrado em

Estratégia; Qualidade; Gestão Ambiental; Gestão da Produção e Operações) - Universidade Federal do Rio Grande do Norte, Natal, 2006.

SINGH, D. A case study on Moodle: an effective learning management system in the present scenario. **International Journal of Multidisciplinary Educational Research**, v. 11, n. 2, p. 11-18, 2022.

SOARES, S. L. Estratégias e gestão em educação a distância: estudo de caso da SEIFAI. **Revista de Administração da UFSM**, v. 7, edição especial, p. 127-143, 2014.

SOARES, T. A; SACRAMENTO, E. M.; CARDOSO, L. S.; SILVA, M. I. Educação a Distância: desafios e perspectivas. *In*: BIANCHESSI, C. (Org). **Educação no contexto contemporâneo**: ensino, diálogo e perspectivas. Curitiba: Bagai, 2022, p. 9-18.

SOUSA, G. P. TV Educativa do Ceará - ano 6. **Revista de Comunicação Social, Fortaleza (CE)**, v. 9, n. 1/2, p. 83-103, jan./dez. 1979.

SOUZA, L. J.; ARANTES, S. S. F.; MOL, A. C. A. O uso de ferramentas tecnológicas na construção de narrativas textuais nos anos iniciais, possibilidades pedagógicas. **SCIAS: Educação, Comunicação e Tecnologia**, v. 5, n. 1, p. 101-123, 2023.

SUPPES, P.; MACKEN, E. The Historical Path from Research and Development to Operational Use of CAI. **Educational Technology**, v. 18, n. 4, p. 9-12, 1978.

SUTHERLAND, I. A head-mounted three dimensional display. *In*: AFIPS FALL JOINT COMPUTING CONFERENCE PART I, 33., 1968, San Francisco, CA. **Proceedings [...]**. New York, NY: Association for Computing Machinery, 1968, p. 757-764.

TAULLI, T. **Generative AI**: how ChatGPT and other AI tools will revolutionize business. New York: Apress, 2023.

TERUZZI, T. Learning revolution? Come le nuove tecnologies tanno modificando il modo in cui apprendiamo. **Dialoghi**, v. 7, n. 2, p. 1-14, 2016.

THEOBALD, O. **Generative AI Art**: A Beginner's Guide to 10x Your Output with Killer Text Prompts. London: ScatterplotPress, 2023.

THORBECKE, C. Vale do Silício erra sobre demanda pós-pandemia e agora tem que demitir em massa. **CNN Brasil**, 10 nov. 2022. Economia. Disponível em: https://tinyurl.com/46eytx57. Acesso em: 26 set. 2023.

TORRES, P. L.; MATOS, E. L. M. Gestão Pedagógica na EAD para o Ensino Superior: a estratégia do LOLA no ambiente virtual EUREKA. *In*: COLÓQUIO INTERNACIONAL SOBRE GESTÃO UNIVERSITÁRIA NA AMÉRICA DO SUL, 4., 2004, Florianópolis, SC. **Anais [...]**. Florianópolis, SC: UFSC, 2004. v. 1. p. 1-15.

UFC VIRTUAL. **Solar**. Disponível em: https://tinyurl.com/yvkbpaww. Acesso em: 25 set. 2023.

USP. **Tidia-Ae 4.0:Portal: Funcionalidades**, 2006. Disponível em: https://ae4.tidia-ae.usp.br/portal/site/!gateway/page/!gateway-300. Acesso em: 23 set. 2023.

VALDIVIEZO, A. D.; CRAWFORD, M. Fostering soft-skills development through learning experience platforms (LXPs). *In*: ALLEN, D. K; ALLEN, S.; GOWER, K. (org.). **Handbook of Teaching with Technology in Management, Leadership, and Business**. Cheltenham, Gloucestershire, UK: Edward ElgarPublishing, 2020. p. 312-321.

VALENTE, J. A. Informática na educação no Brasil: análise e contextualização histórica. *In*: VALENTE, J. A. (Org.). **O computador na sociedade do conhecimento**. Campinas, SP: UNICAMP/NIED, 1999. p. 1-13.

VERDISCO, A.; BURGESS, R. Como Pará, Amazonas e Florianópolis lidam com a universalização educacional?.**Banco Interamericano de Desenvolvimento**, 21 jan. 2016. Ideação. Disponível em: https://tinyurl.com/yc5whfd6. Acesso em: 25 set. 2023.

VITKOWSKI, J. R. O paradigma emergente e a integração das novas tecnologias no Projeto Tv Escola. **Olhar de Professor**, Ponta Grossa, PR: UEPG, v. 3, n. 3, p. 151-167, 2010.

ZINE, O.; DEROUICH, A.; TALBI, A. Etude comparative des systèmes de gestion de l'apprentissage et apport des hypermédias adaptatifs dynamiques. *In*: CONGRÈS INTERNATIONAL DE GÉNIE INDUSTRIEL ET MANAGEMENT DES SYSTÈMES, 2., 2015, Fès, MA. **Proceedings [...]**. Fès, MA: USMBA, 2015.

ZUCULOTO, V. R. M. O rádio público no Brasil: resgate histórico e transformações contemporâneas das rádios Nacional e MEC do Rio de Janeiro. *In*: OLIVEIRA, M.; PRATA, N. (Org.). **Rádio em Portugal e no Brasil: trajetória e cenários**. Braga: Centro de Estudos de Comunicação e Sociedade, 2015. p. 65-82.

ZUFFO, J. A.; SOARES, L. P.; ZUFFO, M. K.; LOPES, R. D. Caverna Digital: Sistema de Multiprojeção Estereoscópico Baseado em Aglomerados de PC's para Aplicações Imersivas em Realidade Virtual. *In*: BRAZILIAN SYMPOSIUM ON

VIRTUAL REALITY, 4., 2001, Florianópolis, SC. **Anais [...]**. Porto Alegre: SBC, 2001, p. 139-147.

Capítulo 6

USO DA NARRAÇÃO MULTIMODAL NO ESTUDO DA MEDIAÇÃO PEDAGÓGICA DO ENVOLVIMENTO PRODUTIVO DE PROFESSORES NÃO LICENCIADOS

Adriano Silveira Machado
Maria Mozarina Bezerra Almeida
Maria Goretti de Vasconcelos Silva

RESUMO

Este trabalho apresenta uma pesquisa que objetivou analisar o envolvimento produtivo de docentes durante o processo de formação para professores não licenciados. A Narração Multimodal (NM) é uma estratégia de análise desenvolvida por pesquisadores da Universidade Trás-os-Montes e Alto Douro, sendo estruturada em episódios detalhados, descreve o que acontece na ambiência de sala de aula e traz a corporificação do professor pelo exemplo e experiência com sua intencionalidade didático-pedagógica. Baseia-se na análise prévia de documentos que suportam a narração sendo usualmente empregada na investigação das ações em sala e para favorecer o processo formativo docente. Este capítulo apresenta um trecho da (NM) que foi construído no decurso de uma formação profissional destinada a um grupo de 50 professores atuantes em escolas de Ensino Médio Profissionalizantes, no interior do estado do Ceará e preserva a complexidade e completude das ações vivenciadas no transcurso formativo.

Palavras-chave: Narrações multimodais. Formação docente. Mediação pedagógica.

INTRODUÇÃO

As Narrações Multimodais destinam-se a retratar, com riqueza de detalhes, os eventos ocorridos em sala de aula num dado tempo e espaço tal que, por meio delas é possível rememorar experiências e procedimentos pedagógicos com seus percursos. Seguindo preceitos de autores como Lemke (2010) e Mortimer e Scott (2002) Lopes *et al.* (2010), optam por lançar mão das (NM) pela capacidade de captação da ação didática na ambiência de sala de aula.

Para Lopes *et al.* (2010), a (NM) é um instrumento analítico-metodológico empregado para avaliar o processo de mediação docente. Sendo rica em detalhes e descrições dos eventos ocorridos no decurso de um momento didático em sala de aula, a (NM) busca compreender as proposição de tarefas e atividades do professor, apontando as ações reais realizadas pelos alunos para solucionar uma dada situação-problema. A (NM) capta de forma sensível reações, posturas, os silêncios, as tensões e contradições que permeiam a sala de aula (LOPES *et al.*, 2010). Essa percepção analítica trazida pelo emprego das narrativas permite ainda ao investigador uma nítida percepção da intencionalidade e o percurso didático tomado pelos professores em sala de aula na resolução de situações pedagógicas.

Para Machado (2016):

> A (NM) tem um caráter teleológico indissociável, vez que explica fenômenos relacionando os fatos ocorridos às suas causas finais, articulando a dimensão epistêmica e epistemológica da ação docente. Lopes *et al.* (2010) entendem que a NM é caracterizada por ser i) uma narrativa constituída pelo professor de maneira a sistematizar informações; ii) uma representação perceptual que intenta a identificação dos fenômenos em sala de aula ocorridos sem ser feito juízo de valor, já que é um *noticing*; iii) multimodal, vez que agrega uso de vários tipos de dados (gravados, narrados e filmados) em várias dimensões (MACHADO, 2016, p. 5).

As Narrações Multimodais permitem que sejam constituídos dados que independem dos professores (gravações, materiais didáticos, produções discentes) e ainda dados que dependem da mediação dos professores com suas intenções, reações, atitudes, silêncios, organização do ambiente, gestos, percepções dos alunos (LOPES *et al.*, 2010, p. 18).

Machado (2016) afirma que as narrações consideram a mediação pedagógica como elemento delineador das ações docentes, elas dependem do processo interacional com a outridade (sujeito intencional) e fenomenologicamente com o objeto intuído constituído assim suas duas dinâmicas fundamentais. As NM possuem duas escalas temporais, uma curta que seria a aula propriamente dita e realizada, em que as ações aconteceram e outra longa, a unidade curricular ou disciplina ministrada no ambiente de sala de aula.

Tem ainda seis componentes fundamentais, os signos, o outro, o objeto intuído (epistêmico), percurso de aprendizagem, desafio de aprendizagem e os resultados da aprendizagem (LOPES *et al.*, 2010, p. 18). A dinâmica investigada nas Narrações Multimodais buscava detectar nas interações ocorridas entre professor e alunos um conjunto de ações desempenhadas pelo docente que favoreceram interação, argumentação e conversação com seus alunos.

Similarmente visava investigar o nível de apoio aos discentes tornando-os sujeitos de sua própria aprendizagem, bem como uma regulação na natureza das interações (professoraluno e aluno-aluno) que priorizassem a fala, a discussão, argumentação discente, atentas aos resultados da aprendizagem planeados e ao percurso de aprendizagem dos alunos enquanto referência de ação educativa professoral (LOPES *et al.*, 2010).

A (NM) é constituída por duas partes, a narração (resumo e contextualização do conteúdo) e a descrição de todos os episódios vivenciados em sala (LOPES *et al.*, 2010). Com este trabalho pretende-se compreender algumas estratégias de mediação do professor-formador para os professores-alunos se envolverem nos processos reflexivos.

DESENVOLVIMENTO

A investigação com apreciação de narrativas buscou elucidar caminhos para criar novos sentidos e entendimentos mais amplos sobre as situações-problema analisados e encontrados na narração de eventos ocorridos num processo de formação docente. Ao considerar o caráter linguístico descrito nas narrações multimodais (NM), optou-se por realizar uma análise textual de viés qualitativo, vez que não se pretendia apoiar ou refutar hipóteses (MACHADO, 2016), e sim compreender a essência dos fenômenos investigados de maneira mais criteriosa e com o rigor científico necessário (BARDIN, 2002).

Lopes *et al.*, (2012) atestam em vários estudos realizados que o espaço de mediação do professor pode ser dividido em dimensões, dez ao todo, estando, cinco delas associadas à dinâmica de interação com o objeto epistêmico. São elas: i) o trabalho realmente solicitado ao aluno; ii) contextos científicos e tecnológicos; iii) práticas epistêmicas ou axiológicas, informações; iv) consistência do professor; e v) tomada de decisões em tempo real.

As outras cinco dimensões estão associadas com a dinâmica de interação e comunicação com a outridade: vi) conversação na aula; vii) suporte e autoridade concedidos aos alunos; viii) envolvimento produtivo na disciplina; ix) avaliação e *feedback*; e x) aprendizagem induzida.

Cunha (2016) afirma que a necessidade de lançar mão de um instrumento capaz de recolher dados não apenas acerca da aula, mas de dentro da aula com suas tensões e contradições, que ajudasse primordialmente a preservar a completude e complexidade das ações vividas, levou o grupo de estudiosos portugueses a desenvolver a Narrativa Multimodal (NM) enquanto instrumento de análise.

No processo de construção da pesquisa, procurou-se por um instrumento caracterizado por uma completude analítica, rico em detalhes e contextualizado, capaz de apresentar intenções, percepções, vivências, experiências, reações dos sujeitos envolvidos no processo de ensino e de aprendizagem (LOPES *et al.*, 2010). Nesse ínterim, a (NM) despontou como mecanismo ideal por também descrever o trabalho proposto em sala de aula e as respostas dadas, bem como as ações realizadas pelos alunos durante a realização da aula.

Por ter um caráter multimodal, as narrativas conseguem captar a linguagem, os recursos, o nível de organização espacial e temporal das ações vividas em sala de aula por professores e alunos em processo de formação ou educação formal. Daí o porquê da relevância de seu emprego no desenvolvimento da pesquisa (LOPES *et al.*, 2010).

PERCURSO METODOLÓGICO

O domínio de aplicação da análise realizada foi o linguístico escrito, sendo, portanto, empregada a análise de conteúdo de Bardin (1998). A técnica temática ou categorial, na qual os textos são desmembrados em unidades relacionáveis e categorizáveis, foi utilizada para o tratamento dos dados.

A investigação por meio da apreciação de relatos escritos procurou elaborar novos sentidos e entendimentos mais amplos sobre os problemas analisados na elaboração da Narração Multimodal. Considerando o caráter linguístico descrito nas narrações multimodais, optou-se por realizar uma análise textual de cunho qualitativo, vez que não pretende apoiar ou refutar hipóteses, mas compreender a natureza dos fenômenos investigados criteriosa e rigorosamente (MORAES, 2003).

A unitarização de relatos procura atingir novas formas de ordem, possibilitando uma auto-organização de dados e informações, de posse das observações e textos contidos nos documentos produzidos e posteriormente analisados (*corpus*). *Corpus* são conjuntos de documentos que trazem em seu escopo valiosas informações sobre o material pesquisado expressas através de discursos e relatos.

Para realizar essa investigação, foi inicialmente construída uma (NM), para em seguida realizar a análise do seu conteúdo, com vistas a identificar e descrever algumas características da mediação docente que determinam ou não o envolvimento produtivo dos professores-alunos em formação em uma tarefa desenvolvida por 50 graduados não licenciados, que atuam como professores, coordenadores e orientadores de estágio supervisionado nos cursos técnicos no Ensino Médio.

A atividade foi desenvolvida na primeira etapa do encontro presencial na disciplina de Educação, Trabalho e Cidadania (ETC) do curso de Especialização em Educação Profissional, Científica e Tecnológica para a formação continuada de professores das disciplinas de perfil técnico nas Escolas Estaduais Profissionalizantes do Ceará (EEP). O curso foi ofertado pelo IFCE, em parceria com o Governo do Estado. O objetivo da disciplina era trabalhar com os professores a compreensão sobre trabalho e educação no seio na racionalidade humana moderna e tecnocientífica, conferindo alguns de seus desdobramentos no campo pedagógico.

Os professores-alunos são graduados nas modalidades de bacharelado e tecnólogo, necessitando, pois, aprofundar conhecimentos sobre as práticas e concepções teóricas que alicerçam a desenvolvimento dos processos de Ensino e Aprendizagem. Atuam em Escolas Estaduais Profissionalizantes do Ceará (EEP) de diferentes municípios no interior e na capital do Estado do Ceará. Em função as distâncias e da necessidade formativa, a IES mantenedora do curso de formação, o Instituto Federal de Educação, Ciência e Tecnologia (IFCE), optou por alocá-los num hotel no centro da cidade de Fortaleza. Neste ambiente, os professores hospedados podiam contar com infraestrutura adequada para estadia e para a formação profissional. Após o curso de especialização, os estudantes estariam aptos a exercer à docência nas escolas profissionalizantes em todo o território nacional.

A primeira etapa da metodologia foi a desmontagem de textos designada de unitarização e procurou identificar as unidades constituintes no *corpus*, que revelaram os fenômenos estudados detalhadamente, ao promover captação daquilo que era desconhecido, o novo emergente.

A unitarização permitiu uma crítica e, ao mesmo tempo, uma validação das informações conhecidas de posse de uma ampla compreensão do todo, a partir de suas partes constituintes, e produziu um *metatexto* que poderá indicar um esforço cognitivo que explicitaria a compreensão de novos elementos constituidores deste *corpus*.

Esse procedimento em si permitiu estabelecer relações entre as informações colhidas. O estabelecimento de relações representa a segunda etapa da análise, denominada de processo de *categorização*. Esse processo identifica, combina e classifica as unidades de base das informações, procurando organizar um conjunto mais complexo de informações, designadas de *frações significativas*.

Essa fase do estudo lançou mão de procedimentos analíticos similares aos de Cunha (2016), no qual também se estudaram aspectos do envolvimento dos estudantes na disciplina cursada, e alguns indicadores de produtividade dos professores-alunos cursistas. Para fundamentar a análise, foram ainda utilizados artigos produzidos por autores que estudam essa temática da mediação pedagógica.

Para a análise do episódio da (NM), foi selecionada como categoria abrangente/dimensão o "envolvimento produtivo na disciplina", definida em Lopes *et al.*, (2012) e foram adotadas as subdimensões propostas por Cunha (2016), apresentadas no Quadro 6.1, com suas dimensões e subdimensões analíticas.

Quadro 6.1 – Dimensão e subdimensões da análise.

Dimensão	Subdimensão
Envolvimento produtivo na disciplina	Mediação do Professor para envolver os alunos na tarefa; Envolvimento dos alunos na disciplina; Indicadores de Produtividade dos alunos.

Fonte: Cunha, 2016.

O quadro traz um rol de competências necessárias e essenciais para o bom andamento da atividade docente na ambiência de sala de aula, tanto associados com as ações que se esperam do corpo docente como do grupo de alunos. Essas ações minimamente feitas constituem-se como lócus de desenvolvimento produtivo, pautados no envolvimento mútuo dos sujeitos e atores do processo de ensino e de aprendizagem.

DA ANÁLISE DOS DADOS

As informações obtidas foram identificadas *apriori* como também acabavam por emergir em novas estruturas designadas pelo termo "categoria". Consistiu em um processo de comparação entre as unidades de análise que agrupam diversos elementos semelhantes de forma indutiva, dedutiva ou intuitivamente procurando entender o todo em suas partes (MORAES, 2003).

As informações emergidas constituídas de significantes que expressam percepções de forma denotativa, compartilhavam ideias explícitas ou ainda conotativamente, exigiram destes investigados uma interpretação mais detalhada enquanto leitor-pesquisador (HALL, 1997 *apud* MORAES, 2003).

Cada *categoria* representa, pois, um conceito dentro de uma rede de conceitos (BARDIN, 2002) que expressaram novas compreensões sobre as informações contidas nos discursos textuais dos sujeitos investigados. As categorias representam os *nós* expressos semanticamente, em função de seus temas, e lexicalmente segundo seu sentido. Identificam-se de acordo com sua frequência de aparecimento (BARDIN, 2002) de forma expressiva.

Os critérios de escolha das *categorias* emergidas seguiram os procedimentos indicados por Bardin (2002), que consideram a exclusão mútua, a homogeneidade, a pertinência, a objetividade e a fidelidade como aspectos essenciais à emergência de classes na análise realizada.

Emergiram desse processo um grupo de 53 (cinquenta e três) categorias, algumas das quais inter-relacionáveis, tendo em vista que reforçavam ou respaldavam a existência de outras. As categorias emergidas nesse processo de análise exaustiva foram agrupadas em três grupos hierárquicos de categorias mais abrangentes inclusivas e inter-relacionáveis, a saber:

- *Mediação da ação:* Capacidade dialógica; Colaboração e cooperação; Contextualização de informações; Direcionamento de atividades didáticas; Dispersão; Envolvimento; Esforços do professor; Gerenciamento de conflitos; Mediação pedagógica; Mobilização de conhecimentos específicos; Modalidade de ensino; Atitude negativa do professor-aluno; Atitude positiva do professor-aluno; Atribuições dos formadores; Autoconsciência; Atribuições dos tutores; Compromisso; Consciência; Construção de novas aprendizagens; Ressignificação da prática pedagógica; Síntese de ideias; Uso de estratégias didáticas diferenciadas; Uso de organizadores prévios; Trabalho e formação profissional; Trocas discursivas;

- *Recursos empregados:* Recursos tecnológicos (AVA, fóruns); Atividade humana; Infraestrutura; Interação; Internet (recursos tecnológicos); Conteúdo potencialmente significativo; Material potencialmente significativo; Ambiente natural;

- *Interação e Comunicação:* Assimilação; Contexto da formação; Desenvolvimento de tarefas em sala de aula; Desenvolvimento econômico e social; Exercício profissional; Experiências; *Feedbacks* dos professores-alunos; Formação docente; Habilitação docente; Alienação; Luta de classes; Maturação; Reflexão crítica; Reflexão da ação docente; Processo de avaliação Relações trabalhistas; Organização do ambiente de sala de aula; Resolução de conflitos; Sujeitos; Tensão.

O princípio era identificar o nível de apropriação, maturação e ponderação alcançados pela mediação da professora-formadora na interação com os professores-alunos, expressada na Narração Multimodal analisada, evitando interpretações limitantes e errôneas sobre os dados. As categorias representam um conceito dentro de uma rede de conceitos (BARDIN, 2002). Elas expressariam novas compreensões sobre as informações contidas dos discursos textuais dos sujeitos investigados na NM (MACHADO, 2016). As categorias representariam os nós expressos semanticamente, com sentidos e temas próprios, cuja identificação ocorria de acordo com sua frequência de aparecimento (BARDIN, 2002) de forma expressiva no material analisado.

Esse processo gerou um grupo de 12 categorias inter-relacionáveis, e que reforçavam ou respaldavam a existência de outras. Objetivava-se identificar o nível de apropriação, maturação e as ponderações alcançadas pela mediação e interação com os professores-alunos e o professor-formador, expressado na Narração Multimodal analisada.

Isso impediria o surgimento de interpretações limitantes e errôneas sobre os dados analisados. As classes emergidas foram designadas pelo seu nome precedido de um código mnemônico com duas letras e dois números para favorecer a organização no processo de análise categorial. O Quadro 6.2 apresenta a caracterização da ação docente designada como Envolvimento Produtivo na Unidade Curricular:

Quadro 6.2 – Dimensão do Envolvimento Produtivo na Unidade Curricular (EPUC).

CÓDIGO	DIMENSÃO	AÇÃO OBSERVADA	TIPO DE REFLEXÃO
EPF	Envolvimento Produtivo na Disciplina	O professor demostra envolvimento, atenção, interesse nas atividades realizadas pelos formandos no decurso da atividade formativa.	Reflexão sobre Estratégias formativas e o desenvolvimento docente.

Fonte: Adaptado de Cunha, 2016.

As 12 categorias inter-relacionáveis foram designadas por códigos simples e estão descritas a seguir: CD – capacidade dialógica; CI – contextualização de informações; EP – esforços do professor; GC – gerenciamento de conflitos; RC – resolução de conflitos; MCE – mobilização de conhecimentos específicos; OAT – organização do ambiente de trabalho; URT – uso de recursos tecnológicos; MD – mediação; UEDD – uso de estratégias didáticas diferenciadas; TD – Trocas discursivas; EV – Envolvimento.

A dimensão designada por Envolvimento Produtivo na Disciplina (EPD) reúne um grupo de ações que caracterizam a mediação pedagógica docente e, por conseguinte, algumas reflexões sobre o uso de estratégias formativas. As categorias trazem conceitos inseridos nelas e observados nas NM, que podem ser lidos na Tabela 3 a seguir:

CÓDIGO	CATEGORIA	CONCEITOS NORTEADORES
CD	Capacidade dialógica	Revela momentos de superação de limites encontrados no âmbito pedagógico/estrutural/administrativo e pessoal. Revela estratégias usadas para superar as barreiras existentes.
MD	Mediação	Revela certos procedimentos de pesquisa em sala de aula e resolução de problemas com vistas ao aprimoramento do processo de aprendizagem discente. Imprime uma reflexão mais aprofundada da relação entre teoria e prática.
EP	Esforços do professor	Revela os saberes sobre o perfil profissional desejado para os alunos em formação e que os professores acreditam ser importantes para o mercado de trabalho. Expressa na ação e discurso dos professores alguns saberes que os professores não reconhecem que os detêm, e não têm consciência de sua importância para a ação docente.
URT	Uso de recursos tecnológicos	Os recursos são empregados na ação educativa do professor em sua sala de aula. Os recursos são vistos como ferramentas associadas à metodologia docente.
EV	Envolvimento	Revela algumas relações entre trabalho e educação enquanto ações humanizadoras e desenvolvimentais do ser em formação.
MCE	Mobilização de conhecimentos específicos	Denota maturação e ponderação sobre si, suas funções professorais e atribuições educativas. Revelam reflexões sobre o conjunto de saberes e conhecimentos necessários ao exercício profissional no mercado de trabalho.
CI	Contextualização de informações	Detalha ações cotidianas do professor considerando a realidade escolar.
GC	Gerenciamento de conflitos	Denota no discurso do professor inquietação sobre pontos nevrálgicos na escola e em seus procedimentos e condutas reguladoras.
UEDD	Uso de Estratégia didática diferenciada	Exemplifica e explicita um conjunto de ações favoráveis ao desenvolvimento do aluno e de suas apreensões. Evidencia situações em que ocorre, mesmo com limitações, o processo de aprendizagem.
TD	Trocas discursivas	Exprime ações e condutas entre vários sujeitos em busca de algo em comum. Relata atividades e experiências práticas dos professores em formação no âmbito profissional, que promoveram reflexões sobre os saberes importantes para o exercício profissional.
OAT	Organização do ambiente de trabalho	Evidencia a troca de informações entre professores e a construção coletiva/grupal de ideias e projetos. Explicita ações conjuntas entre docentes de modo interdisciplinar na elaboração de projetos e na solução de situações de dificuldades de aprendizagem.

Fonte: Cunha, 2016.

O rol de categorias elencadas sinalizam condutas e procedimentos vitais e necessários, sem os quais o processo de ensino finda em si mesmo. O quadro indica, uma a uma, procedimentos e etapas vitais para que haja concretização significativa e substancial do ato docente nos mais diferentes espaços em que o ato educativo potencialmente acontece.

DAS OBSERVAÇÕES E RESULTADOS

O foco da análise centrou-se nos processos de mediação pedagógica e colaboração e nos demais aspectos associados à interação e envolvimento produtivo na disciplina, para compreender os papéis do professor-formador e as características desenvolvidas e assumidas por ele em ambientes onde surgem.

Como consequência, o foco escolhido passaria a nortear a ação/mediação docente (LOPES *et al.*, 2010) como estratégia didática de intercessão entre os processos de ensino e de aprendizagem, considerando as trocas discursivas (TSENG & KUO, 2014) como elementos essenciais à ação pedagógica professoral.

No decorrer da descrição dos acontecimentos explanados, denotou-se nos processos de mediação a urgência do gerenciamento de conflitos e reflexão sobre os discursos ideológicos, bem como suas implicações no envolvimento do grupo em formação continuada na construção de novos conhecimentos.

A proposta primeva, detectada no discurso na narração multimodal, denotava a apresentação de uma das diversas linhas teóricas de entendimentos sobre o desenvolvimento das relações humanas no trabalho ao longo da idade contemporânea. A análise, neste prisma apresentado, visa ainda apontar as variáveis didáticas imbricadas, que revelariam a maneira, através da qual os professores-alunos resolvem ou propõem a resolução de problemas nos ambientes de aprendizagem cooperativamente.

No relato que segue, a Narração Multimodal foi produzida pelo primeiro autor pesquisador, validado pela própria professora que participou do processo investigativo e por outro pesquisador não envolvido com essa pesquisa. A análise do trecho destacado foi apoiada na própria prática da professora e na leitura dos objetivos primevos da Unidade Curricular analisada.

Relato da experiência

O episódio em questão descreve a apreciação dos conteúdos centrais da disciplina e dos questionamentos resultantes da abordagem realizada pela professora formadora da Unidade Curricular de Educação, Trabalho e Cidadania. A atividade consistiu em tentar favorecer a compreensão sobre trabalho e educação na atual conjuntura da sociedade brasileira, identificando as relações tácitas e explícitas envolvendo a formação de jovens e adultos.

Logo no início das atividades em sala de aula, tendo-se passado pouco mais de 20 minutos, surgiu um grupo de professores-alunos a solicitar a entrada no recinto para também assistir à formação. A simples entrada atrasada por si só já provocou um pouco de dispersão do tema central em andamento. Após o grupo se acomodar e mal tendo entrado em sala, um determinado professor solicitou que a professora lhe apresentasse uma síntese do ocorrido em sua ausência em sala de aula, perguntando ainda o horário de término da aula no turno da manhã e da tarde. Ela agradeceu a presença do colega professor atrasado, informando que no momento oportuno as dúvidas seriam dirimidas. E prontamente continuou sua apreciação. As reações foram as mais diversas possíveis, indo da consternação ao aparente terror, acrescido de murmúrios e cochichos.

Seguidamente, a professora formadora redarguiu: "– o que vocês entendem sobre trabalho enquanto elemento de transformação da realidade?" Uma corrente de pequenos discursos surgiu na sala tomando conta do ambiente. Logo, um Professor X expressou seu pensamento. Respondeu ele: "– seria a possibilidade de mudanças advindas de um esforço intelectual materializado".

Isso nos chamou a atenção, enquanto ele descrevia o que o motivara a expor tal pensamento. Logo, outros professores iam apresentando seus entendimentos, cruzando informações de autores, obras lidas e seus entendimentos particulares. Seguiu-se nas apreciações dos alunos até o encerramento do assunto com a professora formadora. A professora afirmou que a atividade humana era marcada pela ocorrência da consciência, enquanto a atividade animal era caracterizada exclusivamente pelo instinto. Alguns professores pediram a palavra, que lhes foi prontamente dada.

Um dado Professor Z refutou a informação trazida em sala, afirmando que: "possivelmente a formadora não estaria atribuindo o sentido da consciência da necessidade de se defender e sobreviver à inteligência?" E logo afirmou: "– alguns grupos de animais, como símios e cetáceos, superaram essas barreiras em experimentos e na própria natureza, em condições diferenciadas do aspecto instintivo. Esse fato invalida o argumento anteriormente apresentado".

E assim seguiu seu discurso percebendo que sua ação, aparentemente, gerou certo descontentamento da turma, que esperava um questionamento mais direcionado da temática trazida pelo Professor Z. Tive acesso à confirmação durante o almoço com os professores-alunos. Adentrando em seguida noutro tópico sobre Alienação, a formadora comentou sobre o fato de o trabalhador conseguir executar apenas um movimento necessário para produzir uma dada mercadoria esperada pelo patrão e que tais ações reduziam a sensibilidade e criatividade do trabalhador. O resultado desse procedimento seria justamente a alienação, um aspecto negativo da ação do trabalho.

Depois de alguns questionamentos sobre o controle do processo produtivo e da divisão do trabalho em duas classes distintas caracterizando os mandantes da ação e os que obedecem as ações mandadas (patrão e empregado), a professora mais uma vez direcionou o debate para a sala de aula, esperando escutar as opiniões dos professores-alunos.

Outro professor (Y) fez o seguinte questionamento: "– a professora concorda ou discorda sobre essa divisão do trabalho?" E segue ainda: "– o que seria capaz de modificar tais visões e papeis bem estruturados na atualidade?" A professora apresentou, em seguida, seus entendimentos. Estes foram entendidos *a priori* pela grande maioria dos presentes que balançavam a cabeça em concordância com a ideia, ao ponto que comentavam em voz baixa sobre o tema e ideias lançados pela professora formadora e pelo Professor Y.

Inobstante tal entendimento aparente, o Professor Z pediu novamente a palavra, que lhe foi prontamente cedida, e afirmou: "– não devemos tratar aqui de discutir o que é ou não mais aceito, mas sim entender como essas estruturas foram constituídas. Percebemos que tais relações são essenciais para o desenvolvimento do capitalismo e, assim, da sociedade. Por mais que nossos pensamentos relatem uma teoria marxista, nossas ações reverberam uma prática capitalista e de consumo".

Rapidamente, mais burburinhos e reclamações tomaram conta do auditório. Pedindo calma e atenção, a formadora era interrompida por discursos dos mais distintos, uns apoiando a fala do professor e outros discordando. Notoriamente, a sala de aula ia fugindo de controle e organização necessários ao desenvolvimento da aprendizagem. Por mais que o momento fosse essencial à cooperação, uma crescente desorganização tomava conta do ambiente.

Procurei contextualizar os relatos apresentados apontando, inicialmente, para a necessidade de sabermos ouvir e, mais ainda, respeitar opiniões contrárias às nossas. Afirmei que tais momentos seriam essenciais para gerar reflexões e novas maneiras de pensar sobre o tema. Mas que não poderíamos, em hipótese alguma, perder a sensibilidade e o respeito em função de teorias ou pontos de vista apresentados. Alguns balançam novamente a cabeça e outros aplaudem, mas os promotores do imbróglio se mantinham em silêncio.

Para evitar a continuidade do discurso contraproducente, sugeri que os professores lançassem suas ideias numa ferramenta na plataforma educacional. Apresentei-lhes o Fórum de Discussão, indicando que este seria o ambiente mais que adequado naquele momento para que o assunto discutido fosse ampliado por meio de relatos textualizados.

Informei que eles não seriam avaliados em função do fórum, já que ele não estava previsto na matriz da disciplina, mas que eu iria fazer um direcionamento dos relatos para considerar prioritariamente os objetivos de nossa UC de ETC. A formadora sorriu e pediu, em seguida, para que eu fizesse uma contextualização sobre o assunto promotor de tamanho embate, considerando as opiniões diferentes. Fiz uma rápida intervenção apontando situações cotidianas que reforçavam as ideias lançadas pela professora, relatando a divisão social do trabalho capitalista, que tornou a ação trabalhista humana fragmentada e especializada.

Pedi um intervalo para que todos fossem lanchar, querendo abrir o mais breve possível o referido fórum no ambiente MOODLE. Terminado o intervalo, a formadora deu continuidade às análises da matriz da UC. Logo deu-me a palavra e fui indicando os passos para que os professores adentrassem a plataforma para lançar suas impressões e concepções em classe discutidas. Afirmei mais uma vez que faria uma mediação, apontando caminhos para não se fugir do foco base da UC.

Continuou-se a aula apontando aspectos da divisão social, escala de produção, existência e existencialidade, bem como outros temas importantes.

Ânimos acalmados e terminada a apreciação da formadora, acessamos o endereço eletrônico do *YouTube* e apresentamos um vídeo da música *Trabalhador*, do cantor e compositor Seu Jorge. Fez-se uma ligação entre o discutido e a letra da música, com a participação de 3 professores que ainda não tinham interagido nem opinado na aula. Após essas partilhas, agradecemos a participação e a presença de todos, enfatizando a importância da existência de um espírito crítico no ambiente, indicando como seriam direcionadas as atividades colaborativas no turno vespertino.

Reflexão sobre práticas discursivas

Um primeiro foco surgiu no decorrer da descrição da experiência relatada, estando associado aos processos de mediação pedagógica, gerenciamento de conflitos e reflexão sobre os discursos ideológicos e suas implicações no envolvimento do grupo de formação na construção de conhecimento (CROSSOUARD, 2009). A NM se faz necessária por sua natureza e pelo potencial de investigação, uma vez que permite estudar os perfis profissionais com riqueza de detalhes e comparar práticas de ensino em diferentes níveis de educação, o que favorece a ampliação do nível de compreensão das práticas profissionais docentes.

O extrato indicado a seguir apresenta-nos um *momentum* de troca de informações entre professor-formador e professor-aluno no transcurso da abordagem dos conceitos-chave na UC:

> [...] A professora afirmou que a atividade humana era marcada pela ocorrência da consciência, enquanto a atividade animal era caracterizada exclusivamente pelo instinto. Alguns professores pediram a palavra que lhes foi prontamente dada. Um dado *Professor Z* refutou a informação trazida em sala afirmando que: – *possivelmente a formadora não estaria atribuindo o sentido da consciência da necessidade de se defender e sobreviver à inteligência?*
>
> E logo afirmou: – *alguns grupos de animais como símios e cetáceos superaram essas barreiras em experimentos e na própria natureza, em condições diferenciadas do aspecto instintivo. Esse fato invalida o argumento anteriormente apresentado.* A formadora, licenciada em Pedagogia, mestra e doutoranda em Educação Brasileira, afirmou que não iria

adentrar em tal área de debate para não fugir ao foco, mas que reconhecia as limitações e existências de exceções nas teorias científicas, quanto mais nas áreas filosóficas e sociológicas (Extrato do episódio 1 da NM).

Essa afirmação poderia, evidentemente, gerar um processo reflexivo mais abstrato em função dos esforços realizados pelos professores-alunos, tanto no âmbito individual como coletivamente (TSENG & KUO, 2014), para então definir adequadamente os tópicos comentados no processo de reconstrução e discussão de conceitos em sala de aula. Nesse contexto percebeu-se, no decorrer da releitura da narração, a importância do direcionamento adequado dos temas estudados aos alunos com uso de organizadores prévios (conteúdo apresentado em PPT e livro texto) para favorecer uma aprendizagem significativa dos conteúdos (AUSUBEL, 2003).

A proposta primeva objetivava apresentar detalhadamente uma das diversas linhas teóricas de entendimentos sobre o desenvolvimento das relações no trabalho ao longo da idade contemporânea. Posterior aos entendimentos obtidos, foram gerados momentos de partilha entre os professores. Essas trocas visavam favorecer ressignificações e ampliação dos conceitos sugeridos, bem como direcionar a gama de informações para fundamentar as ações didáticas no transcorrer da disciplina.

Por meio de práticas discursivas seria possível favorecer mudanças significativas do próprio processo de mediação em sala (RIZZO, 2003; LOPES *et al.*, 2010), resultando num aumento substancial na qualidade das interações e trocas de ideias e entendimentos, favorecendo a construção de novas aprendizagens.

Outro extrato da NM apresenta-nos um processo de reflexão, maturação (VALENTE, 2003), assimilação e acomodação (PIAGET, 2001) de informações essenciais à formação de novos saberes no processo de formação de professores:

[...] Depois de alguns questionamentos sobre o controle do processo produtivo e da divisão do trabalho em duas classes distintas caracterizando os mandantes da ação e os que obedecem às ações mandadas (patrão e empregado), a professora mais uma vez direcionou o debate para a sala de aula, esperando escutar as opiniões dos professores-alunos. Outro professor (Y) fez o seguinte questionamento: "– a professora concorda ou discorda sobre essa divisão do trabalho?" E segue ainda: "– o que seria capaz de modificar tais visões e papeis bem estruturados na atualidade?" A professora apresentou, em seguida, seus entendimentos. Estes foram entendidos *a priori* pela grande maioria dos presentes, que balançavam a cabeça em concordância com a ideia, ao ponto que comentavam em voz baixa sobre o tema e ideias lançados pela professora formadora e pelo Professor Y. Inobstante o tal entendimento aparente, o Professor Z pediu novamente a palavra, que lhe foi prontamente cedida, e afirmou:

> – não devemos tratar aqui de discutir o que é ou não mais aceito, mas sim entender como essas estruturas foram constituídas. Percebemos que tais relações são essenciais para o desenvolvimento do capitalismo e, assim, da sociedade. Por mais que nossos pensamentos relatem uma teoria marxista, nossas ações reverberam uma prática capitalista e de consumo [...] (Extrato do episódio 2).

Procurou-se, por meio da troca de entendimentos e partilhas, uma colaboração gerada pela expressão de percepções pessoais e socioculturais dos envolvidos (RIZZO, 2003; CROSSOUARD, 2009), percebendo o surgimento de alguns aspectos subjacentes aos discursos acalorados de um grupo de professores. Vê-se que esses conflitos podem estar associados à aceitação do diferente.

Esse choque entre concepções, sendo bem gerenciado, seria salutar para que novas apreensões fossem permitidas e assim assimiladas, direcionando os partícipes para um correto entendimento dos objetos de estudo da UC. Contudo, haveria de serem sanados os obstáculos criados e as barreiras ideológicas emergidas para que o ambiente fosse favorável ao processo de aprendizagem.

O surgimento desses conflitos permitiu, substancialmente, que as estratégias de ensino e abordagem do tema fossem refletidas e assim modificadas pela professora formadora, para que as futuras abordagens dos conteúdos fossem mais assertivas, considerando o perfil da turma.

A necessidade de mudança na estratégia de abordagem e exposição dos temas tencionava gerar um maior envolvimento da turma para que novos saberes fossem assim mobilizados (PÉREZ & CARVALHO, 2006). Isso nos fez refletir sobre a importância de manter a atenção/foco dos alunos bem direcionada. Conforme novos assuntos vão sendo fortalecidos na UC, todos os envolvidos podem perceber sua pertinência nesse tipo de formação específica (LOPES *et al.*, 2010), associando-os à própria prática e entendimentos conceituais.

O resultado disso foi a geração de uma autoconsciência (TSENG & KUO, 2014) sobre a capacidade de intervir na própria mediação em sala de aula e na sensibilidade do professor-formador em fazer constantes releituras do ambiente e de seu papel em função dos *feedbacks* da turma. Sendo atendidos estes requisitos, a professora-formadora foi capaz de conseguir um maior compromisso da turma em relação às partilhas e realização de tarefas, associando--os aos saberes divulgados na Unidade Curricular.

Essas percepções e impressões estavam diretamente relacionadas com a ação docente, enquanto meio e estratégia para aprimoramento do processo de aprendizagem (PEREZ & CARVALHO, 2006). Considera-se que a proposição de novas abordagens dos conteúdos direcionadas à prática e compartilhamento de experiências seja algo essencial à formação continuada de professores.

Acredita-se que a compreensão sobre a própria mediação do processo de construção do conhecimento, pelo professor, deva ser resultado de um olhar diferenciado sobre a relação entre objeto de aprendizagem e aluno (KLUBER & BURAK, 2008). Essa relação fortalecida por meio de artefatos se desenvolve numa relação processual, promotora de transformação, condutora de mudanças atitudinais, ampliando a capacidade de raciocínio e interação do aprendente com o mundo que o cerca.

Essas considerações poderiam estimular a aprendizagem, tornando relacionáveis os conteúdos administrados na escola com a estrutura cognitiva do aluno (AUSUBEL, 2003), promovendo o interesse e o desejo pela descoberta, tornando mais prazerosa a aprendizagem. Enfim, associando o processo de experimentação, emprego de ferramentas pedagógicas, contextualização de informações, envolvimento, reflexão de ideias, troca de papéis professor-aluno, ter-se-ia uma ampliação do esforço do professor para desenvolver em sala de aula tarefas que mobilizassem os conhecimentos específicos para uma aprendizagem surgida na autorregulação e maturação.

Surgiria então um pressuposto de que a mediação de atividades poderia contribuir no processo de aquisição de conhecimentos e ainda na (re) compreensão e apropriação das teorias que relacionam os processos e estratégias de ensino e aprendizagem por meio das inter-relações estabelecidas (VYGOTSKY, 2001; RIZZO, 2003).

As interações entre os professores-alunos permitiriam, ainda, uma compreensão conceitual com viés na colaboração sobre o papel da didática no currículo. Isso propiciou, provavelmente, uma nova reflexão de ideias que permitiriam, direta e indiretamente, o desenvolvimento de um conjunto de tarefas no ambiente virtual *a posteriori*.

CONSIDERAÇÕES FINAIS

Acredita-se que por meio dessa análise e tratamento de dados, é possível entender os processos subjacentes à construção de ideias pelos professores--alunos, seu aspecto comportamental, e agrupar um gama de informações que relacionam a mediação ao processo de colaboração.

Os resultados indicam como o processo participativo-colaborativo favorece a aprendizagem, considerando o nível de interação e envolvimento produtivo nas construções coletivas enquanto resultados de tarefas compartilhadas.

Destaca-se a importância do papel mediador do professor numa perspectiva sociocultural, reforçando ainda o *design* empregado nas atividades realizadas. Tal ação resultaria de um projeto coletivo de planeamento de métodos e direções curriculares adequados para favorecer uma transposição didática e, assim, a aprendizagem.

Surgiria assim um pressuposto de que a mediação de atividades poderia contribuir no processo de aquisição de conhecimentos e ainda na (re)compreensão e apropriação das teorias que relacionam os processos e estratégias de ensino e aprendizagem por meio das inter-relações estabelecidas entre professores-formadores e professores-alunos (RIZZO, 2003, VYGOTSKY, 2012), conduzindo-as a um processo cooperativo-participativo de aquisição da aprendizagem.

O estudo aponta o processo de partilha do conhecimento como um fator essencialmente social, em que a proximidade entre os integrantes de um dado ambiente de práticas on-line favoreça a aprendizagem através da troca de experiências.

Tais impressões são capazes de indicar mudanças importantes na estratégia de colaboração entre professores, permitindo uma reflexão sobre a prática individual e coletiva. Tais ações podem aprimorar a formulação de estratégias de ação docente e, por conseguinte, ampliariam o processo de automedicação da aprendizagem.

Aspectos como interação, colaboração e mediação podem ser ampliados durante a reflexão sobre a prática docente, assumindo sentidos mais amplos e, ao mesmo tempo, mais consciente do desempenho do ato educativo em sala de aula.

Procurou-se, por meio da troca de entendimentos e partilhas, uma colaboração gerada pela expressão de percepções pessoais e socioculturais dos envolvidos. Isso acabou denotando o surgimento de alguns aspectos subjacentes aos discursos dos diferentes grupos de professores. Viu-se que os conflitos e discussões identificados, potencialmente, estariam associados à aceitação do diferente.

Esses conflitos entre concepções, sendo bem gerenciados, seriam salutares para que novas apreensões fossem permitidas e assim assimiladas, direcionando os partícipes para um correto entendimento dos objetos de estudo da UC. Contudo, haveria de serem sanados os obstáculos criados e as barreiras ideológicas emergidas para que o ambiente fosse favorável ao processo de aprendizagem.

REFERÊNCIAS

AUSUBEL, D. P. The acquisition and retention of knowledge: A cognitive view © 2000 Kluwer Academic Publishers - **Aquisição e retenção de conhecimentos: Uma perspectiva cognitiva** David P. Ausubel. Tradução Vitor Duarte Teodoro. 1. ed. Lisboa - Portugal - 467. Plátano, 2003.

BARDIN, L. **Análise de Conteúdo**. Lisboa: Edições 70, 1998.

BARDIN, L. **Análise de conteúdo** (L. A. Reto & A. Pinheiro, Trads.). Lisboa: Edições 70. (Trabalho original publicado em 1977). 2002.

CROSSOUARD, B. A sociocultural reflection on formative assessment and collaborative challenges in the states of Jersey. **Research Papers in Education**, n. 24, v. 1, 77-93, 2009.

CUNHA, A. E. Construção de práticas de referência no ensino da Física para o Ensino Secundário. 2016. **Tese de Doutoramento**, Universidade de Trás-os-Montes e Alto Douro, Vila Real, 2016.

KLÜBER, T. E.; BURAK, D. A fenomenologia e suas contribuições para a educação matemática. **Práxis Educativa**, v. 1, n. 3, 95-99, 2008.

LEMKE, J. L. Letramento metamidiático: transformando significados e mídias. **Trabalhos em linguística aplicada**, v. 49, p. 455-479, 2010.

LOPES, J. B.; SILVA, A. A.; CRAVINO, J. C.; CUNHA, A. E.; SARAIVA, M.; BRANCO, M. J.; PINTO, A.; SILVA, A.; SANTOS, C. A. **Investigação sobre a Mediação de professores de Ciências Físicas em sala de aula.** Universidade de Trás-os-Montes e Alto Douro. Vila Real: Minerva trasmontana tipografia Ltda., 2010.

MACHADO, A. S. **A mediação no processo de formação de professores não licenciados: investigando a práxis docente por meio de narrações multimodais.** SIED: EnPEDSimpósio Internacional de Educação a Distância e Encontro de Pesquisadores em Educação a Distância, São Carlos-SP, 2016.

MORAES, R. Uma tempestade de luz: a compreensão possibilitada pela análise textual discursiva – A stormof light: comprehension made possible by discursive textual analysis. **Ciência & Educação,** v. 9, n. 2, p. 191-211, 2003.

MORTIMER, E.; SCOTT, P. Atividade discursiva nas salas de aula de ciências: uma ferramenta sócio-cultural para analisar e planejar o ensino. **Investigações em Ensino de Ciências**, 7(3): 1-24, 2002.

OLIVEIRA, E. S. G.; REGO, M. C. L. C.; VILLARDI, R. M. Learning mediated by interaction tools: analyzing teachers' discourse in a distance learning course of continued formation. **Educação & Sociedade**, v. 28, n. 101, p. 1413-1434, 2007.

PÉREZ, D.; CARVALHO, A. M. P. **Formação de Professores de Ciências**. 8. ed. São Paulo: Cortez. v. 26, 120p, 2006.

PIAGET, J. 2001. **Seis estudos de psicologia**, 24. ed. Rio de Janeiro: Forense universitária.

REVELES, J.; KELLY, G.; DURÁN, R. A sociocultural perspective on mediated activity in third grade science. **Cultural Studies of Science Education**, v, 1, n. 3, p. 467-495, 2007.

RIZZO, A. Activity Centred Professional Development and Teachers' Take-Up of ICT. Em A. McDougall, J. S. Murnane, C. Stacey, & C. Dowling (Eds.), ICT and the Teacher of the Future (Vol. 23). *In*: **International Federation for Information Processing Working Groups 3.1 and 3.3 Working Conference**, Melbourne: Australian Computer Society Inc, 2003.

TSENG, F-C.; KUO, F-Y. A study of social participation and knowledge sharing in the teachers' online professional community of practice.**Computers & Education.** v. 72, p. 3747, 2014.

VALENTE, J. A. Educação a distância no ensino superior: soluções e flexibilizações. **Interface Comunicação, Saúde, Educação**, v. 7, p. 139-142, 2003.

VYGOTSKY, L. S. A formação social da mente. **Psicologia**, v. 153, p. V631, 2001.

VYGOTSKY, L. S. **A formação social da mente**. 12. ed. São Paulo: Martins Fontes, 2012.

Capítulo 7

REVISÃO DE LITERATURA SOBRE REALIDADE VIRTUAL APLICADA AO ENSINO

Jonathan Felipe da Silva
Sandro César Silveira Jucá
Solonildo Almeida da Silva

RESUMO:

A Realidade Virtual (RV) apresenta-se como uma importante ferramenta de otimização do processo de ensino em quaisquer disciplinas, uma vez que permite ao aluno a total imersão em um ambiente criado digitalmente e, em consequência, uma maior interação com o conteúdo abordado em sala de aula. Esta pesquisa possui como objetivo realizar uma revisão bibliográfica sobre a utilização da tecnologia no processo de ensino, além de levantar os conceitos sobre a RV, trazendo novas aplicações dessa tecnologia como facilitadora do ensino nas diversas áreas do conhecimento. A metodologia adotada consiste em um levantamento bibliográfico com obras relevantes, a fim de definir o estado de arte do tema em questão. Como resultado, apresenta-se a viabilidade de utilização da RV em sala de aula, necessitando de uma prévia qualificação do docente responsável pela disciplina, uma vez que este se apresentará como intermediador do processo de construção do conhecimento pelo aluno.

Palavras-chave: Ensino. Tecnologia. Realidade Virtual.

INTRODUÇÃO

A Realidade Virtual (RV), termo traduzido do inglês Virtual Reality (VR), representa um recurso tecnológico com possibilidade de aplicação direta nas diversas áreas do conhecimento, entre elas, a área de Ensino. Conforme o Documento de Área 46 da Coordenação de Aperfeiçoamento de Pessoal de

Nível Superior (CAPES), o campo do Ensino abrange uma pesquisa translacional, ou seja, que relaciona a geração do conhecimento acadêmico com uma aplicação por meio de produtos ou processos que atendam às necessidades da sociedade.

Dessa forma, a utilização da RV otimiza o processo de ensino e aprendizagem como um todo, trazendo um conjunto de instrumentos para que o professor possa auxiliar o aluno na construção do conhecimento. Essa tecnologia assume a função de instigar o aluno a ser protagonista de sua formação, incentivando a descoberta, a exploração e a observação científica, contribuindo, segundo Cardoso e Júnior (2006), para o processo de cognição e experimentação prática do conteúdo abordado em sala de aula.

Além disso, devido à facilidade de utilização dessa tecnologia, podendo ser acessada por meio de um *smartphone*, possibilita ainda a inclusão de pessoas com necessidades especiais no processo de aprendizagem, sendo designado ao docente o domínio dessa ferramenta e a divulgação entre os alunos. Nota-se que, apesar de não representar um acervo tecnológico recente, datado da década de 1960, a RV ainda é pouco utilizada no ensino das diversas disciplinas. Entre os motivos encontrados, soma-se a carência de formação dos professores na área e também da sua inserção nos planos das disciplinas.

Para que o estudante seja incentivado a assumir uma postura ativa no processo de aprendizado, é necessário que as aulas sejam dinâmicas e interativas, com uma maior utilização de recursos tecnológicos, trazendo um maior fator de interesse para estes alunos que representam a geração Z (Moore, Jones e Frazier, 2017). A tecnologia avança nas demais áreas do conhecimento, fazendo parte do cotidiano dos alunos. Assim, é necessário que as instituições escolares acompanhem essas inovações, adotando novas ferramentas tecnológicas no processo de ensino. A RV torna-se assim, uma alternativa viável e de baixo custo para facilitar a dinâmica do ensino nos espaços formais e não formais.

Na seção a seguir, será abordado sobre a metodologia adotada neste trabalho, seguida de um referencial teórico por meio de um levantamento de referências bibliográficas relevantes sobre os temas da utilização de tecnologias, aplicações de RV no ensino e possibilidades de *softwares* utilizados para fins de aprendizagem. Além disso, realiza-se a comparação das obras analisadas, trazendo possibilidades de utilização da RV no processo de ensino, mitigando assim a deficiência de aprendizado dos alunos por meio do incentivo à utilização da tecnologia.

METODOLOGIA

O presente trabalho realiza uma revisão bibliográfica acerca da utilização da tecnologia em sala de aula, além de abordar sobre a aplicação da RV no processo de ensino e discussão sobre novas possibilidades de utilização dessa tecnologia dentro deste processo. Considerando que a pesquisa desenvolvida neste trabalho é do tipo pesquisa bibliográfica, para Gil (2002. p. 17), a pesquisa bibliográfica indica "o procedimento racional e sistemático que tem como objetivo proporcionar respostas aos problemas que são propostos".

Havendo a possibilidade, ainda, de conter um levantamento literário que é fundamentado em livros, listas de documentos, obras consultadas e literaturas e sua principal utilidade é indicar o estado da arte do assunto relacionado. Nesse sentido, a pesquisa bibliográfica pode ser considerada como uma análise da bibliografia relevante, com o intuito de proporcionar uma relação entre pesquisador e o objeto de estudo.

O levantamento foi realizado com artigos em português e em inglês, inseridos na plataforma Scielo, Google Acadêmico e Catálogo de Teses e Dissertações/CAPES. Na seção sobre "Tecnologia e o processo de ensino", foram revisados cinco artigos, um livro e uma tese. Já na seção "Realidade Virtual", foram analisados cinco artigos e um livro. Na seção seguinte, "Novas possibilidades de ensino através da RV", foram expostas e discutidas diversas aplicações recentes e de sucesso da ferramenta da RV nas diversas áreas de ensino.

Como critério de inclusão, foi utilizada a relevância e o estado de arte, uma vez que são obras que representam o estágio atual de utilização dessa tecnologia e a sua importância para novas aplicações.

TECNOLOGIA E O PROCESSO DE ENSINO

A utilização de recursos tecnológicos torna-se cada vez mais necessária para que o processo de ensino se torne mais eficiente e mais acessível aos alunos. O avanço das Tecnologias da Informação e Comunicação (TICs) possibilitou que o professor dispusesse de um grande acervo de ferramentas didáticas que podem ser utilizadas tanto em sala de aula quanto nas aulas à distância.

Barbosa *et al.* (2021) afirmam que a adoção dessas TICs reduz a distância entre professor e aluno, uma vez que desenvolve-se uma maior autonomia e análise sobre o processo de ensino. Os autores ressaltam a importância da inserção das TICs nos Projetos Político Pedagógicos, de modo que esta inserção seja reflexiva, crítica e sempre relacionada aos aspectos sociais, políticos e econômicos dos discentes.

Lima (2020) reforça que as TICs oferecem um grande acervo de instrumentos didáticos pedagógicos para o docente em sala de aula, podendo tornar-se essencial para a otimização do ensino de quaisquer disciplinas. Além disso, aponta para a urgência em adotar recursos tecnológicos no ensino, citando como obstáculo o desafio de implantar em curto prazo tais estratégias pedagógicas.

Quando se trata de como o docente pode utilizar a tecnologia para facilitar o ensino, Barbosa, Mariano e Sousa (2021) indicam que a escola necessita não apenas dialogar com as tecnologias, mas também integrá-las em sua proposta pedagógica. Assim, ressalta a importância da prática educativa para a mudança do atual sistema educacional, inserindo as TICs nas atividades práticas em sala de aula. Os autores trazem, ainda, o conceito de Tecnologia Educacional como um termo mais amplo, podendo conter todos os recursos utilizados em sala de aula para fins de ensino de quaisquer disciplinas, gerando uma maior motivação também entre os alunos.

Marques e Santos (2021) também discutem sobre a utilização das tecnologias potencializadoras do processo de ensino. A novidade trazida para a discussão é o foco no conceito de educação 4.0, em que abre-se uma maior possibilidade de meios de ensino, como por exemplo, a Educação a Distância, o Ensino Híbrido, o *Mobile Learning*, entre outros. Tais meios necessitam que o docente domine as ferramentas tecnológicas para que seja possível a transmissão e a reflexão do conhecimento entre os alunos.

Trazendo o tema da tecnologia como fator de estresse e ansiedade do professor, Batanero *et al.* (2021) analisaram dezesseis artigos sobre como as TICs são responsáveis também pela mudança na vida pessoal dos professores. Como há a necessidade do docente dominar novas tecnologias educacionais, deve-se atentar para a dosagem ideal de informação, uma vez que a cada dia surgem novas possibilidades de TICs.

O grande volume de informação gera um sentimento de estresse no professor, que não consegue absorver estes avanços. Assim, apesar das vantagens de utilização da tecnologia no ensino, o professor necessita direcionar-se para trabalhar apenas aquelas que de fato podem ser abordadas em sala de aula e com possibilidades reais de utilização pelos alunos.

Ferreira (2020) traz um exemplo prático de utilização da tecnologia no ensino de matemática, refletindo que a tecnologia não pode ser considerada apenas como recurso pedagógico, mas também como um objeto de estudo em si. Ainda, o autor analisa o conceito de Tecnologia no trabalho de Vieira Pinto (2005), por meio de conceitos ontológicos e dentro das questões político-ideológicas em que a tecnologia se insere.

Portanto, os autores convergem sobre a importância da tecnologia para a otimização do ensino das diversas disciplinas. Cabe ao docente tomar a iniciativa de buscar as ferramentas adequadas para cada realidade escolar e utilizá-las para tornar o aluno mais ativo na construção de seu próprio aprendizado. A seguir, apresenta-se o Quadro 7.1, resumindo as obras abordadas nesta seção.

Quadro 7.1 – Resumo das obras analisadas.

Denominação	Espécie	Autores	Ano	Publicação
Evolução do ensino de Enfermagem no uso da tecnologia educacional: uma *scoping review*	Artigo	BARBOSA, Mayara Lima; ATANASIO, Lhana Lorena de Melo; MEDEIROS, Suzane Gomes; SARAIVA, Cecilia Olivia Paraguai de Oliveira; SANTOS, Viviane Euzébia Pereira	2021	Revista Brasileira de Enfermagem
A utilização das Tecnologias de Informação e Comunicação como recurso didático-pedagógico no processo de ensino e aprendizagem	Artigo	LIMA, Marilia Freires	2020	Instituto Federal de Educação, Ciência e Tecnologia da Paraíba
Tecnologia e Educação: perspectivas e desafios para a ação docente	Artigo	BARBOSA, Francisco Danilo Duarte; MARIANO, Erich de Freitas; SOUSA, Jair Moisés	2021	Revista Conjecturas
A Tecnologia, a sociedade e a	Artigo	MARQUES, Rodolfo Silva;	2021	Revista Cenas Educacionais
educação no Brasil: algumas reflexões contemporâneas		SANTOS, Luiz Cezar Silva		
Impact of Educational Technology on Teacher Stress and Anxiety: A Literature Review	Artigo	BATANERO, José Maria Fernandez; GRAVÁN, Pedro Román; REBOLLO, Miguel-Maria Reyes; RUEDA, Marta Montenegro	2021	*International Journal of Environmental Research and Public Health*
Por uma epistemologia da tecnologia na educação matemática	Tese de Doutorado	FERREIRA, Guilherme Francisco	2020	Instituto de Geociências e Ciências Exatas Campus de Rio Claro. Universidade Estadual Paulista
O conceito de tecnologia	Livro	PINTO, Álvaro Vieira	2005	Editora Contraponto

Fonte: Autores, 2022.

Logo, analisando as publicações entre os anos de 2005 a 2021, tem-se que as tecnologias educacionais assumiram um papel de protagonista no campo do Ensino, potencializando as estratégias didáticas dos docentes.

A REALIDADE VIRTUAL (RV)

A ferramenta tecnológica da RV possibilita uma imersão total do operador em um universo digitalmente manipulado, ativando, em alguns casos, todos os cinco sentidos do ser humano: visão, audição, paladar, olfato e tato. De acordo com Queiroz, Tori e Nascimento (2017), todo um cenário é desenvolvido para que o sujeito tenha uma sensação de completo deslocamento para este universo, com informações digitais sobrepondo-se àquilo apresentado pelo mundo real. A Figura 7.1 apresenta um exemplo de utilização da RV no processo de ensino.

Figura 7.1 - Utilização da RV no ambiente escolar.

Fonte: Unesco, 2018.

Suas características foram dimensionadas, a princípio, por meio de um equipamento confeccionado pelo engenheiro eletricista Ivan Sutherland, em 1963, denominado Sketchpad (Tori; Hounsell, 2018), além dos primeiros experimentos de capacetes de RV, possibilitando uma maior interação com um mundo digital.

Nos dias atuais são encontrados equipamentos de RV disponíveis, em especial, nas características de óculos e de capacetes, com uma tecnologia altamente avançada, a fim de proporcionar ao usuário uma experiência de ser transportado a um ambiente anteriormente manipulado pelo homem de forma digital.

De acordo com Barboza *et al.* (2017, p. 1312), "Realidade Virtual é um conjunto de tecnologias cujo objetivo é sequestrar nossos sentidos da realidade, oferecendo-lhes estímulos simulados que são interpretados como reais pelo nosso cérebro".

A Figura 7.2 indica o fluxograma de percepção do usuário em um ambiente de RV.

Figura 7.2 – Fluxograma de percepção em RV.

Fonte: Adaptado de Tori, 2018.

Assim, o usuário, por meio dos comandos realizados no equipamento de RV, possibilita uma interação com o universo digital, gerando novos sinais sensoriais na medida em que há uma exploração dos limites dessa tecnologia. A imersão total no ambiente virtual utiliza-se do conceito de estereoscopia, que afirma sobre a distinção de imagens que o olho direito e o esquerdo enxergam. Essa distinção favorece a transformação de uma imagem bidimensional em tridimensional, inserindo características de profundidade à imagem. A estereoscopia proporciona, assim, para o usuário, o estímulo sensorial, resultado de uma maior interação com o ambiente digital.

Xi e Hamari (2021) analisaram um total de setenta e dois trabalhos de pesquisa que abordam a RV como tecnologia que substitui a realidade percebida. Chegou-se à conclusão de como há um estímulo progressivo sobre o usuário no campo da psicologia e comportamento ao utilizar os recursos da RV, resultando em cinquenta e um estudos empíricos com base nos experimentos propostos.

Xiong *et al.* analisam o rápido avanço da comunicação e computação pelo mundo, indicando que a RV ganha cada vez mais espaço. Além disso, compara as características da RV com a Realidade Aumentada (RA), que consiste, segundo Azuma, Baillot e Behringer (2001), em uma tecnologia que permite a interação do universo real com o virtual, em que o real predomina sobre o digital, ou seja, diferente da RV, na RA ocorre uma imersão parcial no ambiente criado artificialmente.

Assim, a RV assume uma importante característica de possibilitar uma maior interação entre o usuário e as informações geradas artificialmente. Apesar de ser uma tecnologia que desenvolve-se desde a década de 1960, observa-se que é utilizada de forma abrangente em treinamentos para mecânicos de aeronaves, desenvolvimento de jogos, mercado imobiliário entre outros, o que ainda não ocorre com frequência no ambiente escolar. Tais possibilidades de aplicação da RV no ensino serão abordadas na seção seguinte. Ademais, segue o Quadro 2 com o resumo das obras abordadas na presente seção.

Quadro 7.2 – Resumo das obras analisadas.

DENOMINAÇÃO	ESPÉCIE	AUTORES	ANO	PUBLICAÇÃO
Realidade Virtual na Educação: Panorama dos grupos de pesquisa no Brasil	Artigo	QUEIROZ, Anna Carolina; TORI, Romero; NASCIMENTO, Alexandre	2017	VI Congresso Brasileiro de Informática na Educação
Introdução à Realidade Virtual e Aumentada	Livro	TORI, Romero; HOUNSELL, Marcelo da Silva (org.)	2018	Editora SBC
Desenvolvimento rápido de ambientes para realidade virtual em Unity utilizando PhotoSphere e CubeMap	Artigo	BARBOZA, Ricardo da Silva; BARBOSA, Matheus Palheta; JUNIOR, Jucimar Maia Silva	2017	SBC – *Proceedings of SB Games*
Shopping in virtual reality: *A literature review and future agenda*	Artigo	XI, Nanan; HAMARI, Juho	2021	*Journal of Business Research*

		XIONG, Jiang hao; HSIANG, En-Lin; ELE, Zigian; ZHAN, Tao; WU, Shin-Tson		
Augmented reality and virtual reality displays: emerging technologies and future perspectives	Artigo	XIONG, Jiang hao; HSIANG, En-Lin; ELE, Zigian; ZHAN, Tao; WU, Shin-Tson	2021	*Nature*
Recent Advances in Augmented Reality	Artigo	AZUMA, Ronald; BAILLOT, Yohan; BEHRINGER, Reinhold	2001	*IEEE Computer Graphics and Applications*

Fonte: Autores, 2022.

São apresentados artigos e livros do período entre 2001 e 2021, em que são discutidas as características e possibilidades de aplicação da RV em diversas áreas, entre elas o Ensino.

Novas possibilidades de ensino através da RV

Diante do exposto nas seções anteriores, nota-se que a RV apresenta uma grande potencialidade de êxito como ferramenta voltada para o ensino de um amplo conjunto de disciplinas. Assume, ainda, a capacidade de aproximar o aluno dos conceitos abordados em sala, por meio de uma total interatividade e imersão. Possibilita ao discente manipular tridimensionalmente o conteúdo previamente preparado pelo professor através de um *software* específico.

A seguir, serão abordadas diversas possibilidades de utilização da RV no ambiente de ensino, evidenciando a viabilidade dessa tecnologia como otimizadora da relação entre conhecimento e aluno.

Devido à sua capacidade de imersão, a RV pode ser utilizada no ensino de História como um instrumento de visualização de fatos históricos através de várias regiões do planeta e datas específicas. Oliveira (2014) indica que a percepção da existência de diversas temporalidades possibilita comparações entre as construções do local. Assim, abre-se a oportunidade de utilizar o *software Google Street View*, com a ferramenta de imersão em 360º.

Para o ensino de disciplinas relacionadas às Ciências Biológicas, a RV possibilita ao discente a inserção no universo digital de fauna e flora, utilizando o *software Google Street View* 360°, além do *Google Earth*. A Figura 7.3 apresenta um exemplo da interface do referido *software Google Street View*:

Figura 7.3 – Interface do *software Google Street View*.

Fonte: Estadão, 2017.

No ensino de disciplinas voltadas para a agropecuária, há a possibilidade de utilização do *software* EduAgroVR como meio de visualizar e interagir com o cultivo e criação de animais. Há, ainda, a possibilidade de extrair informações dessas atividades por meio de simulações práticas.

Para o ensino de alunos com dislexia (dificuldade de aprendizagem de leitura e escrita), a interatividade proporcionada pela RV intensifica a capacidade de concentração e de desempenho desses discentes, conforme Fleuri e Ribeiro (2015). Alguns dos *softwares* que auxiliam nesse aprendizado são o VR Imersivo e o Calclex VR (Figura 4).

Figura 7.4 – Interface do software Calclex VR.

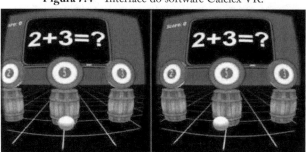

Fonte: IEEE, 2019.

Para o ensino das disciplinas voltadas às Ciências Exatas, em que Silva e Sousa (2013) pesquisam sobre a dificuldade dos alunos em matérias abstratas, a exemplo de Física, a RV apresenta-se como uma alternativa tecnológica de mitigação dessa deficiência. A exemplo, discute-se sobre o ensino e sobre as três leis de Newton através da RV Não Imersiva com imagens de lançamentos oblíquos, conforme apresentado por Silva *et al.* (2008), utilizando um *software* denominado MRUV.

No ensino de Artes, a RV possibilita que o aluno realize uma visita virtual a um determinado museu, obedecendo o que aborda Martins *et al.* (2009) em relação à liberdade proporcionada por essa tecnologia em realizar simulações e interações com as coleções de exposições e museus. O *software Google Arts & Culture* oferece ao usuário a chance de adentrar virtualmente em diversos museus ao redor do mundo.

É importante destacar, também, que a RV pode ser adotada no ensino pré-escolar, por meio de uma didática mais lúdica, como no aprendizado de cores, formas, letras e números, segundo Pereira e Peruzza (2002).

O próprio sítio do Youtube oferece a possibilidade de vídeos em RV, favorecendo ao professor utilizar em sala de aula, por exemplo, óculos específicos em que o aluno utilize seu próprio celular para a construção de seu aprendizado. Nas Figuras 5 e 6 abaixo, apresenta-se os óculos VR *Cardboard*, da empresa Google, sendo adquirida a um custo acessível para utilização em sala de aula, uma vez que são utilizados materiais mais simples.

Figura 7.5 – Óculos VR *Google Cardboard*.

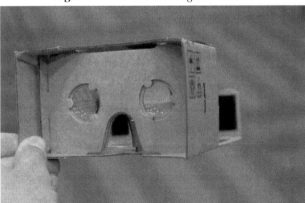

Fonte: Tecmundo, 2015.

Nota-se que, pelo seu baixo custo de aquisição, os óculos apresentados na figura apresentam uma diversidade de vantagens de utilização em sala de aula, uma vez que pode ser aplicado com a utilização do celular tipo *smartphone*, não exigindo uma estrutura de laboratório para o alcance da sua devida eficácia.

Figura 7.6 – Óculos VR Google Cardboard.

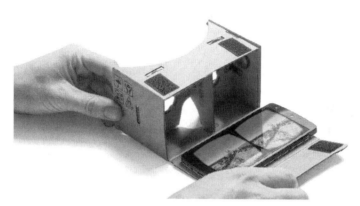

Fonte: Archdaily, 2015.

Para o ensino de saúde, Tori *et al.* (2017) indicam o sistema Vida Odonto, que utiliza a RV para treinamentos e procedimentos odontológicos através de hologramas. Além disso, Barros *et al.* (2014) apresentam um projeto conhecido como SimDeCS, que utiliza a RV para possibilitar uma simulação de casos clínicos mais complexos.

Dessa forma, as possibilidades de utilização da RV apresentadas acima possuem grande capacidade de otimização do ensino nas referidas disciplinas. Pode ser utilizada para facilitar diversas formas de demonstração e interação. Para o professor, essa ferramenta torna-se uma grande aliada no processo de ensino, uma vez que permite aos alunos uma total imersão e de forma prática no conteúdo abordado, atingindo, portanto, as intenções pedagógicas construídas pelos docentes.

CONSIDERAÇÕES FINAIS

A RV torna possível ao aluno e ao professor uma total imersão no ambiente criado digitalmente, gerando uma maior interação com o conteúdo abordado. Dessa forma, o ensino de quaisquer disciplinas torna-se mais acessível e mais otimizado. O acesso a essa tecnologia varia em todas os níveis de investimento, sendo possível utilizar apenas um *smartphone* associado a um VR Google Cardboard, que assume um custo mais viável para utilização em sala de aula.

A utilização no ensino dessa tecnologia abre novos horizontes para que o professor possa trabalhar, de forma lúdica e expositiva, o tema em sala. Além disso, o aluno pode ter acesso a essa ferramenta no acompanhamento da disciplina também nos espaços não formais de ensino, uma vez que grande parte dos discentes possuem, nos dias atuais, um *smartphone* de requisitos mínimos e com acesso à *internet*.

Trazer o celular como ferramenta didática também é uma das premissas da utilização da RV no ensino. O professor teria à disposição um equipamento capaz de substituir um espaço físico de laboratório em uma escola, e com um investimento notadamente inferior.

Portanto, este trabalho analisou, por meio de revisão bibliográfica, diversas fontes relacionadas à utilização de tecnologia em sala de aula, além dos conceitos relacionados à RV e a utilização dessa relevante tecnologia como aliada ao processo de ensino.

REFERÊNCIAS

AZUMA, R.; BAILLOT, Y.; BEHRINGER, R. **Recent Advances in Augmented Reality.** IEEE Computer Graphics and Applications, v. 21, n. 6, p. 34-47, 2001. Disponível em: <https://www.researchgate.net/publication/3208983_Recent_advances_in_augmented_reality _IEEE_Comput_Graphics_Appl>. Acesso em: abr. 2022.

BARBOSA, M. L.; ATANASIO, L. L. M.; MEDEIROS, S. G.; SARAIVA, C. O. P. O.; SANTOS, V. E. P. **Evolução do ensino de Enfermagem no uso da tecnologia educacional: uma** *scoping review.* Revista Brasileira de Enfermagem. 74 (Suppl 5):e20200422. 8p. 2021. Disponível em: <https://www.scielo.br/j/reben/a/wc9F9mk8pggVhT3vqWvL4Mh/?format=pdf&lang=pt>. Acesso em: abr. 2022.

BARBOSA, F. D. D.; MARIANO, E. F.; SOUSA, J. M. **Tecnologia e Educação: perspectivas e desafios para a ação docente.** Revista Conjecturas. v. 21, n. 2, 23p. 2021. Disponível em: <http://www.conjecturas.org/index.php/edicoes/article/view/91>. Acesso em: abr. 2022.

BARBOZA, R. S.; BARBOSA, M. P.; JUNIOR, J. M. S. **Desenvolvimento rápido de ambientes para realidade virtual em Unity utilizando PhotoSphere e CubeMap.** SBC – Proceedings of SBGames, Curitiba-PR. 15p. 2017. Disponível em: <https://www.sbgames.org/sbgames2017/papers/Tutoriais/176371.pdf>. Acesso em: abr. 2022.

BARROS, P. R. M.; CAZELLA, S. C.; BEZ, M.; FLORES, C. D.; DAHMER, A.; MOSSMANN, J. B.; FONSECA, J. M.; MARONI, V. **Um Simulador de Casos Clínicos Complexos no Processo de Aprendizagem em Saúde.** RENOTE. Revista Novas Tecnologias na Educação, v. 12, p. 111. 2012. Disponível em: <https://seer.ufrgs.br/renote/article/view/30867>. Acesso em: abr. 2022.

BATANERO, J. M. F.; GRAVÁN, P. R.; REBOLLO, M.-M. R.; RUEDA, M. M. **Impact of Educational Technology on Teacher Stress and Anxiety: A Literature Review.** International Journal of Environmental Research and Public Health. Department of Teaching and Educational Organization, University of Seville, 41013 Seville, Spain. v. 2, 13p. 2021. Disponível em: <https://www.mdpi.com/1660-4601/18/2/548>. Acesso em: abr. 2022.

CARDOSO, A.; JUNIOR, E. L. **A Realidade Virtual na Educação e Treinamento.** *In*: TORI, R.; KIRNER, C.; SISCOUTTO, R. Fundamentos e Tecnologia de Realidade Virtual e Aumentada. Porto Alegre: Editora SBC – Sociedade Brasileira de Computação, 2006.

FERREIRA, G. F. **Por uma epistemologia da tecnologia na educação matemática.** Tese de Doutorado. Instituto de Geociências e Ciências Exatas Campus de Rio Claro. Universidade Estadual Paulista. Rio Claro, São Paulo. 179p. 2020. Disponível em: <https://repositorio.unesp.br/handle/11449/191772>. Acesso em: abr. 2022.

FLEURI, G. S. B.; RIBEIRO, M. W. S. **Projeto de um serious game imersivo, de baixo custo e alta portabilidade, voltado ao aprendizado de pessoas com Dislexia e Discalculia.** ERI-MT, Cuiabá, v. 6, p. 193-195, 2012.

GIL, A. C. **Como elaborar projetos de pesquisa.** 4. ed. São Paulo: Atlas, 2002.

LIMA, M. F. **A utilização das Tecnologias de Informação e Comunicação como recurso didático pedagógico no processo de ensino e aprendizagem.** Instituto Federal de Educação, Ciência e Tecnologia da Paraíba. 24p. 2020. Disponível em: <https://repositorio.ifpb.edu.br/handle/177683/1415>. Acesso em: abr. 2022.

MARINS, V.; HAGUENAUER, C.; CUNHA, G.; FILHO, F. C. **Aprendizagem em Museus com Uso de Tecnologias Digitais e Realidade Virtual.** Revista EducaOnline: UFRJ, v. 3, n. 3, Rio de Janeiro – RJ. 11p. 2009. Disponível em: <http://www.bibliotekevirtual.org/index.php/2013-02-07-03-02-35/2013-02-07-03-0311/1455-educaonline/

v03n03/14923-aprendizagem-em-museus-com-uso-de-tecnologiasdigitais-e-realidade-virtual.html>. Acesso em: abr. 2022.

MARQUES, R. S.; SANTOS, L. C. S. **A Tecnologia, a sociedade e a educação no Brasil: algumas reflexões contemporâneas.** Revista Cenas Educacionais. Universidade Estadual da Bahia. v. 4, n.10745, p. 1-19, 2021. Disponível em: <https://www.revistas.uneb.br/index.php/cenaseducacionais/article/view/10745/7769>. Acesso em: abr. 2022.

MOORE, K.; JONES, C.; FRAZIER, R. S. **Engineering Education For Generation Z.** American Journal of Engineering Education, v. 8, n. 2, p. 111-126. 2017. Disponível em: <https://files.eric.ed.gov/fulltext/EJ1162924.pdf>. Acesso em: abr. 2022.

OLIVEIRA, E. C. L. **Implicações do uso de mídias e de novas tecnologias no ensino de história.** Revista do Lhiste – Laboratório de Ensino de História e Educação: UFRGS, v. 1, n. 1, 16p. 2014. Disponível em: <https://seer.ufrgs.br/index.php/revistadolhiste/article/view/48317/33210>. Acesso em: abr. 2022.

PEREIRA, A. R.; PERUZZA, A. M. **Tecnologia de Realidade Virtual aplicada à educação pré-escolar.** Sociedade Brasileira de Informática na Educação,São Leopoldo-RS. 15p. 2012. Disponível em: <https://www.brie.org/pub/index.php/sbie/article/view/200>. Acesso em: mar. 2022.

PINTO, Á. V. **O conceito de tecnologia.** Rio de Janeiro: Contraponto, 2005. v. 1. 531p.

QUEIROZ, A. C.; TORI, R.; NASCIMENTO, A. **Realidade Virtual na Educação.: Panorama dos grupos de pesquisa no Brasil.** Sociedade Brasileira de Informática na Educação. P. 203-212. 2017. Disponível em: <https://brie.org/pub/index.php/sbie/article/view/7549>. Acesso em: abr. 2022.

SILVA, G. C.; SOUZA, P. **O uso da realidade virtual para o ensino de física quântica.** Sociedade Brasileira de Computação. 12p. 2013. Disponível em: <https://www.br-ie.org/pub/index.php/wcbie/article/view/2713>. Acesso em: mar. 2022.

SILVA, L. F.; ZORZAL, E. R.; OLIVEIRA, M. R. F.; CARDOSO, A.; JUNIOR, E. L.; MENDES, E.; TAKAHASHI, E. K.; MARTINS, S. **Realidade Virtual e Ferramentas Cognitivas Usadas como Auxílio para o Ensino de Física.** Revista Novas Tecnologias na Educação. CINTEDUFRGS. v. 6, nº 1, 10p. 2008. Disponível em: <https://seer.ufrgs.br/renote/article/viewFile/14585/8493>. Acesso em: abr. 2022.

TORI, R.; HOUNSELL, M. S. (org.). **Introdução à Realidade Virtual e Aumentada.** Porto Alegre: Editora SBC, 2018. XI, Nanan; HAMARI, Juho. **Shopping in virtual reality: A literature review and future agenda. Journal of Business Research.** v. 134,

p. 37-58, 2021. Disponível em: <https://www.sciencedirect.com/science/article/pii/S0148296321003209>. Acesso em: abr. 2022.

XIONG, J.; HSIANG, E.-L.; ELE, Z.; ZHAN, T.; WU, S.-T. **Augmented reality and virtual reality displays: emerging technologies and future perspectives.** Nature. v. 10, n. 216, 30 p., 2021. Disponível em: <https://www.nature.com/articles/s41377-021-00658-8.pdf>. Acesso em: abr. 2022.

Capítulo 8

A FORMAÇÃO DOS PROFESSORES NA CRISE ESTRUTURAL DO CAPITAL

Greycianne Felix Cavalcante Luz
Maria Cleide da Silva Barroso
Antonio Marley de Araújo Stedile

RESUMO

Este trabalho tem como finalidade confrontar a formação de professores na crise estrutural do capital, onde essa educação tem se tornado um campo de disputa, contrário do que se almeja, uma disputa pelo bem comum, encontra-se uma disputa política e de poder. O objetivo geral deste trabalho é analisar a importância da formação do docente na crise estrutural do capital. Como referencial teórico, foram analisadas obras de autores marxistas, evidenciando a categoria trabalho como fundamental para a compreensão da formação do homem, além de acentuar os reflexos na educação da crise estrutural do capital, principalmente no que diz respeito à formação docente. Por meio da análise dos documentos, destaca-se o domínio do capitalismo nas mudanças educacionais, de modo que se materializou sempre o controle de todos, além disso, vale salientar a alienação das atividades docentes, que estão voltadas, não para o benefício do bem comum e de valorizar os conhecimentos historicamente acumulados, mas sim, de permitir apenas o essencial, do ponto de vista capitalista.

Palavras-chave: Professores. Crise Estrutural. Formação.

INTRODUÇÃO

Analisando o contexto mundial, é possível comprovar o quanto o sistema capitalista tem interferido em diversos setores para fixar e propagar seus ideais, entretanto, muitos autores como Sergio Lessa, Ivo Tonet e István

Mészáros afirmam que este já é um sistema fadado à ruína, pois em suas instabilidades tem levado, tanto a si mesmo como aos que os cercam, em seu movimento orgânico, à quase destruição. E a interferência acima citada é bem nítida na área educacional de diversos países.

Analisando a situação no Brasil, é possível perceber que "o campo educacional brasileiro sempre foi um campo permeado por disputas entre diferentes segmentos, sobretudo, com interesses antagônicos" (BRANCO, 2018, p. 48), portanto, percebe-se que, na educação brasileira, permeia sempre a disputa, não pelo aprendizado e ensino de forma plena, mas sim, uma disputa política que é comandada por instituições privadas que financiam a educação, que fazem dela um campo de instruções para uma sociedade leiga, como continua ainda afirmando o autor: "atualmente, a disputa que envolve o campo educacional tem se intensificado no contexto das políticas neoliberais e nos interesses do empresariado e do capital" (BRANCO, 2018, p. 48), se intensificando na seguinte constatação:

> O cenário que se apresenta conduz a formação do cidadão por caminhos contrários à emancipação do sujeito, de tal modo que a formação crítica e emancipatória perdeu espaço no campo educacional. Por outro lado, a formação de indivíduos que atendam aos interesses mercadológicos, suprindo a mão de obra flexível e barata, necessária para a mais valia, tem se consolidado vertiginosamente. Nesse pressuposto e diante da crise do capital e da situação financeira que o país e o mundo atravessam, urge para os empresários a reforma educacional brasileira, desde que atenda aos seus interesses (BRANCO, 2018, p. 48).

Com essa análise no campo educacional brasileiro, em que é possível perceber a influência de uma classe dominadora sobre uma classe dominada, pode-se avaliar como as políticas públicas são inseridas na educação, sobressai-se portanto, os documentos que norteiam a educação (CONSTITUIÇÃO FEDERAL DE 1988, DECLARAÇÃO DE JONTIEM, LEI DE DIRETRIZES E BASES DE 1996, PARÂMETROS CURRICULARES NACIONAIS, BASE NACIONAL CURRICULAR) de maneira específica e contrária à autossuficiência do ser humano.

E quando se refere a Educação Básica, pode-se citar alguns personagens que protagonizam este cenário: professores e alunos. Vê-se, então, a necessidade de analisar o processo de ensino e aprendizagem no Brasil, o ensino diz respeito à formação do professor, e a aprendizagem está relacionada aos conhecimentos acumulados pelos alunos no percurso da Educação Básica.

Sendo assim, diante da problematização, se faz necessário verificar que o objetivo geral deste trabalho é analisar a importância da formação do docente na crise estrutural do capital por meio das obras de Edna Bertoldo e Anibal Ponce, referenciando provas que este sistema vive uma falência evidente e encontra na educação um apoio para inserir seus fundamentos.

EDUCAÇÃO, LUTA DE CLASSES E FORMAÇÃO DE PROFESSORES

Edna Bertoldo (2009) faz um estudo sobre as características da educação para o mundo dos homens, sendo preciso ressaltar aqui essas características para que se possa realizar uma análise precisa da interferência da burguesia no processo educativo da sociedade. A autora comenta que "a educação busca conservar, manter e preservar tudo aquilo que o homem, ao longo de sua existência, aprendeu a fazer. E como tal, ela deve educar o indivíduo para que se aproprie deste patrimônio cultural, científico, dos valores e costumes que foram sendo produzidos no tempo" (BERTOLDO, 2009, p. 164). Dessa maneira, indaga-se que a base para a educação é transmitir os conhecimentos que foram acumulados em toda a história humana, este, portanto, seria a base que fundamenta a educação. Bertoldo (2009) também afirma que a educação se apresenta em duas dimensões, sendo que a primeira é em sentido restrito, e a segunda em sentido lato, conforme o trecho abaixo:

> A educação em sentido restrito, a exemplo da educação escolar (formal) e de outras formas de educação que se dão em espaços informais (igreja, sindicatos etc.), é aquela criada a partir do desenvolvimento social, para responder a determinadas necessidades demandadas pelos homens, dentro de um contexto particular da história humana. [...] A educação em sentido lato, por sua vez, será definida aqui como aquela atividade que é necessária para o processo de objetivação e apropriação do gênero humano" (BERTOLDO, 2009, pp. 130-131).

Assim, a autora traz um sentido amplo da educação (lato), em que se encontra a necessidade de se apropriar do próprio gênero humano, algo que não é limitado a espaço físico, mas que faz parte da trajetória humana. Já em sentido restrito, vê-se a indispensabilidade de um espaço físico, que, de acordo com a autora, haverá o ensino dos conhecimentos que foram desenvolvidos de acordo com as necessidades humanas ao longo da história. Consequentemente, com o advindo do ensino tem-se a necessidade de aprender.

> Portanto, na educação do homem vai ocorrer um processo de aprendizagem que, além de exigir um tempo maior para o seu aperfeiçoamento, requererá também um processo de acumulação de conhecimento em que as gerações mais velhas vão passando para as mais novas a sua bagagem cultural, os seus valores, sentimentos, entre outros. E como isto não vem pronto no indivíduo, é preciso que ele passe a adotar um comportamento ativo, ou seja, que seja capaz de produzir a sua própria existência, sob pena de não sobreviver como ser social. Trata-se de um processo simultâneo de objetivação/apropriação, fundamental para que o homem se torne membro do gênero humano (BERTOLDO, 2009, p. 152).

Destaca-se, portanto, a importância do processo de aprendizagem para o homem em seu percurso de vida, algo que lhe está intrínseco à sua formação enquanto ser de uma sociedade. Também vale salientar a valorização do conhecimento acumulado na sociedade, visto que a transmissão daquilo que foi reunido durante todo o processo de formação humana reflete de forma significativa para a também valorização do próprio indivíduo. Porém, também é importante verificar que, à medida que a sociedade vai adquirindo conhecimentos mais específicos, o processo da educação também se torna mais complexo, "quanto mais a sociedade vai se complexificando, mais específico vai se tornando o processo educacional, passando a requerer formas diferenciadas de educação" (BERTOLDO, 2009, p. 153). A exemplo disso, tem-se os conhecimentos que foram sendo aprimorados e adquiridos nas Ciências, na tecnologia, dentre outros. A cada complexação de conhecimentos acumulados, mais específico torna o processo educativo, no que diz respeito transmitir os conhecimentos que foram acumulados.

Conquanto, no percorrer da trajetória humana, houve um equívoco em relação à educação e à escola, visto que é bastante comum compreender que ambos os conceitos se interligam de tal forma que passam a ser considerados análogos: "estamos tão acostumados a identificar a escola como a educação, e esta com a noção individualista de um educador e um educando, que nos custa pouco reconhecer que a educação na comunidade primitiva era uma função espontânea da sociedade em conjunto, da mesma forma que a linguagem e a moral" (PONCE, 2003, p. 19).

De acordo com o argumento exposto de Aníbal Ponce (2003), é possível verificar que houve uma perda do significado da educação, visto que não se vislumbra a educação como espontânea, a história da sociedade, mas como um conceito solitário e ligado a estrutura física da escola ou ao conhecimento transmitido aos educandos pelo professor. Com essa distorção do conceito de educação é que irá se discutir o significado da educação para o capitalismo. Mas é importante ressaltar que a ideia de que a educação está ligada diretamente à escola adveio do sistema capitalista, pois: "quanto mais a sociedade se desenvolve, mais a educação se transforma numa atividade específica que, com o capitalismo, ficou universalmente reconhecida como educação escolar. O surgimento desta forma de educação, contudo, não elimina a existência de uma educação no seu sentido amplo" (BERTOLDO, 2009, p. 166).

Desse modo, percebe-se que, ao quererem institucionalizar a educação, principalmente no que diz respeito a universalização, tem-se o conceito de educação escolar surgindo para criar nos indivíduos conceitos errôneos acerca do real conceito de educação, fugindo dos seus sentidos amplos e restritos. Com isso, percebe-se que cada vez mais há a atuação do capital na educação, pelo fato também de manter o domínio que a burguesia exerce sobre o proletariado, e isso é observado dentro da evolução humana, de acordo com a história, como afirma Aníbal Ponce (2003):

> O conceito da evolução histórica como um resultado das lutas de classe nos mostrou, com efeito que a educação é o processo mediante o qual as classes dominantes preparam na mentalidade e na conduta das crianças as condições fundamentais da sua própria existência. Pedir ao Estado que deixe de interferir na educação é o mesmo que pedir-lhe que proceda dessa forma em relação ao Exército, à Polícia e à Justiça (PONCE, 2003, p. 169).

É com esse domínio sobre a mentalidade dos educandos que o capital persiste em manter-se no controle dos homens, de forma que não haja questionamentos ou que, mesmo conscientes da alienação que vivem, jamais possam se rebelar, pois estão em estado de conformismo, visto que em suas mentes houve um processo de lavagem, em que, mesmo conseguindo observar a opressão, não conseguem se desfazer do domínio que sofrem. Com isso, pode-se observar também pelo mesmo autor que:

> a educação tem sempre estado a serviço das classes dominantes, até o momento em que outra classe revolucionária consegue desalojá-las do poder e impor à sociedade a sua própria educação. Todavia, quando a nova classe ainda não se sente suficientemente forte, ela se conforma provisoriamente em esperar que a classe dominante se esgote um pouco antes de assediá-la. Neste caso, não há revolução no campo da educação, há uma reforma (PONCE, 2003, pp. 162-163).

Percebe-se então que esse estado de conformismo impede que os indivíduos se rebelem e alterem os padrões da educação, que ainda permanece sob domínio da burguesia, visto que traz uma situação de conforto para a classe dominante, pois sempre vai poder ter acesso a mão-de-obra cada vez mais qualificada, pois "a escola é formadora de 'capital humano', ou seja, apta a capacitar e qualificar a força de trabalho. Porém, como está estruturada sobre uma base capitalista, encontra-se subordinada à lógica do capital e isto faz com que seja funcional apenas ao capital" (BERTOLDO, 2009, p. 42). Com isso, pode-se apontar as Escolas Integrais, que buscam formar os educandos para a mão-de-obra qualificando-os de acordo com a necessidade de cada município em que a escola esteja localizada.

Mas, como já abordado anteriormente, compreende-se que o capitalismo está inserido em uma decadência preeminente, e como a educação também está em seu domínio, é possível perceber que a educação também enfrenta em suas realidades escolares situações que refletem uma verdadeira crise:

> O papel do complexo educativo na conformação ideológica da situação de crise enquanto normalidade é evidenciado na estruturação de um construto pedagógico que alimenta a aceitação social,

> o convívio passivo com as diferenças, a "insubordinação" por meios legalmente estruturados, a autoestima em meio a desestruturação do indivíduo, a formação de competências em conformidade com as exigências ideológicas e técnicas, a orientação para a sustentabilidade, a aceitação da insuperabilidade do sistema e a difusão da cidadania (MOREIRA, MACENO, 2012, p. 185).

Destaca-se, dentre os aspectos citados no trecho anterior, que o sistema busca, por meio de estratégias educacionais, conscientizar os homens sobre sustentabilidade, reciclagem e reutilização de materiais para que não possa se agravar ainda mais a situação ambiental, entretanto, sabe-se que o esgotamento de recursos ambientais se dá exclusivamente pelo excesso de exploração devido ao consumo excessivo, característica reservada ao sistema capital. É importante também salientar sobre a formação do professor, que deve ser padronizada ao sistema, ou seja, sua atuação no processo de ensino e aprendizagem é regrada pelo o que é mais significativo para a classe dominante, por isso, se observa, como citado anteriormente, a "aceitação da insuperabilidade do sistema", tanto pelos educandos como pelos docentes que estão envolvidos no processo educativo, perdeu o sentido, tendo em vista que a educação teria seu papel de valorização da formação humana, sendo parte espontânea da transmissão do acúmulo de conhecimento.

Ainda segundo os mesmos autores, é possível inferir outros aspectos que derivam da crise educacional que se enfrenta na atualidade: "a forma que assume o complexo educativo, contemporaneamente marcado pela mercantilização e pelo rebaixamento e esvaziamento de conteúdo, não é uma imperfeição ou defeito, mas a forma necessária assumida pela educação a fim de mediar a reprodução da totalidade social circunscrita pela crise do sistema capital" (MOREIRA, MACENO, 2012, p. 185).

Sendo assim, constata-se que a educação enfrenta as consequências da crise do sistema capitalista, pois ao se submeter à mercantilização, afetando assim a sua essência, percebe-se que o processo educativo, assim como a crise enfrentada pelo sistema, estão prestes a entrar em colapso, salvo, como vimos em citações anteriores, ocorra a revolução na educação, entretanto, se permanecer nessa mesma trajetória, será verificado que: "já nem tudo o que educação inculca nos educandos tem por finalidade o 'bem comum' poder ser uma premissa necessária para manter e reforçar as classes dominantes. Para estes, a riqueza e o saber; para as outras, o trabalho e a ignorância" (PONCE, 2003, p. 28). Assim, os estudantes da escola pública tendo acesso ao conhecimento e acesso às universidades, sabe-se que a perspectiva do capital, é manter o proletariado sempre no patamar da ignorância, não alcançando assim a totalidade no que diz respeito ao conhecimento que foi acumulado.

Diante de todo o exposto é possível destacar que há um pensamento que circunda sobre os indivíduos, no que diz respeito a educação, seria o fato de enxergarem a educação como redentora dos problemas da humanidade (desemprego, analfabetismo, criminalidade etc.), todavia: "é preciso evitar cair tanto naquele idealismo pedagógico que atribui à educação um papel revolucionário quanto no seu oposto, a ideologia conservadora que, fantasiada de 'progressista', não reconhece a sua parcela de contribuição do ser social" (BERTOLDO, 2009, p. 134), a educação não pode solucionar impasses causados pelo sistema e pelos indivíduos que nele se inserem, visto que algo que deve ser percebido pelo homem, quando se depara à sua construção enquanto ser social, para que possa surgir a auto valorização humana, Aníbal Ponce (2003) também reflete sobre essa vertente.

Constata-se que a educação tem sofrido com a interferência de diversas formas da sociedade capitalista, o que reflete de forma direta no processo de ensino-aprendizagem, alterando o conceito educacional e gerando o que se pode chamar de campo de disputas:

> Afirmamos com isso que a educação é um espaço de disputa, pois comporta projetos diferentes e antagônicos do ponto de vista da sua função social defendidos para os sujeitos e para a sociedade. Assim, a disputa pelo projeto de educação e a forma como são conduzidas as políticas educacionais estão permeadas pela luta de classes sociais radicalmente diferentes, que se confrontam para defender seus interesses de manutenção ou romper com o que está posto (CAETANO, 2018, p. 123).

A privatização do conhecimento não passa de uma estratégia das instituições privadas para se manter no domínio absoluto, visto que limita os recursos para que somente os dominantes possam usufruir de benefícios, com a educação não é diferente, se restringe o conhecimento para uma parcela pequena da sociedade, enquanto a maior parte da população, os dominados, se limitam ao que é necessário para que continuem sendo escravizados pelo sistema. Sendo assim, o capitalismo intervém em todo o campo educacional, de forma a garantir que seus objetivos de controle sejam sempre alcançados:

> Em outras palavras, gera e transmite um quadro de valores que legitima os interesses dominantes, visando adequar os indivíduos aos interesses do sistema, através da educação, modificando as formas de participação, o projeto político-pedagógico, a forma de contratação dos professores e o processo de ensino e aprendizagem em sala de aula, passando o docente a ser um aplicador de técnicas (CAETANO, 2018, p. 123).

Sabendo da característica empresarial que o sistema tem tentado implantar na educação e da utilização dos profissionais da educação para que possa permanecer com todo o processo de alienação da população, aqui nessa discussão irá se especificar a função docente, pode-se verificar que uma estratégia bastante eficiente é controlar a formação dos professores, pois "quando o professor é desapropriado na sua formação dos seus necessários instrumentos de trabalho, mais fácil se faz a sua alienação" (PEREIRA, PEIXOTO, 2009, p. 219).

É fato perceber que, intervindo na formação do professor e, consequentemente no seu papel dentro da educação, é possível manter toda a massa, os dominados, alienados e conformados com a situação de escravos em que vivem na sociedade. E com isso, se destaca a mercantilização do processo educacional, pois: "o Estado, ao longo dos anos, vem se redefinindo e alterando as fronteiras entre o público e o privado formando quase-mercados" (CAETANO, 2018, p. 121). Nessa mercantilização, que acontece em todos os países, percebe-se que: "o mercado global que se utiliza de mecanismos mercantis na educação pode ser considerado uma nova fase da internacionalização do capital, marcada por um processo econômico que se baseia nos pressupostos da política liberal" (CAETANO, 2018, p. 122). Com todo esse exposto, é possível compreender que o capital tem transformado a educação em uma empresa, mesmo em órgãos públicos tem-se notado a interferência do capitalismo.

No que discerne a formação de professores, é possível destacar que essa mercantilização é bastante evidente ainda no processo de graduação, pois mesmo em instituições públicas percebe-se que a influência do capital é bastante notória, pois "nesse cenário, torna-se cada vez mais crescente a tendência dos governos de introduzir formas de privatização na educação pública ou em setores da educação pública. As tendências à privatização têm maior ou menor influência nos diferentes países e se concretizam de diferentes formas nos sistemas públicos" (CAETANO, 2018, p. 123). A ideia de que órgãos públicos eram livres do domínio do sistema, pois eram instituições que tinham suas ações voltadas para o bem da comunidade, não passa de uma falácia, visto que "um dos mecanismos principais das reformas que vêm sendo instituídas no setor público, entre elas as reformas na educação, é a orientação para a Nova Gestão Pública (NGP), em que o modelo gerencial possibilita que o Estado crie condições para o aumento dos investimentos privados na educação pública" (CAETANO, 2018, p. 122). Ora, se há investimentos privados no que é público, é fato afirmar que há total controle do capital sobre as instituições públicas, principalmente nas escolas e universidades, responsáveis por disseminar o processo educativo na sociedade.

Dentre os muitos aspectos que o capital utiliza para controle do domínio público, pode-se citar as políticas públicas, tendo em vista que o objetivo principal desta discussão é a análise da Base Nacional Comum Curricular (BNCC) e suas alterações e como esta afeta de forma direta o processo de formação dos professores. No tocante a teoria, nota-se que as políticas públicas norteiam todas as ações do Estado para a melhoria da sociedade, tendo em vista que o objetivo seria o bem comum, entretanto, com a total influência do capitalismo no poder público, aqui se destaca para a educação, percebe-se que todas as ações designadas pelo Estado são para beneficiar a parte da população que já tem seus inúmeros privilégios. E na formação de professores não é diferente. Porém, analisando a situação dentro da realidade educacional, observa-se que: "entre as muitas divergências, há pelo menos alguns aspectos sobre os quais há consenso: a escassez de professores, notadamente em algumas áreas e regiões, a insuficiência e a inadequação das políticas e das propostas para esta formação e seus severos impactos sobre a qualidade de ensino" (KUENZER, 2011, p. 668).

Tem-se então as políticas públicas que buscam solucionar problemas do sistema educativo, mas o que se percebe é que:

> educação mais uma vez é submetida à centralidade das políticas públicas, pois configura-se solução para resolver problemas de

ordem social e econômica, a saber: exclusão social e desemprego. Sugere adaptar indivíduos a atuar em novos tempos em que são exigidos novos valores, novas habilidades. O professor deve então ser formado para educar para essa nova sociedade, como bem define as diretrizes para formação inicial e continuada para profissionais do magistério (CABRAL, SILVA, SILVA, 2016, p. 39).

Dessa forma, compreende-se que as políticas públicas não atendem a real necessidade das escolas e universidades, visto que, como já mencionado, atendem somente ao que é melhor para o sistema capital, ou tem a função de amenizar a situação, de forma a não atender a real necessidade da população, mas tentam, estrategicamente, fazer com que haja uma conformação, visto que perpassa que o Estado se preocupa com a situação vivida pela população e que age para o bem da educação, que ainda de acordo com muitos é a redentora para os males causados pelo capitalismo.

Como já citado, a intervenção do capital no papel do professor, é de extrema importância para que ainda exista um controle dos dominantes, e no tocante a formação dos professores, as políticas públicas também têm o objetivo específico a se alcançar, como afirma o trecho:

> políticas emanadas dos organismos internacionais para a formação de professores, como já dissemos, flexionam a formação para um conhecimento no nível do senso comum e o mundo produtivo e da vida política operam com os conhecimentos da ciência, mas há um limite nesta restrição sob pena de não se expandir conhecimento que contribua para revolucionar os meios de produção condição necessária à manutenção da ordem burguesa (PEREIRA, PEIXOTO, 2009, p. 223).

Destaca-se então que um ponto crucial para as políticas de formação docente: limitar o conhecimento do professor para um nível de senso comum, ou seja, há sempre um limite de conhecimento que deve ser respeitado para que não haja uma inversão na lógica do capital, para a ordem prevalecer, as políticas públicas devem efetuar seu papel de oferecer apenas o necessário para que haja uma harmonia ilusória entre o Estado e a população.

CONSIDERAÇÕES FINAIS

No concernente à formação dos professores, vale salientar que: "a formação inicial é desafiada a superar a histórica dicotomia entre teoria e prática, e a continuada deve ter como foco a formação em serviço" (OLIVEIRA, LEIRO, 2019, p. 6). Eis o grande desafio enfrentado por todos os professores independente da época, inicialmente, tem-se a atenção em alinhar a teoria e a prática, enquanto na formação continuada, há a preocupação em conciliar sua formação com o serviço. Daí tem-se uma dificuldade encontrada nos dias atuais, o que se perceberá, que vem sendo alimentada no decorrer dos anos, como irá se observar no processo histórico da formação docente.

É nítido o quanto exista a influência do sistema capitalista na educação do Brasil, e o quanto tudo gira em torno da lógica do capital e, neste ponto, os documentos oficiais são determinantes para alcançar este infeliz objetivo. Repercutindo assim, em todo o processo de ensino e também de aprendizagem, neste último contracena o professor, incluindo todo o seu processo de formação. Enfatiza-se o quão é essencial a reflexão sobre a formação dos professores, de maneira que não sejam apenas replicadores da padronização capitalista, mas que haja a valorização do profissional docente, de forma que haja autonomia no ensino, tendo em vista a transmitir o conhecimento acumulado historicamente e que tenha relação com a formação social do indivíduo, não o tratando como mercadoria que supre a necessidade do mercado de trabalho.

REFERÊNCIAS

BERTOLDO, E. **Trabalho e educação no Brasil: da centralidade do trabalho à centralidade da política**. EDUFAL, 2009.

BRANCO, E. P. *et al.* Uma visão crítica sobre a implantação da Base Nacional Comum Curricular em consonância com a reforma do Ensino Médio. **Debates em Educação**, v. 10, n. 21, p. 47-70, 2018.

BRASIL. Constituição (1988). **Constituição da República Federativa do Brasil**. Brasília, 1988. Disponível em: http://www.planalto.gov.br/ccivil_03/constituicao/constituicao.htmAcesso em 20 de junho de 2021. Secretaria de Educação Básica. **Base Nacional Comum Curricular**: educação é a base. Brasília, DF: MEC, 2017. Disponível em: http://basenacionalcomum.mec.gov.br/images/BNCC_EI_EF_110518_%20 versaofinal_site.pdf. Acesso em: 20 ago. 2021. **Resolução CNE/CP n. 2, de 20 de**

dezembro de 2019. Define as Diretrizes Curriculares Nacionais para a Formação Inicial de Professores para a Educação Básica e institui a Base Nacional Comum para a Formação Inicial de Professores da Educação Básica (BNC-Formação), 2019. Disponível em: http://portal.mec.gov.br/index.php?option=com_docman &view=download&alias=135951-rcp002-19&category_slug=dezembro-2019-pdf&Itemid=30192. Acesso em: 28 set. 2021

CABRAL, A.; SILVA, C. L. M.; SILVA, L. F. L. Teoria do capital humano, educação, desenvolvimento econômico e suas implicações na formação de professores. **Revista Principia**, v. 32, p. 35-41, 2016.

CAETANO, M. R. Lógica privada na educação pública, redes globais e a formação de professores (Private logic in publiceducation, global networks and teacher training). **Revista Eletrônica de Educação**, v. 12, n. 1, p. 120-131, 2018. Disponível em: http://www.reveduc.ufscar.br/index.php/reveduc/article/view/2109/674 Acesso em: 02 jan. 2023.

KUENZER, A. Z. A formação de professores para o ensino médio: velhos problemas, novos desafios. **Educação & Sociedade**, v. 32, n. 116, p. 667-688, 2011.

MOREIRA, L. A. L.; MACENO, T. E. Educação, reprodução social e crise estrutural do capital. **Trabalho, educação e formação humana frente à necessidade histórica da revolução.** São Paulo: Instituto Lukács, p. 174-186, 2012.

OLIVEIRA, H. L. G.; LEIRO, A. C. R. Teacher training policies in Brazil: legal references in focus. **Pro-Posições**, v. 30, 2019.

PEREIRA, M. F. R.; PEIXOTO, E. M. M. Política de formação de professores: desafios no contexto da crise atual. **Revista HISTEDBR On-Line**, v. 9, n. 33e, p. 216-224, 2009. Disponível em: https://periodicos.sbu.unicamp.br/ojs/index.php/histedbr/article/view/8639536 Acesso em: 20 jan. 2021.

PONCE, A. **Educação e luta de classes**. Trad. José Severo de Camargo Pereira, 20. ed. São Paulo: Cortez, 2003.

Capítulo 9

OS DESAFIOS E PERSPECTIVAS DA EDUCAÇÃO INCLUSIVA NO BRASIL CONTEMPORÂNEO

Carina Maria Rodrigues Lima
Alexya Heller Nogueira Rabelo
Maria Cleide da Silva Barroso

RESUMO

A educação inclusiva é uma modalidade de ensino que proporciona uma escola capaz de adaptar-se às diferenças em um ambiente multicultural. No Brasil, o seu desenvolvimento se deu de maneira arrastada e fortemente influenciada pelos ideais capitalistas. Tendo isso posto, o objetivo deste trabalho é analisar a evolução da Educação Inclusiva no Brasil, evidenciando os desdobramentos presentes no cenário atual. Ademais, esse texto tem sua metodologia caracterizada como uma revisão bibliográfica, que teve seu desenvolvimento a partir das colocações de outros autores acerca da temática estabelecida. No mais, esse texto concebe a importância de se discutir a relevância da Educação Inclusiva no Brasil, ao passo que a enxerga como forte instrumento para o desenvolvimento educacional e social, reduzindo as desigualdades sociais e ampliando os horizontes.

Palavras-Chave: Educação Inclusiva. Brasil Contemporâneo. Sistema Capitalista.

INTRODUÇÃO

A o analisar a história da Educação Inclusiva, o que se nota é que sua evolução se deu a passos lentos. Desde a antiguidade, a maneira que a sociedade se relacionava com pessoas com deficiência era ditada pelos interesses da época. Por muito tempo essa interação se desenvolveu de forma turbulenta, ao passo que, somente na atualidade, mudanças consideráveis foram perceptíveis. No Brasil, avanços importantes aconteceram a partir do final de 1990, com a publicação de leis e documentos que mudaram a percepção da população sobre essa modalidade educacional.

A Educação Inclusiva é uma espécie de ensino que busca proporcionar uma escola capaz de adaptar-se às diferenças em um ambiente multicultural, tratando cada aluno como um indivíduo único, com particularidades e com um ritmo próprio no processo de construção do conhecimento. Porém, isso nos alerta para a urgência de considerar suas necessidades, para que possamos promover práticas pedagógicas que visem despertar e o desenvolvimento de suas habilidades cognitivas (MACÊDO; SANTOS; CORREIA, 2018).

A política inclusiva tem sido implementada no nosso país de forma vagarosa, assim como se espera de políticas que ocorrem a partir das transformações sociais. Entretanto, entende-se que, embora lentos, os avanços são consideráveis e visam garantir o direito inerente à educação de todas as pessoas e a democratização do espaço escolar. Todavia, a prática da Educação Inclusiva nas escolas regulares enfrenta desafios. Diante da complexidade da situação apresentada pela Educação Inclusiva, uma série de problemas permeiam o sistema de ensino, como a formação docente, o currículo, a adaptação arquitetônica, a avaliação e as práticas de ensino. Essas questões desafiam a prática docente e exigem reflexão, mudanças estruturais e de atitudes no sistema de ensino escolar e na prática pedagógica durante o processo de formação inicial (RODRIGUES; PEREIRA; SANTOS, 2018).

Ademais, alunos com deficiência inseridos em escolas e classes regulares são importantes, tendo em mente que a escola tem um papel primordial de oportunizar a convivência, a troca de experiência, a construção de relações, e a possibilidade de produzir e reconstruir conceitos. Assim, o ambiente escolar diversificado possibilita o amadurecimento psicológico e o desenvolvimento cultural dos indivíduos, o que é essencial na inclusão escolar (PENA; NASCIMENTO; MÓL, 2019).

Dito isso, este trabalho está estruturado metodologicamente como uma revisão de literatura, que busca analisar o desenvolvimento da Educação Inclusiva no Brasil, pontuando os percalços enfrentados na contemporaneidade. Este ensaio traz a evolução do Ensino Inclusivo no Brasil a partir da visão de inúmeros autores e de dados oficiais do governo, direcionando para o contexto atual e os respectivos obstáculos presentes na educação diversificada, ao passo que elucida a forte influência do sistema capitalista e seu total desprezo pelos indivíduos portadores de deficiências, de modo que compreende-se que eles não serão fonte de lucro para o sistema econômico. No mais, reforça-se a importância de debater acerca da Educação Inclusiva no Brasil, ao passo que enxerga-se essa ação, não apenas pelo panorama pedagógico, mas também pelo viés revolucionário.

A EDUCAÇÃO INCLUSIVA NO BRASIL

No Brasil, a história da Educação Inclusiva seguiu as tendências mundiais. A educação brasileira, pelo menos a educação formal, teve início com a chegada dos portugueses no país. Quando a Companhia de Jesus se instalou no território da Bahia, iniciou-se um modelo de educação, o qual acontecia para a elite que aqui já estava, e tentava catequizar os índios (SOUTO, 2014).

A primeira tentativa de lei voltada para os interesses da pessoa com deficiência aconteceu em 1835, quando o Deputado Cornélio Ferreira França apresentou, na Câmara dos Deputados do Rio de Janeiro, uma proposta de lei dirigida aos cegos e surdos: "na Capital do Império, como nos principais lugares de cada Província, será criada uma classe para surdos-mudos e para cegos" (SILVA, 1987, p. 204 *apud* FERNANDES; MÓL, 2019, p. 27).

Durante o império, foram criados dois importantes institutos no Rio de Janeiro, o Imperial Instituto dos Meninos Cegos (Instituto Beijamin Constant), em 1854; e o Imperial Instituto de Surdos-Mudos (Instituto Nacional de Educação dos Surdos), em 1857.

Em 1932, o Manifesto dos Pioneiros da Educação Nova já trazia convicções de educação inclusiva. O documento trazia ideias como:

> A educação enquanto instrumento de democracia, devendo ela ser pública, obrigatória, gratuita, leiga e sem segregações; níveis articulados de ensino, adaptando-se às especificidades regionais sem se afastar dos princípios estabelecidos pelo governo central; educação funcional ativa, centrada no estudante e exigência de curso superior para todos os professores, mesmo do ensino fundamental (SOUTO, p. 14-15).

Dois anos depois foi instituída a Constituição Federal de 1934, a qual incluía muitas dessas contribuições, tornando-se a primeira Constituição a possuir um capítulo exclusivo para a educação (SOUTO, 2014).

Na sequência dos acontecimentos, com o golpe militar articulado por Vargas e o estabelecimento da ditadura do Estado Novo, no período de 1937 a 1945, retrocessos aconteceram na educação, como a retirada da obrigatoriedade do Estado com a educação e o fim da exigência de concurso público para contratação de professores. Nesse período, a educação diferenciada ficava exclusiva à elite e as classes trabalhadoras detinham o ensino profissionalizante (SOUTO, 2014).

Seguindo para o final do século, em 1981, foi proclamado como o Ano Internacional das Pessoas com Deficiência, apoiado pela Organização das Nações Unidas (ONU). Foi a partir desse ano que a Educação Inclusiva começou a assumir uma posição política no país com a criação do Plano de Ação da Comissão Internacional de Pessoas Deficientes, em 1981, e do Plano Nacional de Ação Conjunta para a Integração da Pessoa Portadora de Deficiência, em 1985 (SOUTO, 2014).

Sobre o plano de ação, foi gerado um documento que relatava ações que seriam desenvolvidas. O documento declara a importância de dar oportunidades às pessoas com deficiência, mas em uma perspectiva de integração:

> (...) dar a esses indivíduos a oportunidade e a possibilidade de desenvolverem suas capacidades e se **integrarem**, de forma efetiva, na vida socioeconômica de seu país, participando de forma plena em **igualdade com as pessoas consideradas normais** é básico e urgente (BRASIL, 1981, p. 4, grifo meu).

De fato, era preciso mudanças sociais que permitissem aos sujeitos portadores de deficiência um pleno desenvolvimento em sociedade, mas destaca-se a forma como, mesmo no final do século passado, essa demanda ainda era arcaica. Como as pessoas com deficiência poderiam se desenvolver igualitariamente em sociedade quando não são vistas como normais?

Em um país onde 10% da população era deficiente, era necessário transformações sociais que acolhessem essas pessoas e garantissem seus direitos de cidadãos e seres humanos. No documento citado anteriormente, entende-se que, para haver a integração dessas pessoas, era necessário uma "reabilitação" delas.

> No Brasil, há necessidade ainda de uma tomada de consciência da realidade socioeconômica que envolve o problema e de uma reformulação de conceitos e de metodologias, superando-se a ideia de que a **reabilitação** só é possível com equipes numerosas, equipamentos sofisticados e instalações físicas dispendiosas (BRASIL, 1981, p. 5, grifo meu).

A Educação Inclusiva só começou a ser discutida no Brasil após a instituição do Decreto de Salamanca, que expressa que os sistemas de ensino devem considerar as diversidades de características das crianças e jovens que possuem necessidades de aprendizagem próprias, sendo de direito delas o acesso às escolas regulares, obtendo assim, uma Educação Inclusiva que constrói uma comunidade colaborativa, sem discriminação e garantindo a educação para todos (UNESCO, 1994).

Anteriormente, o ensino de pessoas com deficiências acontecia pela integração. Apesar de muitas vezes as palavras integração e inclusão serem utilizadas para retomar a mesma atividade, o sentido delas é diferente. De acordo com o dicionário de Klug (2010), integração significa "ato ou processo de integrar" (KLUG, 2010, p. 165), a qual integrar significa "tornar(-se) inteiro, completar(-se); (...) adaptar(-se)" (KLUG, 2010, p. 158). Já a inclusão tem o significado de "ação ou efeito de incluir", que por sua vez incluir é "inserir, introduzir, (...) compreender, (...) fazer parte". Ou seja, a diferença está explícita no próprio significado dos termos, onde integrar tem o sentido de se moldar para conseguir adaptar-se, enquanto incluir significa fazer parte do todo.

Nesse sentido, integração é moldar o indivíduo "diferente" para o deixar o mais "normal" possível para incorporá-lo na sociedade. Enquanto a inclusão é a mudança social para envolver todas as pessoas que nela nascem. Ou seja, integrar é mudar o sujeito para se adequar na sociedade; incluir é mudar a sociedade para se adequar ao sujeito.

> Entende-se por inclusão a garantia, a todos, do acesso contínuo ao espaço comum da vida em sociedade, sociedade essa que deve estar orientada por relações de acolhimento à diversidade humana, de

> aceitação das diferenças individuais, de esforço coletivo na equiparação de oportunidades de desenvolvimento, com qualidade, em todas as dimensões da vida (BRASIL, 2001a, p. 20).

Assim, na inclusão, a sociedade deve estar preparada para acolher a diversidade. Enquanto na integração, o aluno que deveria se adequar à escola (BRASIL, 2001a).

Atualmente, algumas leis vigentes no país e documentos regulamentam o ensino de pessoas com deficiência. A primeira, e mais importante, que nos dá a base dos direitos e deveres do cidadão brasileiro, é a Constituição Federal instituída em 1988. No artigo 205 da Carta Magna, é estabelecida a garantia da educação para todos, sendo esta um direito de todos e, com o incentivo da sociedade, um dever do Estado e da família (BRASIL, 1988). Desse modo, compreende-se que a escola, então assegurada pelo Estado, é de acesso a todas as crianças, adolescentes e adultos sem restrição de qualquer tipo, inclusive deficiências.

Desde então várias leis foram criadas assegurando a inclusão de pessoas com deficiência na sociedade e, não apartada da sociedade, na educação formal. Leis como a Lei de Diretrizes Bases da Educação (LDB, 1996), decretos, resoluções, associações vinculadas ao Ensino Básico, como as Associações de Pais e Amigos dos Excepcionais (APAE) e os Núcleos de Atendimento à Pessoas com Necessidades Específicas (NAPNE) no Ensino Superior, além de programas de formação docente que auxiliam e apoiam esses estudantes com deficiência ao garantir seu direito de estudar em escolas regulares, com uma educação de qualidade, igualitária, livre de preconceitos e segregações, que promovam uma formação plena e inclusiva.

CONTRADIÇÕES QUE CERCAM A EDUCAÇÃO INCLUSIVA NO BRASIL NA ATUALIDADE

A educação brasileira, historicamente, foi constituída a partir de uma convicção elitista que exclui um conjunto de minorias. Outrora as pessoas com deficiência eram consideradas inválidas e inúteis por acreditar-se que elas não se adequavam ao modelo de produção da sociedade capitalista, ou seja, não conseguiam produzir. Já houve muitos avanços quanto ao que se espera de uma pessoa com deficiência, no entanto, no que se refere à educação, é necessária a construção de novos paradigmas que levem a uma modificação social que desfaça os modelos estabelecidos historicamente, no qual valorize a condição humana e liberte-se das ideologias impostas por minorias dominantes a partir de valores arbitrários (CARNEIRO, 2015; SAMPAIO; MOL, 2017).

Diante de tantas leis que garantem o ingresso às escolas por pessoas com deficiência e a validação de um ensino inclusivo que permite o aprendizado dessas pessoas e sua sociabilidade com os demais, compreende-se que nossa educação é exemplo, formadora de indivíduos que compreendem e respeitam as diferenças e que alunos com deficiência têm as mesmas condições de acesso e permanência nas instituições de ensino. Entretanto, a prática é controversa.

> A educação é um direito assegurado, porém, nem sempre esse direito é associado com qualidade de ensino, tendo em vista a desigualdade social que favorece a uns e desfavorece na mesma proporção outros. Desta forma, a educação inclusiva visa romper com esses paradigmas pré-estabelecidos e abater esse índice de desigualdade, ofertando uma educação de qualidade a todos (MACHADO, 2018, p. 1871).

De acordo com Carneiro (2015, p. 35), "a escola que temos hoje estruturada no Brasil não é uma escola inclusiva, pois, embora garanta o direito de matrícula a todos, não garante condições de permanência e sucesso acadêmico de acordo com as possibilidades de cada um". Uma realidade que corrobora com o argumento da autora é o baixo índice de alunos com deficiência no Ensino Superior, que sem uma educação verdadeiramente inclusiva, torna-se impossível o acesso à Educação Superior para a maioria desses estudantes (CARNEIRO, 2015).

Desde a década de 1990, o que se observa no Brasil eram políticas governamentais que ampliam a quantidade de matrículas nas escolas públicas do Ensino Básico, sem se preocupar com qualidade de ensino, no sentido de uma formação intelectual, cultural, livre de preconceitos, laica e voltada para o bem-estar do sujeito. Entretanto, o que se tem de política de qualidade é a formação de força de trabalho, de indivíduos moldados e adaptados no modelo econômico do capital (ANTUNES, 2014). Nas palavras de Antunes (2014, p. 187-188):

No Brasil, temos observado desde a década de 1990, um grande esforço governamental para a ampliação do número de matrículas nas escolas públicas – princípio da universalização – sem, contudo, instituir uma política de qualidade na formação que as escolas seguem oferecendo. Podemos dizer que tal política baseia-se em um conceito de qualidade focado na formação de "capital humano"[2] e de cidadãos aptos a se adaptarem às regras do "jogo" econômico imposto pelo sistema capitalista.

A respeito dos baixos índices de pessoas com deficiência no Ensino Superior, são expostos os dados do Instituto Nacional de Estudos e Pesquisas Educacionais Anísio Teixeira (INEP) sobre o ingresso e conclusão de pessoas com deficiência no Ensino Superior, sendo os dados mais recentes de 2017. Nos dados do INEP, percebe-se a quantidade baixíssima de matrículas de PCDs no Ensino Superior, como mostra a Tabela 1.

Tabela 9.1 – Quantidade de ingresso e conclusão de pessoas com deficiência no Ensino Superior no ano de 2018.

	Matrícula		**Conclusão**	
	Total	**Percentual**	**Total**	**Percentual**
Geral	8.450.755	100%	1.264.288	100%
PCDs*	43.533	0,52%	Não informado**	
Surdos	2.235	0,03%	Não informado	

Fonte: INEP, 2019a.
* Apenas pessoas com deficiências físicas.
** Em 2017, a porcentagem de concludentes com deficiência foi de 0,4%, de acordo com INEP (2019b).

Esses dados são para um país onde 24% da população têm alguma deficiência, de acordo com dados do IBGE para o ano de 2010 (BRASIL, 2020b). Isso dá aproximadamente 45.775.846 milhões de pessoas com algum grau de algum tipo de deficiência no Brasil no ano de 2010, pois segundo o IBGE (2010) se totalizava 190.732.694 milhões de pessoas.

---

2   "Capital humano são os atributos adquiridos por um trabalhador por meio da educação e da experiência. É balizado pela capacidade de conhecimentos, competências e atributos de personalidade, consagrados na capacidade de realizar um trabalho de modo a produzir valor econômico" (PAIVA, 2001 *apud* ANTUNES, 2014, p. 188).

Diante dessa realidade, o que se tem é uma garantia por lei à educação, mas que, na prática, nem sempre é uma educação verdadeiramente inclusiva, uma vez que privilégios são concedidos a uma minoria já selecionada, enquanto a grande massa é desfavorecida na mesma intensidade, tudo isso como consequência da desigualdade social causada pelo atual sistema de produção (MACHADO, 2018).

Outro ponto a ser destacado é a real intenção do sistema capitalista ao promover leis e outras medidas de inclusão, resultando na preocupação com a continuidade do capital, e não com a dignidade humana.

> Há um importante aspecto que não deve ser desconsiderado em nosso sistema capitalista: por trás de muitos programas e medidas de inclusão não está simplesmente a preocupação com o bem-estar das pessoas com deficiência, mas sim uma necessidade de passá-los de indivíduos que necessitam de atenção e cuidados especiais para o lugar de mão-de-obra e, consequentemente, autossustentáveis. Ou seja, há mais preocupação com o capital do que com o sujeito (FERNANDES; MÓL, 2019, p. 28-29).

Portanto, compreende-se a contradição existente com a educação escolar, que, de um lado é pensada como uma instituição para diminuir as diferenças sociais, e do outro corrobora com práticas e valores que aumentam a exclusão, com os critérios de seleção, classificação e avaliações meritocráticas de alunos (ANTUNES, 2014).

Dessa forma, a inclusão escolar não é apenas educar todos os alunos dentro da mesma forma, ou seja, tratar todos iguais com o modelos preexistentes, sem levar em consideração a diversidade. Uma escola inclusiva, segundo Macêdo, Santos e Correia (2018), tem a competência de englobar as diferenças, entendendo cada aluno como sujeito único e com particularidades, onde seu processo de desenvolvimento é só dele, para que então seja possível a criação de práticas pedagógicas que desenvolvam as capacidades cognitivas de cada aluno.

CONSIDERAÇÕES FINAIS

Dessa forma, diante do que foi exposto, entende-se que, para que haja uma Educação Inclusiva na prática, são necessárias políticas governamentais que sejam direcionadas para a qualidade de ensino independente do capital, abarcando infraestrutura dos ambientes escolares, capacitação de professores, conscientização de pais e comunidade e amparo na permanência do aluno na escola, para que então o professor consiga cumprir seu papel de forma eficiente, desenvolvendo práticas e estratégias que sejam compatíveis com cada aluno e peculiaridade que ele apresente. A educação é feita de forma conjunta, a educação inclusiva mais ainda.

A ruptura de paradigmas preexistentes implica na construção de um novo paradigma, que para alcançar o que foi exposto, faz-se primordial a revolução social no que diz respeito a modelos estruturados historicamente. Ou seja, é necessária uma libertação social de convicções estabelecidas por uma classe dominante e minoritária para que a escola de fato cumpra seu papel de educar o sujeito dentro das diversidades e sem discriminação, constituindo uma escola acolhedora e libertadora. Para isso, a via é a construção de valores, práticas e estratégias que tornem as escolas genuinamente inclusivas e não retornem a ideais antigos e práticas arcaicas que excluem e separam os alunos de acordo com suas necessidades educacionais.

REFERÊNCIAS

ANTUNES, K. C. V. Contradições e marcas do processo de inclusão escolar de pessoas com deficiência. **Unifeso**: Humanas e sociais, [s. I.], v. 1, n. 1, p. 185-209, 2014. Disponível em: http://www.revista.unifeso.edu.br/index.php/revistaunifesohumanasesociais/article/viewFile/14/25. Acesso em: 12 maio 2020.

BRASIL. **Ano internacional das pessoas deficientes**. Brasília: Comissão Nacional: Relatório técnico, 1981. Disponível em: http://www.dominiopublico.gov.br/download/texto/me002911.pdf. Acesso em: 12 maio 2020.

BRASIL. **Constituição.** Constituição da República Federal do Brasil. Brasília, DF: Senado Federal, 1988.

BRASIL. Lei nº 9.394, de 1996. **Lei de Diretrizes e Bases da Educação**. Brasília, 1996.

BRASIL. **Ministério da Educação**: Diretrizes Nacionais para a Educação Especial na Educação Básica. Brasília: MEC, 2001a. 80 p. Disponível em: http://portal.mec.gov.br/seesp/arquivos/pdf/diretrizes.pdf. Acesso em: 19 maio 2020.

BRASIL. **Censo Demográfico de 2020 e o mapeamento das pessoas com deficiência no Brasil**. Brasília: Ministério da Saúde, 2020b. Disponível em: https://www2.camara. leg.br/atividade-legislativa/comissoes/comissoes-permanentes/cpd/documentos/ cinthia-ministerio-da-saude. Acesso em: 26 out. 2020.

CARNEIRO, R. U. C. Educação Inclusiva: desafios da construção de um novo paradigma. *In*: VIVEIRO, A. A.; BEGO, A. M. (Orgs.). **O Ensino de Ciências no Contexto da Educação Inclusiva: diferentes matizes de um mesmo desafio.** Jundiaí: Paco, 2015. p. 31-39.

FERNANDES, R. F.; MÓL, G. S. Da exclusão à inclusão: uma longa jornada. *In*: MÓL, G. **O ensino de ciências na escola inclusiva.** Campos dos Goytacazes: Brasil Multicultural, 2019. p. 14-39.

KLUG, M. B. **Língua Portuguesa**: minidicionário escolar. Blumenau: Vale das Letras, 2010. 352 p.

MACÊDO, L. M. S.; SANTOS, F. A.; CORREIA, D. L. O Transladar do Ensino de Química na Perspectiva da Educação Inclusiva. *In*: SIMPÓSIO NACIONAL DE TECNOLOGIAS DIGITAIS NA EDUCAÇÃO, 3., 2018, São Luís. **Anais do III Simpósio Nacional de Tecnologias Digitais na Educação**. São Luís: EDUFMA, 2018. p. 679-688. Organizado por João Batista Bottentuit Junior (Org.).

MACHADO, D. S. As Tecnologias Digitais Para Educação da Pessoa Com Transtorno do Espectro Autista (TEA). *In*: SIMPÓSIO NACIONAL DE TECNOLOGIAS DIGITAIS NA EDUCAÇÃO, 3., 2018, São Luís. **Anais do III Simpósio Nacional de Tecnologias Digitais na Educação**. São Luís: EDUFMA, 2018. p. 1865-1876. Organizado por João Batista Bottentuit Junior (Org.).

ORGANIZAÇÃO DAS NAÇÕES UNIDAS PARA A EDUCAÇÃO, A CIÊNCIA E A CULTURA. **Declaração De Salamanca**: declaração de Salamanca e enquadramento da acção na área das necessidades educativas especiais. Salamanca: UNESCO, 1994. Disponível em: http://www.pnl2027.gov.pt/np4Admin/%7B$clien tServletPath%7D/?newsId=1011&fileName=Declaracao_Salamanca.pdf. Acesso em: 23 ago. 2019.

PENA, A. L.; NACIMENTO, R. M. L. L.; MÓL, G. S. A perspectiva histórico-cultural de Vygotsky e a inclusão escolar. *In*: MÓL, G. **O ensino de ciências na escola inclusiva**. Campos dos Goytacazes: Brasil Multicultural, 2019. p. 59-72.

RODRIGUES, D. M. A.; PEREIRA, G. S.; SANTOS, D. B. A Utilização do Software Prodeaf Tradutor como Recurso Didático na Educação de Surdos. *In*: Simpósio Nacional de Tecnologias Digitais na Educação, 3., 2018, São Luís. **Anais do**

III Simpósio Nacional de Tecnologias Digitais na Educação. São Luís: EDUFMA, 2018. p. 518-533. Organizado por João Batista Bottentuit Junior (Org.).

SOUTO, M.T. **Educação inclusiva no Brasil**: contexto histórico e contemporaneidade. 2014. 38 f. TCC (Graduação) – Curso de Licenciatura em Química, Universidade Estadual da Paraíba, Campina Grande, 2014.

Capítulo 10

DIDÁTICA PROFISSIONAL E SEUS USOS: GÊNESE, EVOLUÇÃO E FORMAÇÃO DE PROFESSORES

Georgyana Gomes Cidrão
Francisco Régis Vieira Alves
Anderson Araújo Oliveira

RESUMO

A Didática Profissional apareceu na tese de Pastré em 1992, sua principal característica é usar a análise do trabalho para a formação. O presente trabalho apresenta estudos sobre a evolução e usos da Didática Profissional na formação de professores, no qual buscou-se analisar, a partir de uma revisão sistemática de textos. Por meio de uma consulta nas bases de dados: *Persee* e *Cairn*, entre os anos 2009 a 2022, sendo encontrados 13 artigos e agrupados em três categorias: 1) Uso da Didática Profissional na formação inicial ou continuada; 2) Definição da Didática Profissional e seu desenvolvimento atual; 3) Análise do trabalho como fator importante para a formação. Analisamos os artigos a partir das categorias e encontramos diferentes usos e concepções da Didática Profissional durante a formação de professores. Por fim, nos países anglo-saxônicos, a Didática Profissional tem um quadro bem definido de pesquisas, na América Latina, principalmente no Brasil, existem poucas pesquisas que discutem essa vertente francesa para a formação de professores.

Palavras-chave: Didática Profissional. Formação de professores. Formação profissional.

INTRODUÇÃO

A Didática Profissional é uma teoria profissional emergida a partir da confluência de quatro correntes de origem francesa: Psicologia do Desenvolvimento, Psicologia Ergonômica, Didática das Disciplinas e Engenharia de Formação (PASTRÉ; MAYEN; VERGNAUD, 2006). A principal característica da Didática Profissional, segundo Pastré (1999, p. 403) "é utilizar a análise do trabalho para a construção de conteúdos e métodos voltados para a formação de competências profissionais, de modo a repensar o ato didático, dirigido a adultos". Na mesma obra, o autor enfatiza que, para isso, utiliza-se como referência a tríade: trabalho-competências-experiência profissional.

Até a década de 1980, a tarefa de repensar o ato didático, dirigido aos adultos trabalhadores, não era considerada. Naquela época, as pesquisas traziam influência de Piaget (1967) e a criança estava no centro (PASTRÉ; VERGNAUD, 2011). Tardiamente, na década seguinte, Vergnaud (1990) dá continuidade às pesquisas e estende os conceitos piagetianos para o campo do adulto no trabalho. Vergnaud (1999) refere que os adultos passam muito tempo no trabalho e continua aprendendo e se desenvolvendo.

A Didática Profissional nasceu justamente desse contexto, no que se refere ao desenvolvimento de competências e experiência profissional (PASTRÉ, 2011). Inicialmente, a Didática Profissional tinha um interesse muito grande em investigar o trabalho dos operários das indústrias, passando a integrar posteriormente a bombeiros, pilotos de avião, agrônomos, médicos e professores (PASTRÉ, 2011). Podemos pensar que essa questão da Didática Profissional se tornou urgência atualmente (PASTRÉ; VERGNAUD, 2011).

A Didática Profissional, desde os seus primórdios, têm interface com outras áreas (Filosofia, Sociologia, Psicologia, Engenharia, Didática). Pastré (2008) destaca que, durante sua experiência no estágio na Engenharia de Formação, passou a observar a urgência do uso da análise do trabalho na formação profissional. Nesse sentido, a Didática Profissional encontrou, desde a sua criação (PASTRÉ, 1992, 2011), um lugar especial, ao propor um quadro conceptual e metodológico para enriquecer e ampliar o escopo das práticas de Engenharia de Treinamento. Dessa forma, nasce o conceito de Engenharia Didática Profissional, pautado na Engenharia de Formação, que tem como foco a criação de dispositivos para a formação do sujeito que trabalha.

Nos últimos anos, a Didática Profissional tem sido destaque na área de *sciences de l'éducation* (para o português, Ciências da Educação) na França e, atualmente, ela é tida como uma disciplina recente na formação inicial ou continuada de professores. Este artigo propõe mostrar estudos relacionados a Didática Profissional na formação de professores e todo o seu desenvolvimento conceitual, a partir de uma revisão sistemática de textos publicados entre os anos de 2009 até 2022, disponíveis na base de dados: persee.fr e cairn. info.

Nos parágrafos seguintes, nosso trabalho será descrito nesse formato: a primeira sessão descreve a Didática Profissional e sua gênese. Na segunda sessão descrevemos o novo conceito da Engenharia Didática Profissional definido por Mayen, Olry e Pastré (2017). Prosseguindo, descrevemos a metodologia que este trabalho adotou, pautado em um estudo qualitativo e na revisão sistemática de textos. Seguido dos resultados e discussão diante dos trabalhos encontrados. Finalmente chegando nas considerações finais.

DIDÁTICA PROFISSIONAL: GÊNESE

No final do século XX, Pastré (1992a) inaugura em sua tese uma teoria que ele chamou de Didática Profissional (do francês, *Didactique Professionnelle*) sendo definida como,

> A Didática Profissional tem como objetivo o desenvolvimento de competências gerais a partir do tratamento de situações profissionais, não se trata de desenvolver a especialização técnica dos operadores, mas de aproveitar as situações problematizadoras que eles encontram em sua atividade profissional para capacitá-los a desenvolver ou reestruturar suas competências gerais (PASTRÉ, 1992, p. 2, *apud* PASTRÉ, 2011, p. 7, tradução nossa).

Inicialmente, a Didática Profissional surgiu após o taylorismo, ou seja, mudanças no trabalho surgiram entre as décadas de 1970 e 1980, nessa época buscava-se melhorias para as condições de trabalho e na questão da competência (CHAMPY-REMOUSSENARD, 2005). É sobre essas questões que, na década de 1990, o centro das pesquisas estava acerca da análise do trabalho e da atividade. Não obstante, a Didática Profissional surge com a proposta de utilizar o quadro da análise do trabalho para a formação de competências (PASTRÉ, 2011).

Durante a década de 1990, os trabalhos de Pastré (1992b;1999) tornaram-se importantes leituras no periódico *Éducation Permanente*, dedicados a Didática Profissional, intitulados como: *Approches Didactiques em formation d'adultes* (1992b); *Apprendre des situations* (1999). Após muitos trabalhos de Pastré (1992b; 1994; 1999) serem publicados, fica evidente o quanto a Didática Profissional é urgente para o quadro de formação a partir da análise do trabalho.

Segundo Pastré (2002), um dos principais desafios na criação da Didática Profissional se encontrou na junção entre as duas tendências: Psicologia do Trabalho e Psicologia do Desenvolvimento. Os métodos e técnicas que a psicologia do trabalho levou para a criação da Didática Profissional disponibilizou uma análise da dimensão cognitiva da atividade profissional (PASTRÉ, 2002), baseada nos estudos de Faverge, Ombredane (1955) e Leplat (1955). A Psicologia do Desenvolvimento, amplamente desenvolvida por Piaget (1967) e Vergnaud (1990), desempenham o papel da conceituação na ação (PASTRÉ, 2002).

Os conceitos e métodos da Didática Profissional sofreram uma evolução histórica, à medida que a própria teoria profissional se desenvolveu (PASTRÉ, 2009). A princípio, a Didática Profissional foi criada para a análise do trabalho industrial (PASTRÉ, 2011), entretanto, outras profissões começaram a ser investigadas pela Didática Profissional, como: médicos, cirurgiões, bombeiros, pilotos, agrônomos e, recentemente, a atividade dos professores (PASTRÉ, 1992; PASTRÉ; MAYEN; VERGNAUD, 2006; VINATIER, 2012). Com isso, outros pesquisadores se interessaram pela Didática Profissional e todo o seu desenvolvimento do adulto no trabalho.

Notavelmente, a Didática Profissional teve uma evolução em seu quadro de pesquisas, interessando-se atualmente em analisar a atividade docente durante a formação, autores como Vinatier (2013) e Habboub (2018) fizeram pesquisas sobre a formação docente usando os conceitos da Didática Profissional, derivados da Psicologia do Trabalho e da Psicologia do Desenvolvimento durante a formação inicial de professores.

Um conceito evolutivo para a formação: Engenharia Didática Profissional

A Didática Profissional encontrou, desde a sua criação, um lugar especial, ao propor um quadro conceitual e metodológico para enriquecer e alargar o campo das práticas de formação em engenharia. Indubitavelmente, a Didática Profissional tem uma relação construtiva com a engenharia de formação. Por esse motivo, Mayen, Olry e Pastré (2017) abordam o conceito de Engenharia Didática Profissional. "A Engenharia Didática Profissional organiza-se assim em função da atividade atual e futura dos profissionais, atividade que não se reduz à aplicação de conhecimentos, nem à aplicação de procedimentos para situações não disciplinares, nem apenas técnicas" (MAYEN; OLRY; PASTRÉ, 2017, p. 3).

A Engenharia Didática Profissional visa duas contribuições principais relacionadas à Engenharia de Formação. A primeira contribuição denota-se como:

> Repensar e recolocar o ato e as questões didáticas na formação profissional. Por um lado, identificando a partir da análise do trabalho, o que é preciso aprender e desenvolver para dominar o trabalho, mas também o que é o fator de complexidade e dificuldade no processo de aprendizagem. Por outro lado, desenhando percursos e métodos de formação, a partir da análise do potencial formativo do trabalho, da atividade dos profissionais mais ou menos experientes e dos percursos pelos quais os profissionais se tornaram ou tornarão experientes (MAYEN; OLRY; PASTRÉ, 2017, p. 1, tradução nossa).

A segunda contribuição é pautada em:

> Oferecer aos formadores uma forma original de conciliar formação e trabalho evitando duas armadilhas: a primeira consiste em fazer a preparação da formação para a aplicação de procedimentos e adaptação ao trabalho. A segunda dissocia a formação das preocupações e desafios da atividade laboral ao reproduzir as oposições entre pensamento e ação, teoria e prática, gesto e conhecimento, conhecimento e ação (MAYEN; OLRY; PASTRÉ, 2017, p. 1, tradução nossa).

Partindo das duas premissas anteriores, entendemos que a Didática Profissional faz do trabalho e sua análise o ponto de partida para o desenho do treinamento. Dessa forma, a Didática Profissional usa as situações de trabalho como forma de formação por meio de duas formas: i) mobilizando para a formação baseado na experiência, ii) adaptando-as no quadro do próprio trabalho (MAYEN; OLRY; PASTRÉ, 2017, p. 3).

A experiência é uma junção de situações vivenciadas anteriormente constituindo uma sequência de experiências vividas com potencial aprendizado. Uma das funções na análise didática no trabalho está no que Mayen, Olry e Pastré (2017) chamam de potencial de aprendizagem e desenvolvimento do trabalho, isso quer dizer que, durante o percurso da formação, as situações de trabalho junto com a experiência profissional servem como uma espécie de aprendizagem profissional, derivada do campo de trabalho.

De modo não exaustivo, definimos o que seria a Didática Profissional, ao usar a análise do trabalho como meio de formação de competências. Seguindo atualmente do conceito de Engenharia Didática Profissional, que foca na formação profissional. Contudo, diversas pesquisas (VINATIER, 2009; FALX; PETIT, 2010; BACONNET; BUCHETON, 2011; HABBOUB, 2018) surgem no campo educacional, levando em consideração a formação de professores.

METODOLOGIA

Realizamos uma revisão sistemática de texto, estruturando em um estudo qualitativo. Para a busca de referências, procuramos em bases de dados científicos, como: *Persee.fr* e *Cairn.info*, por essas bases disponibilizarem pesquisas voltadas para a Didática Profissional na formação de professores.

As bases de dados científicos consultadas são de origem francesa e foram acessadas durante o mês de maio de 2023. Inicialmente, foram obtidos 224 artigos científicos, sendo 118 encontrados no *Persee* e 106 artigos encontrados no *Cairn*.

Por ser um número elevado para análise, definimos inicialmente dois critérios de inclusão: 1) artigos publicados nos últimos quatorzes anos (2009-2023); 2) artigos que usam a Didática Profissional na formação de professores. Foi escolhido a partir do ano de 2009, pela obra pioneira de Isabelle Vinatier

(2009) abordar questões da análise da atividade de professores em formação inicial.

Após selecionarmos os trabalhos com base nos critérios de inclusão, houve uma redução para 13 artigos distribuídos entre as duas bases. Usamos como critério de eliminação os seguintes contextos: título, resumos e palavras-chave. Os títulos que não atendiam à formação de professores, os resumos que apontavam a Didática Profissional para outras áreas de formação (bombeiros, agrônomos). As palavras-chave que não atendiam a esse critério: Didática Profissional (*didactique professionnelle*), Ergonomia (*ergonomie*), atividade (*activité*), formação (*formation*), análise do trabalho (*analyse du travail*). Na Figura 1 é possível observar como ocorreu a escolha dos trabalhos.

Figura 1 – Processo de seleção de artigos.

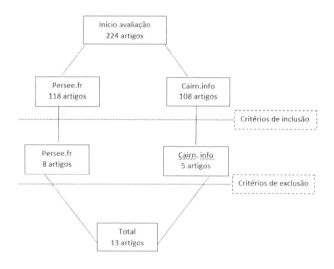

Fonte: Elaboração dos autores (2023).

Após a delimitação dos treze artigos, realizamos uma leitura prévia do resumo dos trabalhos e sistematização em categorias. Elaboramos três categorias para a discussão dos resultados:

Categoria I – Uso da Didática Profissional na formação inicial ou continuada;

Categoria II – Definição da Didática Profissional e seu desenvolvimento atual;

Categoria III – A análise do trabalho como fator importante para a formação do sujeito.

As categorias foram delimitadas a partir da similaridade dos temas que estavam inseridos em cada trabalho, assim, favorecendo na discussão dos resultados.

RESULTADOS E DISCUSSÃO

Foram delimitados treze artigos a partir das bases Persée.fr e Cairn.info e criamos três categorias para avaliar os treze trabalhos e discuti-los. Inicialmente, optamos por incluir os trabalhos a partir da similaridade entre si. No Quadro 10.1 apresentamos as obras encontradas e suas principais informações:

Quadro 1 – Escolha dos artigos.

Autores	Título	Ano	Base de dados
Vinatier	Por une didactique professionnelle de l'enseignement.	2009	Persée
Faulx e Petit	La formation em organisation: mise em perspective des approches psychosociologiques et ergonomiques.	2010	Persée
Baconnet e Bucheton	De quelle nature sont les savoirs professionnels développés par uneenseignant stagiaire dans le cadre de son stage au coursd'um dispositif innovant.	2011	Persée
Astier *et al.*		2014	Cairn
Joffray-Carré	Um savoir-agir professionnel strategique de l'enseignant: susciterl'engagement desélèves.	2014	Persée
Nizet	Formation des enseignants dus ecteur de l'education des adultes à l'évalution des compétences: défis et perspectives.	2014	Persée
Tourmen		2014	Cairn
Markaki e Rémery	Documenter l'activité tutorale em situation de travail pour une approche du "travail em actes".	2016	Persée
Wittorski	La professionnalisation em formation: textes fondamentaux.	2016	Persée
Herold	Um modèle de la situation d'enseignement-apprentissage pour mieux comprendre l'activité de l'élève em classe.	2019	Persée

Weber, Rodhair e Fallery	Usage de la realité virtualle et dévelloppement individuel desenseignants-chercheurs. Une approche par la didactique professionnelle.	2019	Cairn
Vadcard	Didactique Professionnelle.	2019	Cairn
Vinatier e Delacour	De la théorie de l'activité de Gérard Vergnaud auchamps théorique de la didactique professionnelle.	2022	Cairn

Fonte: Elaboração dos autores (2023).

Diante das categorias criadas discutiremos de modo não exaustivo os trabalhos inseridos em cada categoria. No Quadro 10.2 podemos compreender a natureza dos cinco trabalhos inseridos diante da Categoria I: uso da Didática Profissional (DP) na formação inicial ou continuada.

Quadro 2 – Agrupamento dos trabalhos na Categoria (I).

Ano de publicação	Autores	Resumo dos trabalhos
2009	Vinatier	O artigo aborda as situações de ensino como sendo pouco exploradas a partir da DP. De modo inovador, o trabalho usa o quadro de análise para identificar os invariantes da atividade de professores em formação inicial.
2014	Nizet	No artigo encontra-se um exemplo em Québec, observando a questão dos ambientes regulatórios baseado na competência pela reforma curricular do Ensino Geral de Adultos.
2014	Joffray-Carré	O artigo propõe que os professores construam saberes profissionais a partir de uma experiência dinâmica baseada nos conceitos pragmáticos.
2014	Astier *et al.*	O artigo é baseado em uma mesa redonda dedicada à discussão da DP na questão da avaliação. Não conta com dados empíricos, embora existam dados de trabalhos aplicados que apareçem na formação de professores.
2019	Weber, Rodhair e Fallery	O artigo explora o uso da realidade virtual juntamente ao quadro teórico da DP. Explorando bem o conceito de competência baseado na definição da teoria dos esquemas.

Fonte: Elaborado pelos autores (2023).

De forma semelhante, elaboramos o Quadro 10.3 para mostrar os três trabalhos que discutem temas relativos à Categoria (II): Definição da Didática Profissional e seu desenvolvimento atual.

Quadro 3 – Agrupamento dos trabalhos diante da categoria II.

Ano de publicação	Autores	Resumo dos trabalhos
2014	Tourmen	O artigo aborda a DP e defende seu uso na formação pautado na análise do trabalho. É possível ver a evolução da DP diante da análise do trabalho por duas óticas: a primeira, para construir o treinamento, a segunda, para formar à partir da análise do trabalho.
2019	Vadcard	Nesse artigo aborda-se como a DP se instalou nas atividades dos operadores de máquinas em áreas industriais, após abordar as questões de situações dinâmicas até chegar na formação docente.
2022	Vinatier e Delacour	No artigo é possível ver a evolução da DP diante da Teoria dos Campos Conceituais. Autores principais da Didática da Matemática como Rabardel e Rogalski são resgatados durante a estrutura escrita do artigo para explicar como autores de outras áreas se inseriram na DP.

Fonte: Elaboração dos autores (2023).

Em nossa última análise, elaboramos o Quadro 10.4 para mostrar os cinco trabalhos que remetem à temática da Categoria (III): A análise do trabalho como fator importante para a formação do sujeito.

Quadro 4 – Seleção dos trabalhos e agrupamento da Categoria (III).

Ano de publicação	Autores	Resumo dos trabalhos
2010	Faulx e Petit	O artigo aborda as contribuições da ergonomia na globalização do trabalho e surgimento de teorias preocupadas como desenvolvimento do homem no trabalho. A DP encontra-se a questão da experiência.
2011	Bacconet e Bucheton	No artigo é trabalhada a abordagem da análise da atividade baseada na DP através dos conceitos pragmáticos, para orientar e guiar a ação.
2016	Markaki e Rémery	O artigo esboça uma perspectiva interacional sobre as práticas profissionais dos educadores infantis. As práticas incluem: gestos, arranjos corporais, entre outros, para desenvolver competências profissionais no trabalho.
2016	Wittorski	Na segunda parte do artigo é possível considerar a divisão em duas partes que o autor faz diante da DP. A primeira parte refere-se à contribuição da atividade para o desenvolvimento profissional em que expõe potencialidades. A segunda parte integra a produção de competências no trabalho.
2019	Herold	O estudo se baseia na situação de ensino-aprendizagem que está ligado à natureza da observação. Na DP, a análise do trabalho, antes de tudo, tende a observar e comparar através do registro da própria atividade.

Fonte: Elaboração dos autores (2023).

Na categoria I, foram agrupados cinco trabalhos para discutir o uso da Didática Profissional durante a formação de professores. Vinatier (2009) aborda de modo pioneiro a questão da análise da atividade de professores em formação inicial. Nizet (2009), em sua pesquisa, demonstra que a formação dos professores em Québec passa por uma reforma de profissionalização e usa a Didática Profissional para a análise das competências. No trabalho de Weber, Rodhair e Farlley (2019) notamos que o quadro de competências para trabalhar a realidade virtual parte do princípio da teoria de Vergnaud e da Didática Profissional. Encontramos no mesmo ano de 2014, nos trabalhos de Joffray-Carré (2014) e Astier *et al.* (2014), a experiência da Didática Profissional na construção de saberes e na avaliação durante a formação.

Na categoria II, agrupamos três trabalhos a partir da similaridade na abordagem da pesquisa. No trabalho de Vadcard (2019), encontramos como a Didática Profissional se instaurou nas atividades de operários e, a posteriori, na atividade dos professores. Em Tourmen (2014) identificamos um progresso em relação a análise do trabalho, no início, a teoria profissional tinha como foco o treinamento, atualmente o foco é a formação. No trabalho de Vinatier e Delacour (2022) consideramos o percurso histórico da Didática Profissional.

Na categoria III, agrupamos cinco trabalhos, levando em consideração a análise do trabalho para a formação. É preciso considerarmos que a análise do trabalho diretamente faz relação com a formação, desenvolvimento de competências, organização do trabalho e experiência. Dessa forma, o trabalho de Faulx e Petit (2010) aborda a questão da ergonomia francesa ter crescido na década de 1970 e muitas teorias se apropriaram do desenvolvimento da ergonomia, incluindo a Didática Profissional na questão da experiência no trabalho. O trabalho de Markaki e Rémery (2016) aborda a questão das práticas durante a formação de educadores infantis. No trabalho de Wittorski (2016) fica explícita uma reflexão em relação a atividade no desenvolvimento profissional. Nos trabalhos de Bacconet e Bucheton (2011) e Herold (2019), a análise do trabalho tem um lugar especial na formação. Usando-se dos conceitos neopiagetianos no que concerne aos conceitos pragmáticos e na questão das situações de ensino e aprendizagem.

Por meio da construção dos Quadros (10.2), (10.3) e (10.4) e da organização das informações dos artigos selecionados e elencados em cada uma das categorias estabelecidas, mostramos como a Didática Profissional tem relevância dentro dos locais de formação. Desde a sua criação, o seu diferencial se encontra na análise do trabalho como principal fonte para o adulto organizar seu trabalho.

CONSIDERAÇÕES FINAIS E ALGUMAS REFLEXÕES

A partir dessa revisão dos textos foi possível verificar como a Didática Profissional é uma importante vertente que nos leva a conhecer conceitos emergidos há trinta anos para melhorar o sistema de formação do sujeito que trabalha. Além disso, consideramos que os pontos até aqui discutidos servem como uma contribuição para o desenvolvimento de pesquisas acerca da Didática Profissional no ambiente brasileiro.

Durante nossa abordagem, delimitamos trabalhos que foram obtidos pelo uso da Didática Profissional como principal categoria para relacionar a evolução e desenvolvimento na formação de professores. Bem no início, seu principal fundador Pastré (1992) afirma que a Didática Profissional, apesar de se opor a Didática das Disciplinas no que concerne a aprendizagem advir somente do meio acadêmico, considera que a atividade do professor era difícil ser analisada por ser um ambiente dinâmico (tudo pode acontecer). Décadas depois define a chamada Engenharia Didática Profissional que tem como foco a formação baseada na experiência e na adaptação.

Não obstante, os artigos discutidos no presente trabalho abordam diferentes aspectos acerca da repercussão da Didática Profissional. Para isso, elaboramos três categorias e relacionamos os trabalhos semelhantes para garantir que a Didática Profissional precisa de um espaço nas pesquisas brasileiras, uma vez que, desde 1992, comporta a formação do adulto na França se destacando na chamadas Ciências da Educação.

Por fim, observamos uma carência de pesquisas relacionadas a Didática Profissional no território científico brasileiro, levando em consideração as várias contribuições que ela engloba nos sistemas de formação, como a organização do trabalho, o desenvolvimento de competências, a partir de experiências adquiridas no trabalho, dentre outros.

AGRADECIMENTOS

Agradecemos a Fundação Cearense de Apoio ao Desenvolvimento Científico e Tecnológico (FUNCAP) pelo apoio financeiro as pesquisas desenvolvidas em âmbito científico cearense.

REFERÊNCIAS

ASTIER, P; BAROTH, M-F; CHENU, F; TOURMEN, C. L'évolution des compétences: perspectives de la Didactique Professionnelle. *In*: **L'evolution des compétences em milieu scolaire et em milieu professionnel**. Belgique: De Boeck Supérieur, 2014. cap 15, p. 233-242. Disponível em: https://www.cairn.info/l-evaluation-des-competences-en-milieu-scolaire-et--9782804181949.htm. Acesso em: 10 maio 2023.

BACONNET, S; BUCHETON, D. De quelle nature sont les savoirs professionnels développés par uneenseignant stagiaire dans le cadre de son stage au cours d'un disposifif innovant. **Revue des sciences de l'education**, v. 37, n. 2, p. 257-279, 2011.

BROUSSEAU, G. **Théorie des situations didactiques**. Grenoble: Éd. La Pensée Sauvage, 1998.

CARRÉ, C, J. Um savoir-agir professionnelstrategique de l'enseignant: susciter l'engagement des élèves. **Revue de recherche em éducations**, n. 53, p. 85-98, 2014.

CHAMPY-REMOUSSENARD, P. Les théories de l'activité entre travail et formation. **Revue Savoirs**, v. 2, n. 8, p. 9-50, 2005.

FAULX, D; SMALL, L. La formation em organisation: mise em perspectives desapproches psychosociologiques et ergonomiques. **Relations Industrielles**, v. 65, n. 3, p. 447-469, 2010.

HABBOUB, EL, M. Professional Didactics and teacher education: conceptual contributions for an alternative way of training teachers. **Trabalho (En)Cena**, v. 3, n. 1, p. 114-130, 2018.

HEROLD, J-F. Um modele de lasituation d'enseignement-apprendissage pour mieux comprendre l'activité de l'élève em classe. **Revue dessciences de l'education**, v. 45, n. 1, p. 82-107, 2019.

MARKAKI, V; RÉMERY V. Documenter l'activité tutorale em situation de travail pour une approche du "travail em actes". **Sociologie et sociétes**, v. 48, n. 1, p. 143-167, 2016.

MAYEN, P; OLRY, P; PASTRÉ, P. L'ingénierie didactique professionnelle. *In*: **Traité des sciences et des techniques de la Formation**. Paris: Dunod, 2017, cap. 23, p. 1-11.

NIZET, I. Formation des enseinants du secteur de l'education des adultes à l'evoluation des compétences: défis et perspectives. **Revue des sciences de l'education**, v. 40, n.2, 2014.

PASTRÉ, P. **Es saipourintroduireleconcept de didactiqueprofessionnelle: rôle de la conceptualisation dans la conduite de machines automatisées**. Thèse (psychologie), Université Paris V, Paris, 1992a.

PASTRÉ, P. Approches didactiques em formation d'adultes. **Education permanente**, v. 2, n. 111, p. 33-54, 1992b.

PASTRÉ, P. Le rôle des schèmes et des concepts dans la formation des compétences. **Performances Humaines et Techniques**, n. 71, p. 21-28, 1994.

PASTRÉ, P. La conceptualisation dans l'action: bilan et nouvelles perspectives. Éducation permanente, n. 139, p.13-35, 1999.

PASTRÉ, P L'analyse du travail en didactique professionnelle. **Revue Française de Pédagogie**, v. 138, p. 9-17, 2002.

PASTRÉ, P; MAYEN, P; VERGNAUD. Note de synthèse sur la didactique professionnelle. **Revue Française de Pédagogie**, v.154, p. 145-198, 2006.

PASTRÉ, P. Analyse de l'activité d'apprentissage: le point de vue de la didactique professionnelle. **Travail et Apprentissages**, n. 2, p. 62-72, 2008.

PASTRÉ, P. **Apprendre par la simulation: de l'analyse du travail aux apprentissages professionnels**. Toulouse: Octarès, 2009.

PASTRÉ, P. **La didactique professionnelle: approche anthropologique du développement des adultes**. Paris: PUF, 2011.

PASTRÉ, P; VERGNAUD, G. L'ingénierie didactique professionnell, *In*: **Traité des sciences et des techniques de la formations**, Paris: Dunod, 2011, cap. 19, p. 401- 421. Disponível em: https://www.cairn.info/traite-des-sciences-et-des-techniques-de-la-format--9782100566891.htm. Acesso em: 15 maio 2023.

PIAGET, J. **Biologie et connaissance**. Paris: Gallimard, 1967.

TOURMEN, C. Usages de la Didactique Professionnelle em formation: 4º principes et évolutions. **Savoirs**, n. 36, p. 9-40, 2014.

VADCARD, L. **Didactique Professionnelle. Psychologie du travail et des organisation:** 110 notion clés, p. 150-153, 2019.

VERGNAUD, G. La théorie des champs conceptuels. **Recherchesen didactique des mathématiques,** v. 10, n. 2-3, p. 133-170, 1990.

VERGNAUD, G. Le développement cognitif de l'adulte. *In*: CARRÉ, P.; CASPAR, P. (dir.). **Traité des sciences et des techniques de la formation.** Paris: Dunod, 1999, p. 189-203.

VINATIER, I. Pour une didactique professionnelle de l'enseignement. **Revue française de pédagogie,** v. 175, p. 155-156, 2011.

VINATIER, I. Ce qu'apprend un maître formateur de son activité de conseil: une perspective longitudinale. **Travail et apprentissages,** v. 10, p. 39-61, 2012.

VINATIER, I. **Le travail de l'enseignant: Une approchepar la didactique professionnelle.** Bruxelles: De Boeck, 2013.

VINATIER, I; DELACOUR, G. **De lathéorie de l'activité de Gérard Vergnau dauchamp théorique de la Didactique Professionnelle.** Bulletin de Psychologie, v. 75, n. 4, 2022.

WITTORSKI, R. À propôs de la professionnalisation. *In*: **La professionnalisation en formation: textes fondamentaux (enligne).** Mont-saint-aignan: presses universaires de Rouen et du Havre, p. 63-74, 2016.

WEBBER, M-L; RODHAIR, F; FALLERY, B. **Usage de la realité virtualle et dévelloppement individuel des enseignants-chercheurs.** Une approche par la Didactique Professionnelle. Management e Avenir, n. 112, p. 37-57 2019.

Capítulo 11

POSSIBILIDADES E PERSPECTIVAS METODOLÓGICAS NA PESQUISA EM ENSINO

Ana Maria dos Anjos Carneiro Leão
Rafael Santos de Aquino
Woldney Damião Silva André
Vladimir Veras Lira Xavier de Andrade

RESUMO

Neste trabalho, levantamos uma discussão sobre a dicotomia histórica das abordagens quantitativas e qualitativas presentes nos estudos da Área de Ensino (Área 46 da Capes), objetivando apontar para um novo olhar mais complexo de investigação, que busca unir o que há de melhor nessas duas abordagens, o Método Misto de pesquisa. São apresentados alguns exemplos de metodologias quantitativas que exibem potencialidades na contribuição das pesquisas qualitativas, como a Análise Estatística Descritiva (AED), Análise Multivariada, Análise Estatística Implicativa (A.S.I.). Em sequência, também é exibido o cenário das produções acadêmicas que utilizam o Método Misto no Programa de Pós-Graduação em Ensino de Ciências e Matemática da Universidade Federal Rural de Pernambuco – PPGEC/UFRPE e nos grupos de pesquisa Laboratório de Pesquisa em Ensino de Ciências – LAPEC/UFRPE e Grupo de Pesquisa em Análise Estatística Implicativa e Outras Abordagens Teórico Metodológicas no Ensino de Ciências e Matemática – PASIECM/UFRPE. Por fim, ressaltamos a nossa convicção de que essas estratégias aqui apresentadas vem contribuindo na formação mais holística dos pesquisadores, permitindo, de modo contínuo, enxergar a realidade em sua complexidade.

Palavras-chave: Análise Estatística Implicativa. Método Misto. Pesquisa Qualitativa e Quantitativa. Pensamento Complexo.

INTRODUÇÃO

Como estudar a realidade? Como explicá-la quando ela se mostra abstrata e intangível? Começamos essa conversa propondo uma reflexão profunda sobre a retratação da realidade. É difícil avançar na compreensão daquilo que materialmente nos é inacessível, ainda que as relações presentes em uma sala de aula de ciências e matemática possam ser abstraídas a partir de uma infinidade de fatores de difícil observação. Nesse contexto, a lente que nós usamos para enxergá-las pode ser inapropriada ou limitada.

É exatamente sobre a maneira de ver a ciência (enquanto recorte da realidade) que dedicamos, nesse capítulo, a apresentação e discussão de metodologia mista na área de Ensino de Ciências e Matemática. Reconhecemos a importância da lógica binária para o desenvolvimento do campo científico, mas apontamos para a complementariedade dos opostos como um novo olhar requerido pela ciência atual.

Quando ouvimos falar em pesquisa científica, automaticamente nos remetemos às etapas que utilizam técnicas e métodos de investigação. Esses diferentes pressupostos metodológicos constituem um caminho para chegar ao fim, ou seja, um meio para atingir o objetivo. Tais etapas são processos que proporcionam o estudo de uma determinada problemática para a compreensão de um fenômeno averiguado (DAL-FARRA; FETTERS, 2017).

Os distintos métodos e técnicas utilizados nas investigações científicas podem ser comparados às lentes corretivas de um par de óculos que permitem, a quem usá-los, enxergar melhor um objeto. Entre as abordagens presentes, tem-se as perspectivas quantitativa e qualitativa, historicamente colocadas como antagônicas, polarizadas e incapazes de colaborarem entre si (PARANHOS *et al.*, 2016).

Creswell (2010) descreve a abordagem quantitativa como um conjunto de métodos e técnicas que empregam a quantificação, de modo que os dados quantitativos, como números e indicadores, podem ser tratados e analisados com auxílio da ferramenta estatística, podendo ser interpretados, fornecendo informações úteis, rápidas e confiáveis a respeito de muitas observações.

Justamente por terem um foco na quantificação, vários autores como Oliveira (2003), Bauer, Gaskell e Allum (2007) e Ghedin e Franco (2011) indicam que essa abordagem não consegue cercar todos os elementos presentes nas questões sociais investigadas pelas Ciências Humanas, especialmente a Educação e o Ensino. Oliveira (2003) explica que a abordagem qualitativa está relacionada ao âmbito social, voltada a problemas sociopolíticos, econômicos, culturais, educacionais, entre outros, focando em etapas de coleta, tratamento e interpretações de dados não quantificáveis.

No entanto, outros autores defendem a utilização conjunta desses métodos quantitativos e qualitativos, apontando a necessidade de repensar o antagonismo entre essas duas abordagens. Neste capítulo, buscaremos então discutir sobre a importância da pesquisa em Método Misto para os estudos em Educação e Ensino, apontando algumas ferramentas quantitativas utilizadas nas investigações desenvolvidas pelos integrantes dos grupos de pesquisa LAPEC[3] e GPASIECM[4] da Universidade Federal Rural de Pernambuco (UFRPE), que podem ser utilizados ao lado de métodos qualitativos em desenhos de pesquisa mista.

METODOLOGIA MISTA E A COMPLEXIDADE NA PESQUISA EM ENSINO DE CIÊNCIAS E MATEMÁTICA

Como o próprio nome se refere, trata-se de um método que busca unir duas abordagens de pesquisa: a qualitativa e a quantitativa. A tensão existente entre o uso dessas abordagens remete a discussões ontológicas e epistemológicas no âmbito da Filosofia da Ciência (MORGAN, 2007).

Se de um lado existe uma visão positivista, na qual os métodos e técnicas das Ciências Humanas devem se aproximar das Ciências Naturais, baseadas na quantificação dos dados, de outro, há uma visão que defende a necessidade do uso de métodos e técnicas específicos que sejam mais flexíveis e que permitam enxergar o objeto em estudo de forma mais integrada com seu contexto, tendo em vista que essas duas ciências apresentam distintas abordagens de interpretação da realidade (GHEDIN, FRANCO, 2011; PARANHOS *et al.*, 2016).

---

3   Laboratório de Pesquisa em Ensino de Ciências (LAPEC). Endereço do grupo de pesquisa no portal CNPq: http://dgp.cnpq.br/dgp/espelhogrupo/3506262683969962

4   A Análise Estatística Implicativa e Outras Abordagens Teórico Metodológicas no Ensino das Ciências e Matemática (GPASIECM). Endereço do grupo de pesquisa no portal CNPq: http://dgp.cnpq.br/dgp/espelhogrupo/6021662526932071

O Método Misto busca superar essa incompatibilidade, unindo opostos, alcançando uma ideia mais próxima da real complexidade existente na natureza. Morin (1990) descreve que a complexidade emerge da articulação de dois elementos polarizados, como parte-todo, simples-complexo, local-global, unidade-diversidade, particular-universal, levando a uma nova construção que, ao mesmo tempo, **são** e **não são** seus componentes constitutivos.

Paranhos *et al.* (2016) explicam que esse método se propõe a unir as abordagens quantitativa e qualitativa, entendendo as potencialidades e as limitações de ambas as técnicas, buscando tirar o melhor de cada modelo numa nova integração para responder a uma questão específica.

O pensamento empregado na pesquisa que utiliza o Método Misto é ilustrado na Figura 1. Nela é possível visualizar que cada abordagem (A ou B) exibe contribuições específicas, porém, quando esses dois modelos são integrados, emerge uma nova área inexplorada (C) que é incorporada ao modelo analítico, favorecendo a elaboração de um desenho de pesquisa mais robusto, que combina diferentes abordagens teórico-metodológicas, buscando contribuir com diferentes olhares para a investigação realizada (PARANHOS *et al.*, 2016).

Figura 11.1 – Integração das abordagens qualitativas e quantitativas.

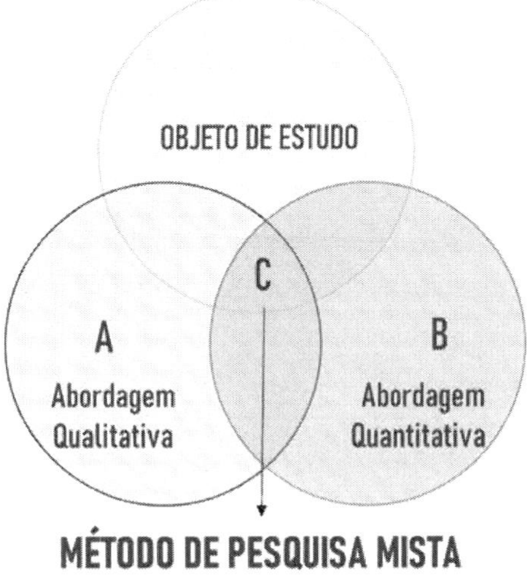

Fonte: Adaptado de Paranhos *et al.* (2016).

Na Complexidade, a união dos antagonistas, opondo-se à dicotomia dos pares binários, permite que cada abordagem forneça um novo olhar ao objeto estudado, o da articulação, levando ao surgimento de um novo nível de realidade a ser observado (SANTOS, 2009).

Trabalhos como os de Creswell (2010) e de Kettles, Creswell e Zhang (2011) descrevem que, ao longo das últimas décadas, emergiram estudos que combinaram esses diferentes modelos, utilizando uma série de nomenclaturas, a exemplo de investigação multimétodo, triangulação, pesquisa integrada ou combinada, estudo híbrido, metodologia mista, e, finalmente, o termo mais utilizado atualmente, a pesquisa de métodos mistos.

Creswell e Plano Clark (2011) definem este método de investigação como uma classe de pesquisa em que há a mescla ou a combinação de procedimentos de coleta, métodos de análise, abordagens, conceitos e técnicas da pesquisa quantitativa e qualitativa em um único estudo. Creswell (2010) explica que, para o planejamento de um desenho metodológico utilizando a metodologia de pesquisa mista, é necessário considerar quatro aspectos principais:

a) Distribuição de tempo – em que é avaliado se a coleta dos dados qualitativos e quantitativos serão realizados em (sequencial concomitante).

b) Atribuição de peso – refere-se à prioridade a ser atribuída a cada abordagem, sendo possível conferir a mesma importância para ambas a cada etapa da pesquisa ou ainda enfatizar uma das duas.

c) Combinação – compreende a maneira como os dados quantitativos e qualitativos serão mixados, podendo ser realmente fundidos, mantidos separados ou ainda se estarão combinados de algum modo.

d) Teorização – considera se existe um aporte teórico que guia a investigação. Toda pesquisa apresenta hipóteses e estruturas que norteiam a execução do projeto de método misto, de modo que tais teorias podem estar explícitas, implícitas ou ainda não terem sido mencionadas.

Deste modo, partindo desses quatro princípios que estruturam os procedimentos utilizados em um estudo com método misto, no Quadro 1 são descritas as principais estratégias de pesquisa presentes na literatura segundo John W. Creswell e Vicki L. Plano Clark (CRESWELL, 2010; CRESWELL, PLANO CLARK, 2011), que Dal-Farra e Fetters (2017) nominam de designs de metodologia mista. Essas estratégias distinguem-se pela forma como os dados quantitativos e qualitativos são coletados, combinados e utilizados na resolução da problemática investigada.

Quadro 11.1 – Principais estratégias de pesquisa utilizando o método misto.

Estratégia	Definição	Notação
Explanatória sequencial (quanti-quali)	Dados quantitativos são coletados e analisados em uma primeira etapa da pesquisa, seguida de coleta e análise de dados qualitativos, desenvolvida sobre os resultados quantitativos iniciais.	QUAN → qual
Exploratória sequencial (quali-quanti)	Dados qualitativos são coletados e analisados em uma primeira etapa da pesquisa, seguida de coleta e análise de dados quantitativos, desenvolvida sobre os resultados qualitativos iniciais.	QUAL → quan
Transformativa sequencial	Projeto de duas fases com uma lente teórica se sobrepondo aos procedimentos sequenciais. Tem uma fase inicial (quantitativa ou qualitativa) seguida de uma segunda fase (quantitativa ou qualitativa), que se desenvolve sobre a fase anterior.	QUAN → qual e QUAL → quan
Triangulação concomitante	Dados quantitativos e qualitativos são coletados concomitantemente e depois comparados com o objetivo de determinar convergências, diferenças e combinações.	QUAN+QUAL
Incorporada concomitante	Dados quantitativos e qualitativos são coletados concomitantemente. No entanto, há um método principal que guia o projeto e um banco de dados secundário.	Qual(QUAN) → Quan(QUAL)
Transformativa concomitante	Adota perspectiva teórica específica, com dados quantitativos e qualitativos, são coletados concomitantemente. No entanto, pode-se ter um método incorporado no outro.	QUAN + QUAL → quan

Fonte: Adaptado de Santos *et al.* (2017).

Creswell e Plano Clark, buscando também facilitar a comunicação entre os pesquisadores que utilizam o método misto, elaboraram um sistema de notação, que consiste em um conjunto de rótulos e símbolos abreviados que representam os principais aspectos presentes nessas estratégias de pesquisa (SANTOS *et al.*, 2017). No Quadro 2 é exibido o sistema de notação para os estudos conduzidos pelo método misto.

Quadro 11.2 – Sistema de notação para pesquisas de método misto

Notação	Definição
QUAN	Estudo conduzido quantitativamente
QUAL	Estudo conduzido qualitativamente
quan	Dados quantitativos secundários em relação a dados qualitativos
qual	Dados qualitativos secundários em relação a dados quantitativos
Sinal de mais: +	Coleta simultânea ou concomitante de coleta de dados quantitativos e qualitativos
Seta: →	Forma sequencial de coleta de dados, ex.: QUAN → qual, coleta QUAN, seguida por coleta qual
Parênteses: ( )	Método incorporado dentro de outro projeto maior, ex.: Qual(QUAN)

Fonte: Santos *et al.* (2017).

Segundo Santos *et al.* (2017), a abordagem mista é indicada quando os conceitos investigados são novos e há escassa literatura disponível sobre eles; quando os resultados de uma abordagem podem ser melhor interpretados usando uma segunda fonte de dados; quando por si só, uma abordagem é insuficiente para a compreensão do problema a ser estudado; ou quando os resultados quantitativos são de difícil interpretação e os dados qualitativos podem ajudar a compreendê-los.

A partir do que foi exposto até o momento, percebemos e defendemos a necessidade de superarmos a dicotomia existente entre as abordagens qualitativa e quantitativa, indicando o Método de Pesquisa Mista como um aporte teórico-metodológico que busca unir o melhor dos dois modelos. Discutiremos a seguir como essa nova perspectiva está situada nas produções pertencentes ao Ensino de Ciências e Matemática.

A PESQUISA EM MÉTODO MISTO APLICADA EM EDUCAÇÃO E EM ENSINO DE CIÊNCIAS E MATEMÁTICA

Em relação à pesquisa nacional ligada à Educação e ao Ensino, é possível visualizar uma maior preferência pelos pesquisadores aos métodos da abordagem qualitativa (RODRIGUES; OLIVEIRA; SANTOS, 2021). Gatti (2012) revela que a pesquisa em Educação foi deixando de lado os estudos conduzidos de forma quantitativa, dando prioridade aos métodos qualitativos, predominantes atualmente.

André (2001) e Souza (2005) relatam que as abordagens quantitativas eram bastante comuns e relevantes nas pesquisas em Educação, principalmente durante as décadas de 1960 e 1970, sendo os temas investigados ligados ao número de estabelecimentos de ensino e ao rendimento escolar. Esses trabalhos foram essenciais para a organização da estrutura educacional na perspectiva administrativa e de planejamento para o atendimento das necessidades da população.

Em seguida, a partir dos anos de 1980, iniciou-se nas pesquisas em Educação uma fase de maior destaque nos estudos conduzidos por abordagens qualitativas, pesquisando sobre temáticas voltadas aos aspectos sociais e as suas inter-relações com a Educação, deixando um pouco de lado as questões relacionadas ao desempenho dos estudantes em sala de aula (DAL-FARRA, 2010). Nesse mesmo período, métodos, técnicas e temáticas ligadas à História, Linguística e Filosofia, bem como à Psicologia e à Sociologia, reforçaram as abordagens qualitativas já presentes na Educação (ANDRÉ, 2001).

Rodrigues, Oliveira e Santos (2021) explicam que essa maior inclinação à abordagem qualitativa está relacionada com a natureza das questões investigadas, tendo em vista que, ao analisar o processo educativo, o pesquisador usa o ambiente natural como fonte de dados, sendo ele mesmo o principal instrumento chave no estudo, não se limitando a obter resultados, mas participando de todo o processo, analisando os dados e buscando os significados que os sujeitos dão para suas vivências.

De acordo com Gatti (2012), a complexidade das questões de pesquisa investigadas não é o único motivo para a escolha de métodos e técnicas qualitativas. Existe também um certo "preconceito" dos pesquisadores em acreditar que as abordagens quantitativas não podem contribuir com as investigações em Educação e Ensino, sendo parte desse "preconceito" a falta de conhecimentos e habilidades para manuseio e utilização desses tratamentos estatísticos.

Ressaltamos que, assim como André (2001), Ghedin e Franco (2011), Gatti (2012) e Rodrigues, Oliveira e Santos (2021), também compartilhamos do pensamento de que, em muitas questões relacionadas às Ciências Humanas e Sociais, a exemplo do Ensino, a abordagem quantitativa não conseguiria cercar todos os elementos que envolvem os objetos investigados. No entanto, também temos em mente que a abordagem qualitativa, mesmo que voltada às questões sociais, também não consegue cercar totalmente os objetos averiguados e muito menos corresponde à realidade dos fenômenos estudados, conforme apontado por Gatti (2012, p. 30): "Lembramos, então, que todas as formas de obtenção de informações e de dados são criadas, inventadas, consensuadas e não podem ser tomadas como a própria natureza das coisas, muito menos a totalidade da realidade".

Portanto, como apontado por Rodrigues, Oliveira e Santos (2021), apesar de ser menos utilizada na pesquisa social, a abordagem quantitativa pode oferecer dados e análises complementares que possibilitarão aprofundar e enriquecer um estudo. Essa mixagem de métodos e técnicas quantitativas e qualitativas corresponde à Pesquisa de Método Misto, que apesar de ainda não ser muito difundida nas pesquisas em Educação e Ensino, podem trazer contribuições para os estudos.

No que tange a utilização dessa abordagem de pesquisa em Educação e Ensino no Brasil, Dal-Farra e Fetters (2017), em uma busca efetuada no Portal Scielo, na Revista Brasileira de Educação, entre os anos de 2000 a 2016, não encontraram nenhuma publicação com a expressão "métodos mistos", mas quando ampliado para o conjunto de periódicos brasileiros do portal, conseguiram recuperar sete pesquisas ligadas às temáticas da Educação e do Ensino, resultado que sinaliza a baixa produção nacional ligada a estudos com Métodos Mistos.

As primeiras ideias de misturar métodos quantitativos e qualitativos apareceram no início dos anos 1960 entre os sociólogos e antropólogos. Esses pensamentos ganharam força, ficando mais elaborados com a criação dos primeiros desenhos de mixagem dos dados durante os anos 1970, até chegar ao fim da década de 1990 com a definição das principais estratégias empregadas por esse método (RODRIGUES; OLIVEIRA; SANTOS, 2021).

Gatti (2012) traz alguns exemplos de pesquisas que combinam métodos e análises quantitativas e qualitativas, permitindo interpretações integradas e contrastadas:

- Pesquisas do tipo *surveys* estatisticamente delineados e tratados, combinados a entrevistas em profundidade, ou estudos de caso, permitindo interfaces que ajudam a avançar compreensões sobre os achados e o problema tratado;

- Investigações com análise de casos de forma clínica, entrelaçados com estudos experimentais (ou vice-versa);

- Estudos quase-experimentais combinados com entrevistas abertas ou reflexivas ou não dirigidas;

- Dados e indicadores demográficos, com estudos de caso ou observação etnográfica em campo;

- Estudo etnográfico, de um lado, com aplicação de questionários abertos, e por outro, a construção e uso de escalas de atitudes ou de valores.

Outro exemplo de uma pesquisa utilizando o Método Misto é o estudo conduzido por Gonzalez (2016), que analisou as concepções dos futuros professores de inglês sobre a não-natividade de professores de língua estrangeira inglesa. Para essa averiguação, o autor se utilizou do método de pesquisa mista, conduzindo a investigação de forma predominantemente qualitativa, mas empregando a abordagem quantitativa, tanto na coleta quando na análise de dados. Alguns métodos contidos no desenho metodológico foram:

- Condução de um estudo do tipo *survey*, utilizando como técnica para coleta de dados um questionário com perguntas abertas e fechadas;

- Realização de entrevistas fenomenológicas semiestruturadas;

- Análise dos dados a partir da Estatística descritiva, utilizando um *software* para organização, exame, sistematização e visualização dos dados quantitativos.

Já o artigo desenvolvido por Schneider *et al.* (2016) é utilizado o método de pesquisa mista Triangulação concomitante, utilizando técnicas de coleta e tratamento de dados quantitativos e qualitativos de forma simultânea, realizando uma triangulação das análises apontando convergências, diferenças e combinações. Nesse trabalho, as autoras avaliaram o processo de implantação de um método de gestão do comportamento para desenvolver a sociabilidade entre alunos do Ensino Fundamental entre 6 e 10 anos (*GoodBehavior Game - GBG*). Alguns métodos empregados no desenho metodológico desse estudo foram:

- a utilização de questionários com perguntas abertas e fechadas; questionários organizados em escala Likert e entrevistas semiestruturadas.

- a Análise com a Estatística Descritiva e o Teste qui-quadrado de Pearson;

- análise de conteúdo usando o *software* NVivo 10.

Tendo em vista os exemplos exibidos, apresentaremos a seguir algumas possibilidades de metodologias quantitativas com potencial à área de Ensino de Ciências e Matemática, um breve estudo de caso da utilização de metodologias mistas pelo PPGEC/UFRPE e exemplos de integrações metodológicas utilizadas por pesquisadores do LAPEC e do GPASIECM em desenhos metodológicos mistos.

A ESTATÍSTICA EM MÉTODOS MISTOS

Quando falamos em metodologia mista, normalmente tendemos a padronizar a metodologia quantitativa como "estatística", da mesma maneira agimos ao nos referir sobre os métodos qualitativos. Essa postura científica retrata de maneira superficial as diversidades das metodologias, sejam elas de qualquer um dos dois campos.

Embora a literatura científica se refira aos métodos mistos pelo uso integrado, exclusivamente, de métodos qualitativos e quantitativos, a grande diversidade metodológica nesses campos pode proporcionar também uma análise rica, holística e complexa, mesmo que se opte pela utilização de apenas um deles.

Como exemplo à análise mista de dados em um mesmo campo analítico, relatamos que, em um de nossos trabalhos, em que analisamos a influência cultural no desempenho escolar de estudantes em uma escola profissionalizante com público multicultural, Santos de Aquino *et al.* (2021) retratam o uso de metodologia quantitativa mista integrando e comparando o método ANOVA (Análise de Variância) e a Análise Estatística Implicativa (A.S.I.). E da mesma maneira, pesquisas de análises qualitativas podem ser planejadas com metodologias qualitativamente diferentes que se complementam conferindo uma metodologia qualitativa mista.

Porém, mesmo que seja importante chamar a atenção à problematização do termo misto, tradicionalmente empregado às metodologias integradoras dos campos qualitativos e quantitativos, introduzindo a temática, buscamos neste tópico apresentar algumas perspectivas quantitativas utilizadas nos estudos de natureza mista em ensino de ciências e em educação.

De ordem metodológica, temos desde análises mais simples como a estatística percentual, também chamada de descritiva, passando por análise multivariada, que abarca uma infinidade de metodologias estatísticas como as análises de variância, de correlação, de regressão (VICINI, 2005) e a análise estatística implicativa que aplica estatística de natureza probabilística.

Análise Estatística Descritiva (AED)

A análise estatística descritiva é muito utilizada nos estudos de Ensino e Educação, principalmente quando se tem dados oriundos de instrumentos de coleta como questionários, levantamento de dados tais quais os estudos bibliográficos e documentais, as verificações de natureza étnica, social, econômica, investigação sobre desempenhos escolares ou qualquer tipo de pesquisa que se busque o agrupamento e categorizações de informações e dados.

Ela é chamada descritiva porque permite a descrever os resultados a partir da porcentagem, que naturalmente exprime um determinado item da pesquisa. Assim, a citação de cada item, seguida pelo seu resultado percentual, acaba por descrever em detalhes os resultados obtidos, permitindo uma análise crítica. Outra maneira de realizá-la pode ser pela utilização dos valores absolutos dos itens investigados que representam as frequências expressas nos dados obtidos.

Normalmente, a AED é empregada por meio da utilização de instrumentos de coleta de dados quantificáveis como questionários e constatações observáveis em valores absolutos no campo de pesquisa, servindo à construção de gráficos básicos como dos tipos coluna ou barra, pizza e de linha.

Análise Multivariada

A análise multivariada é composta por uma gama de metodologias que se ocupam do processamento de dados e da facilitação analítica de tais dados que são compostos por uma diversidade de variáveis presentes e observáveis em um grupo amostral (VICINI, 2005). Algumas das abordagens são:

1. a Análise de Variância, utilizada para confrontar a média de três ou mais grupos que se diferenciam entre si. É um bom método para teste de hipóteses que pode utilizar elementos estatísticos clássicos para efetivar os testes, como o cálculo do qui-quadrado (q^2), valor P, coeficiente de variação

(CV), erro padrão (EP) e desvio padrão (DP). Podemos exemplificar a utilização desse método com a investigação do desempenho escolar, na qual compara-se escolas e regiões, etnias, séries e disciplinas. Ou ainda, em estudos que utilizam questionários investigativos quantificáveis, como aqueles que usam algum tipo de escala quantificável tal qual a Likert.

2. o coeficiente de correlação apresenta a existência ou não de alguma correlação entre duas variáveis. Esta correlação pode ter um comportamento positivo (quando influencia positivamente estimulando o desenvolvimento de uma outra variável) ou negativamente (inibindo ou diminuindo o valor de uma determinada variável). Existem métodos de correlação que valorizam os dados quantitativos brutos como o coeficiente de correlação de Pearson (r) que afere as relações de uma variável sobre a outra e seu grau de correlação (positivo ou negativo), o coeficiente correlação de Spearman (ρ – letra grega *rho*) que pode ser aplicado em relações não lineares e não necessariamente quantitativas, com utilização de dados em nível ordinal, por exemplo. Quando, em um tratamento estatístico se constata correlação entre variáveis, recomenda-se aplicar o método de regressão para melhor compreensão do comportamento do fenômeno observado.

3. a regressão, que objetiva analisar a relação entre duas variáveis, de modo a compreender os efeitos que as variáveis dependentes causam sobre a variável independente que se deseja estudar. Na prática, podemos utilizá-la em propostas para compreender, por exemplo, efeitos das variáveis da metodologia de ensino (tradicional, emergente, uso de TICs, ABP etc.) sobre a formação de conceitos de estudantes (aprendizagem), na qual se busca identificar quais metodologias e como elas contribuíram com a aprendizagem. Embora esse exemplo não seja comumente aferido numericamente, é possível categorizá-lo e quantificá-lo, por exemplo, ao se criar categorias sobre a formação de um determinado conceito científico, como não construído, equívoco conceitual, parcialmente construído (presença de lacunas conceituais), construído, construído e aplicado, conceito generalizado (demonstrações de aplicações diversas), dentre outras e cada uma dessas categorias pode ser quantificada em escala e analisada quantitativamente. Em outras palavras, a análise de regressão pode informar exatamente as condições da correlação entre, por exemplo, uma determinada metodologia de ensino (variável independente) que influencia na formação de determinado conceito científico (variável dependente). Por meio da análise de regressão é possível calcular a equação de regressão que apresenta

as condições médias ideais para se ter um melhor desempenho. A equação de regressão representa a linha de regressão disposta em um gráfico de dispersão de dados que apresenta o comportamento linear da regressão, que significaria (retomando o exemplo anterior) que determinado método de ensino e determinadas condições vão favorecer ou desfavorecer a aprendizagem, que seria a ocorrência de correlação entre tais variáveis.

Análise Estatística Implicativa (A.S.I.)

A A.S.I. (sigla mantida do francês: *Analyse Statistique Implicative*), que opera sobre o conceito de implicação estatística ou quase implicação, como tentativa de diferenciá-la da implicação lógica dos campos da lógica e da matemática (A.S.I. 11, 2021), bem como o raciocínio que a apoia, é essencialmente de natureza estatística e probabilística (GRAS e RÉGNIER, 2015). Sua aplicação vem se desenvolvendo ao longo dos anos, incluindo aplicação em diferentes áreas como computação, ciências sociais, matemática, educação e ensino de ciências (SANTOS DE AQUINO *et al.*, 2021).

O tratamento dos dados através da ASI é feito por meio do *software* Classificação Hierárquica Implicativa e Coesitiva – CHIC®, v. 7.0 (2014) (COUTURIER, 2000) e gera como recurso analítico, além das tabelas com os dados estatísticos padrões (CV, médias, coeficientes de correlações, desvio padrão, índices implicativo e coesivo etc.) grafos implicativos, que utilizam os índices implicativos, e gráficos em árvores (dendrograma ou fenograma), que são chamados de árvore coesitiva, que usam o índice coesivo.

Santos de Aquino *et al.* (2021) classificaram a ANOVA e a ASI como metodologias quantitativas complementares, quando em um estudo sobre a influência cultural no desempenho de estudantes no curso de Ensino Médio Integrado ao Técnico em Agropecuária, as duas propostas metodológicas quantitativas foram usadas comparativamente, possibilitando perceber características diferentes quanto à natureza descritiva em estática ou fotográfica (Anova) e cinética ou videográfica (ASI). Isso revelou que as diferenças entre esses métodos não inviabilizam a utilização conjunta, mas a potencializam por proporcionar interpretações distintas sobre um mesmo dado.

Não objetivamos esgotar a abordagem dos métodos estatísticos como exemplos à área de Educação e Ensino de Ciências e Matemática, tampouco aprofundarmos nessas metodologias, mas apresentar exemplos de maneira introdutória à problemática do uso de metodologias quantitativas integradas às análises qualitativas em pesquisas em ensino de ciências e matemática.

Segundo Paranhos *et al.* (2016), chama a atenção à responsabilidade dos currículos de graduação e de pós-graduação possibilitarem o desenvolvimento de estudos de caráter qualiquantitativo assegurando não apenas a oferta regular e intensiva de cursos de métodos quantitativos e qualitativos, bem como de disciplina específica sobre como integrá-los. O autor ainda destaca que, além dos benefícios analíticos da triangulação, tem-se o ganho técnico para o próprio pesquisador.

Estudos de métodos mistos no PPGEC/UFRPE

Neste tópico, trazemos um pequeno estudo de caso referente ao Programa de Pós-Graduação em Ensino das Ciências e Matemática (PPGEC) da Universidade Federal Rural de Pernambuco (UFRPE) e de dois grupos de pesquisa atestados pelo CNPq (Conselho Nacional de Desenvolvimento Científico e Tecnológico) que contribuem com o desenvolvimento de pesquisa em métodos mistos. São dois grupos de pesquisa jovens, um deles é o LAPEC/UFRPE, criado em 2019, e o grupo GPASIEMC, criado em 2015.

A atuação desses dois grupos de pesquisa tem apoiado propostas pautadas no paradigma da complexidade, de metodologias mistas e a análise estatística implicativa (ASI). Esse apoio resultou em dois trabalhos recentes, em etapa final de desenvolvimento, e que pautam uma nova tendência de pesquisa na área de Ensino de Ciências e Matemática. Mas antes de apresentá-los, trazemos um panorama geral sobre a produção científica no PPGEC/UFRPE relacionado à metodologia mista tradicionalmente empregada nas dissertações e teses desenvolvidas entre os anos de 2005 e 2019.

Para tal apresentação, consultamos dados no portal de teses e dissertações da UFRPE[5] para acesso aos trabalhos acadêmicos de 2005 até 2019. As produções referentes aos anos de 2020 e 2021 estão incompletas no portal, por esse

---

5   Endereço do Portal de Dissertações e Teses da UFRPE: http://tede2.ufrpe.br:8080/tede/handle/tede2/4366/

motivo, optamos por considerar as produções até 2019. O site do PPGEC[6] também foi consultado, mas as produções acadêmicas não se encontram tão completas quanto no portal de teses e dissertações da UFRPE.

Para este levantamento, consideramos as informações disponíveis nos metadados das dissertações e teses (título, resumos, palavras-chaves), bem como a metodologia e, por vezes, os resultados, visto que em muitos trabalhos que utilizavam metodologia quantitativa não a explicitava no tópico metodológico, mas traziam resultados quantitativos. Na Tabela 1 podemos verificar uma síntese do total de trabalhos acadêmicos, entre dissertações e teses, que utilizaram métodos mistos.

Tabela 11.1 – Ocorrência de metodologia em métodos mistos nas dissertações e teses do PPGEC/UFRPE entre 2005 e 2019.

Tipo	Quantidade	Análise Mista		Tipos de Métodos Estatísticos
		Nº	%	
Dissertação	207	42	20,29	• ASI (1) • Frequência Relativa (31) • Frequência absoluta (12) • Lexicografia (1)
Tese	37	6	16,22	• ASI (2) • Frequência relativa (4)
Total	**244**	**48**	**19,67**	-

Fonte: autoria própria.

Cinco trabalhos, sendo uma tese e quatro dissertações, apesar de usarem estatística descritiva (frequência relativa ou absoluta), não informam na metodologia a utilização de métodos quantitativos.

Todos os trabalhos que utilizaram a metodologia de análise quantitativa por frequência (relativa ou absoluta), comumente chamada de estatística descritiva, não identificam os métodos. Termos genéricos como "análise estatística", "análise quantitativa" e "aplicação estatística" são empregados sem definição dos métodos ou dos designs de métodos mistos.

A análise estatística por frequência foi utilizada, principalmente, para auxiliar a compreensão de dados obtidos por meio da aplicação de questionários

---

6   Endereço do Portal do Programa de Pós-Graduação em Ensino de Ciências e Matemática da UFRPE: http://www.ppgec.ufrpe.br/?q=pt-br/tags/ppgec

investigativos, análise de acertos de questões conceituais e em estudos da arte ou análises de tendências.

A análise lexicográfica (análise da frequência percentual de palavras ou grupos de palavras comuns) foi aplicada em uma dissertação. O método é muito interessante e reforça a análise qualitativa por apresentar representações quantificadas de termos que embasam compreensões sobre questões socioculturais, cognitivas e conceituais. Possibilita a construção de gráficos, como nuvem de palavras, tabelas de palavras mais frequentes e percentuais, dentre outros.

A Análise Estatística Implicativa (ASI) é utilizada em três trabalhos, oriundos de duas teses de doutorado em regime de cotutela com a *Université Lumière Lyon 2*, na França, e outro de mestrado pela orientação do professor Jean-Claude Régnier, que é um dos desenvolvedores da ASI. Apenas nos trabalhos com a utilização da ASI o termo "método misto" é empregado.

Porém, nenhum trabalho foi desenvolvido conforme a metodologia de pesquisa mista no tocante à organização da junção planejada dos métodos qualitativos e quantitativos (designs de metodologia mista). Esse tipo de organização metodológica aparece em dois trabalhos acadêmicos, em processo de finalização ainda em 2022, ambos desenvolvidos por pesquisadores participantes do grupo de pesquisa LAPEC em parceria com o grupo GPASIECM.

O LAPEC é um grupo de pesquisa situado na UFRPE/*Campus* Recife com atuação na Licenciatura Plena em Ciências Biológicas e no PPGEC e se ocupa da investigação do ensino de Biologia com ênfase na Bioquímica.

O primeiro trabalho é uma dissertação (ANDRÉ, 2022), na qual os autores articularam uma robusta pesquisa de análise de tendências sobre o ensino de bioquímica nos contextos regional, nacional e internacional, aplicando um desenho metodológico da pesquisa mista denominado de Transformativa Sequencial, em que o estudo é conduzido na sua fase inicial de forma qualitativa e na segunda fase quantitativa (QUAL → quan), conforme descrito por Santos *et al.* (2017).

No estudo, são utilizados como métodos qualitativos a técnica de Revisão Integrada à Literatura e os tratamentos quantitativos da Estatística descritiva e Implicativa, sendo esta última a principal análise empregada, permitindo identificar as relações de quase implicação entre as variáveis. A aplicação da ASI no estudo permitiu identificar as relações de quase implicação entre as variáveis, de modo a traçar as principais tendências presentes nas publicações dedicadas ao ensino da Bioquímica, desenvolvidas nos cenários nacionais e internacionais (ANDRÉ, 2022).

O segundo trabalho é uma tese (SANTOS DE AQUINO, 2022) em que os autores realizaram um desenho metodológico pautado no paradigma da complexidade (MORIN e LISBOA, 2007), composto por cinco etapas: a primeira, Exploratória Sequencial; a segunda etapa Quantitativa; a terceira, Exploratória Sequencial; a quarta Transformativa Concomitante; e a quinta e última etapa, uma Triangulação Concomitante onde será realizada uma análise integrada das quatro partes antecessoras, com o intuito de determinar convergências, diferenças e combinações. A pesquisa ocorre em regime de cotutela entre o PPGEC/UFRPE e a Escola Doutoral *Science d'Éducation* da *Université Lumière Lyon 2*.

A tese se ocupou em investigar a formação de conceitos em bioquímica em uma sala de aula multicultural composta por estudantes indígenas, quilombolas, sertanejos e urbanos, no curso de Ensino Médio Integrado ao Técnico em Agropecuária de uma escola federal no sertão central de Pernambuco (SANTOS DE AQUINO, 2022).

Nesse trabalho, a metodologia mista é aplicada sobre diferentes contextos investigativos que perpassam pela compreensão da área da educação multicultural (SANTOS DE AQUINO; CARNEIRO-LEÃO e AMARAL, 2019), pelo perfil multicultural dos professores, pelo contexto histórico-cultural estudantil registrado pela performance escolar ao longo dos anos (SANTOS DE AQUINO *et al.*, 2021), no perfil intercultural dos estudantes para poder analisar as nuances da problemática da aprendizagem de bioquímica influenciadas pelo contexto cultural escolar e extraescolar (SANTOS DE AQUINO, ACIOLY-RÉGNIER e ANDRADE, 2021).

O estudo empregou análises qualitativas do tipo temática, análise de conteúdo e análise da formação de conceitos em bioquímica baseada no socio--construtivismo e em análises quantitativas de frequência relativa (percentual), análise de variância (ANOVA) e ASI, que são empregadas em momentos específicos. Para o desenvolvimento e planejamento de estudo misto, os pesquisadores também utilizaram Santos *et al.* (2017) como referência teórico-metodológica.

Esses trabalhos foram os primeiros do mestrado e do doutorado do PPGEC/UFRPE a apresentarem organização metodológica mista. São singulares, não apenas pelo ineditismo do método aplicado à pesquisa em ensino de ciências, mas por representarem um marco na ruptura dicotômica entre as perspectivas qualitativas e quantitativas na área. Certamente contribuirão com o desenvolvimento da pesquisa em ensino de ciências e materializam um porvir científico moderno por meio da aplicação do pensamento complexo na realidade brasileira.

CONSIDERAÇÕES FINAIS

A produção científica em educação e em ensino de ciências com utilização de metodologias mistas é baixa, como identificou em seus estudos de 2000 a 2016 os autores Dal-Farra e Fetters (2017). Nesse estudo foi considerado a busca em seus metadados do termo "métodos mistos", mas podemos adicionar à interpretação no referido estudo a possibilidade da utilização equivocada de métodos quantitativos de pesquisa sem o devido conhecimento metodológico e explicitação na metodologia, assim como foi observado no conjunto de dissertações e teses do PPGEC/UFRPE entre 2003 e 2019.

A discussão da visão dicotômica da ciência entre as perspectivas qualitativa e quantitativa pode ser feita pela cristalização que ambas as perspectivas têm em seus campos de estudo. Por exemplo, a aplicação da estatística ainda hoje é posta como se fosse aplicada exclusivamente aos matemáticos e estatísticos. Pensar em novas linguagens e aplicação da perspectiva quantitativa será benéfico ao desenvolvimento científico, assim como adequar também a perspectiva qualitativa à linguagem do mundo quantitativo.

É possível compreender os índices estatísticos (CV, médias e seus testes comparativos, correlação e regressão, desvio-padrão e erro-padrão, valor P e nível de significância, bem como os índices implicativos e coesivos da ASI) e aplicar sobre os estudos em educação/ensino de ciências. Da mesma maneira, compreender que a utilização de métodos qualitativos vinculados, por exemplo, à análise imagéticas, esquemas conceituais e a análise do discurso que juntos representam uma diversidade metodológica incrível e favorecem a compreensão dos problemas de pesquisa do ensino como os processos de aprendizagem. Dessa maneira, as perspectivas quali e quanti são complementares.

Acreditamos que o pesquisador, seja ele de qualquer campo ou área, seria beneficiado com uma formação básica apropriada para conhecer *softwares* analíticos, sendo requerido de nós, pesquisadores a capacidade de interpretá-los em um laudo estatístico ou gráficos obtidos após o tratamento dos dados pelo *software*. E aqui, falamos não apenas dos *softwares* para análises estatísticas, mas também daqueles que se propõem às análises qualitativas.

Como estratégia recursiva à reflexão proposta no início deste capítulo, analogicamente, a formação científico-metodológica quanto às perspectivas qualitativa, quantitativa e mista no Ensino de Ciências e Matemática poderia ser contemplada em formações que potencializem a perspectiva do pesquisador, apropriando-o, de modo contínuo, a uma visão holística, proporcionando capacidades de enxergar a realidade em sua complexidade, seja ela microscópica, macroscópica monocular, binocular, telescópica e hologramática.

AGRADECIMENTOS

Agradecemos ao apoio financeiro concedido pela CAPES (W.D.S.A.) e pela FACEPE (R.S.A.) e ao IFSertãoPE pela concessão de afastamento para capacitação doutoral (R.S.A.).

REFERÊNCIAS

ANDRÉ, M. Pesquisa em educação: buscando rigor e qualidade. **Cadernos de Pesquisa**, São Paulo- SP, n.113, p.51-64, julho 2001. DOI: <https://doi.org/10.1590/S0100-15742001000200003> Disponível em: <https://www.scielo.br/j/cp/a/TwVDtwynCDrc5VHvGG9hzDw/?format=pdf&lang=pt> Acesso em: mar. 2022.

ANDRÉ, W. D. S. **Caracterização e identificação das principais tendências da pesquisa em Ensino de Bioquímica (2010 a 2019)**. 2022. 187 f. Dissertação (Programa de Pós-Graduação em Ensino de Ciências) – Universidade Federal Rural de Pernambuco, Recife. Disponível em: <http://www.ppgec.ufrpe.br/sites/default/files/testes-dissertacoes/Caracteriza%C3%A7%C3%A3o%20e%20identifica%C3%A7%C3%A3o%20das%20principais%20tend%C3%AAncias%20da%20pesquisa%20em%20ensino%20de%20bioqu%C3%ADmica%20-%202010%20a%202019.pdf> Acesso em: 3 mar. 2023.

BAUER, M. W.; GASKELL, G.; ALLUM, N.C. Qualidade, quantidade e interesses do conhecimento: evitando confusões. *In*: BAUER, M. W.; GASKELL, G. **Pesquisa**

qualitativa com texto, imagem e som: Um manual prático. tradução de Pedrinho A. Guareschi. 6. ed. Petrópolis, Rio de Janeiro: Vozes, 2007. p. 137-155.

COUTURIER, R. Traitement de l'analyse statistique dans CHIC. *In*: GRAS, R., BAILLEUL, M. La fouille dans les données par la méthode d'analyse statistique implicative. Caen : IUFM, p. 33-41, 2000. Disponível em: http://math.unipa.it/~grim/asi/asi_00_couturier.pdf Acesso em: 30 jul. 2023.

CRESWELL, J. W. **Projeto de pesquisa:** métodos qualitativo, quantitativo e misto. 3. ed. Porto Alegre-RS: Artmed, 2010.

CRESWELL, J. W.; PLANO CLARK, V. L. **Designing and conducting mixed methods research**. 2 ed. Los Angeles: SAGE Publications, 2011.

DAL-FARRA, R. A.; FETTERS, M. D. Recentes avanços nas pesquisas com métodos mistos: aplicações nas áreas de Educação e Ensino. **Acta Scientiae**, Canoas, v. 19, n. 3, p. 466-492, 2017.

DAL-FARRA, R. A. Matemática e educação matemática: aproximações epistemológicas, cultura e discursos contemporâneos. **Zetetike**, Campinas - SP, v. 18, p. 504-544, 2010.

GATTI, B. A. A construção metodológica da pesquisa em educação: desafios. **RBPAE**, Asa Norte, Brasília, v. 28, n. 1, p. 13-34, 2012.

GHEDIN. E; FRANCO, M. A. S. **Questões de método na construção da pesquisa em educação.** 2. ed. São Paulo: Cortez, 2011.

GONZALEZ, J. J. V. Self-perceived Non-nativeness in Prospective English Teachers' Self-images. **Revista Brasileira de Linguística Aplicada**, Belo Horizonte – MG, v. 16, n. 3, p. 461-491, 2016. DOI: <https://doi.org/10.1590/1984-639820169760> Disponível em: <https://www.scielo.br/j/rbla/a/G65W8Cdh9D4GjjZPtRh5Htx/?format=pdf&lang=en> Acesso em: mar. 2022.

KETTLES, A. M.; CRESWELL, J. W.; ZHANG, W. Mixed methods research in mental health nursing. **J Psychiatr Ment Health Nurs**, v. 18, n. 6, p. 535-542, ago. 2021. Disponível em: <https://onlinelibrary.wiley.com/doi/10.1111/j.1365-2850.2011.01701.x> Acesso em: 16 fev. 2023.

MORGAN, D. Paradigms Lost and Pragmatism Regained, Methodological Implications of Combining Qualitative and Quantitative Methods. **Journal of Mixed Methods Research**, v. 1, n. 1, p. 148-176, 2007. DOI: <https://doi.org/10.1177/2345678906292462>.

MORIN, E. **Introdução ao pensamento complexo**. Lisboa: Instituto Piaget, 1990.

MORIN, E.; LISBOA, E. **Introdução ao pensamento complexo**, v. 3. Porto Alegre: Sulina, 2007.

OLIVEIRA, M. M. **Como Fazer Pesquisa qualitativa**. Petrópolis: Vozes, 2003.

PARANHOS, R; FIGUEIREDO-FILHO, D. B.; SILVA-JÚNIOR, J. A.; FREITAS, D. Uma introdução aos métodos mistos. **Sociologias**, Porto Alegre, v. 18, nº. 42, p. 384-411, 2016. Doi: http://dx.doi.org/10.1590/15174522-018004221 Acesso em: fev. 2022.

RODRIGUES, T. D. F. F.; OLIVEIRA, G. S.; SANTOS, J. A. As pesquisas qualitativas e quantitativas na educação. **RevistaPRISMA**, Manaus, v. 2, n. 1, p. 154-174, 2021. Disponível em: <https://revistaprisma.emnuvens.com.br/prisma/article/view/49/41> Acesso em: fev. 2022.

SANTOS DE AQUINO, R. **Ensino de ciências em cultura cruzada**: a formação de conceitos em sala de aula multicultural em Salgueiro, Pernambuco, Brasil. 2022. 361 f. Tese (Programa de Pós-Graduação em Ensino das Ciências e Matemática) – Universidade Federal Rural de Pernambuco, Recife. Disponível em: <http://www.tede2.ufrpe.br:8080/tede2/handle/tede2/8708> Acesso em: 3 mar. 2023.

SANTOS DE AQUINO, R.; ACIOLY-RÉGNIER, N.; ANDRADE, V. L. V. X. L'urgence de l'éducation interculturelle dans l'émergence de l'enseignement virtuel en biochimie dans un contexte multiculturelle au Brésil. **Biennale Internationale de l'Éducation, de la Formation et des Pratiques professionnelles** – Édition 2021, Association la Biennale; Chair UNESCO « Formation Professionnelle, Construction Professionnelle, Transformation Sociales » et ICP – InstitutCatholique de Paris, Sep 2021, Paris, France. 2021, 18 p. (hal-03504181). Disponível em: <https://archivesic.ccsd.cnrs.fr/INRP/hal-03504181v1> Acesso em: mar. 2022.

SANTOS DE AQUINO, R.; CARNEIRO-LEÃO, A. M. A.; ACIOLY-RÉGNIER, N. M.; ANDRADE, V. L. V. X.; RÉGNIER, J.-C. Análise estatística Implicativa e Análise de Variância: estudo estatístico comparativo sobre o desempenho escolar em sala de aula multicultural. *In*: RÉGNIER, J.-C.; GRÁS, R.; BODIN, A.; COUTURIER, R. ; VERGNAUD, G. **Actes du 11**^{ème} **coloque d'Analyse Statistique Implicative**, Bensançon: Université Bourgogne Franche-Comté. p. 169-189, 2021. ISBN: 978-2-9562045-5-8. Disponível em: <https://sites.univ-lyon2.fr/asi/11/pub/ASI11_ISBN_978-2-9562045-5-8_NUMERIQUE2021.pdf> Acesso em: fev. 2022.

SANTOS DE AQUINO, R.; CARNEIRO-LEÃO, A. M. A.; AMARAL, E. R. Teaching in Cross-culture: a worldwided concern to improve the science education in a multicultural peprspective. **International Journal for Infonomics** – IJI, v. 12,

n. 4, p. 1929-1937, 2019. DOI: https://doi.org/10.20533/iji.1742.4712.2019.0199 . Disponível em: <https://infonomics-society.org/wp-content/uploads/Teaching-in-Cross-Culture.pdf.> Acesso em: mar. 2022.

SANTOS, A. Complexidade e Transdisciplinaridade em Educação: Cinco princípios para resgatar o elo perdido. *In.* SANTOS, A. SOMMERMAN, A. (org.) **Complexidade e transdisciplinaridade:** em busca da totalidade perdida - Conceitos e práticas na educação. Porto Alegre: Sulina, 2009. p. 15-38.

SANTOS, J. L. G.; ERDMANN, A. L.; MEIRELLES, B. H. S.; LANZONI, G. N. M.; CUNHA, V. P.; ROSS, R. Integração entre dados quantitativos e qualitativos em uma pesquisa de métodos mistos. **Texto Contexto Enfermagem**, Florianópolis, v. 26, nº. 3: e1590016, 2017. Disponível em: <https://www.scielo.br/j/tce/a/cXFB8wSVvT m6zMTx3GQLWcM/?format=pdf&lang=pt> Acesso em: fev. 2022.

SCHNEIDER, D. R.; PEREIRA, A. P. D.; CRUZ, J. I.; STRELOW, M.; CHAN, G.; KURKI, A.; SANCHEZ, Z. M. Evaluation of the Implementation of a Preventive Program for Children in Brazilian Schools. **Psicologia**: Ciência e Profissão, Brasília, v. 36, n. 3, p. 508-519, 2016. DOI: <https://doi.org/10.1590/1982-3703000592016>Disponível em: <https://www.scielo.br/j/pcp/a/ftDZ8wt7ZHK3pB RLyYRwbCq/?format=pdf&lang=en> Acesso em: mar 2022.

SOUZA, C. P. A criança-aluno transformada em números (1890-1960). *In*: STEPHANOU, M.; BASTOS, M. H. C. **Histórias de memórias da educação no Brasil**. Petrópolis: Vozes, 2005.

VICINI, L. **Análise multivariada da teoria à prática**. Monografia Especialização em Estatística da Universidade Federal de Santa Maria. Santa Maria: UFSM, CCNE, 2005. 215 p. Disponível em: <http://w3.ufsm.br/adriano/livro/Caderno%20 dedatico%20multivariada%20-%20LIVRO%20FINAL%201.pdf> Acesso em: fev. 2022.

Capítulo 12

ENSINO POR INVESTIGAÇÃO E APRENDIZAGEM BASEADA EM PROBLEMA: UMA EXPERIÊNCIA NO INSTITUTO FEDERAL DO PIAUÍ A PARTIR DO OLHAR DOCENTE

Nayana de Almeida Santiago Nepomuceno
Ana Karine Portela Vasconcelos
Betina da Silva Lopes

RESUMO

O objetivo deste trabalho é analisar como o ensino por investigação e a aprendizagem baseada em problema podem contribuir para tornar os estudantes ativos no processo de ensino e aprendizagem. A metodologia utilizada foi o relato de experiência, com abordagem qualitativa. Quanto aos objetivos, a pesquisa se caracteriza como descritiva e, em relação ao formato de desenvolvimento, se enquadra no estudo de caso. A intervenção pedagógica aconteceu em 2018 no Instituto Federal do Piauí, *campus* Corrente, em uma turma do curso superior em tecnologia em gestão ambiental e uma turma do curso técnico subsequente em meio ambiente. Com a análise da intervenção foi possível perceber que a aprendizagem baseada em problema juntamente com o ensino por investigação colaboram para a quebra da apatia inicial dos estudantes e lhes proporcionaram o resgate da autoconfiança, uma vez que permitiram a participação ativa dos alunos no processo educativo através da identificação dos problemas socioambientais e possíveis soluções, presentes em seu contexto. A intenção do compartilhamento dos resultados dessa pesquisa é subsidiar possibilidades de ensino e aprendizagem que podem auxiliar na construção de um ensino com mais sentido para os estudantes e professores. Em meio a diversidade dos atores sociais e aspectos socioculturais existentes no Brasil, as metodologias aqui utilizadas foram satisfatórias, tendo despertado o interesse dos estudantes para o universo científico, o que pode ser constatado pelas aprovações em evento científico dos trabalhos construídos pelos alunos a partir da aprendizagem em sala de aula. Por fim, é possível observar que, no processo de construção de uma educação transformadora, é necessária a escuta dos atores sociais envolvidos, análise do contexto sociocultural e flexibilidade da metodologia de ensino.

Palavras-chave: Metodologias. Ensino. Pesquisa.

INTRODUÇÃO

O Instituto Federal do Piauí tem a missão de "Promover uma educação de excelência, direcionada às demandas sociais", como pode ser observado no seu Plano de Desenvolvimento Institucional (2020, p. 32). A educação deve ser um caminho no qual os estudantes possam refletir sobre a sua realidade de forma crítica a fim de que, conscientes das problemáticas e com domínio técnico científico, sejam potenciadores da mudança social necessária.

De acordo com Freire (2005), a educação transforma pessoas e as pessoas transformam o mundo. Mas a transformação por meio da educação é algo complexo, não é possível solucionar problemáticas complexas com interferências simplistas. Não existe, portanto, uma metodologia de ensino estática que quando aplicada o sucesso na aprendizagem está garantido. O processo de ensino e aprendizagem possui variáveis que estão para além da sala de aula.

Conforme aponta Di Carlo (2010), as diferenças de desempenho entre os estudantes não estão associadas apenas a fatores escolares, mas na sua maioria é devido a questões externas às salas de aulas.

Diante desses desafios o professor precisa ir além da exposição de conteúdo para garantir a aprendizagem do seu estudante, uma vez que esses estudantes não estão em sala de aula plenamente disponíveis a aprender, eles trazem consigo déficits de aprendizagem e preocupações externas.

É preciso que o conteúdo a ser abordado na sala de aula tenha estreita relação com a realidade dos estudantes, além disso, a autoestima deles também precisa ser recuperada para que se sintam confortáveis para expor seus pensamentos.

Resultado de uma educação bancária (FREIRE, 2005), os estudantes desconhecem que tem saberes e que são importantes para deliberações sociais. O conhecimento acadêmico, por vezes distante da prática cotidiana, parece algo inalcançável, a voz do saber, portanto, fica restrita aos profissionais técnicos, teóricos de cultura escrita. Segundo Auler (2007), na tecnocracia, o especialista é visto como aquele que pode solucionar os problemas de forma eficiente e neutra, o que justificaria que a tomada de decisão esteja centrada nele, não sendo necessário os demais sujeitos participarem do processo científico-tecnológico de forma democrática.

Para instigar o interesse do estudante, é necessário resgatar a sua voz. Ele precisa tomar consciência de que é um cidadão social ativo capaz de observar, analisar problemáticas e propor soluções. Com a autoestima fragilizada é difícil para o estudante colocar sua voz diante do social para ser ouvida.

Quando no ambiente da sala de aula ele sente-se acolhido, o estudante cria coragem de expor sua voz, ele passa a ser um observador, curioso das situações e lugares que está inserido, ele consegue expor seus pensamentos, pois sabe que não será julgado.

O objetivo dessa pesquisa é analisar como a aprendizagem baseada em problema e o ensino por investigação podem contribuir para tornar a sala de aula um ambiente acolhedor e os estudantes ativos no processo de ensino-aprendizagem.

REFERENCIAL TEÓRICO

De acordo com Cunha (2018), na maioria das vezes, as práticas pedagógicas utilizadas são tradicionais e o professor tende a replicar suas aulas. Entretanto, ainda segundo a autora, quando o docente percebe que o método não está sendo eficiente, ele tende a buscar alternativas mais significativas ao ensino.

Ao passo que a satisfação de um vendedor está na quantidade de vendas realizadas, o professor observa que o ensino está satisfatório pela aprendizagem dos estudantes. Quando o docente percebe que os estudantes estão desanimados, não conseguem captar o conteúdo e tem dificuldade em participar da aula, naturalmente a sua própria motivação também fica comprometida, uma vez que o seu intuito é que os seus alunos possam de fato aprender e ser capazes de realizar a diferença na sociedade. Para Martins (2001), o educador deve ser esse agente de transformação social, uma vez que, por meio da sua prática pedagógica, possibilita o crescimento dos estudantes e contribui para a transformação social.

Entretanto, conforme já abordado nesse artigo, os motivos para a apatia dos estudantes estão relacionados a variáveis externas à escola, como por exemplo, questões familiares e aspectos econômicos. Visando possibilitar um ambiente mais propício ao ensino e à aprendizagem, alguns professores buscam metodologias de ensino que auxiliem no despertar do interesse dos estudantes.

Para que a aprendizagem seja significativa, o estudante deve conseguir aplicar os novos conhecimentos adquiridos em outros contextos. Para isso, não basta memorização, e sim uma reflexão crítica. E isso será possível quando o estudante conseguir estabelecer uma interação entre o seu conhecimento prévio e a nova informação, ampliando assim o conceito anterior (NOVELLO; ROBAINA, 2020).

Todo ser humano possui saberes e conhecimentos prévios. Com os estudantes não é diferente, e essas experiências precisam ser consideradas no processo de ensino. A teoria não deve ser dissociada da prática. O contexto social que o estudante está inserido não deve ser separado do conteúdo ministrado. O conhecimento precisa fazer sentido para o estudante e este precisa ter pré--disposição em aprender (NOVELLO, ROBAINA, 2020).

Cunha (2018) apresenta a prática da pesquisa e da investigação como alternativas para possibilitar a melhoria do processo de ensino e aprendizagem. Para melhor compreensão da importância do ensino por investigação, é preciso entender sua definição. De acordo com Carvalho (2018), o ensino por investigação pode ser definido como:

> o ensino dos conteúdos programáticos em que o professor cria condições em sua sala de aula para os alunos: pensarem, levando em conta a estrutura do conhecimento; falarem, evidenciando seus argumentos e conhecimentos construídos; lerem, entendendo criticamente o conteúdo lido; escreverem, mostrando autoria e clareza nas ideias expostas (CARVALHO, 2018, p. 766).

Com o ensino por investigação, é possível dar voz ao estudante que, incentivado pelo assunto próximo a sua realidade, desperta o interesse para o saber. Martins (2001) afirma que o ensino através da pesquisa possibilita que os estudantes construam o seu conhecimento, cumprindo assim com o papel da escola, que não é apenas produzir conteúdo, mas possibilitar sua construção.

Segundo Freire (1985), o atual ensino busca dar respostas a perguntas não feitas, em contra nesse sentido, Auler (2007) reforça que só uma educação da pergunta estimula a curiosidade. A questão, portanto, é possibilitar um elo entre pergunta e resposta.

Fazer perguntas, ser reflexivo, crítico e ser capaz de dialogar com base no conhecimento científico, são aspectos necessários para a atuação ativa como cidadão e Galiazzi (2005) identificou que a pesquisa pode auxiliar no desenvolvimento dessas habilidades sociais.

Mas, para a aplicação dessa metodologia, é preciso considerar alguns pontos. Carvalho (2018) alerta que, no ensino por investigação, é preciso proporcionar liberdade intelectual para os estudantes. O ambiente deve ser acolhedor para que os alunos não tenham receio de errar e participem ativamente. Além disso, os problemas devem ser elaborados de modo que instiguem a participação dos estudantes, afinal, todo desenrolar da aula partirá do problema inicial apresentado. A autora afirma ainda que um bom problema possibilita que os estudantes relacionem a teoria a realidade que estão inseridos.

Demo (2002) ressalta a importância do professor que busca educar, ser pesquisador para que possa ter a pesquisa como a ferramenta principal do processo educativo.

Quando bem planejadas e adaptadas para cada realidade específica de sala de aula, o ensino por investigação pode alcançar diversos benefícios. O trabalho de Sá *et al.* (2007), citado por Roldi, Silva e Trazzi (2018), apresenta cinco características das atividades investigativas:

> As atividades investigativas valorizam a autonomia e desencadeiam debates; as atividades investigativas partem de situações que os alunos podem reconhecer e valorizar como problemas; o que faz o ensino investigativo é mais o ambiente de ensino e aprendizagem do que as atividades em si mesmas; a atividade investigativa coordena teorias e evidências; e, atividades investigativas não são

necessariamente experimentais e permitem múltiplas interpretações (ROLDI, SILVA, TRAZZI, 2018, p. 795).

Embora o ensino por investigação possua benefícios, Oliveira (2007) relata que, para os estudantes que não tiveram o hábito de investigação nas séries iniciais, a pesquisa pode parecer complicada, e consequentemente, o uso dessa metodologia é desafiadora para as instituições de ensino superior.

Cada sala de aula apresenta um universo diferente, pois é composta por indivíduos únicos, consequentemente, o ensino por investigação precisa considerar essas especificidades e a metodologia pode ser flexibilizada de acordo com cada caso.

Outra questão é que, de acordo com a realidade, a aplicação da metodologia pode ter variações, como proposto por Sá *et al.* (2007), a atividade investigativa não necessariamente vai ser experimental, como é o caso do relato desse presente trabalho.

O trabalho das pesquisadoras Roldi, Silva, Trazzi (2018), que envolveu o ensino por investigação e Aprendizagem Baseada em Problema (ABP) durante uma visita a um museu, também não se tratou de atividade experimental, mas elas identificaram no seu estudo todas as características investigativas propostas por Sá (2007), e concluíram que a ação possibilitou aprendizagens compartilhadas e aproximou os alunos do fazer científico.

A pesquisa por investigação, juntamente com a ABP, torna o ambiente de sala de aula mais acolhedor ao compartilhamento de ideias e propício à reflexão colaborativa, consequentemente, o processo de ensino e aprendizagem se faz mais significativo.

Almeida, Lopes, Braga (2020) analisaram as práticas pedagógicas inovadoras no Instituto Federal do Ceará e identificaram, de acordo com relatos de professores, que os docentes consideram fundamental a metodologia baseada em problema, uma vez que permite o aluno ser ativo no processo de aprendizagem.

Entretanto, o uso de novas metodologias de ensino pode ser desafiador quando os estudantes não estão acostumados em ser ativos no processo de aprendizagem e acabam apresentando certa resistência a sair da sua zona de conforto.

De fato, conforme relata Sousa (2010), incentivar os estudantes a participar ativamente do processo de construção do conhecimento é desafiador. Para uma melhor aplicação da metodologia de resolução de problemas, Allevato e Onuchic (2014) sugerem seguir algumas etapas, dentre as quais estão a preparação do problema pelo professor, posteriormente em sala, os alunos devem se reunir em pequenos grupos e discutir sobre as possíveis soluções para os problemas apresentados.

Durante a discussão, os alunos são impelidos a refletir sobre a problemática apresentada, confrontando-a com sua realidade e o conhecimento até agora construído na disciplina. Essa reflexão crítica coloca o aluno como sujeito ativo no seu processo de aprendizagem e permite um ensino significativo. O professor também tem papel relevante, uma vez que deve conduzir as discussões dos grupos, incentivar o debate e tecer reflexões juntamente com os estudantes.

Esse relato vem ao encontro das ideias do Junior Melo (2020), que afirma que a ABP é um método que vem sendo estudado e utilizado em diversos países, visando tornar o processo de ensino e aprendizagem mais significativo. Diferente de métodos mais tradicionais, a ABP trabalha o currículo de ensino a partir de uma situação problema real ou irreal previamente preparada pelo professor e apresentada aos alunos para que estes possam refletir criticamente na busca de soluções.

A partir dessas reflexões é possível observar que, embora a ABP e a pesquisa por investigação auxiliem no processo de ensino e aprendizagem significativo, é preciso estar ciente das dificuldades que podem surgir durante sua aplicação para que um novo planejamento possa ser traçado de acordo com a realidade.

O interesse desse relato não é trazer uma solução simples para um problema complexo, mas compartilhar uma experiência positiva com o ensino por investigação e aprendizagem baseada em problemas adaptados para uma realidade específica e possibilitar a reflexão. O caminho para uma educação transformadora é longo, constante e permanente, mas é preciso seguir adiante. Como Sousa (2010) afirma, é preciso a mudança gradativa dos métodos escolares para que possamos ter uma transformação social.

METODOLOGIA

A abordagem metodológica utilizada na elaboração desse trabalho é qualitativa, quanto aos objetivos, caracteriza-se como descritiva, e em relação ao formato de desenvolvimento, se enquadra no estudo de caso. A intervenção pedagógica aconteceu em 2018 no Instituto Federal do Piauí, *campus* Corrente, em uma turma do curso superior em tecnologia e gestão ambiental e uma turma do curso técnico subsequente em meio ambiente.

A prática educativa foi realizada durante as aulas da disciplina intitulada "Programas de gestão ambiental", ministrada no sexto e último semestre do curso superior de tecnologia em gestão ambiental e na disciplina de "Legislação ambiental", presente no segundo semestre do curso técnico em meio ambiente, que possui no total quatro semestres.

No primeiro momento, nos respectivos horários de cada disciplina, os estudantes formaram pequenos grupos que analisaram uma situação-problema previamente preparada. A situação-problema era um texto que narrava uma história fictícia com problemas socioambientais que poderiam ser observados na realidade da região. Os estudantes foram incentivados a dialogar com seus grupos e identificar os problemas presentes nas situações, posteriormente eles deveriam buscar possíveis soluções com base no conteúdo trabalhado em sala de aula.

Durante as discussões, os estudantes foram incentivados a refletir sobre a realidade que estava inseridos e identificar possíveis problemas e respectivas soluções, com base na situação anteriormente trabalhada. Embora a ação fosse em grupo, todos os integrantes eram constantemente incentivados a participar do diálogo e cada fala era considerada e, caso necessário, complementada pela docente. Esse movimento possibilitou a reflexão crítica dos estudantes sobre suas realidades utilizando o conhecimento aprendido.

Após a discussão com base no conhecimento prévio dos alunos sobre seu contexto, eles foram incentivados a ir a campo comprovar os problemas apontados para, posteriormente, apresentar aos colegas de classe. Durante o campo, cada equipe elaborou um diagnóstico documentando os aspectos identificados no formato de listas, além de fazer registros fotográficos. Esse material foi apresentado usando o recurso do *Powerpoint* ao final de cada disciplina.

Com o ensino por investigação e resolução de problemas, os alunos fizeram apresentações assertivas, contextualizadas e com embasamento legal. Ao final da disciplina, os alunos foram informados pela docente sobre um evento que aconteceria em uma universidade na Bahia, que estava aceitando submissões de trabalhos científicos e que os trabalhos construídos por eles durante a disciplina poderiam ser enviados, caso tivessem interesse. Os alunos foram incentivados a participar, mas a adesão era voluntária e, mesmo assim, a maioria optou por submeter o trabalho, pois estavam motivados com a possibilidade de apresentar seu trabalho em um evento científico. Todos os trabalhos submetidos pelos alunos de ambas as turmas foram aprovados e os alunos viajaram para a Bahia para apresentar suas pesquisas fruto do ensino por investigação e aprendizagem baseada em problema vivenciado durante as aulas.

RESULTADOS E DISCUSSÃO

Os alunos do curso técnico subsequente em meio ambiente do presente estudo de caso estavam no limbo, tinham concluído o Ensino Médio, mas ainda não haviam ingressado no ensino superior, acharam o curso interessante e resolveram fazer, como relataram.

Para o ingresso, não era necessário concurso, a apresentação do histórico escolar era suficiente, o que permite uma maior democratização do ensino, mas em contrapartida, é possível observar um déficit do ensino escolar básico.

No disciplina do ensino superior participante desse relato, a realidade foi semelhante, a maioria trabalhou durante o dia todo e à noite, e quando iam participar da aula já estavam cansados. Trabalhar e estudar é um desafio de vários brasileiros, como constatou o trabalho de Thomé, Pereira e Koller (2016), segundo os autores, há uma relação entre a dificuldade acadêmica e o trabalho juvenil. Comin e Barbosa (2011) afirmam ainda que a figura do trabalhador-estudante não é novidade, uma vez que a população mais pobre ingressa cedo no mercado de trabalho, tendo como melhor cenário conciliar o trabalho com o estudo.

Diante da desmotivação inicial por fatores externos, o ensino-aprendizagem de sala de aula ficou comprometido. Ao perceber a apatia dos estudantes, a docente precisou modificar a metodologia de ensino na busca de tentar sanar esse problema.

Tanto a disciplina Programas de gestão ambiental do curso superior, quanto a disciplina de Legislação ambiental do curso técnico tratam temas diretamente relacionados com a realidade local. Enquanto a gestão ambiental busca através de ações produzir efeitos benéficos ao meio ambiente, a legislação ambiental visa garantir o direito de todos ao meio ambiente ecologicamente equilibrado.

O currículo escolar de ambas as disciplinas possui extenso conteúdo teórico complexo que os alunos precisam dominar para melhor realizar a prática profissional. Entretanto, para que esse fato não seja causa de desmotivação, é preciso fazer uma associação da teoria com a dimensão prática, nesse sentido, a escolha da metodologia adequada é fundamental.

A questão ambiental está cada vez mais presente no nosso cotidiano através de debates na mídia em geral e de cursos específicos, como o próprio curso estudo de caso. Então, por que a apatia dos estudantes? Não se tratava especificamente de dificuldades internas, mas de fatores externos, como ultrapassar esses fatores para garantir uma aprendizagem transformadora?

De um lado estava a apatia dos estudantes e do outro temas atuais e próximos das realidades, embora os estudantes ainda não tivessem tomado consciência disso. Foi diante dessa problemática que surgiu a ideia de utilizar a aprendizagem baseada em problemas e o ensino por investigação para quebrar esse torpor dos estudantes, possibilitando que eles pudessem sair da condição de passivos para ativos do processo.

A pedagogia baseada em problema é um caminho para tornar a sala de aula mais acolhedora. Nela o estudante passa da função passiva no processo de aprendizagem para a ativa. Essa transição deve ser feita com cautela, considerando o saber prévio dos estudantes por meio de uma escuta ativa.

Logo no início da aplicação da metodologia, o primeiro problema surgiu. O estudante que estava acostumado a ser passivo, que possui questões emocionais e problemas externos, não quer falar, a sua primeira ação é a resistência.

Então, foi necessário dialogar com esses estudantes sobre outras questões como educação dialógica, educação bancária, o papel do estudante como protagonista do seu processo, para quebrar preconceitos que os colocavam nessa posição rígida.

Esses assuntos foram abordados de forma fluída durante as aulas, nunca de uma forma impositiva, porém com expertise e de forma constante. Além disso, foi possível perceber que a proximidade da docente com os estudantes abria caminho para a confiança, uma vez que a afetividade é um facilitador do processo de aprendizagem (WALLOM, 2007).

A estimulação do compartilhamento das percepções dos alunos sobre os temas que estavam em debate na aula com base em suas realidades constantemente era realizada. A partir dos compartilhamentos dos estudantes, os assuntos teóricos eram trabalhados e revisitados para a consolidação do aprendizado.

Delizoicov (1991) aborda em seu trabalho os três momentos pedagógicos onde, no primeiro momento, é realizada uma problematização inicial, no segundo momento, é feita a organização do conhecimento trabalhando os conteúdo relacionados e, no terceiro momento, é feita a aplicação do conhecimento em que são retomadas as questões iniciais e novas situações são analisadas.

Dentro dessa perspectiva, a utilização do ensino por investigação adaptado à realidade da turma se mostrou favorável. A pesquisa foi utilizada como recurso metodológico para que os estudantes analisassem sua realidade de forma crítica, identificando os problemas existentes e refletindo sobre a problemática observada em conjunto como o conhecimento construído em sala de aula.

Por exemplo, no ensino técnico, ao trabalhar o novo código florestal, na disciplina de legislação, era questionado aos alunos o estado da cobertura vegetal presente ao longo dos corpos hídricos das suas respectivas localidades, os alunos traziam suas primeiras percepções e, a partir disso, o conteúdo sobre Áreas de Preservação Permanente (APP), presente na legislação, era trabalhado. Posteriormente, os alunos eram instigados a observar agora sua realidade com base no conteúdo aprendido e identificar possíveis problemáticas ali existentes que não tinham sido observadas e nas aulas seguintes a discussão continuava.

De forma coletiva, em grupos previamente separados, alguns estudantes faziam visitas de campo para observar os possíveis impactos ambientais existentes nas APP. O diagnóstico era documentado e analisado com base na legislação.

No ensino superior, na disciplina de programa de gestão ambiental, os estudantes formavam grupos e cada um era responsável por pesquisar sobre as problemáticas relacionadas à gestão ambiental das instituições do município, mas todos teriam que escolher setores diferentes para analisar. Ainda em sala, uma lista foi construída para orientar o momento de diagnóstico em campo.

Posteriormente, em ambos os níveis e respectivas disciplinas, os estudantes apresentaram seus resultados para os colegas. A apresentação era estruturada usando o programa *Powerpoint* e tinha as seguintes etapas: apresentação do problema que os instigou a pesquisar, o objetivo do trabalho, o diagnóstico do local estudo de caso e as comparações dos resultados com o esperado, de acordo com o aprendido em cada disciplina.

Na oportunidade eles teciam críticas e propunham soluções. Nesse momento, era perceptível a mudança no comportamento, postura, interesse dos estudantes, agora mais proativos do que no início.

Na ocasião, os alunos iniciados através do ensino no universo antes desconhecido da pesquisa queriam compartilhar suas experiências. Antes hesitantes em participar das aulas, agora, após essa experiência, estavam animados para apresentar suas descobertas em eventos científicos.

Nesse entusiasmo, os estudantes se empenharam e submeteram suas pesquisas em um evento científico realizado por uma universidade localizada no oeste da Bahia. Onde três trabalhos, frutos da disciplina do curso técnico, foram aprovados e apresentados pelos estudantes, são eles: Legislação ambiental como instrumento para sustentabilidade: estudo de caso em uma área rural localizada no bioma Cerrado; Conservação das nascentes para sustentabilidade: diagnóstico de uma área na região do Cerrado Nordestino; Saneamento ambiental para a sustentabilidade: estudo de caso do centro da cidade de Corrente, Piauí.

O Instituto Federal do Piauí, *campus* Corrente, tinha a prática pedagógica da investigação no Ensino Superior, o que facilitou o engajamento dos alunos. Onde foram submetidos e aprovados 4 trabalhos, intitulados: Gestão ambiental empresarial: estudo de caso nos consultórios odontológicos em Corrente; Práticas ambientais no ambiente empresarial como instrumento para sustentabilidade: estudo de caso de lojas do setor agrícola em Corrente; Práticas de gestão ambiental: estudo de caso em uma empresa de frios, Corrente-PI;

Gestão ambiental como instrumento de sustentabilidade: estudo de caso em redes de supermercados, no município de Corrente.

Além da relevância científica, a aprendizagem baseada em problema, juntamente com o ensino por investigação, permitiu que esses estudantes se percebessem e tomassem consciência da sua importância social, refletissem sobre o meio no qual estão inseridos, despertassem para a necessidade de compartilhar seu conhecimento, de alguma maneira fossem transformados e inquietos buscassem novas perspectivas de mudança pessoal. Alguns alunos do técnico ingressaram posteriormente no curso superior de tecnologia em gestão ambiental.

Considerações Finais

A aprendizagem baseada em problema juntamente com o ensino por investigação corroborou com a quebra da apatia inicial dos estudantes, uma vez que trouxe mais sentido ao processo de ensino e aprendizagem, além de possibilitar o resgate da autoconfiança dos estudantes.

O impacto positivo dessa abordagem com as turmas em questão vai além do conhecimento técnico, se relacionando com a educação transforma- dora indicada pela educação ambiental. Quando os estudantes entendem sua importância social, eles passam a refletir sobre sua posição, as situações que os cercam e conseguem ser críticos quanto às problemáticas observadas a partir do conhecimento construído em sala de aula. Mais do que compreender e questionar a realidade, o estudante compreende o seu poder de agente trans- formador dessa realidade.

Tanto a aprendizagem baseada em problema quanto o ensino por inves- tigação se mostraram positivos no aspecto metodológico para diminuir os obs- táculos identificados no primeiro momento nesse estudo de caso.

REFERÊNCIAS

ALLEVATO, N. S. G.; ONUCHIC, L. R. Ensino-aprendizagem-avaliação de Matemática: por que através da resolução de problemas? *In:* Onuchic, L. R. *et al.* (Org.) **Resolução de Problemas**: teoria e prática. Jundiaí: Paco Editorial, 2014. p. 35-52.

ALMEIDA, A. C. F; LOPES, L.F.O; BRAGA, C. B. Inovação Metodológica no Ensino: um recorte a partir das concepções dos professores de um Instituto Federal. **Research, Society and Development**, v. 9, n. 7, e127973993, 2020. Disponível em: http://dx.doi.org/10.33448/rsd-v9i7.3993. Acesso em: 29 set. 2023.

AULER, D. Enfoque Ciência-Tecnologia-Sociedade: pressupostos para o contexto brasileiro. **Ciência e Ensino**, v. 1, número especial, nov. 2007.

CARVALHO, A. M. P. Fundamentos Teóricos e Metodológicos do Ensino por Investigação. **Revista Brasileira de Pesquisa em Educação em Ciências**, v. 18, n. 3, p. 765-794, dez. 2018. Disponível em: 10.28976/1984-2686rbpec2018183765. Acesso em: 29 set. 2023.

COMIN, A. A.; BARBOSA, R. J. Trabalhar para estudar: sobre a pertinência da noção de transição escola-trabalho no Brasil. **Revista novos estudos cebrap**, 2011. Disponível em: https://www.scielo.br/j/nec/a/wDYSHjcV6b7s68gRRB6YZzx/?form at=pdf&lang=pt . Acesso em: 7 abr. 2022.

CUNHA, J. H. Ensino através da pesquisa: relato de experiência investigativa. **Revista Latinoamericana de Estudios en Cultura y Sociedad**. Latin American Journal of Studies in Culture and Society. v. 4, edição especial, nov. 2018, artigo nº 974.

DELIZOICOV, D. **Conhecimento, Tensões e Transições**. São Paulo: FEUSP, 1991. Tese (Doutorado em Educação), Faculdade de Educação, Universidade de São Paulo, 1991.

DEMO, P. **Educar pela pesquisa**. 5. ed. Campinas: AutoresAssociados, 2002.

DI CARLO, M. **Teachers matter, but so do words**. Albert Shanker Institute. Disponível em: http:// www.shankerinstitute.org/blog/teachers-matter-so-do-words Acesso em: 11 fev. 2022.

Instituto Federal de Educação, Ciência e Tecnologia do Piauí. **Plano de Desenvolvimento Institucional** – PDI 2020-2024: construindo para o futuro. Instituto Federal de Educação, Ciência e Tecnologia do Piauí - IFPI - Teresina: IFPI, 2020. 264 f. : il., tabs. Disponível em: https://www.ifpi.edu.br/pdi/pdi-2020-2024/ documentos/pdi-2020-2024-_-anexo-resolucao-009_2020-consup.pdf/view. Acesso em: 11 fev. 2022.

FREIRE, P. **Por uma pedagogia da pergunta**. 3. ed. Rio de Janeiro: Paz e Terra, 1985.

FREIRE, P. **Pedagogia do Oprimido**. Rio de Janeiro: Paz e Terra, 2005.

GALIAZZI, M. C. A pauta do professor na sala de aula com pesquisa. **Revista Eletrônica do Mestrado em Educação Ambiental**, 2005, p. 18-36. Disponível em: http://www.seer.furg.br/remea/article/view/ 2882/1636. Acesso em: 11 fev. 2022.

JUNIOR MELO, J. F. Aprendizagem baseada em problemas (ABP): proposta metodológica aplicada ao ensino da geometria espacial. **Metodologias ativas**: métodos e práticas para o século XXI. Gercimar Martins Cabral Costa (Organizador). Quirinópolis, GO: IGM, 2020.

MARTINS, J. S. **O trabalho com projetos de pesquisa**: do ensino fundamental ao ensino médio. Campinas: Papirus, 2001.

NOVELLO, C. A.; ROBAINA, J. V. L. Aprendizagem baseada em problemas com o viés da aprendizagem significativa em educação matemática.**Metodologias ativas**: métodos e práticas para o século XXI/Gercimar Martins Cabral Costa (Organizador). Quirinópolis, GO: IGM, 2020.

OLIVEIRA, A. P. Ensino e pesquisa: relato de experiência no curso de pedagogia da Universidade Estadual de Santa Cruz, Ilhéus, Bahia. **Práxis Educacional**. Vitória da Conquista. n. 3. p. 299-308, 2007.

ROLDI, M. M. C; SILVA, M. A. J; TRAZZI, P. S. S. Museus de ciência e o ensino por investigação possíveis aproximações: relato de uma experiência. **Revista educação em perspectiva**. Viçosa, MG. v. 9. n. 3. p. 793-810. set/dez 2018.

SÁ, E. F. *et al.* As características das atividades investigativas segundo tutores e coordenadores de um curso de especialização em Ensino de Ciências. *In:* Encontro Nacional de Pesquisa em Educação em Ciências, Florianópolis, **Anais do VI ENPEC**, Belo Horizonte: ABRAPEC, 2007.

SOUSA, S. O. Aprendizagem baseada em problemas como estratégia para promover a inserção transformadora na sociedade. **Acta Scientiarum**. Education Maringá, v. 32, n. 2, p. 237-245, 2010. DOI: 10.4025/actascieduc.v32i2.11170.

THOMÉ, L. D.; PEREIRA, A. S.; KOLLER, S. H. O desafio de conciliar trabalho e escola: características sociodemográficas de jovens trabalhadores e não-trabalhadores. **Revista Psicologia**: teoria e pesquisa. jan-mar, 2016. v. 32. n. 1. p. 101-109. DOI: https://doi.org/10.1590/0102-37722016011944101109.

WALLON, H. **A evolução psicológica da criança**. São Paulo: Martins Fontes, 2007.

Capítulo 13

NOTAS ETNOGRÁFICAS SOBRE CORPOS INSURGENTES E DIVULGAÇÃO CIENTÍFICA NO CIBERESPAÇO A PARTIR DE PERFIS DO INSTAGRAM

Ana Paula Fonseca Braga
Ivanderson Pereira da Silva

RESUMO

Partindo da necessidade de debatermos questões relacionadas aos marcadores de gênero e raça, bem como a presença de corpos insurgentes na ciência, propomos nesse trabalho levantar a seguinte reflexão: que movimentos insubmissos se observa no Instagram, no sentido de fomentar um cibeativismo no campo da produção e da divulgação científica? Para responder a questão, utilizamos como metodologia a leitura bibliográfica de autores que dialogam com a temática, registros etnográficos dos perfis das redes sociais selecionadas, seguida da análise e apresentação dos resultados. Conclui-se que o espaço digital pode ser caracterizado como uma forma de insubmissão ao contexto racista e sexista presente, por vezes, nas formas tradicionais de pensar o fazer ciência e o ensino. Dessa forma, esses corpos inspiram, através da divulgação científica, novas narrativas sobre a necessidade de pensarmos a ciência para além de um espaço destinado à branquitude, tensionando o conhecimento para uma perspectiva fora da colonização do saber.

Palavras-chave: Divulgação Científica. Corpos Insurgentes. Ensino.

INTRODUÇÃO

Neste texto discutimos, a partir do ciberespaço, a presença de corpos insurgentes e suas performances numa perspectiva que desafia o *status quo* daqueles que, historicamente, sempre foram atores e protagonistas da Ciência. Tomamos como ponto de partida o conceito de insurgência à luz de corpos que instigam e criam novas possibilidades de ruptura com sistemas racistas e sexistas através da produção e da divulgação científica. Assim, olhamos para corpos indesejáveis numa lógica de sociedade, cuja norma é branca e heteronormativa, que insistem em (re)existir ancorados nas redes sociais online. De acordo com Butler (2018), uma vida que faça sentido de ser vivida não pode privar nossa existência. É necessário encontrar caminhos de reinvindicação que tensionem as normas que aprisionam e governam os corpos.

As redes sociais online podem ser significadas como espaços para defesas de posicionamentos e construção de argumentos. Para Mbembe (2022), vivemos num contexto onde o poder almeja tornar-se tempo, fazendo-se indestrutível e, para isso, ele precisa de estruturas. Assim, como uma casa precisa de alicerces, pilares e vigas, o poder hoje se alimenta da exploração da carne, do sangue e dos nervos daqueles que os sistemas de opressão hierarquizantes de gênero e raça apontam como corpos subalternos.

Ao analisar a realidade com atenção aos processos de hierarquização de corpos, percebe-se que quem pode enunciar sobre a ciência e o conhecimento científico, historicamente, são homens brancos, comumente europeus, cisgêneros e heterossexuais (CHASSOT, 2004). Dentro dessa perspectiva, observa-se que os espaços tradicionais de produção e de divulgação científica são pouco receptivos aos corpos desviantes da norma. Com efeito, têm-se observado que em interfaces de redes sociais online como o Instagram, têm emergido perfis de pessoas subalternizadas com vozes insurgentes contra os padrões de gênero, sexualidade e raça e que reivindicam uma nova face para a produção e a divulgação científica contemporânea.

O fato de uma mulher negra, transsexual, periférica, ousar se colocar publicamente no Instagram e assumir a posição de uma produtora ou divulgadora científica já é um fenômeno que merece atenção. Contudo, merecem também atenção os múltiplos seguidores dos perfis desses sujeitos que se insurgem contra as normas racistas e sexistas da produção e da divulgação científica. Os perfis no Instagram de alguns desses sujeitos insubmissos conseguem agregar milhares de seguidores. Estes, não só ousam ocupar os espaços públicos, físicos e virtuais, como cooptam outros sujeitos que, também insubmissos às normas racistas e sexistas da produção e da divulgação científica, agregam valor e pressionam por uma nova face da Ciência.

Observa-se que essa contracorrente mobilizada por esses sujeitos que buscam desobedecer as normas hierarquizantes, constitui uma espécie de ciberativismo, algo como uma militância antirracista e antissexista online. Em face desse fenômeno, emerge a seguinte indagação: que movimentos insubmissos se observa no Instagram no sentido de fomentar um ciberativismo no campo da produção e da divulgação científica?

As discussões aqui apresentadas são fruto de reflexões a partir da relação entre orientanda e orientador por ocasião da construção do trabalho de pesquisa de Doutorado da Rede Nordeste de Ensino – RENOEN. Assim, partindo de uma perspectiva antropológica através de notas etnográficas, o presente texto está relacionado à análise de *posts* da rede social Instagram por meio de perfis de corpos considerados insurgentes à luz dos marcadores de gênero e raça. Para isso, foram selecionados os perfis "@uma_ intelectual_ diferentona" e "@hilton_ erika".

Consideramos no desenvolvimento desse capítulo o que destaca Hine (2020), ao lembrar que a escrita etnográfica é consequência de um processo que celebra a ida a campo onde foram observados e coletados dados que agora irão subsidiar a interpretação de resultados. Assim, somos aguçados a olhar para dentro da Internet, almejando uma experiência corporificada numa ligação entre o digital e o físico.

Sendo mais específicos, nosso objetivo é compreender os movimentos de divulgação científica envidados por sujeitos marcados subalternamente do ponto de vista do gênero e da raça e que conseguiram cooptar grandes grupos de seguidores no Instagram. Consideramos, dessa forma, a decolonialidade do saber por meio da qual corpos insurgentes, vindos de contextos periféricos do sul global, reivindicam o seu direito de falar, indo de encontro a toda uma engrenagem ainda pulsante na Ciência que hierarquiza cultura e saberes emergentes de determinadas culturas, bem como insiste em colocar corpos dissidentes em lugares subalternos.

Percebendo ainda que a quebra do silêncio é algo potente para a existência do gênero humano, nos colocamos aqui tentando trazer à baila essa movimentação de narrativas presentes no ciberespaço a partir dos perfis analisados. Afinal como falou González (1994, p. 225):

> [...] o risco que assumimos aqui é o do ato de falar com todas as implicações. Exatamente porque temos sido falados, infantilizados (infans, é aquele que não tem fala própria, é a criança que se fala na terceira pessoa, porque falada pelos adultos), que neste trabalho assumimos nossa própria fala. Ou seja, o lixo vai falar, e numa boa.

Nesse sentido, o texto está dividido em três partes. A primeira apresenta uma revisão teórica com análise dos perfis estudados. Na segunda, uma breve discussão sobre divulgação científica e ensino. Na parte final fazemos uma breve conclusão apontando uma resposta à questão levantada, bem como os aprendizados.

GÊNERO, RAÇA E CIÊNCIA: ENTRE FRAGMENTOS E TENSÕES

Iniciaremos com uma breve descrição dos perfis apresentados ao longo desse texto. O primeiro deles é da professora doutora Bárbara Carine Soares Pinheiro, mulher negra, formada em Química e em Filosofia. Ela usa cotidianamente o seu perfil @uma_ intelectual_ diferentona para interagir com seus seguidores. Assim, por meio de *posts* que falam de combate ao racismo, gênero, promoção de uma educação antirracista, entre outras questões através da divulgação científica.

Outro perfil selecionado é o de Erika Hilton, a primeira Deputada Federal negra e trans eleita no país, em 2022. Ela foi considerada pela BBC uma das 100 pessoas mais influentes do mundo, atuante em muitas causas, utiliza seu perfil @hilton_erika para se comunicar com seus seguidores, com destaque para temas relacionados ao direito das pessoas negras, moradores de rua e as pautas LGBTIAPN+.

Entendemos que os perfis aqui trabalhados corporificam a ideia de insurgência, posto que estabelecem interseções entre gênero, raça, ciência e tecnologia. No perfil de Barbara podemos perceber a presença de uma cientista negra que promove diversos debates, tocando por vezes o "dedo" ou, porque não dizer, o corpo racializado todo na ferida da branquitude, ao desconstruir com vídeos de dança o perfil de que uma intelectual, que deve ser "certinha" de acordo com as normas impostas nas estruturas vigentes. Para o entendimento de Branquitude, evocamos o pensamento de Bento (2002, p. 110): "[Branquitude é] um lugar de privilégio racial, econômico e político, no qual a racialidade, não nomeada como tal, carregada de valores, de experiências, de identificações afetivas, acaba por definir a sociedade." Nesse contexto, a norma sobre a qual o Estado e a sociedade se estruturam desde o colonialismo privilegia o corpo branco.

O perfil de Erika, ao fazer postagens relacionadas a discussões de políticas públicas no âmbito da Câmara dos Deputados, realiza divulgação científica ao tornar temas como leis, numa compreensão mais acessível para as pessoas. Afinal, "essas decisões podem ter grandes consequências para o ordenamento social e também podem trazer à visibilidade conjuntos de valores de outra forma não articulados" (HINE, 2020, p. 36). Para além disso, estamos falando de uma travesti, um corpo que quebra paradigmas previstos na norma que privilegia a presença de homens brancos e héteros. Assim, o corpo insurgente de Erika adquire contornos de resistência no ciberespaço, mas, ao mesmo tempo, de vulnerabilidade, principalmente no cotidiano da Câmara dos Deputados, onde está sujeito a tantas violências psicológicas. Como assinala Butler (2018, p. 41) ao relacionar essa vulnerabilidade com precariedade:

> Desse modo, a precariedade está, talvez de maneira óbvia, diretamente ligada às normas de gênero, uma vez que sabemos que aqueles que não vivem seu gênero de modos inteligíveis estão expostos a um risco mais elevado de assédio, patologização e violência. As normas de gênero têm tudo a ver com como e de que modo podemos aparecer no espaço público, como e de que modo o público e o privado se distinguem, e como essa distinção é instrumentalizada a serviço da política sexual.

Trata-se de um poder que estabelece normas e se apresenta nas "mãos" de homens brancos exercendo controle sobre a sociedade, atuando nas mais diversas esferas, entre elas a tecnologia com seus algoritmos, dentre as quais se encontram as redes sociais. Devemos atentar para o fato de que a tecnologia também serve aos propósitos necropolíticos, termo cunhado por Achille Mbembe. Um exemplo disso é a atuação de instituições como a polícia militar, que "condiciona seus membros a desumanizar os negros, o poder hegemônico apaga dados, informações e, sobretudo, possibilidades de reflexões críticas e propositivas sobre a desigualdade abissal existente no país" (SILVA, 2022, p. 104).

Quem tem direito à vida nessa sociedade? Os corpos insurgentes com certeza não. Veja que "as formas contemporâneas que subjugam a vida ao poder da morte (necropolitica) reconfiguram profundamente as relações entre resistência, sacrifício e terror" (MBEMBE, 2018, p. 71). Nesse sentido, no mundo on-line do Instagram, podemos caracterizar práticas como perda da conta, cancelamento, *haters* em redes sociais, uma forma sofisticada de violentar virtualmente o corpo insurgente.

Sendo interessante, ainda, pensar sobre quem está por trás das telas de computadores, celulares. Enfim, quem controla as máquinas, quem são os programadores e cientistas da computação? Por certo, em sua grande maioria, pessoas brancas. O fato é que, em contraponto à performance dos corpos insurgentes nas redes sociais, existe também a presença de pessoas brancas e de toda uma estrutura de branquitude sendo possível perceber que "[...] o racismo discursivo e explícito em textos e imagens produzidos por atores individuais, seja por meio de perfis "reais" ou pelo uso de "fakes", é apenas parte das práticas e dinâmicas antinegritude em um mundo supremacista branco" (SILVA, 2022, p. 27).

Dessa forma, em muitas situações, as redes sociais constituem um ambiente de muitas violências, devido a possibilidades de interações sociais nas quais corpos insurgentes podem sofrer diversos ataques, que podem variar de acordo com o tema abordado. "Nesses termos, é possível pensar que atos de fala, graças ao seu potencial performativo, materializam efeitos de diferenciação social nos corpos, produzidos no interior de marcos discursivos específicos" (SILVA, 2020, p. 415). No Brasil, é notória a ocorrência na rede social Instagram de muitas situações protagonizadas por corpos racializados e branquitude, a agressão sofrida por esses corpos.

No entanto, mesmo marcados subalternamente pelo gênero e pela raça, corpos insurgentes vêm consolidando muitos debates que abordam questões-chave, como a presença de pessoas negras na ciência. Além de apontar o racismo e as subalternações de gênero do corpo feminino e efeminado na ciência, todo esse movimento aponta novas possibilidades de ensino em uma perspectiva pluricultural. Percebemos assim a relevância do trabalho com "[...]

questões de gênero nas redes digitais, e também importantes discussões e críticas à própria produção da ciência de modo mais amplo – sobretudo no que se refere à hegemonia masculina dentro dos campos científicos [...]" (BATISTA; SOUZA, 2020, p. 4). Nesse sentido, a publicação de Bárbara (@ uma_intelectual_diferentona) destaca:

> Como se formar cientistas sem ver um cientista que é a sua cara, essa é a problemática subjetiva da minha vida. Mas além de problemas subjetivos de não ver cientistas negros e negras na ciência, nem na sala de aula como professor, como diretor ou uma diretora ou um reitor ou uma reitora. A UFBA tem 70 anos, desde que federalizou, né? Porque a faculdade da Bahia, a FAMEB, é de 1808, ou seja, tem 215 anos. E vou contar uma fofoca para vocês também. O primeiro diretor negro da FAMEB, em 215 anos, foi eleito agora. Professor Doutor Antônio Lopes. 215 anos com um branco dirigindo a faculdade de medicina da Bahia! Bahia! É isso que a gente não consegue entender. Do quanto que o racismo é violento. Qual o grau de violência do racismo é a gente não vê-lo. É a gente não perceber[7] (Transcrição de Vídeo do Perfil @ uma_intelectual_diferentona de 20 de junho de 2023).

Com efeito, a postagem de Bárbara aponta muitas questões, entre elas a lacuna existente na Ciência pela falta de referência de corpos insurgentes. Ora, dentro de uma lógica eurocêntrica, no senso comum, aprendemos que, para ser cientista "tem que ser muito inteligente" e essa percepção certamente sempre foi negada aos corpos insurgentes, pois, "a cor da pele e os traços dos povos colonizadores europeus foram falsamente associados à inteligência ou beleza superior, facilitando o processo de dominação e subjugação [...]" (SILVA, 2022, p. 79).

Sendo assim, "um dos efeitos desse eurocentrismo é a racialização do conhecimento: a Europa é representada como fonte de conhecimento, e os europeus, como conhecedores. Na verdade, o privilégio de gênero masculino [...]" (OYĚWÙMÍ, 2004, p. 1). Por sua vez, o corpo branco é colocado no topo da hierarquia, formando assim o pacto entre iguais, o qual podemos chamar

---

7   Disponível em publicação do perfil @uma_intelectual_diferentona no Instagram: https://www.instagram.com/reel/CttUInupt1V/?igshid=MTc4MmM1YmI2Ng

de branquitude. Ainda no perfil de Bárbara (@ uma_intelectual_diferentona) encontramos outro *post* que aborda a questão em discussão:

> Ontem, muitas pessoas mobilizou citações de filósofos diversos homens brancos europeus ou para dialogar ou confortar né. Também numa lógica de diálogo com meu *post* e muita gente trouxe o Kant. Eu quero trazer uma citação do Kant aqui para vocês. "Os negros da África não possuem, por natureza, nenhum sentimento que se eleve acima do ridículo". O senhor Hume, outro filósofo racista, desafia qualquer um a citar um único exemplo em que um homem negro tenha mostrado talentos e afirma: "dentre os milhões de pretos que foram deportados de seus países, não obstante muitos deles terem sido postos em liberdade, não se encontrou um único sequer que apresentasse algo grandioso nas artes OU na ciência OU em qualquer outra aptidão. Já entre os brancos, constantemente arrojam-se aqueles que, saídos da plebe mais baixa, adquiriram no mundo certo prestígio por força de dons excelentes, então essencial é a diferença entre duas raças humanas que parece ser tão grande em relação às capacidades mentais quanto à diferença de cores" (Immanuel Kant). Enquanto eu estava dentro da academia sim, na condição de estudante, eu era obrigada a ler filósofos brancos racistas, citá-los etc., etc., etc. Hoje eu não o faço mais e as pessoas vão dizer assim: ah, mas eram filósofos do seu tempo e daqui a cem anos vão dizer que Bolsonaro[8] era uma pessoa de seu tempo[9] (Transcrição de Vídeo do Perfil @uma_intelectual_diferentona, de 26 de junho de 2023).

Bárbara nos lembra de que é preciso ir além de uma escrita acadêmica eurocêntrica, trabalhando na lógica descolonial e decolonial, ouvindo as margens, e assim, "construindo uma canoa de resgate discursivo daquelas e daqueles outros, negados por critérios raciais e por separatismos identitários [...]" (AKOTIRENE, 2019, p. 25). Posteriormente, o perfil realizou duas postagens destacando o trabalho de filósofos e filósofas negros e negras, brasileiros e estrangeiros.

Fica percebido que precisamos romper com os mitos que produzem um determinismo genético sobre grupos minoritários, sendo urgente a promoção

---

8 Jair Bolsonaro, presidente do Brasil de 1 de janeiro de 2019 a 31 de dezembro de 2022.

9 Publicação do perfil @uma_intelectual_diferentona no Instagram: https://www.instagram.com/reel/Ct_VLUNMeot/?igshid=MTc4MmM1YmI2Ng

de discussões na nossa sociedade, pois, "a discriminação racial se faz presente como fator de seletividade [...] e o silêncio é um dos rituais pedagógicos por meio do qual ela se expressa" (GOMES, 2012, p. 105). Como afirma Bárbara, na universidade, esse problema se dá muitas vezes em meio à imposição de autores brancos, assim, o processo de ensino imposto pela branquitude delimita os espaços de fala dos corpos insurgentes. "Nesse sentido, a academia não é um espaço neutro, nem tampouco um espaço de conhecimento e sabedoria, da ciência e da erudição, é também um espaço de v-i-o-l-ê-n-c-i-a" (KILOMBA, 2019, p. 52). O marcador entre sujeitos brancos e corpos insurgentes pode ser observado nos trechos abaixo:

> Como pedras que rolam um pouco mais, [...] e se deparam com uma avalanche de textos que falam da condição da classe operária, dos rizomas, de vigilâncias e das punições, da pedagogia do oprimido, dos currículos ocultos, das representações sociais, do construcionismo, do voluntarismo pedagógico, da complexidade, da hermenêutica, do pós-modernismo, da educação ambiental. A desconstrução. Eles e elas têm grandes dificuldades em pronunciar os nomes de autores ingleses, americanos, franceses, alemães, húngaros, italianos, poloneses, búlgaros, e russos que constam das bibliografias das disciplinas. São autores, de quem até então nunca ouviram falar, ou ouviram de raspão. Ouvem calados as insistentes referências sobre uma classe social da qual eles fazem parte, mas não se identificam no discurso de classe média alta, branca, heterossexual, cosmopolita e intelectualizada dos professores e professoras doutores, que os coloca como seres apáticos, meros reprodutores da ordem social e capitalista (REIGOTA, 2010, p. 2).

Ainda sobre Bárbara, destacamos que a cientista doutora no Ensino de Química ocupa hoje um papel de ciberativismo através do seu perfil, porém, nem sempre os corpos insurgentes tiveram a possibilidade de chegar tão longe, ressalta-se nesse processo de mudança a democratização do país e as políticas afirmativas. Se voltarmos nosso olhar para a história dessa ciência: do "pai da química", Robert Boyle, passando por Antoine Lavoisier, fundador da química moderna, chegamos aos primórdios da química no Brasil, quando, em 1848, o farmacêutico alemão Theodoro Peckolt chega ao Brasil para estudar plantas, sendo considerado o "pai da fitoquímica brasileira"; na mesma época, em 1883, o italiano Francisco Matarazzo cria a primeira indústria química brasileira (SOCIEDADE BRASILEIRA DE QUÍMICA, 2022).

Mas, afinal, que história é essa? É uma história da ciência construída por homens brancos, e certamente se adentrássemos em outras ciências, seja em outros países ou no Brasil, outros homens brancos estariam presentes. Assim, é interessante refletir sobre: até que ponto a permanência da ideia eurocêntrica da superioridade branca, presente do colonialismo ao capitalismo, contribuiu e continua contribuindo para uma visão sexista e racista de que ciência é lugar para homens brancos, afastando desse cenário os corpos insurgentes. A partir de Lugones (2008), percebemos que a colonialidade tem vários tentáculos de sentido amplo, indo além da classificação racial e atravessando o controle do sexo, da subjetividade e da intersubjetividade, atravessando a produção do conhecimento a partir do interior do ser.

Para Anzaldúa (2000), o ensino eurocêntrico que tivemos não nos fez refletir sobre a nossa língua, não nos ensinou a escrever sobre nós, pois está marcado pelos olhos do branco, que não tem interesse na nossa cultura e no nosso espírito. Ao silenciar nossa linguagem e impor sua perspectiva eurocêntrica, o colonizador inicia o processo de aniquilamento do colonizado, pois "falar é ser capaz de empregar determinada sintaxe, é se apossar da morfologia de uma ou outra língua, mas é acima de tudo assumir uma cultura, suportar o peso de uma civilização" (FANON, 2008, p. 22).

Dessa forma, é possível constatar que a partir das estruturas de poder capitalista, eurocêntricas e globais, são gerados padrões de implicações, tanto para gênero como para raça (LUGONES, 2008). Esses padrões tentam exercer um controle sobre o corpos insurgentes, onde "uma pessoa pode ser transformada por outra em objeto e roubada de seu estatuto como sujeito [...]. A identidade de gênero é uma posse deste tipo. Não ter a propriedade do eu é não ser sujeito e, portanto, não ter capacidade de atuação" (HARAWAY, 1991, p. 20). A fim de ilustrar as reflexões em relação às questões de gênero, trazemos o post de Erika Hilton do perfil @hilton_erika:

> Por que nós ameaçamos eles ao falarmos sobre esses direitos? Por que, ao falarmos sobre esses direitos, nós destruímos os conceitos de casa grande e senzala, nós destruímos o conceito de mulherzinha

frágil, vulnerável, ali pra ser usada, pra ser utilizada, da travesti disponível na esquina para ser usada por qualquer valor e depois ser morta, ser agredida, eles querem continuar. Por que o Bolsonaro chegou onde chegou? Com um discurso, a gente tratou Bolsonaro e esse foi um erro nosso, de todos nós, né? Um erro baseado na arrogância e na ingenuidade da esquerda. Por que nós tratamos Bolsonaro como de fato ele é, um babaca, um tosco, um idiota, mas como que um idiota como ele se tornou Presidente da República? E por muito pouco não se reelegeu Presidente da República. Por que ele flertou exatamente com os sentimentos adormecidos, e nem tão adormecidos assim da sociedade brasileira. De que "eu não quero preto e empregada doméstica na mesma faculdade que meu filho". "Eu não quero a negra indo à Disney." "Eu não quero a travesti ocupando a farmácia, o mercado de manhã, à luz do dia comigo". "Eu não quero que os gays ocupem as ruas, amem e se libertem". Porque esse é o lugar, a herança de colonização, da escravidão deste país. E que, quando nós discutimos esses lugares, o que nos estamos falando pra essa gente é: você não vai mais poder comer a travesti de noite e depois matá-la e não olhá-la na luz do dia, cê não vai mais poder colocar uma mulher empregada doméstica no quartinho do fundo da sua casa e tratá-la como trabalho análogo à escravidão. Cê não vai mais poder bater na tua mulher, bater nas tuas filhas, abusar delas sexualmente sem que elas não façam nada. E aí, de fato, nós estamos ameaçando eles porque o que eles querem é exatamente isso, continuar nos utilizando nas esquinas de noite pagando qualquer mixaria e não tendo que conviver com a gente, continuar explorando nossa mão de trabalho e não nos dando nenhum tipo de direito. Usando os nossos corpos, batendo, agredindo, violentando e nada acontecendo com eles. Quando falamos de direito da população negra, direito do movimento feminista, o que nós estamos dizendo é: não será mais da mesma maneira[10] (Transcrição de Vídeo do Perfil @hilton_erika de 29 de junho de 2023).

Nesse cenário, é compreensível que corpos insurgentes, como o da travesti Erika Hilton, busquem atuar em prol da vida e da luta de direitos, seja na vida cotidiana ou nas redes sociais, com o intuito de ocupar seu lugar de fala, abrindo possibilidades de reflexões a partir de "signos e corpos que atravessam

---

10   Publicação do perfil @hilton_erika no Instagram: https://www.instagram.com/reel/CuEu94xA y0j/?igshid=MTc4MmM1YmI2Ng

a história nacional, especificamente no que diz respeito ao seu período colonial e às suas insistentes formas de permanência e de atualização" (SILVA, 2020, p. 416).

Corpos insurgentes como o de Erika, ao longo da história tentam existir, daí importância da performance dela nas redes sociais e de sua divulgação científica. Para Butler (2018), a realidade das normas ameaça nos aprisionar em uma corporificação que nos priva do caráter vivo de nossa existência. Sendo fundamental que, a partir de questões como as levantadas por Erika, pensemos sobre o fato de que as narrativas nas redes sociais dão acesso a um mundo de indagações, visto que, "a imagem não é apenas uma propriedade de quem pode fornecer, também é uma porta de acesso àqueles que podem ser vistos, com ou sem consciência do que pode ser externalizado (MATHIAS, 2016, p. 160). Ao corpo insurgente, coube em muitas situações suportar o olhar atravessado do branco, como aponta Fanon (2008, p. 92):

> Então nos coube enfrentar o olhar branco. Um peso fora do comum passou a nos oprimir. O mundo real disputava o nosso espaço. No mundo branco, o homem de cor encontra dificuldades na elaboração do seu esquema corporal. O conhecimento do corpo é uma atividade puramente negacional. É um conhecimento em terceira pessoa. Ao redor do corpo, reina uma atmosfera de clara incerteza. Eu sei que, se quiser fumar, precisarei esticar o braço direito para alcançar o maço de cigarros que está na outra ponta da mesa. Os fósforos, por sua vez, estão na gaveta da esquerda; precisarei recuar um pouco. E todos esses gestos, eu os faço não por hábito, mas por um conhecimento implícito. Lenta construção do meu eu enquanto corpo no interior de um mundo espacial e temporal, parece ser esse o esquema. Ele não se impõe a mim, é em vez disso uma estruturação definitiva do eu e do mundo – definitiva, porque se estabelece uma dialética efetiva entre meu corpo e o mundo.

Nesse caminho, é fundamental que adentremos nas tramas sociais percebendo os marcadores da diferença que se interseccionam a partir das subjetividades e performances dos corpos insurgentes. Sendo importante na complexidade das redes sociais "captar algo que ultrapassa o caráter individual do que é transmitido e se insere nas coletividades a qual o narrador pertence" (QUEIROZ, 1997, p. 20). Situações que envolvem o descarte do corpo racializado no contexto de necropolítica continuam vivas como na travessia do Atlântico durante a escravidão, quando esses corpos eram jogados ao mar.

DIVULGAÇÃO CIENTÍFICA E ENSINO

Pontuamos, a partir da análise de publicação dos perfis, ora aqui apresentados, que redes sociais como o Instagram, quando operadas por corpos insurgentes como os que trazemos aqui, realizam aquilo que chamamos de divulgação científica, ou seja, trazem temas, antes distantes do cotidiano dos seus interlocutores, para a pauta com uma linguagem acessível. Para Gomes e Tavares (2022), ao observarmos determinadas postagens que trabalham certas temáticas, devemos considerar que as mesmas, por vezes, trazem conhecimentos ignorados no processo de ensino formal.

É fundamental que se perceba que estamos tratando aqui de questões que versam sobre racismo e gênero, temas muitas vezes silenciados na vida das pessoas, visto que, a grande maioria é fruto de um processo de ensino, seja escolar ou universitário, que tem como fruto um currículo intencional que negou essas questões. "A quebra do modelo linear de organização curricular não é algo tão simples [...]" (SILVA; PIRES, 2013, p. 264). Nesse sentido, Apple (1982, p. 59) destaca:

> O currículo nunca é apenas um conjunto neutro de conhecimentos, que de algum modo aparece nos textos e nas salas de aula de uma nação. Ele é sempre parte de uma "tradição seletiva" resultado da seleção de alguém, da visão de algum grupo acerca do que seja conhecimento legítimo. É produto das tensões, conflitos e concessões culturais, políticas e econômicas que organizam e desorganizam um povo.

Oxalá se adentra ainda mais, nesse universo das redes e corpos insurgentes, pensamos que poderiam ser abertos caminhos para um ensino que vai além dos conteúdos estabelecidos nos livros didáticos, além dos muros das instituições, pois, "só compreendendo a radicalidade dessas questões e desse contexto é que poderemos mudar o registro e o paradigma de conhecimento com os quais trabalhamos na educação" (GOMES, 2012,102). Na atualidade, a divulgação científica aponta possibilidades para um processo de ensino formal e não formal, sobre isso, vejamos o que Lima e Giordan (2017, p. 3) acrescentam:

> Atualmente a Divulgação Científica (DC) tem destaque no contexto da inclusão científica e tecnológica, de modo que é possível encontrar muitas atividades, sejam realizadas em espaços de educação formal e não-formal, ou ainda aquelas no âmbito da comunicação social realizadas pelos veículos de comunicação.

O fato é que, diferente do processo de ensino que por vezes ocorre na sala de aula onde são silenciados e invisibilizados corpos marcados pelo gênero e raça, a postagem de divulgação científica da rede abre possibilidades para que aconteça interação, seja na rede social ou até mesmo enquanto, por exemplo, uma pessoa toma café em sua casa e faz referência àquilo que viu no Instagram. Onde ambos seja o responsável pelo perfil, ou os interlocutores ocupam espaço, afinal, "todas as pessoas possuem lugar de fala, pois estamos falando de localização social. E, a partir disso, é possível debater política criticamente sobre os mais variados temas presentes na sociedade" (RIBEIRO, 2017, p. 86).

Acreditamos que, ao destacar a relevância dos corpos insurgentes nas redes socais, estamos trazendo à tona reflexões sobre como perceber processos de ensino que acontecem de maneira pluricultural e visam provocar o conhecimento para uma perspectiva fora da colonização do saber. "Considerando as ausências epistemológicas observadas nos espaços institucionalizados de ensino, a construção de lugares onde vemos o ressoar das narrativas historicamente apagadas é uma urgência" (GOMES; TAVARES, 2022, p. 461). É salutar que, num país historicamente pluricultural, paradigmas em relação a raça e gênero sejam quebrados, e que ideias eurocêntricas de ensino sejam desarticuladas, somente assim poderemos caminhar para a construção de propostas de ensino que consideram a vida e que busquem romper com processos arraigados de negação dos corpos insurgentes.

CONCLUSÕES

Observa-se que estudos como esse são importantes para que possamos vislumbrar uma fissura de possibilidades onde temas tratados, por vezes de forma clássica e com o foco no conhecimento científico eurocêntrico, sejam agora abordados num contexto que constrói ciência a partir de corpos insurgentes que promovem uma linguagem pluricultural, gerando assim caminhos para um ensino mais próximo e mais presente no cotidiano das pessoas reais.

Durante o acompanhamento dos perfis selecionados, foi possível perceber que o ciberespaço se constitui num ambiente importante onde esses corpos articulam, em meio às dinâmicas atuais, um trabalho de divulgação científica que abarca uma proposta de ensino pluricultural. Nesse espaço, esses corpos ganham visibilidade e conseguem trazer em seus *posts* reinvindicações, reflexões e temas que ganham espaços no Instagram e contrariam uma lógica hegemônica de poder.

Os dois perfis analisados trabalham em suas redes do Instagram diversos conteúdos que colaboram para ações antirracistas e antissexistas. Considerando que seus próprios corpos abarcam marcadores de raça e gênero, as propostas trazidas por esses perfis desafiam estruturas normativas que insistem em invisibilizar e silenciar corpos insurgentes. Percebemos ainda que as práticas de ciberativismo desses perfis traduzem o simbolismo de resistir e (re)existir num cenário marcado pela branquitude.

REFERÊNCIAS

AKOTIRENE, C. **Interseccionalidade**. São Paulo: Sueli Carneiro; Pólen, 2019.

APPLE. M. W. **Ideologia e Currículo**. São Paulo: Brasiliense, 1982.

ANZALDUA, G. Falando em línguas: uma carta para as mulheres escritoras do terceiro mundo. **Revista Estudos Feministas**, v. 8, n. 1, p. 229-236, 2000. Disponível em: https://periodicos.ufsc.br/index.php/ref/article/view/9880. Acesso em: 10 jan. 2023.

BATISTA, J. V.; SOUZA, E. Gênero, ciência e etnografia digital: aproximações e potencialidades. **Cadernos de Campo**, v. 29, n. 2, p. 1-23, USP, 2020.

BENTO, M. A. S. **Pactos narcísicos no racismo: branquitude e poder nas organizações empresariais e no poder público**. Tese de doutorado. São Paulo: Universidade de São Paulo, 2002.

BUTLER, J. **Corpos em aliança e a política das ruas**: notas para uma teoria performativa da assembleia. Tradução Fernanda Siqueira Miguens. Rio de Janeiro: Civilização Brasileira, 2018.

CHASSOT, A. A ciência é masculina? É, sim senhora! **Revista Contexto & Educação**, v. 19, n. 71-72, p. 9-28, 2004.

FANON, F. **Pele negra, máscaras brancas**. Salvador: EDUFBA, 2008.

HARAWAY, D. Para um dicionário Marxista: a política sexual de uma palavra. Marxist Dictionary: the Sexual Politics of a Word. *In*: HARAWAY, D. **Simians, Cyborgs, and Women. The Reinvention of Nature**. Londres, Free Association Books Ltd., 1991, capítulo 7, pp. 127-148. (Tradução: Mariza Corrêa; Revisão: Iara Beleli.)

HINE, C. A internet 3E1: uma internet incorporada, corporificada e cotidiana 2. – Traduzido por Carolina Parreiras e Beatriz Accioly Lins. **Cadernos de Campo**, v. 29, n. 2, p. 1-42, USP, 2020.

LIMA, G. S.; GIORDAN, M. G. Propósitos da Divulgação Científica no Planejamento de Ensino. **Revista Ensaio**, Belo Horizonte, v. 19, e2932, 2017.

GONZALEZ, L. Racismo e sexismo na cultura brasileira. **Revista Ciências Sociais Hoje,** Anpocs, 1984, p. 223-244.

GOMES, B.; TAVARES, M. L. Tinha que ser preto! Possibilidades para uma educação antirracista por meio do ciberativismo na rede social Instagram. **Revista da ABPN,** v. 14, n. 41 , Setembro – Novembro 2022 , p. 444-463.

GOMES, N. L. Relações Étnico-Raciais, Educação e Descolonização do Currículo. **Revista Currículo sem Fronteiras**, v. 12, n. 1, pp. 98-109, Jan/Abr 2012.

KILOMBA, G. **Memórias da Plantação**. Rio de Janeiro: Editora Cobogó, 2019.

LUGONES, M. Colonialidade e gênero. **Tabula Rasa**, Nº 9: 73-101, jul-dez, 2008.

MBEMBE, A. **Brutalismo**. Tradução Sebastião Nascimento. 2. ed. São Paulo: n. 1, edição, 2022.

MBEMBE, A. **Necropolítica**: biopoder, soberania, estado de exceção, política da morte. Tradução Renata Santini. São Paulo, 2018.

QUEIROZ, M. I. P. Relatos Orais: do "Indizível" ao "Dizível". **Ciência e Cultura**, São Paulo, v. 39, nº 3, 1987.

REIGOTA, M. A Contribuição Política e Pedagógica dos Vêm das Margens. **TEIAS**, ano 11, nº 21, jan/abr 2010.

SILVA, D. Conceição Pereira. Performances de gênero e raça no ativismo digital de Geledés: Interseccionalidade, posicionamentos interacionais e reflexividade. **Rev. Bras. Linguíst. Apl.**, v. 20, n. 3, p. 407-442, 2020.

SILVA, M. A. S.; PIRES, C. M. C. Organização Curricular da Matemática no Ensino Médio: A Recursão como Critério. Bauru: **Ciência e Educação**, v. 19, n. 2, p. 249-266, 2013.

SILVA, T. **Racismo algorítmico**: inteligência artificial e discriminação nas redes digitais. São Paulo: Edições SESC, 2022.

MATHIAS, R. **Antropologia Visual**. São Paulo: Nova Alexandria, 2016.

OYĚWÙMÍ, O. **Conceituando o gênero**: os fundamentos eurocêntricos dos conceitos feministas e o desafio das epistemologias africanas. Tradução para usodidático de: OYĚWÙMÍ, Oyèrónké. Conceptualizing Gender: The Eurocentric Foundations of Feminist Concepts and the challenge of African Epistemologies. African Gender Scholarship: Concepts, Methodologies and Paradigms. CODESRIA Gender Series. Volume 1, Dakar, CODESRIA, 2004, p. 1-8 por Juliana Araújo Lopes.

RIBEIRO, D. **O que é Lugar de Fala?** Belo Horizonte (MG): Letramento: Justificando, 2017.

FONTES ETNOGRÁFICAS

Vídeos

200 Anos da Sociedade Brasileira de Química – parte da programação da 74ª Reunião Anual da SBPC. Documentário com Shirley Nakagaki, presidente da Sociedade Brasileira de Química (SBQ). Disponível em: https://www.youtube.com/watch?v=f5WSbSj-ElQ. Acesso em: 10 abr. 2023.

Capítulo 14

CONTRIBUIÇÕES DE UMA SESSÃO REFLEXIVA REALIZADA APÓS A APLICAÇÃO DE UMA SEQUÊNCIA DE ENSINO COM ESTATÍSTICA

Márcio Matoso de Pontes
Juscileide Braga de Castro
Maria Cleide da Silva Barroso

RESUMO

O presente trabalho consiste no recorte da pesquisa de mestrado do primeiro autor. Trata-se da realização de uma sessão reflexiva com professoras do 5º ano do Ensino Fundamental e tem como objetivo descrever as aprendizagens, reflexões e desafios vivenciados por duas professoras após a aplicação de uma sequência de ensino baseada no ciclo investigativo problema, planejamento, dados, análises e conclusão (PPDAC). Essa atividade foi realizada durante as aulas de Matemática e Língua Portuguesa, por meio de um trabalho interdisciplinar. Nessa sessão foi possível discutir sobre a percepção dos sujeitos em relação aos aprendizados adquiridos sobre Estatística e o seu ensino. Para desenvolver essa sequência foi realizada uma investigação pelos alunos com histórias em quadrinhos (HQ), com orientação das professoras, para saber o autor e estilo preferido dos alunos de uma escola pública da cidade de Fortaleza-CE. A metodologia utilizada nesta pesquisa foi o estudo de caso, e para o tratamento de dados foi feita uma análise descritiva. Por meio da fala das docentes foi possível perceber como a sequência de ensino por elas desenvolvida contribuiu para o desenvolvimento de competências como: o letramento estatístico, o conhecimento dos conceitos de moda, média e mediana, e a compreensão de qual tipo de gráfico é mais adequado para representar um conjunto numérico de dados. Além disso, por meio dessa atividade, as professoras puderam perceber a importância dos conhecimentos estatísticos para o dia a dia, em meio aos relatos, os sujeitos disseram mudar o gosto pessoal sobre essa área do conhecimento, que antes desse processo vivenciado por elas, era tido como algo difícil e pouco atrativo.

Palavras-chave: Sessão reflexiva. Estatística. PPDAC. Sequência de ensino.

INTRODUÇÃO

As propostas curriculares dos estados brasileiros passaram a reformular o currículo nacional no período após a ditadura militar, que terminou em 1985, de maneira a buscar representar o novo momento histórico que se estava vivendo, na tentativa de criar um modelo nacional de currículo para a Educação Básica. Para atingir essa finalidade, se fez necessário adotar alguns conteúdos em comum na área da Matemática, entre eles, o tratamento e a análise de dados, como também a introdução da Probabilidade e da Estatística (LOPES, 2010; NACARATO; MENGALI; PASSOS, 2017).

No entanto, esse processo de expansão do ensino de Estatística e Probabilidade no cenário nacional só veio a ser promulgado em forma de documento no final da década de 1990, com a introdução dos Parâmetros Curriculares Nacionais (PCN), documento normativo que seria utilizado como referência para a construção dos currículos escolares no Brasil a partir do referido período (CARVALHO, 2000).

No início da década de 1990, o ensino de estocástica[11] na Educação Básica (EB) já estava sendo proposto pela maioria dos países do mundo, passando a fazer parte dos conteúdos das novas propostas curriculares de todos os níveis educacionais. Essa expansão ocorreu devido ao fato de a sociedade reconhecer a importância de trabalhar esses preceitos desde cedo na escola, para que os indivíduos pudessem dominar conceitos básicos de Estatística e Probabilidade e, assim, atuar de forma consciente na sociedade (LOPES, 2010; PONTES; CASTRO, 2021).

Alguns fatores constatados pelo *International Statistical Institute* (ISI) revelam no cenário global uma certa insatisfação em relação ao ensino de

---

11   Ensino de estatística e probabilidade (CAMPOS; WODWOTZKI; JACOBINI, 2010)

Estatística, alguns fatores elencados para esse quadro foram: o fato do pensamento estatístico romper o paradigma do raciocínio racional; os problemas de Estatística serem abertos e gerarem incerteza; os professores não possuíam uma formação que contemple esse ensino e, muitas vezes, o deixam de lado por não saber explorá-lo de forma eficiente (LOPES, 2010).

À medida em que a Estatística foi sendo incorporada aos currículos, surgiu a necessidade de investigar como sanar dúvidas e fragilidades sobre seu ensino. Nesse sentido, pesquisadores e professores passaram a investigar como ocorria o processo de ensino e de aprendizagem desse conteúdo, dando início, assim, a uma nova área de pesquisa denominada Educação Estatística (EE) (CAMPOS, 2007).

Contudo, Batanero (2001) e Lopes (2010) explicam que a Estatística começou a fazer parte das propostas curriculares de diversos países do mundo a partir da década 1970, apesar disso, na prática, esse ensino era praticamente ignorado. Quando se referem ao contexto atual, as autoras afirmam que essa realidade ainda não mudou e o ensino de Estatística não se tornou prioritário na escola, tampouco nos programas de formação de professores.

Em 2017, com a promulgação da Base Nacional Comum Curricular (BNCC), que foi implantada com o objetivo de nortear os currículos locais, a Probabilidade e a Estatística passaram a ter uma unidade temática, com habilidades voltadas para a compreensão de um processo investigativo, desde o 1° ano do Ensino Fundamental.

No que diz respeito ao Ensino de Estatística, a BNCC visou expandir o trabalho com Estatística na escola, pois contempla o seu ensino desde os primeiros anos de escolarização, visando propiciar para o aluno um trabalho com esses conceitos por meio das relações existentes dentro do próprio conhecimento matemático, de forma que o estudante possa elaborar, produzir, investigar e interpretar os dados gerados em meio a situações possíveis de serem exploradas em sala de aula (BRASIL, 2017; PONTES; CASTRO, 2021).

A BNCC aponta que "[...] os cidadãos precisam desenvolver habilidades para coletar, organizar, representar, interpretar e analisar dados em uma variedade de contextos, de maneira a fazer julgamentos bem fundamentados e tomar as decisões adequadas" (BRASIL, 2017, p. 272). Tais habilidades são essenciais para a vida do aluno, pois têm um papel importante para sua formação cidadã.

Dessa forma, esse trabalho deve ir além da sala de aula, para que os estudantes se conscientizem da importância da utilização dos conhecimentos estatísticos em sua vida social, pois "os conceitos estatísticos permeiam todos os aspectos de suas vidas e podem servir como uma ferramenta para promover a transformação" (SANTANA; CASTRO, 2022, p. 95).

É válido apontar que o BNCC trouxe contribuições para o ensino de Estatística, pois passou a enfatizar a importância de se utilizar a Estatística em diferentes contextos, além da Matemática. Um exemplo dessas contribuições pode ser observado nas habilidades da unidade temática Probabilidade e Estatística, já que em todos os anos, do 1° ao 9° ano do Ensino Fundamental, se propõe a realização de pesquisas práticas com os estudantes (PONTES; CASTRO, 2021).

É importante destacar que a BNCC trouxe avanços para a educação estatística, uma vez que o ensino de Estatística na Educação Básica ficou muito tempo sendo negligenciado e, quando acontecia, ficava restrito à memorização de fórmulas e construção de gráficos e tabelas, focando mais na estatística descritiva, sem se preocupar com o desenvolvimento de pesquisas práticas que pudessem favorecer a autonomia e curiosidade dos estudantes (PONTES, 2021).

Esse cenário de ensino em que a Estatística não foi prioridade entre os conteúdos do currículo da Matemática esteve presente durante muito tempo na Educação Básica. Para mudar essa realidade é preciso que o professor possa promover momentos de partilha e troca de aprendizado entre os estudantes, podendo ele utilizar-se da investigação científica como um caminho para unir conhecimento teóricos e práticos (LOPES, 2010; PONTES; CASTRO, 2021).

Para promover a utilização de pesquisas estatísticas em sala de aula, pode-se utilizar o ciclo investigativo PPDAC, que significa: Problema (P), Planejamento (P), Dados (D), Análise (A) e Conclusão (C). Esse modelo foi criado por Wild e Pfannkuch (1999) e, segundo os autores, esse ciclo é feito por etapas, em que os próprios alunos, mediados pelos professor, são responsáveis por realizar uma pesquisa prática, desde a criação do problema de pesquisa até a fase final que são as conclusões obtidas dos dados coletados.

Os professores, ao optar por essa forma de trabalho, propiciam ganhos aos alunos no que diz respeito à vivência de uma pesquisa prática envolvendo os conceitos trabalhados em sala e também vantagens para eles próprios, no que diz respeito à experiência obtida sobre o ensino dos conteúdos estatísticos (PONTES; CASTRO, 2020; PONTES, 2021).

Nessa perspectiva, esse trabalho apresenta como objetivo descrever as aprendizagens, reflexões e desafios vivenciados por duas professoras após a aplicação de uma sequência de ensino baseada no ciclo investigativo problema, planejamento, dados, análises e conclusão (PPDAC). Por meio dos dados obtidos neste estudo de caso, foi possível realizar uma análise descritiva da fala das professoras que, durante uma sessão reflexiva, comentaram o processo de realização de uma sequência de Ensino com Estatística desenvolvida em uma turma do 5º ano do Ensino Fundamental.

Foi possível perceber que, ao desenvolver uma pesquisa com os alunos, as professoras puderam refletir sobre suas ações e, por meio dessa reflexão, compreender os ganhos obtidos durante a atividade. Essa sessão reflexiva serviu como caminho para a coleta de dados dessa pesquisa, pois foi um momento criado para avaliar os avanços das professoras (sujeitos dessa pesquisa) em relação aos conhecimentos estatísticos adquiridos após essa intervenção realizada.

A seguir, apresentar-se-á uma discussão sobre a sessão reflexiva e sua importância para debater sobre as dificuldades e aprendizagens obtidas após as atividades realizadas em sala.

A SESSÃO REFLEXIVA E SUA IMPORTÂNCIA PARA DEBATER SOBRE AS DIFICULDADES E APRENDIZAGENS OBTIDOS APÓS AS ATIVIDADES REALIZADAS EM SALA

Para Magalhães (2002) e Ibiapina (2008), é importante assegurar aos profissionais envolvidos nos processos educativos momentos coletivos que possam abrir espaço para o diálogo, troca de experiência entre os profissionais e o desenvolvimento de um ensino que possa acontecer de maneira crítica, reflexiva durante as aulas de Matemática.

Para os autores, um caminho que pode propiciar ganhos em relação ao desenvolvimento profissional de professores que ensinam matemática são os trabalhos que acontecem de maneira colaborativa, uma vez que estes são feitos no intuito de compartilhar vivências em sala de aula e debater temas voltados ao ensino de determinado conteúdo.

Os trabalhos feitos de maneira colaborativa proporcionam um ambiente propício para discutir conceitos, experiências e compartilhar aprendizagens, que poderão ser aprofundados durante as atividades em sala de aula. Em meio às sessões reflexivas, é possível adentrar na vivência de cada indivíduo, conhecer seus anseios, dúvidas e sua opinião sobre a melhor forma de se trabalhar um tema ou conteúdo em sala de aula (PONTES, 2021).

Realizar um trabalho de forma colaborativa entre pesquisadores e professores, por meio da parceria escola e universidade, enriquece os processos de Ensino, propiciando novos conhecimentos para todos. A Sessão Reflexiva possibilita aos professores pensar sobre sua prática pedagógica e, a partir dela, a atividade pessoal e profissional requer a reflexão e a análise do que podemos fazer individualmente ou em colaboração. Essa prática visa a produção de conhecimento e a transformação de ações feitas individuais ou em grupo, em prol do crescimento de todos os envolvidos (MAGALHÃES, 2002).

Ibiapina (2008) conceitua Sessão Reflexiva como um conjunto de estratégias organizadas entre sujeitos que geralmente aconteciam em pequenos grupos e possui como objetivo realizar conversas que visavam dialogar e realizar a troca de opinião sobre determinado tema, a fim de trocar experiências ou chegar a uma solução para problemas encontrados mediante a realização de atividades em sala de aula" (IBIAPINA, 2008, p. 95).

A seguir, apresentar-se-á os procedimentos metodológicos da investigação.

PROCEDIMENTOS METODOLÓGICOS DA INVESTIGAÇÃO

Este artigo é um recorte da dissertação *Processo formativo com Estatística: Pensamentos e reflexões de professoras*, que integrou as ações do projeto de pesquisa intitulado: *Desenvolvimento Profissional de professores que ensinam Matemática* (D-Estat). Os dados coletados para essa pesquisa foram originários de um estudo de caso feito com duas professoras do 5º ano do Ensino Fundamental de uma escola pública de Fortaleza-CE.

Para uma melhor descrição das ações docentes, as professoras serão denominadas de professora A e B. A professora A possui experiência de 10 anos na Educação Básica e formação em Letras Português. Ela leciona as disciplinas de Português, História e Geografia. A professora B possui experiência de 30 anos de docência na Educação Básica, ela é pedagoga, leciona as disciplinas de Ciências, Matemática e Artes.

Como a proposta inicial foi de um trabalho interdisciplinar com Estatística, as aulas escolhidas para desenvolver essa pesquisa foram as aulas de Português e Matemática, sendo esta pesquisa desenvolvida por ambas as professoras em uma mesma turma de 5º ano, em diferentes momentos. Em relação à metodologia de pesquisa, optou-se pelo estudo de caso.

Para Gil (2016), os estudos de casos são importantes para conhecer os sujeitos de uma investigação. O autor afirma que o estudo de caso consiste em coletar e analisar informações sobre um indivíduo ou grupo de indivíduos para conhecê-los de forma mais profunda, adentrando em um tema ou assunto pesquisado dentro do universo ao qual o indivíduo ou grupo se encontra inserido.

Em relação ao tipo de pesquisa, ela é classificada como qualitativa. Para Gil (2016), a pesquisa qualitativa possibilita conhecer aspectos subjetivos da natureza humana, sendo os objetos dessas investigações os fenômenos que ocorrem em determinado tempo, local e cultura.

Para a análise dos dados foi feita uma análise descritiva, se baseando na fala das professoras. Segundo Gil (2016), as pesquisas de natureza descritivas buscam descrever características de determinada população ou indivíduo por meio do estudo das variáveis ali presentes e das relações existentes entre elas, dentro de um determinado contexto. Uma das características mais significativas desse tipo de análise está na utilização de técnicas padronizadas, ao realizar a coleta de dados em uma população ou amostra.

Para conseguir compreender os ganhos e aprendizagens obtidos pelas professoras após a aplicação da sequência de ensino com o PPDAC, foi realizada uma sessão reflexiva entre os pesquisadores e ambas as professoras (sujeitos). Momento que serviu para dialogar e, por meio da fala dos sujeitos, compreender quais os avanços e aprendizagens foram consolidadas após a atividade desenvolvida por elas em sala de aula.

A seguir, apresentar-se-á os resultados e discussões.

RESULTADOS E DISCUSSÕES

Após ser proposta uma investigação na turma do 5º ano pelas professoras por meio de uma sequência de ensino, para iniciar essa análise, é preciso compreender do que se trata uma sequência de ensino, logo, para conceituá-la, vamos utilizar a definição de Carvalho (2013), que a descreve como uma:

> "(...) sequência de atividades (aulas) abrangendo um tópico do programa escolar em que cada atividade é planejada, do ponto de vista do material e das interações didáticas, visando proporcionar aos alunos: condições de trazer seus conhecimentos prévios para iniciar os novos, terem ideias próprias e poder discuti-las com seus colegas e com o professor passando do conhecimento espontâneo ao científico e adquirindo condições de entenderem conhecimentos já estruturados por gerações anteriores (CARVALHO, 2013. p. 8).

Assim, por meio da abordagem metodológica do PPDAC, foi realizada uma sequência de ensino pelas professoras do 5º ano, logo após foi feita uma sessão reflexiva entre pesquisadores e sujeitos para observar, por meio da fala das professoras, quais suas queixas, potencialidades e quais novas aprendizagens foram construídas pelos sujeitos.

No primeiro momento, quando foi questionado às professoras quais as potencialidades que elas observaram de maneira geral, com essa atividade, obtivemos as seguintes respostas:

> *Senti dificuldade para aprender o PPDAC antes de passar a atividade aos alunos, a sorte foi que participei de uma formação do D-Estat, daí pude conhecer esse ciclo investigativo. Para mim, o PPDAC serviu para eu organizar melhor o trabalho com Estatística e, ao mesmo tempo, propiciou que os alunos participassem de forma ativa na construção dos seus conhecimentos* (Professora A).

> *Eu aprendi muito com essa atividade. Durante o momento que apliquei a sequência, eu estava muito insegura no assunto. Eu aprendi junto com eles (alunos). Durante os encontros, eu passei a entender melhor como se constrói todo o processo investigativo e que uma etapa depende da outra. A sequência de ensino seguindo o PPDAC traz uma organização para as*

etapas de pesquisa de forma que os alunos se motivam para participar de todas elas (Professora A).

Para mim, a maior contribuição foi o modelo de organização que temos ao seguir o PPDAC. Tudo se encaixa na sequência para o aluno aprender a fazer uma determinada atividade em cada etapa. Ele desenvolve a autonomia (Professora B).

A fala da professora vai ao encontro ao pensamento de Wild e Pfannkuch (1999), ao revelar que o PPDAC auxilia no desenvolvimento do pensamento estatístico. Os sujeitos demonstram em suas falas terem percebido que o trabalho com essa abordagem metodológica não pode acontecer de maneira autônoma, cada fase do processo depende da anterior para se consolidar, devido ao seu caráter dinâmico e cíclico.

Quando as professoras foram questionadas sobre o crescimento que elas alcançaram em seus conhecimentos pessoais e em sua prática docente ao realizar essa atividade, obtivemos as seguintes respostas:

"Antes da formação eu não conhecia nada de Estatística. Só via tabelas e gráficos, não sabia que tipo de gráfico usar em uma pesquisa. Eu achava que se podia usar qualquer gráfico e daria certo. Porém, ao aplicar com a turma o ciclo investigativo PPDAC vi, na prática, que nem todo gráfico daria certo para representar os dados de uma pesquisa e aprendi isso errando. Os alunos tentaram o gráfico de pizza, mas eu, junto com eles, percebi que não daria certo naquele contexto. Aprendi também o que é moda e mediana. Eu só conhecia a média aritmética, pois fazemos isso ao calcular as notas. Esses outros termos eu precisei pesquisar para aprender melhor, visto que eu precisava ensinar para os alunos" (Professora A).

"Para realizar essa investigação com os alunos, aprendi como calcular a moda, mediana, frequência absoluta e frequência relativa. Tudo isso eram coisas que eu tinha um leve conhecimento quando fiz administração, mas já não lembrava. Aprendi que cada tipo de pesquisa tem um gráfico que se adequa melhor e já consigo perceber, em alguns casos, qual gráfico usar para representar um conjunto de dados" (Professora B*)*.

Para Campos (2007), a escolha do tipo de gráfico adequado para representar os dados de uma pesquisa é uma competência adquirida em meio ao contato com os dados, que revela o desenvolvimento do pensamento estatístico. Nas falas das professoras, podemos perceber elementos que indicam o desenvolvimento dessa competência.

No que tange às dificuldades enfrentadas durante o desenvolvimento do PPDAC, ao assistirem a filmagem durante a sessão reflexiva, as professoras puderam perceber algumas fragilidades em sua forma de trabalhar com o ciclo investigativo e passaram a repensar sobre ações relacionadas ao ensino de Estatística, que poderiam ter sido desenvolvidas de outra maneira.

> *Depois dessa reflexão, acredito que no próximo ano, ao utilizar as aulas do livro didático, eu terei outros posicionamentos. Não deixarei os alunos apenas interpretar um gráfico já pronto, utilizarei o ciclo PPDAC quando o livro sugerir ou eu quiser fazer uma pesquisa, para que assim haja uma aprendizagem mais significativa para os alunos. Como também mudarei algumas práticas que pude perceber que fiz de errado esse ano* (Professora A).

> *Fazendo uma reflexão em relação a todo o processo da formação, até a execução da sequência de ensino, pude perceber o quanto aprendi. Refleti sobre todo o processo, até agora durante essa conversa, passou um filme na minha cabeça e me fez perceber o quanto precisamos amadurecer em relação a nossas práticas. Percebi o quanto preciso estudar e ver como foi feita a sequência de ensino, vejo alguns problemas que apareceram. e quando eu for fazer outra vez, não cometerei os mesmos erros e a execução será melhor* (Professora B).

Outra dificuldade comentada na sessão reflexiva, veio quando foi falado sobre o momento da coleta de dados nas outras turmas e também sobre a contagem dos votos. Foi questionado para as professoras por que durante essas duas fases do PPDAC o grupo todo não estava envolvido no processo e se elas achavam importante que essa inclusão acontecesse. Também foi questionado se a falta de um planejamento inicial detalhado, repercutiu para proporcionar esse tipo de situação. Sobre essa questão, as professoras teceram os seguintes comentários:

> *Ao planejar a sequência, a gente tentou fazer o planejamento de forma sucinta, mas na hora de aplicar, a gente se confundiu um pouco, pois*

fizemos tudo muito resumidamente. Como o tempo era pouco, a gente queria fazer tudo de forma correta, mas a gente não tinha tanta segurança em alguns momentos e isso atrapalhou um pouco. Hoje eu consigo ter uma visão melhor da necessidade de envolver todo mundo. No momento eu não pensei que essa ausência iria repercutir negativamente. Eu refleti sobre isso na formação. Naquele momento, eu até pensei em envolver todos em todas as etapas, mas não sabia como (Professora A).

Na verdade, a gente fez tudo isso dessa forma por conta do tempo. Nós tínhamos poucas aulas com os alunos e ainda tínhamos que focar no SPAECE. Tudo isso fez com que a gente corresse contra o tempo para fazer essa pesquisa e, dessa forma, acabamos atropelando algumas coisas (Professora B).

Percebe-se que, ao final da sessão reflexiva com as professoras A e B, ambas passaram a compreender a importância de envolver toda a turma na vivência de cada uma das fases do PPDAC, mas tiveram um pouco de dificuldade em saber como incluir todos os alunos, visto que, durante o desenvolvimento do ciclo com a turma, nos diferentes momentos, não foi possível que todos os alunos participassem das atividades de forma integrada.

Para Santana e Cazorla (2020), é importante o professor buscar envolver todos os alunos durante o desenvolvimento de um ciclo investigativo, visto a importância de cada uma das etapas para o entendimento do final do processo. Segundo as autoras, uma vez que o aluno não participa de uma etapa da pesquisa, ele terá dificuldades em compreender como foi possível chegar ao resultado final. Sendo assim, se faz fundamental que o professor busque envolver a turma por inteiro em cada etapa de pesquisa.

As professoras, quando questionadas sobre o gosto pessoal delas com estatística após a atividade, como era e se ele mudou, obtivemos as seguintes respostas:

Eu não gostava muito de Estatística, sempre achei uma disciplina difícil e nunca tive curiosidade de aprender, mas ao poder participar de uma formação que focava na Estatística, eu puder mudar o meu gosto, passei a ver que Estatística não era um "bicho de sete cabeças", mudei meu gosto pessoal, pois percebi que é uma matéria interessante, não é difícil como eu pensava, e pode ser trabalhada até junto com outros conteúdos ou outras disciplinas, ajudando o aluno em vários aspectos (Professora A).

Eu já vi estatística antes, mas nunca me chamou muito atenção porque eu achava chato, mas mudei minha opinião ao ver como ela pode ser uma disciplina lúdica e interessante para as crianças, eu passei a mudar meu gosto pessoal pela estatística, pois eu pude trabalhar com ela hoje dentro de um processo investigativo, tal como se faz nas pesquisas eleitorais e no senso escolar. Ao ver como ela é importante para o nosso dia a dia , passei também a gostar mais de Estatística (Professora B).

Foi possível observar na fala das docentes, além da aprendizagem de termos estatísticos e sua aplicabilidade, a mudança do gosto pessoal delas pela disciplina. Essa situação mostra o quanto foi relevante para o crescimento pessoal dos sujeitos participar de uma atividade dessa natureza, ao avaliar a fala das professoras, pudemos inferir que os ganhos obtidos foram significativos e auxiliaram no desenvolvimento da prática docente das professoras ao ensinar estatística.

A seguir, apresentar-se-á as conclusões dessa pesquisa.

CONCLUSÕES

Ao realizar essa intervenção com as professoras, percebe-se que, pesquisas realizadas em contextos reais, como esta que foi desenvolvida com base no ciclo PPDAC, servem como um caminho para se trabalhar a criticidade e o desenvolvimento do pensamento científico, uma vez que as crianças vão poder avaliar todo o processo investigativo, tal como o cientista em meio a um experimento, pois em meio às fases, o estudante poderá observar o passo a passo de uma investigação, desde a criação do problema de pesquisa até a análise dos dados coletados (ALVES; SANTANA, 2019).

Nesse viés, foi constatado, no percurso investigativo do PPDAC, que tais competências se desenvolvem em meio à vivência das fases do ciclo, tanto pelas professoras como pelos estudantes. Para Castro (2012), tais competências seriam difíceis de serem alcançadas apenas com um trabalho focado na interpretação de gráficos e tabelas presentes no livro didático.

Nessa experiência com a sessão reflexiva por meio da parceria entre pesquisador e sujeitos, foi possível uma união produtiva, tendo no pesquisador uma contribuição teórico-metodológico, a experiência com o trabalho com Estatística nos anos iniciais do Ensino Fundamental e a abertura de reflexões sobre essa temática, que foram os pilares desta pesquisa. E nos sujeitos, uma vasta experiência como professoras dos anos iniciais do Ensino Fundamental, que possibilitou a rápida percepção de quando um caminho escolhido para a pesquisa não estava sendo viável e a mudança para outro caminho que favorecesse o processo investigativo.

Outro aspecto a se mencionar, foi que a atividade desenvolvida contribuiu para autonomia das docentes em relação ao ensino de estatística. Esse aspecto recebeu destaque, pois as professoras relataram que, após a vivência do PPDAC, se sentem mais preparadas para lidar com as novas formas de ensino em sala de aula. Mais uma vez, o contexto da pesquisa, isto é, a situação real de ação docente, foi dando forma à ações que haviam sido introduzidas em sua realidade docente e muito bem mediada por elas.

Em síntese, a sessão reflexiva serviu para que as docentes pudessem refletir sobre a atividade realizada em sala de aula, observar quais foram as maiores dificuldades e, por meio delas, refletir como podem ser sanadas em futuras intervenções.

Por fim, foi possível concluir que uma das maiores contribuições da sessão reflexiva foi possibilitar às professoras perceberem seus avanços como profissionais, os novos conhecimentos que foram adquiridos por meio da realização dessa investigação utilizando-se da abordagem metodológica do PPDAC. Além do fato de que, ao realizar essa atividade, as docentes passaram a mudar o gosto pessoal pela Estatística, que era vista por elas como uma disciplina difícil e pouco interessante.

REFERÊNCIAS

ALVES, H. C.; SANTANA, E. R. S. Uma sequência de ensino e o letramento estatístico nos anos iniciais. **REVEDMAT - Revista Educação Matemática em Foco.** v. 8, n. 2, 2019.

BATANERO, C. **Didáctica de la Estadística.** Granada: GEEUG, Departamento de Didáctica de la Matemática, Universidad de Granada, Espanha, 2001.

BRASIL.**Base Nacional Comum Curricular**. Brasília: MEC, 2017. Disponível em: http://basenacionalcomum.mec.gov.br/images/BNCC_20dez_site.pdf. Acesso em: 22 dez. 2018.

CAMPOS, C. R. **A educação estatística: uma investigação acerca dos aspectos relevantes à didática da estatísticas em cursos de graduação**. 2007. 256f. Tese (Doutorado em Educação Matemática) - Instituto de Geociências e Ciências Exatas, Universidade Estadual Paulista, Rio Claro, 2007. Disponível: http://hdl.handle.net/11449/102161

CAMPOS, C. R.; WODEWOTZKI, M. L. L.; JACOBINI, O. R. **Educação Estatística: teoria e prática em ambientes de modelagem matemática**. Belo Horizonte: Autêntica, 2011. Coleção Tendências em Educação Matemática.

CARVALHO, J. B. P. As propostas curriculares de Matemática. *In*: BARRETO, E. S. S (Org.). **Os currículos do ensino fundamental para as escolas brasileiras**. 2. ed. Campinas, SP: Autores Associados; São Paulo: Fundação Carlos Chagas, 2000. p. 91-125.

CARVALHO, A. M. P. O ensino de ciências e a proposição de sequências de ensino investigativo. *In*: Carvalho, A. M. P. (Org.). **Ensino de Ciências por Investigação: condições para implementação em sala de aula**. São Paulo: Cengage Learning. 2013.

CASTRO, J. B. **A utilização de objetos de aprendizagem para a construção e compreensão de gráficos estatísticos. 2012**. 215 f. Dissertação (Mestrado em Educação Brasileira) – Universidade Federal do Ceará, Fortaleza. Diposnível em: http://www.repositorio.ufc.br/handle/riufc/7341

GIL, A. C. **Como elaborar projetos de pesquisa**. São Paulo: Atlas, 2016.

IBIAPINA, I. M. L. **Pesquisa Colaborativa: investigação, formação e produção de conhecimentos**. Brasília: Líber Livro, 2008. v. 1.

LOPES, C. E. **Os desafios para educação estatística no currículo de matemática**. *In*: LOPES, C. E. ; COUTINHO, C. Q. S. ; ALMOULOUD, S. A. (Orgs.). Estudos e reflexões em educação estatística. 1. ed. Campinas, SP: Mercado de Letras, 2010. p. 47-64.

MAGALHÃES, M. C. C. Sessões reflexivas como uma ferramenta aos professores para compreensão crítica das ações da sala de aula. *In*: CONGRESSO DA SOCIEDADE INTERNACIONAL PARA A PESQUISA CULTURAL E TEORIA DA ATIVIDADE, 5., 2012, Amsterdam. Anais. Amsterdam: Vrije University, 2002. p. 18-22.

MORAES, R.; GALIAZZI, M. C. Análise textual discursiva: análise de conteúdo? Análise de discurso? *In*: MORAES, R.; GALIAZZI, M. C. **Análise textual discursiva**. Ijuí: Unijuí, 2007. p. 139-162.

NACARATO, A.; MENGALI, B.; PASSOS, C. **A matemática nos Anos Iniciais do Ensino Fundamental:** tecendo fios do ensinar e do aprender. Belo Horizonte: Autêntica, 2017. Coleção tendência em educação matemática.

PONTES, M. M; CASTRO, J. B. **A construção do conhecimento Matemático do pedagogo: uma investigação sobre os saberes para a prática pedagógica com Estatística.** Jornal Internacional de Estudos em Educação Matemática. v. 13, n. 4, 2020: Especial. Publicado em: fev. 2021. Disponível em: https://doi.org/10.17921/2176-5634.2020v13n4p515-524

PONTES, M. M.; CASTRO, J. B. Uma Breve Discussão sobre a presença da Estatística no Currículo do Ensino Fundamental. **Revista Espaço do Currículo**, [S. l.], v. 14, n. 2, p. 1-14, 2021. Disponível em: https://doi.org/10.22478/ufpb.1983-1579.2021v14n2.57471

PONTES, M. M. **Processo formativo com Estatística: Pensamentos e reflexões de professoras**. 150 f. Dissertação (Mestrado em Ensino de Ciências e Matemática). – IFCE, Jan. 2021.

SANTANA, E. R. S.; CASTRO, J. B. Equidade e Educação Matemática: experiências e reflexões. **Com a Palavra, o Professor, v. 7,** n. 17, p. 79-98, 29 abr. 2022. Disponível em: https://doi.org/10.23864/cpp.v7i17.779

SANTANA E. R. S.; CAZORLA, I. M. **O Ciclo Investigativo no ensino de conceitos estatísticos.** *Revemop*, Ouro Preto, Brasil, v. 2, ed. 202018, p. 1-22, 2020.

WILD, C. J.; PFANNKUCH, M. **Statistical Thinking in Empirical Enquiry. International Statistical Review**, v. 67, n. 3, p. 223-265, 1999.

Capítulo 15

A TEORIA DA OBJETIVAÇÃO NA FORMAÇÃO CONTINUADA DE PROFESSORES DOS ANOS INICIAIS QUE ENSINAM MATEMÁTICA: UMA REVISÃO INTEGRATIVA

Lara Ronise de Negreiros Pinto Scipião
João Evangelista de Oliveira Neto
Daniel Brandão Menezes

RESUMO

Propõe-se analisar, como a Teoria da Objetivação (TO), utilizada nas formações continuadas, contribui para a mudança na prática do professor que ensina Matemática no ensino básico com ênfase nos anos iniciais do Ensino Fundamental. Para atender esse objetivo, foi realizada uma revisão integrativa da literatura, sendo selecionados para análise quatro artigos relacionados a esta temática, publicados no período de 2016 até 2021, a partir de três repositórios digitais: Capes, *Scielo* e *Google* Acadêmico, com as palavras-chave, a saber: "Teoria da Objetivação"; "Formação continuada de professores"; "Ensino de Matemática". Informa-se que, nos bancos de dados da Capes e *Scielo*, não foi encontrado nenhum artigo relacionado diretamente a essa temática e que, no banco de dados *Google* Acadêmico, foram encontrados doze artigos, porém, de acordo com os critérios adotados, foram selecionados quatro. Encontrou-se a importância da contribuição da TO em três situações: (1) a TO está presente para contribuir nas análises da prática de professores que ensinam matemática nas formações continuadas; (2) a TO contribui para a relação professor e aluno no labor conjunto no Ensino Fundamental.; (3) Contribuições da TO para mudança de ações docentes na Educação Infantil, visando manifestações de Insubordinação Criativa sobre o currículo e avaliação em movimento. Para a análise dos dados usou-se, nesta pesquisa, o método crítico-dialético, pois propõe a unidade entre a objetividade e a subjetividade. Os resultados da pesquisa, como atividade formativa, na perspectiva da TO, possibilitaram novas aprendizagens, ações reflexivas sobre a prática docente a fim de contribuir para o seu processo formativa, ocasionando mudanças na qualidade do ensino de Matemática, possibilitando a aquisição de aprendizagens mais significativas. Nesse sentido, evidenciou-se que a superação dos obstáculos epistemológicos para a viabilização de tais práticas inovadoras e transformadoras requer que o professor assuma riscos, para o bem dos aprendizes, levando ações de Insubordinação Criativa, de forma a priorizar o aprendizado de seus alunos, imaginando e implementando novas possibilidades nas suas aulas.

Palavras-chave: Teoria da Objetivação. Formação Continuada de professores. Ensino de Matemática.

INTRODUÇÃO

Sabe-se que, na sociedade escolar atual, ainda se observam práticas docentes com concepções tecnicistas[12], cujos procedimentos metodológicos são planejados e executados pelo professor, de forma intencional, de caráter instrucional com repasse de conteúdos. Dessa forma, o que se espera do aluno é que ele seja um sujeito passivo, que apenas escute e execute tarefas, sem reflexão e aprofundamento.

Enquanto a prática docente acontecer de forma descontextualizada e mecânica, sem se aprofundar nos mares da reflexão, não se transformará em saberes da experiência, pois segundo Tardiff (2002), elas surgem, tanto pelas situações específicas do cotidiano, relacionadas à prática docente como as estabelecidas com outros professores e os alunos, a fim de possibilitar em uma prática disruptiva, capaz de romper com uma cultura institucionalizada que limita a autonomia docente.

Em busca de superar uma concepção tecnicista, em que concebe a aprendizagem como resultado e não como processo, a fim de que a aprendizagem

---

12 É uma tendência que se iniciou no Brasil entre as décadas de 1960 e 1970, sendo que ainda hoje percebe-se algumas de suas características. Surgiu nos Estados Unidos, na segunda metade do século XX, baseia-se no Positivismo de Comte e na Psicologia Comportamental de Skinner (Januário; Oliveira; Garcia, 2012).

aconteça em um ambiente interativo, a Teoria da Objetivação (TO) tem despertado interesse de pesquisadores de diversas áreas, pelo fato de exercer um papel importante na busca por mudanças nas formas conscientes de aprender e agir no processo de aprendizagem.

A TO é uma teoria de ensino e de aprendizagem, cuja lente se amplia por meio de um olhar cuidadoso para transformar as práticas docentes, articulando a compreensão de professor e aluno como seres em constante evolução, num trabalho conjunto engajados eticamente de forma a encontrar prazer e realizações juntos (RADFORD, 2021).

Criada por Luis Radford, professor na Laurentian University, no Canadá, a TO é inspirada no materialismo dialético contemporâneo, que tem como princípio que a escola produz saberes e subjetividades, em que a aprendizagem é concebida como processo cultural-histórico coletivo.

Nesse contexto, a TO tem como um de seus objetivos, segundo Radford (2021), explorar as condições pedagógicas práticas que tornam possível o verdadeiro aprendizado coletivo, sendo essencial, segundo Santos e Almeida Neto (2021), romper com o paradigma de que o professor é o único detentor do conhecimento e o estudante é o receptor deste. Dessa forma, o foco da TO se modifica sobre como os estudantes recebem o saber que é transmitido pelo professor e de como os estudantes constroem seu saber para o trabalho conjunto entre professores e estudantes, valorizando os aspectos históricos e culturais (RADFORD, 2021).

Essas reflexões possibilitam pensar sobre uma questão que norteia esse estudo, que se evidencia: nessa perspectiva de contribuição para mudanças na prática docente, como a TO pode ser vivenciada nos processos de ensino e de aprendizagem nas formações continuadas de professores dos anos iniciais do Ensino Fundamental que ensinam Matemática?

Objetiva-se analisar a vivência da TO nas formações continuadas, de modo a contribuir para as mudanças de postura na prática dos professores que ensinam Matemática, no ambiente de sala de aula.

Vale salientar que essa mudança de postura é essencial para o ambiente de aprendizagem; pois de acordo com D'Ambrosio. B. S. (2015), o espaço da escola continua a ser um local onde os alunos se sentem alienados e estranhos por não se alinhar à sua realidade. Numa reflexão mais aprofundada, percebe-se práticas complacentes com a opressão dos alunos, principalmente daqueles menos privilegiados em nossa sociedade.

Dessa forma, é fundamental conhecer, significar e ressignificar práticas pedagógicas dos professores no espaço formativo, a partir de vivências de sala de aula, a fim de ocorrer uma mudança de postura nos processos de ensino e de aprendizagem, de modo que lhe seja possível compreender, analisar, motivar, intervir e formalizar o conhecimento desenvolvido pelos alunos, considerando erros e acertos como parte do processo de aprendizagem dos alunos.

Diante do exposto e da importância da temática da TO na formação continuada de professores da educação básica que ensinam matemática, percebeu-se a necessidade de organizar uma revisão integrativa dos trabalhos publicados nos diretórios: *Scielo*, Capes e *Google* Acadêmico.

Para iniciar a pesquisa e seleção dos trabalhos, esse artigo está organizado em cinco seções. A primeira apresenta uma introdução do trabalho com uma breve contextualização do tema. Na segunda seção, faz-se uma revisão teórica sobre a TO e o ensino de Matemática; em seguida, a metodologia, os resultados da pesquisa, com suas respectivas análises e discussões, e por fim, dedica-se as considerações finais, acerca da temática, suas limitações e possibilidades de trabalhos futuros, observadas durante o estudo.

TEORIA DA OBJETIVAÇÃO E O ENSINO DE MATEMÁTICA

Pensa-se numa prática docente em que o foco é a construção do conhecimento pelos próprios estudantes, trabalhando conjuntamente com o professor em harmonia com as ideias de Freire (2001), as quais os estudantes têm voz ativa em seu processo de aprendizagem, possibilitando a reflexão e não somente a reprodução de ideias.

Nessa perspectiva, a TO objetiva, principalmente, evidenciar a prática pedagógica como um aprendizado na sala de aula e se inspira nos estudos de Hegel, Marx, Vygotsky, Leontiev e Freire. Além disso, a teoria busca a integração entre professor e alunos que estão em construção, pois são seres inacabados (RADFORD, 2021).

A TO foi criada por Luís Radford, professor da Laurentian University, em Ontário, Canadá. É uma teoria sociocultural desenvolvida para trabalhar o ensino da matemática de forma contextualizada, ética e política, com objetivo de propiciar o conhecimento e o pensamento crítico-reflexivo para além da sala de aula, pois

> a TO entende que a produção de novos saberes coletivos é ontológica, valorizando os conhecimentos de todos os sujeitos, que podem ir além do que propõem os muros da escola. E esse processo se constrói pela ética comunitária, que valoriza e preocupa-se com o outro, pensando nos valores da sociedade em sua totalidade, no entendimento sobre esses conhecimentos (MATOS; SANTOS, 2020, p. 252).

A estrutura da TO é representada pelo tripé saber, conhecimento e aprendizagem, todos importantes para compreender o movimento de ensino e de aprendizagem na sala de aula. O saber é potencialidade para o conhecimento, é movimento e, quando atualizado, mediado pela atividade, surge o conhecimento, que é a materialização do saber, possibilitando a aprendizagem (Figura 15.1).

Figura 15.1 – Movimento do saber ao conhecimento.

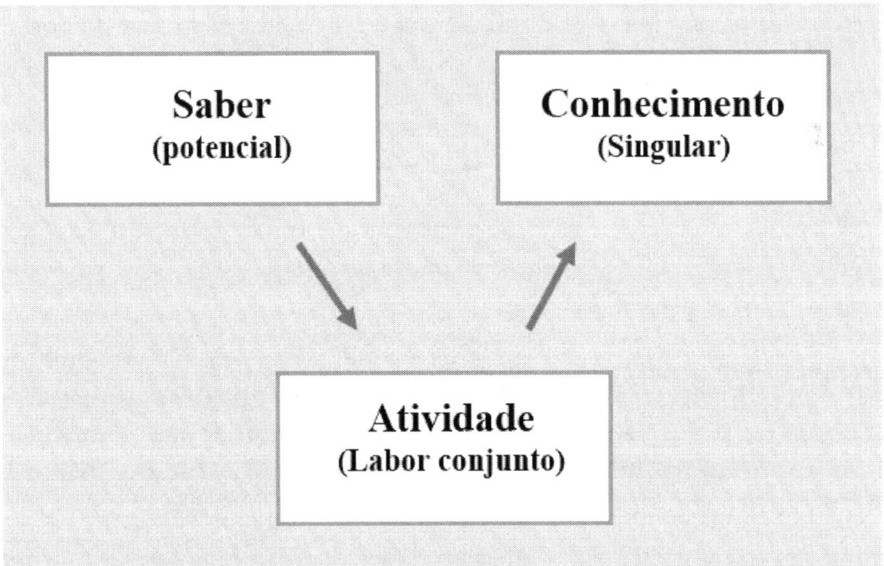

Fonte: Elaborado pelos autores, baseado em Radford (2015).

Ainda de acordo com a TO, saber é uma potencialidade apresentada e constituída pela cultura, que se apresenta como uma possibilidade de pensar, refletir, e que se transforma, ou seja, o "saber é o conteúdo conceitual concreto através do qual o conhecimento é incorporado e materializado ou atualizado (RADFORD, 2019)".

Dessa forma, conforme Gobara e Radford (2020, p. 97),

> o processo de ensino e aprendizagem na TO é constituído pelos processos de objetivação e subjetivação desenvolvidos por meio de atividades onde alunos e professor estão trabalhando em conjunto, na mesma atividade e com um mesmo objetivo. O que existe em comum é a responsabilidade em participar da realização da atividade e cada sujeito participante trabalha "ombro a ombro" (Radford, 2017, p. 138) para atingir o objetivo proposto. Na realização da atividade os saberes se atualizam em conhecimento e os seres são transformados em novas subjetividades.

O termo "ombro a ombro" significa dizer que o trabalho do professor deve ser desenvolvido em parceria com os alunos, em um processo de ensino e de aprendizagem integrado na sala de aula, denominado por Radford de labor conjunto, em que professores e alunos se empenham na atividade em um movimento em que há interação coletiva e o conhecimento é atualizado.

Por meio do labor conjunto, a TO pode proporcionar um ambiente formativo baseado na ética comunitária que, para a teoria, são as responsabilidades, a ajuda mútua entre os sujeitos, no que se refere ao cuidado e o compromisso com o outro e a atenção ao que se faz e se diz no grupo, em momento de constante participação.

Nesse contexto, as formações continuadas devem preparar os professores para refletir sobre uma prática pedagógica que seja direcionada para o ensino de saberes científicos e ao desenvolvimento de sujeitos que atuem coletivamente. Para isso, é necessário que o professor não aponte erros ou acertos (MATOS; SANTOS, 2020), mas proponha situações para que o educando perceba se o processo de aprendizagem desenvolvido irá encaminhá-lo à solução correta, ou melhor, se ele é consciente do seu aprendizado. Também é fundamental dar um tempo ao estudante para maturar suas ideias e, assim, formular estratégias e caminhos a percorrer.

Nessa mesma perspectiva, Santos e Almeida Neto (2021) afirmam que, nos processos de ensino e de aprendizagem, é fundamental aprender a conhecer, aprender a ser e a aprender a conviver sob a ética comunitária[13], pelo labor conjunto; que, de acordo com a TO, permite o trabalho com interação impulsionada pela responsabilidade e solidariedade com o próximo.

Nesse cenário, o professor que ensina Matemática também deve proporcionar aos alunos uma aprendizagem cujos procedimentos matemáticos e aquisição de capacidades estejam relacionadas à aplicação na resolução de problemas como também uma aprendizagem sobre a Matemática de forma contextualizada.

Diante desse fato, além de ter conhecimento sobre o conteúdo abordado e também sobre como os alunos compreendem e aprendem esses conteúdos matemáticos, vale salientar a importância da gestão de sala de aula que está relacionada à forma como compreende e organiza a aprendizagem. Vale salientar também a divisão dos papéis referentes ao professor e aos alunos, proporcionando, dessa forma, atividades adequadas ao nível da turma, num contexto de interação e valorização das experiências trazidas pelos próprios alunos.

Sabe-se que, muitas vezes, a falta de pensar a agir dessa forma, pode tornar frágil a associação da Matemática com a Linguagem, com as práticas sociais e com as experiências vivenciadas, não favorecendo o conceito principal da TO, que é o labor conjunto em que, de acordo com a teoria, os professores e alunos, a linguagem, os signos e artefatos, quando em constante movimento, favorecem a construção do saber.

Na seção a seguir, apresenta-se a trajetória metodológica da pesquisa, explicando as etapas da realização do método revisão integrativa.

METODOLOGIA

Com o intuito de atender o objetivo deste estudo, realizou-se um levantamento bibliográfico de obras que abordam esta temática, pois segundo Minayo (2007), este tipo de trabalho é elaborado a partir de materiais já publicados, constituído, principalmente, de livros, e artigos publicados em periódicos, porém, esse trabalho teve como critério de inclusão os artigos encontrados os

---

13 Ética que destaca a importância da responsabilidade, do compromisso com o trabalho coletivo e do cuidado com o outro (RADFORD, 2021b).

bancos de dados. Para isso, adotou-se a revisão integrativa como procedimento metodológico.

Segundo Silva *et al.* (2020), a revisão integrativa é um método que reúne, avalia e sistematiza a literatura teórica sobre determinado tema, em que, no caso desse estudo, versa sobre a utilização da TO na prática docente nas formações continuadas. Segundo Gil (2008), para a seleção das publicações, deve ser utilizada a leitura exploratória e seletiva, que consiste em uma leitura do material bibliográfico que tem por objetivo verificar quais obras interessam a pesquisa.

Como trajetória metodológica, utiliza-se a elaboração da pergunta norteadora, apresentada na introdução deste artigo; a busca na literatura e coleta de dados realizada de acordo com o diagrama *prisma flow*[14], apresentado na Figura 15.1 e a análise crítica das obras investigadas, que estão apresentadas na seção resultados e discussão desse estudo (SOUZA; SILVA; CARVALHO, 2010).

Para esta pesquisa, foram utilizadas as seguintes palavras na Língua Portuguesa para a procura dos artigos: "Teoria da Objetivação"; "Formação continuada de professores"; "Ensino de Matemática".

A busca e o levantamento das obras investigadas ocorreram nos diretórios *Scielo*, Capes e *Google* Acadêmico, porém, é importante salientar que não foram encontrados artigos nos periódicos da Capes e da *Scielo* com as palavras solicitadas.

Na realização da busca, com as palavras citadas, não foi encontrado nenhum registro no diretório da Capes, nem no diretório da *Scielo*, dentro do período escolhido entre 2016 a 2021. A coleta de dados ocorreu no mês de abril de 2022. Desse modo, as bases de dados, em ordem alfabética, e os links utilizados nesse estudo estão dispostos no Quadro 15.1.

---

14 É um diagrama de fluxo que descreve as etapas sistemáticas das pesquisas nos bancos de dados, evidenciando a adoção dos critérios de seleção dos artigos em suas diferentes fases. (ANDRADE et al, 2019).

Quadro 15.1 - Diretórios da pesquisa e links

DIRETÓRIOS	LINKS
Capes	https://www-periodicos-capes-gov-br.ezl.periodicos.capes.gov.br/
Google Acadêmico	https://scholar.google.com
Scielo	https://scielo.com.br

Fonte: Autores, 2022.

Em seguida, identificou-se os artigos que atenderam aos seguintes critérios de inclusão: 1) Artigos publicados em Português; 2) Artigo que tem relação com o estudo; 3) Artigo publicado no período estabelecido.

Na pesquisa, optou-se como critério de exclusão: 1) Registros repetidos no próprio banco de dados; 2) Artigo que não se relacionava com a questão nem ao objetivo de pesquisa, ou seja, que fugiam da temática procurada nos diretórios; 3) Leitura e análise qualitativa dos artigos.

Pode-se perceber, na Figura 15.2, o diagrama *prisma flow,* em que consta uma síntese dos resultados encontrados na base de dados, *Google* Acadêmico.

Figura 15.2 – Diagrama *Prisma Flow*.

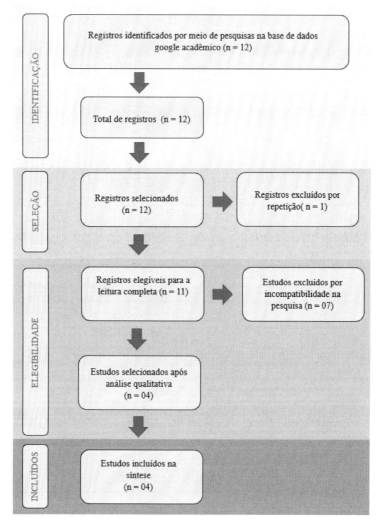

Fonte: Elaborado pelos autores, 2023.

Foram identificados, na base de dados *Google* Acadêmico, doze artigos de acordo com as palavras-chave escolhidas, dentre eles, onze foram selecionados e um excluído por repetição. Outros sete artigos foram excluídos por incompatibilidade à pesquisa. A amostra final dessa revisão foi, portanto, de quatro artigos, selecionados pelo critério de inclusão estabelecidos previamente.

RESULTADOS E DISCUSSÕES

Para uma melhor organização dos artigos investigados, nos quais serão analisados e discutidos nesta seção, elaborou-se o quadro 15.2, a seguir, pautado na revisão integrativa, identificando: os autores, o título do artigo e o objetivo, resultados e conclusões. Portanto, a partir de uma revisão de literatura, sintetizou-se, todas as informações citadas no quadro a seguir.

Quadro 15.2 – Quadro de análise dos artigos selecionados.

AUTOR	TÍTULO	OBJETIVO	RESULTADOS E CONCLUSÕES
1. André Pereira Pedroso	Experiência docente e a Teoria da Objetivação: reflexões para a formação de professores que ensinam Matemática.	Investigar as contribuições de uma proposta de formação continuada, na qual ocorra uma valorização das práticas e experiências docentes, bem como fomente a socialização e as trocas de experiências de forma profícua e fundamentada.	A TO é uma teoria que valoriza a prática docente, a cultura e a linguagem em busca de ações mais significativas para os alunos.
2. Gutiérrez, Rafael Enrique; Pazuch, Vinícius	Resolução, análise e elaboração de tarefas investigativas de geometria dinâmica: saberes mobilizados por professores de matemática em formação continuada.	Analisar a forma como um grupo de professores que ensinam matemática, em um contexto de formação continuada, mobiliza saberes vinculados à resolução, à análise e à elaboração de tarefas investigativas de geometria dinâmica para o ensino de geometria na educação básica.	A prática de professores que ensinam matemática, subsidiada pelo saber e o labor conjunto da TO, mostrou que tanto a interação entre os participantes quanto as relações professores-*software* e professores-saberes foram reconhecidas como aspectos que influíram na forma como os saberes foram mobilizados na pesquisa.

			As análises evidenciaram a produção de novas subjetividades, materializadas nas reflexões críticas realizadas pelas professoras sobre suas práticas pedagógicas e indícios de um processo de mudança na consciência dessas professoras que sugerem que a proposta formativa realizada, com base nos pressupostos da TO, possibilitou o desencadeamento do processo de emancipação coletiva dessas práticas pedagógicas alienantes.
3. Dirce Cristiane Camilotti; Shirley Takeco Gobara	Formação Continuada e Permanente de Professores: Emancipação Coletiva das Práticas Pedagógicas Alienantes.	Oferecer uma reflexão sobre o processo de emancipação coletiva das práticas pedagógicas alienantes de um grupo de professores dos anos iniciais do Ensino Fundamental de uma escola pública.	
4. Maria José Costa dos Santos; Fernanda Cíntia Costa Matos	A Insubordinação Criativa na formação contínua do pedagogo para o ensino da Matemática: os subalternos falam?	Apresentar a metodologia Sequência Fedathi (SF) e a Teoria Cultural da Objetivação (TO) como propostas de formação do docente que leciona matemática na educação básica.	O texto nos permite refletir sobre uma formação que possibilite a criatividade e a autonomia docente e apresenta uma proposta de formação à luz da TO e da Sequência Fedathi (SF), trazendo conexões práticas com a IC.

Fonte: Elaborado pelos autores, 2023.

Para a análise dos dados usou-se, nesta pesquisa, o método crítico-dialético, pois propõe a unidade entre a objetividade e a subjetividade, a partir da tese, antítese e síntese (ARAÚJO, 2009), visto que elas se complementam, formando uma totalidade. De acordo com Gamboa (1996), as pesquisas com abordagens crítico-dialéticas pretendem apontar as contradições nos fenômenos investigados, realizando as suas análises a partir de referenciais com base no materialismo histórico. Elas explicitam a ideologia e evidenciam as contradições e os conflitos a partir da concepção de homem como um ser social e histórico, que é determinado por seu contexto econômico, político e cultural e, ao mesmo tempo, transforma a sua realidade. A partir dos artigos analisados, identifica-se a TO em diferentes contextos, de acordo com os artigos escolhidos, a seguir: (1) a TO está presente para contribuir nas análises da prática de professores que ensinam matemática nas formações continuadas; (2)

a TO contribui para a relação professor e aluno no labor conjunto no Ensino Fundamental; (3) Contribuições da TO para mudança de ações docentes na Educação Infantil, visando manifestações de Insubordinação Criativa sobre o currículo e avaliação em movimento.

A partir da revisão de literatura, constatou-se que Pedroso (2021) defende que é preciso propor ações que possam ser desenvolvidas nas formações continuadas por meio de um processo contínuo de discussão do saber sistematizado, a partir de reflexões sobre as próprias práticas, especialmente de forma coletiva; porque, para o autor, há lacunas na formação nos conceitos matemáticos, por exemplo, o que dificultam a sua compreensão desses conceitos por parte dos docentes.

Além disso, Gutiérrez e Pazuch (2020) complementam que é preciso focar nos saberes que são mobilizados por professores que ensinam matemática. De acordo com Vieira *et al.* (2018), os professores que ensinam matemática mobilizam saberes da sua profissão ao planejar sua aula e nos momentos formativos.

Nesse sentido, os autores comentam que esses saberes podem ser mobilizados, no labor conjunto, que é a atividade, denominada pela TO; na qual professores e alunos se empenham coletivamente, em prol do processo de ensino e de aprendizagem, em que o diálogo mobiliza saberes para melhorar a prática pedagógica, pois é por meio do labor conjunto que ocorre a aprendizagem, ou seja, o encontro com o saber e a produção de novas subjetividades (RADFORD, 2017).

Conforme os estudos de Augusto & Amaral (2015) e Gobara & Camilotti (2017), as formações continuadas não tem proporcionado ao professor uma preparação adequada para uma prática pedagógica que seja direcionada para o ensino de saberes científicos e ao desenvolvimento de sujeitos que atuem coletivamente.

Camilotti e Gobara (2021) frisam que é no contexto formativo de uma prática coletiva, que possibilita o diálogo, a ação e a reflexão crítica, oportunizando aos professores a serem sujeitos críticos a tomar consciência e se libertar de práticas alienantes. As autoras ainda esclarecem que a TO possibilita o planejamento e o desenvolvimento de formações continuadas, para que os professores possam se expressar, se reconhecer e se posicionar criticamente diante de suas práticas, reduzindo essa visão alienante; a fim de preparar adequadamente os professores, não só em Matemática, como também em outras áreas como Ciências, pois, muitas vezes, são deixadas de lado em detrimento à Matemática e à Língua Portuguesa.

As autoras também observaram que as ações de estudo trabalhadas na ação formativa, na perspectiva histórico-cultural, foram importantes para proporcionar o desenvolvimento de novas aprendizagens relacionadas aos conteúdos de Matemática na Educação Infantil, promovendo mudança na qualidade no ensino.

Radford (2017) acrescenta que, para o professor contribuir de forma efetiva para o processo de aprendizagem, é preciso dar importância à formação do docente, principalmente no aspecto epistemológico, na compreensão e utilização da experiência e da reflexão, na linguagem e na representação.

Santos e Matos (2017) apontam que a TO é uma teoria que tem como propostas uma formação docente em Matemática subversiva, a partir da Insubordinação Criativa (IC) (D'AMBROSIO; LOPES, 2015), rompendo com os modelos tradicionais, em busca da contextualização em situações reais, a fim de possibilitar a reflexão sobre a prática na perspectiva da teoria. As autoras afirmam, ainda, que é preciso superar essa acomodação da ação pedagógica e sair da sua gaiola profissional como ato de Insubordinação Criativa. Ao considerar essa situação, D'Ambrosio (2016) criou o conceito de "gaiolas epistemológicas", comparando os especialistas a pássaros presos em gaiolas,

> Os pássaros só veem e sentem o que as grades permitem, só se alimentam do que encontram na gaiola, só voam no espaço da gaiola, só se comunicam numa linguagem conhecida por eles, procriam e reproduzem na gaiola. Mas não sabem de que cor a gaiola é pintada por fora (D'AMBRÓSIO, 2016, p. 224).

É um desafio sair das gaiolas, ficar preso a elas é acomodar-se e não ter a possibilidade de experimentar situações novas, porém, se não for superado esse desafio de sair das gaiolas, não há possibilidade de ver e conhecer a realidade que está do lado de fora, e consequentemente se inspirar para o novo, de forma reflexiva e criativa.

Sabe-se que é preciso criar situações ousadas, melhorar práticas pedagógicas capazes de promover mudanças na aprendizagem dos estudantes, a fim de que possam atribuir significados ao conhecimento matemático.

CONSIDERAÇÕES FINAIS

Observa-se que a TO procura inspirar, na sua teoria, a busca pela superação da visão tecnicista nas formações de professores que ensinam Matemática, no sentido de transformar a sala de aula em um ambiente de construção conjunta.

Em se tratando de formação docente, evidencia-se que a TO proporciona mudanças na postura do professor, aliada às ações de Insubordinação Criativa, pois ele tem a oportunidade de refletir sobre a adoção de técnicas mais tradicionais, pautadas apenas na "transmissão" dos conteúdos, nos quais os alunos não têm vez nem voz, dificultando o processo de construção do conhecimento de forma autônoma.

Além disso, favorece a reflexão para a construção de um ambiente, no qual professores e estudantes trabalhem, na perspectiva da elaboração de um trabalho colaborativo, evidenciando os princípios éticos, morais e de justiça social, capaz de perceber e respeitar o processo de desenvolvimento cognitivo e emocional dos estudantes.

Sendo assim, o tema ainda é um campo vasto a ser explorado, tanto de forma teórica como na prática, porém, é algo inovador trabalhar com a TO, a fim de possibilitar o labor conjunto dentro de uma ética comunitária.

Nota-se que a atividade formativa, na perspectiva da TO, possibilita novas aprendizagens, ações reflexivas sobre a prática docente, a fim de contribuir para o seu processo formativo, ocasionando mudanças na qualidade do ensino de Matemática, possibilitando a aquisição de aprendizagens mais significativas.

Por fim, conclui-se que as ações voltadas para labor conjunto, em que há um esforço específico para que a aprendizagem ocorra no ensino de Matemática à luz da TO, possibilitam práticas inovadoras e transformadoras em que o professor, com seu profissionalismo e experiência, pode assumir o risco para o bem dos aprendizes levando ações de Insubordinação Criativa de forma a priorizar o aprendizado de seus alunos, imaginando e implementando novas possibilidades nas suas aulas.

REFERÊNCIAS

AUGUSTO, T. G. S., & AMARAL, I. A. A formação de professoras para o ensino de ciências nas séries iniciais: análise dos efeitos de uma proposta. **Ciência e Educação**, v. 21, n. 2, 493-509, 2015.

ARAÚJO, D. A. C. Pesquisa em Educação: A separação do dualismo. **Anais do Sciencult**, n. 1, p. 379-388, 2009.

CAMILOTTI, D. C.; GOBARA, S. T. Formação Continuada e Permanente de Professores: Emancipação Coletiva das Práticas Pedagógicas Alienantes. **REMATEC**, v. 16, n. 39, 01-18, 2021.

COSTA DOS SANTOS, M. J.; ALMEIDA NETO, C. A. Teoria da Objetivação: reflexões sobre o engajamento nas aulas de matemática para uma aprendizagem colaborativa. **REMATEC**, v. 16, n. 39, 101-118, 2021.

D'AMBROSIO, B. S. A subversão responsável na constituição do educador matemático. *In*: G. Obando (Ed). **16º Encuentro Colombiano de Matemática Educativa.** Bogotá. CO: Asociación Colombiana de Matemática Educativa, 2015.

D'AMBROSIO, B. S; LOPES, C. E. Insubordinação Criativa: um convite à reinvenção do educador matemático. **Bolema,** v. 29, n. 51, p. 117, 2015.

FREIRE, P. **Pedagogia dos sonhos possíveis**. São Paulo: UNESP, 2001.

GAMBOA, S. A. S. Las Categorias de tiempo e historicidad en los actuales enfoques de La historiografia educativa em Brasil. *In*: CUCUZZA, H. R. (Org.). **Historia de La Educación en debate**. Buenos Aires: Miño y Davila, 1996.

GIL, A. C. **Como elaborar projetos de pesquisa**. 4. ed. São Paulo: Atlas, 2008.

GOBARA, S. T.; CAMILOTTI, D. C. Formação continuada de professores de Ciências para uso pedagógico do laptop educacional continuous formação de professores of Ciências for pedagogic use of the educational laptop. **Ensino e Tecnologia Revista.** Londrina, v. 1, n. 2, 191-208, 2017.

GOBARA, T. S.; RADFORD, L. (Orgs.). **Teoria da objetivação**: fundamentos e aplicações para o ensino e aprendizagem de ciências e matemática. São Paulo: Livraria da Física, 2020, p 44- 68.

GUTIÉRREZ, R. E.; PAZUCH, V. Resolução, análise e elaboração de tarefas investigativas de geometria dinâmica: saberes mobilizados por professores de matemática em formação continuada. **Revista Paradigma**,41(Extra 2), 190-226, 2020.

MATOS, F. C. C.; SANTOS, M. J. C. Proposta de formação docente crítico-reflexiva a partir da teoria da objetivação e da metodologia Sequência Fedathi. *In:* GOBARA, T. S.; RADFORD, L. (Orgs.). **Teoria da objetivação:** fundamentos e aplicações para o ensino e aprendizagem de ciências e matemática. São Paulo: Livraria da Física, 2020, 247-264.

MINAYO MC. **O desafio do conhecimento:** pesquisa qualitativa em saúde. Rio de Janeiro: Abrasco, 2007.

SANTOS, M. J. C.; ALMEIDA NETO, C. A. Teoria da Objetivação: reflexões sobre o engajamento nas aulas de matemática para uma aprendizagem colaborativa. **Revista de Matemática, Ensino e Cultura - REMATEC**, v. 16, n. 39, p. 101-118, 2021.

SANTOS, M. J. C.; COSTA MATOS, F. C. A Insubordinação Criativa na formação contínua do pedagogo para o ensino da Matemática: os subalternos falam? **Revista de Ensino de Ciências e Matemática**, v. 8, n. 4, 11-30, 2017.

SILVA, C. C.; SAVIAN, C. M.; PREVEDELLO, B. P.; ZAMBERLAN, C.; DALPIAN, D. M.; SANTOS, B. Z. Access and use of dental services by pregnant women: An integrative literature review. **Ciência e Saúde Coletiva**, v. 25, n. 3, 827-835, 2020.

SOUZA, M. T.; SILVA, M. D.; CARVALHO, R. Revisão integrativa: o que é e como fazer. *In*: **Revista Einstein**, v. 8, n. 1: São Paulo, 2010.

RADFORD, L. Methodological Aspects of the Theory of Objectification. **Perspectivas da Educação Matemática.** Campo Grande, v. 8, n.18, p. 547-567, 2015.

RADFORD, L. Saber y conocimiento desde la perspectiva de la teoría de la objetivación. *In*: D'ALMORE, B.; RADFORD, L. **Enseñanza y aprendizaje de las matemáticas: problemas semióticos, epistemológicos y prácticos**. 2017, (pp. 97-114). Bogotá, Colombia: Universidad Distrital Francisco José de Caldas.

RADFORD, L. On the Epistemology of the Theory of Objectifification. *In*: JANKVIST, U. T.; HEUVEL-PANHUIZEN, M. V. D.; VELDHUIS, M. (Eds.), **Proceedings of the Eleventh Congress of the European Society for Research in Mathematics Education** (CERME11, February 6-10, 2019) (p. 3062-3069). Utrecht, the Netherlands: ERME.

RADFORD, L. **Teoria da Objetivação: uma perspectiva Vygotskiana sobre conhecer e vir a ser no ensino e aprendizagem da matemática**. Trad. Bernadete B. Morey e Shirley T. Gobara. São Paulo: Livraria da Física, 2021.

RADFORD, L. **La ética en la teoría de la objetivación**. *In*: RADFORD, L.; SILVA, M.; ACUÑA (Orgs.). Ética: Entre educación y filosofia. Bogotá: Universidad de los Andes, p. 107-141, 2021b.

PEDROSO, A. P. Experiência docente e a Teoria da Objetivação: reflexões para a formação de professores que ensinam Matemática. **Revista de Educação da Universidade Federal do Vale do São Francisco,** v. 11, n. 24, 467-490, 2021.

TARDIF, M. **Saberes Docentes e Formação Profissional**. Petrópolis, RJ: Vozes, 2002.

VIEIRA, A. F.; TREVISAN, A. L.; BALDINI, L. A.; ROCHA, Z. F. Conhecimentos mobilizados por uma professora no delineamento de uma tarefa matemática. Educação Paradigma (Extra 2), Vol. XLI, **Matemática em Revista** – RS, v. 2, n. 19, 144-153, 2020.

Capítulo 16

TIC E ENSINO DE CIÊNCIAS E MATEMÁTICA:
pesquisas do Grupo Tecnologias da Informação e Comunicação na Formação de Professores Presencial e a Distância Online

Luís Paulo Leopoldo Mercado

RESUMO

Apresenta a produção científica do grupo de pesquisa Tecnologias da Informação e Comunicação na Formação de Professores Presencial e a Distância Online (TICFORPROD), envolvendo a utilização das TIC no ensino de Ciências e Matemática. Apresenta ações formativas realizadas na UFAL envolvendo formação inicial e continuada de professores para uso das TIC na docência da Educação Básica. Apresenta práticas pedagógicas em contextos com uso de TIC, que demandam novas abordagens e métodos de ensino para motivar os estudantes possibilitando a autoria no conhecimento dos instrumentos pedagógicos das TIC, na mediação pedagógica entre estudantes, grupos e material didático, na produção de conhecimento colaborativo e a necessidade de desenvolvimento de novas práticas pedagógicas.

Palavras-chave: Ensino de Ciências e Matemática. TIC. Pesquisa. Formação de Professores. Educação Básica.

Introdução

O Grupo de Pesquisa TICFORPROD foi constituído em 2003, no contexto do Programa de Pós-graduação em Educação (PPGE) e vem ao longo desses anos mostrando que as diferentes tecnologias estão se modificando, se reinventando e produzindo conhecimento dentro e fora da sala de aula, por curiosidade, necessidade ou até mesmo porque as TIC são rapidamente atualizadas, trocadas, reinventadas.

As TIC estão presentes no cotidiano e cada vez mais impactando a vida das pessoas. As possibilidades de lidar com elas se ampliam cada vez mais, sempre se renovando e atualizando conforme a necessidade dos indivíduos. O estudante do século XXI nasceu na era digital, domina as TIC e cresce com essas tecnologias se renovando e o professor é um guia que mostra ao estudante possibilidades de realizar atividades no meio digital.

Pesquisas relacionadas aos fundamentos, desenvolvimento de metodologias a cerca do uso das TIC na formação de educadores, nos diversos espaços de aprendizagem, com suporte em Ambiente Virtual de Aprendizagem (AVA) como apoio à formação presencial e online, vem sendo o foco do grupo TICFORPROD.

O grupo vem tendo papel relevante na condução de projeto de pesquisa e execução de Programas governamentais de Formação de Professores na área, como TV na Escola e os Desafios de Hoje, Mídias na Educação, Um Computador por Estudante (PROUCA), Universidade Aberta do Brasil (UAB), dentre outros, desenvolvidos na UFAL em parcerias com secretarias e escolas de Educação Básica.

A história do TICFORPROD é marcada, desde seus primórdios, pelo atendimento às demandas de políticas públicas, exploração e apropriação de TIC, metodologias voltadas à integração destas nas práticas pedagógicas, na formação de professores experiencial para o desenvolvimento de competências no uso pedagógico das TIC no contexto educacional. O saber usar e integrar TIC no currículo e na prática pedagógica dos professores é um objetivo trabalhado em todas as atividades de formação docente e pesquisas realizadas na UFAL, no contexto da pós-graduação e grupos de pesquisa.

As principais ações formativas vivenciadas na UFAL voltadas para a Educação Básica estão registradas nos relatos de experiências publicados nos livros de Mercado (2002, 2004, 2005, 2006, 2007, 2013a, 2013b).

As ações desenvolvidas junto aos programas e ações formativas de professores, voltados para TIC no contexto da UFAL, apresentam resultados como: efetiva utilização pelos professores das IES públicas e das Educação Básica de

Alagoas, das TIC nas atividades presenciais e a distância; alfabetização tecnológica no uso das TIC; utilização das TIC para interagir com professores, tutores, realização de pesquisas e estudos usando material nos AVA.

O grupo se divide em três linhas de pesquisa abordando Educação e TIC: **EAD Formação: formação de professores na modalidade EAD**, estuda experiências envolvendo formação inicial e continuada de professores na modalidade a distância, como os programas do MEC e Sistema UAB; **TIC Formação: TIC na formação de professores,** estuda os fundamentos e desenvolvimento de metodologias sobre o uso das TIC na formação de professores presencial, semi-presencial e online, nos diversos espaços de aprendizagem, com suporte em AVA; **Trilhas Cognitivas: processos cognitivos de ensino-aprendizagem e construção de conhecimento por meio de jogos digitais e gamificação**, investiga processos cognitivos básicos de ensino-aprendizagem e de construção de conhecimento em contextos multi e interdisciplinar, com a utilização de jogos digitais e gamificação e suas relações com os distintos espaços de aprendizagem.

Os principais temas pesquisados no grupo: investigação em AVA: interação, materiais didáticos, aprendizagem colaborativa; educação online; letramento digital; estratégias de ensino e aprendizagem com TIC (CNPq, 2018). Os projetos de investigação, intervenção e atividades que se desenvolvem em suporte com TIC na formação de professores, constituem campo de investigação e produção de referências conceituais, envolve os eixos investigativos: aprendizagem em atividades que se desenvolvem com suporte em meio digital; mediação pedagógica e produção colaborativa de conhecimento; projetos pedagógicos com o uso das TIC.

Alguns projetos de pesquisa na área de TIC e ensino de Ciências desenvolvidos no grupo: A utilização do software *Modellus* no ensino de Ciências; Utilização e construção de ambientes virtuais para o ensino de Ciências; Laboratório virtual de produção de objetos virtuais de aprendizagem (OVA): processo de construção e utilização; O uso de OVA nos Anos Iniciais do Ensino Fundamental; Redes sociais e interatividade: projetos didáticos colaborativos interescolas no PROUCA Alagoas; Recursos educacionais abertos (REA) na perspectiva da autoria docente e discente; Estratégias de gamificação aplicadas à Educação; Produção de Guia de Recomendação para o desenvolvimento de REA para a Educação Básica; Gamificação em espaços de formação de professores na cultura digital; Dispositivos móveis no processo de ensino e aprendizagem: possibilidades e práticas pedagógicas no cenário da cultura digital; Estratégia de aprendizagem com games no Ensino Fundamental.

Pesquisas Envolvendo Ações Formativas de Professores de Ciências e Matemática

O **Programa Formando o Professor Pesquisador do Ensino Médio**, financiado pelo Projeto Alvorada II/MEC, contemplou a realização de 12 projetos de pesquisa na área de Ciências da Natureza e Matemática, envolvendo intervenção pedagógica na sala de aula das escolas estaduais de Ensino Médio, visando a melhoria do processo ensino-aprendizagem, contribuindo significativamente na formação continuada dos professores-pesquisadores, despertando-os à própria prática docente numa dimensão crítico-auto-reflexiva.

Os projetos executados na Área: Ações didáticas: contribuições na aprendizagem do estudante na área das Ciências da Natureza, Matemática e suas Tecnologias; O estudo da Geometria no Ensino Médio; O lúdico na Matemática como desenvolvimento do raciocínio lógico do estudante de Ensino Médio; O meio ambiente e sua abordagem no Ensino Médio; O Manguezal como fonte inovadora da leitura crítico-reflexiva; Análise do Projeto Água desenvolvido com estudantes de Ensino Médio na Escola; A qualidade da água interferindo no contexto socioeducacional da escola; FISMAQUI (Laboratório de Ciências Exatas); As dificuldades de interpretação dos problemas de Química e Física pelos estudantes de Ensino Médio; A contribuição das práticas pedagógicas da Matemática na minimização dos problemas dos estudantes do Ensino Médio na modalidade Normal.

Souza *et al.* (2007) apresentam diagnóstico das contribuições do ensino de Matemática em uma escola de Ensino Médio na modalidade normal. Constataram um nivelamento generalizado em todas as quatro séries do normal-médio, apontando para um total desconhecimento dos conteúdos básicos do ensino de Matemática nas séries iniciais, indicando uma ausência de contribuições significativas para o futuro exercício profissional desses futuros professores.

Rodrigues *et al.* (2006) investigaram formas de trabalhar as questões ambientais de forma transversal no Ensino Médio, a partir das dificuldades enfrentadas pelos professores em relacionar suas disciplinas com o tema Meio Ambiente, devido à formação limitada dos cursos de licenciaturas que se detém apenas aos conteúdos da área. Mostram a relevância do tema Meio Ambiente na formação do indivíduo junto com os temas Ética e Cidadania, Saúde e Orientação Sexual.

Piatti *et al.* (2008) apresentam o processo de iniciação à pesquisa cientifica enquanto estratégia de aprendizagem na formação docente. Relatam projetos desenvolvidos por grupo multidisciplinar de professores do Ensino Médio, com a participação ativa de estudantes do Ensino Médio, focando a influência da qualidade da água na saúde e nas condições de vida das pessoas, além de favorecer a aquisição de hábitos saudáveis e noções de cidadania. A pesquisa envolveu a investigação de problemática real da escola, e, por meio da busca de dados que pudessem confirmar as hipóteses levantadas sobre a qualidade da água, da análise dos dados baseados no conhecimento existente acerca do tratamento e qualidade da água e da proposição de alternativas para solucionar o problema. Foi utilizada a pesquisa-ação envolvendo a comunidade escolar do Ensino Médio da escola.

Na formação do **PROUCA**[15] foram desenvolvidos projetos colaborativos envolvendo a construção de propostas didáticas envolvendo projetos e experimentos realizados nas escolas na pesquisa financiada pelo CNPq "Redes sociais e interatividade: projetos didáticos colaborativos interescolas no PROUCA/Alagoas" (Mercado *et al.*, 2014), que investigou a utilização de redes sociais em espaço colaborativo de aprendizagem no processo ensino-aprendizagem nas escolas do PROUCA/AL, além da concepção, implementação e atualização do ambiente colaborativo UCA-Massayo nas escolas participantes.

A pesquisa investigou as ações envolvendo metodologias para uso de TIC nas práticas pedagógicas com *laptops* educacionais e redes sociais e as possibilidades por elas oferecidas, de forma colaborativa na internet, nos processos de ensino e aprendizagem utilizando esses equipamentos. Envolveu pesquisa-ação pela integração numa comunidade de aprendizagem formada pelos professores, estudantes e pesquisadores participantes do PROUCA/Alagoas, na

---

15 O PROUCA buscou a universalização do uso de TIC a partir da utilização e acesso individual dos estudantes à conteúdos e instrumentos digitais de qualidade para uso pedagógico, de forma autônoma e colaborativa. Envolveu a inclusão digital pedagógica nas escolas utilizando *laptops* educacionais com objetivo de conhecer tecnologias que oportunizam a inovação pedagógica nas escolas públicas.

qual foram levantadas informações sobre o conhecimento e uso das interfaces da web 2.0 nas redes sociais, uso delas nos projetos colaborativos, além do uso pedagógico no currículo escolar, avaliando suas práticas.

Mercado *et al.* (2017) abordam a utilização de redes sociais em espaço colaborativo de três projetos de aprendizagem nas escolas, envolvendo concepção, implementação do ambiente colaborativo das escolas participantes do PROUCA/AL; desenvolvimento de metodologias com redes sociais envolvendo o uso dos *laptops* educacionais; capacitação dos professores para uso de TIC; desenvolvimento de material didático no ambiente do projeto.

No **Programa de Apoio a Projetos Extracurriculares: investindo em novos talentos da rede de educação pública para inclusão social e desenvolvimento da cultura científica** (Novos Talentos-Capes) foi realizada a Oficina de Metodologia do Ensino de Ciências para uso de TIC, formação continuada destinada a professores de Ciências, Matemática, Química e Física, com a finalidade de trabalhar metodologias do ensino com as TIC nestes componentes curriculares. A formação buscou a integração da internet no trabalho pedagógico e na investigação científica.

Araújo e Mercado (2012) apresentam os resultados da pesquisa participante do uso de diferentes gêneros digitais como instrumento da avaliação que contribuíram para aumentar o nível de letramento digital dos professores-cursistas em relação às metodologias e materiais elencados na Oficina e apontaram as principais dificuldades, as estratégias utilizadas para superar as dificuldades e produzir os materiais solicitados.

Mercado, Araújo e Anjos (2014) exploraram a organização do planejamento educativo através de Oficina pedagógica para trabalhar metodologias de ensino com TIC. A experiência de pesquisa-ação consistiu na formulação de conteúdo digital para o ensino de Ciências voltado para a observação e análise do uso de mídias digitais com essa finalidade. Analisaram formas de como os professores se apropriam das TIC no ensino de Ciências, como elas são utilizadas no processo de ensino-aprendizagem e como se faz a passagem para os estudantes em sala de aula.

O **Programa Formação Continuada de Professores em Pesquisa Ação para Melhoria da Qualidade da Educação Básica Articulada com Arranjos Produtivos Locais (APL) no Estado de Alagoas** (Fapeal e Capes) envolveu projetos de pesquisa-ação articulados com APL desenvolvidos por professores da Educação Básica, envolvendo intervenção pedagógica no currículo, no cotidiano da sala de aula das escolas no estado de Alagoas, visando a melhoria do ensino-aprendizagem e contribuindo significativamente na formação continuada dos professores-pesquisadores e estudantes das escolas envolvidas e dos licenciandos das IES participantes (UFAL, IFAL, UNCISAL e UNEAL).

Cavalcanti, Mercado e Abreu (2014) relataram a construção e implementação de 10 projetos de pesquisa-ação com referência às discussões curriculares da Educação Básica. Na execução dos projetos foi promovida a integração entre a escola, comunidade e APL, por meio de ações de planejamento, acompanhamento e avaliação. Os resultados mostram o envolvimento e comprometimento dos sujeitos da pesquisa com a proposta, as concepções elaboradas e as transformações evidenciadas no planejamento e desenvolvimento das pesquisas-ação e as contribuições da proposta no contexto dos APL e da educação básica.

Os projetos de pesquisa-ação desenvolvidos nas escolas foram: Processos de criação e suas implicações para diferentes aprendizagens no Ensino Médio; Ecossistema e sustentabilidade nas áreas de manguezais: uma abordagem articulada com a cadeia produtiva da Apicultura; Saberes produzidos no contexto da sala de aula e suas contribuições para o APL: uma análise do setor moveleiro do município de Arapiraca-AL; Estudo dos problemas na produção da *Annona squamosa* (pinha) na região de Palmeira dos Índios como suporte ao APL; Desenvolvimento de técnicas de beneficiamento das frutas do Vale do Mundaú com ênfase na valorização da cultura local e permanência dos jovens na região; A importância do Turismo na geração de renda na comunidade de Porto de Pedras-AL: um estudo no APL Local; O APL da Mandioca frente ao desafio da educação básica: estudo de caso do município de Teotônio Vilela-AL; Cultivo hidropônico de hortaliças: interdisciplinaridade na Escola Estadual Nossa Senhora da Conceição em Lagoa da Canoa – Agreste Alagoano; Estudo e diagnóstico do beneficiamento do artesanato em couro no município de Batalha, Sertão de Alagoas inserido no APL; Formação de cidadãos pesquisadores: uma pesquisa-ação da Escola Estadual Luiz Augusto junto ao APL Piscicultura Delta do São Francisco, Delmiro Gouveia-AL.

A Formação de Professores a Distância para Uso de Objetos Virtuais de Aprendizagem na Área de Ciências da Natureza, Encomenda Transversal financiada pela FINEP, atendeu 500 professores do Ensino Médio das escolas públicas na utilização de metodologias envolvendo uso de OVA do repositório RIVED na área de Física, Química, Biologia e Matemática, com professores do Ensino Médio. Teve como objetivo desenvolver metodologias e práticas envolvendo uso de OVA do RIVED, aprendendo a avaliar, selecionar e integrar esses recursos tecnológicos nas atividades curriculares.

Silva, Mercado e Barros (2008) exploraram as possibilidades de utilização de OVA na área de Ciências Naturais, Matemática e suas Tecnologias, analisaram experiências em EaD enfocando perspectivas para construção de projetos didáticos e da utilização de TIC e OVA.

Silva e Mercado (2008) testaram a eficácia do uso de OVA no ensino de Física para o Ensino Médio noturno, selecionados no repositório do RIVED. Realizaram estudo de campo, com aplicação de OVA no laboratório de informática com 5 turmas do segundo ano, com 20 estudantes. Analisaram a capacidade de fazer relações teoria/prática por parte dos estudantes, exploração das Leis da Física e a interação entre os estudantes.

Mercado, Silva e Pinto (2008) investigam o uso de OVA na sala de aula presencial e online, numa perspectiva interdisciplinar que envolveu uma capacitação de professores do Ensino Médio, permitindo a apropriação de OVA disponíveis no RIVED.

Mercado (2011) apresenta as possibilidades do uso do blog e dos fóruns de discussão em 22 oficinas de formação de professores, voltadas para o uso de TIC e OVA, disponível no site do RIVED. Os resultados mostram efetiva utilização dos OVA pelos professores de Ciências da Natureza nas atividades presenciais e online, envolvendo formas alternativas de ensino e melhoria no uso de possibilidades interativas entre estudantes, professores, tutores, coordenação, utilizando recursos da internet.

Gracindo e Fireman (2010) analisam a utilização dos laboratórios de informática associado aos OVA, a partir de entrevistas com seis professores do Ensino Médio, com o objetivo de diagnosticar a utilização do laboratório de informática, além da realização de oficina que propiciou aos professores o conhecimento dos OVA, de forma que passem a utilizá-los efetivamente em suas aulas, nas quais os professores produziram planos de aula adaptando a proposta dos guias do professor de cada objeto às necessidades de suas salas de aula.

Araújo (2011) identifica e discute a importância do desenvolvimento de OVA destinados ao primeiro segmento da Educação de Jovens e Adultos (EJA), pontua alguns critérios a serem contemplados na produção de OVA destinados a este segmento e analisa os pressupostos pedagógicos que embasaram a produção de OVA identificados no repositório. O levantamento sinaliza parte das dificuldades relacionadas à seleção de materiais pertinentes à EJA, no caso específico na área de Matemática.

Mercado, Silva e Neves (2009) investigaram a utilização de metodologias que envolvem o uso de OVA na área da Física, Química, Biologia e Matemática, com professores do Ensino Médio, nos quais foram exploradas as possibilidades da utilização de OVA na construção do conhecimento, desenvolvimento habilidades para usar, aprender a avaliar objetos nas aulas dos professores, selecionar e integrar os recursos tecnológicos nas atividades curriculares.

Os estudos desenvolvidos no **Curso de Especialização em Estratégias Didáticas para Educação Básica com o uso das TIC,** voltado aos professores que atuam nas redes de ensino estadual e municipal de Alagoas, ofertado pela UAB/UFAL nos anos de 2014 e 2016, tiveram como objetivo, além de capacitar professores e especialistas para o uso das TIC na Educação Básica, explorar interfaces de criação, produção e gestão de cursos a distância.

Barros e Pimentel (2018) mostram as possibilidades didáticas com uso das TIC para o ensino de Química, indicando que elas podem contribuir de forma positiva para as práticas de ensino, fazendo com que sejam dinâmicas, inovadoras e atrativas para os estudantes, possibilitando uma maior integração entre eles e o professor.

Anjos e Mercado (2018) analisam como a metodologia webquest pode ser trabalhada em conteúdos matemáticos de sólidos geométricos de forma contextualizada com as exigências atuais e as tecnologias inovadoras.

Oliveira e Mercado (2018) tornam evidentes as competências e atitudes dos professores sobre o uso das TIC na prática docente e identifica as barreiras presentes nesse processo, contribuindo para sua efetiva aplicabilidade e benefícios ao ensino de Ciências. Analisa a utilização das TIC na Escola de Ensino Básico Professora Marieta Rodrigues Peixoto, zona rural de Arapiraca e apresenta sugestões que visam contribuir para a disseminação das TIC no ensino de Ciências.

Os estudos desenvolvidos no **Curso de Especialização em Estratégias Didáticas para a Educação Básica com uso de TIC**, ofertado pela UAB/UFAL no período de setembro de 2018 a março de 2020 a professores da Educação Básica, voltaram-se ao desenvolvimento de competências e fluência digital no uso das TIC na prática pedagógica presencial, cenário ainda impensável das possibilidades vivenciadas no ensino *online* emergencial desencadeado na pandemia da Covid-19. Os estudos apresentados podem ser adaptados e inseridos nas práticas pedagógicas híbridas e online.

Galvão e Mercado (2022) analisaram as possibilidades dos jogos digitais que, orientados pelo professor, podem auxiliar o estudante no processo de ensino e aprendizagem. Investigaram como a plataforma interativa *Dragon Learn* auxilia no processo de ensino e aprendizagem dos estudantes do 5º ano do Ensino Fundamental. Exploraram o conteúdo Perímetro do Retângulo e do Quadrado, trabalhados com o auxílio da plataforma através de jogos interativos. Mostraram que a utilização de jogos, através de plataformas interativas, pode proporcionar um maior interesse e empolgação dos estudantes com a Matemática, além de propiciar um ambiente de ensino e aprendizagem mais interativo e cooperativo.

Silva e Freitas (2022) discutiram a avaliação da aprendizagem mediante uso de TIC nas aulas de Matemática como forma de possibilitar ao professor tornar-se mediador no processo de ensino e aprendizagem e o estudante protagonista por meio da participação ativa. Investigam as possibilidades proporcionadas aos professores e estudantes ao utilizarem as TIC como instrumentos e procedimentos de avaliação da aprendizagem na Matemática.

Lima e Deus (2022) investigaram as contribuições do uso do jogo *Township* para a alfabetização matemática na experimentação e resolução de problemas matemáticos de estudantes do 5º ano do Ensino Fundamental. Mostraram que a utilização do jogo contribuiu para a alfabetização matemática dos estudantes quanto à identificação e assimilação das operações nas resoluções problemáticas e pode ser aplicado como um facilitador para aprendizagem, com diversas possibilidades, construindo o conhecimento.

Oliveira e Santos (2022) relatam experiência utilizando o aplicativo *GeoGebra* para trabalhar o conteúdo quadriláteros com duas turmas do 8º ano do Ensino Fundamental de uma escola pública. Mostram que o uso do aplicativo proporcionou um olhar mais exploratório pelos estudantes, facilitando a aprendizagem no sentido de permitir a manipulação do objeto estudado e tornou a aprendizagem mais divertida.

Lima e Oliveira (2022) discutiram a utilização das TIC de licença de conteúdo aberto voltado para o ensino da Matemática nos anos iniciais do Ensino Fundamental como instrumentos mediadores da aprendizagem dos nativos digitais, de modo a proporcionar maior aproximação entre o contexto escolar e a realidade do estudante. Os resultados mostram a pouca produção referente a REA e ensino de Matemática, o que faz refletir sobre a necessidade dos professores pensarem acerca das potencialidades, bem como das possibilidades e a apropriação das TIC para fins pedagógicos e, sobretudo, para o uso no Ensino da Matemática. Enfatizaram que as TIC podem ser utilizadas no âmbito escolar de modo reflexivo, funcional e pedagógico nos diferentes contextos de ensino-aprendizagem da Matemática e os professores podem fazer mais uso dos REA, bem como sejam autores e produtores de conhecimento.

Silva e Mercado (2009) investigam que a contribuição da produção de material audiovisual pode trazer para o processo avaliativo em aulas de Física no Ensino Médio. Estudantes do segundo ano do Ensino Médio construíram o experimento, escreveram o roteiro disponibilizado no blog do grupo, realizaram a gravação, edição e disponibilização do vídeos no *YouTube,* com temas do currículo de Física, tais como Tecnometria e Dilatometria.

Pesquisas Envolvendo TIC no Ensino de Ciências

Correia e Pinto (2017) discutem a mobilização da juventude ao redor das questões socioambientais com base no processo de construção de uma comunidade no *Facebook* sobre Meio Ambiente, realizado no contexto de pesquisa-ação que articulou os campos do Ensino de Ciências e da Educação Ambiental a partir de TIC. Verificaram que obter mais conhecimentos sobre Meio Ambiente foi o que mais os interessou aos participantes, seguido da oportunidade de compartilhar informações no grupo e da possibilidade de ajudar a melhorar a cidade, esta última razão tendo sido apontada com menor frequência.

Correia, Santos e Pinto (2016) exploram concepções de "museus" e a importância desses equipamentos para a cultura e a educação, a noção de espaço aplicada aos campos educacional e museológico e os desafios de ensinar e aprender Ciências.

Correia e Pinto (2016) refletem acerca de como os infográficos podem ser estratégicos para a constituição de uma comunidade de aprendizagem sobre Meio Ambiente formada por jovens em uma rede social. Nos resultados, são apresentados infográficos criados na primeira fase da pesquisa, na oportunidade em que são discutidos os percursos teórico-metodológicos da investigação em curso.

Amorim e Costa (2021a) analisam o contexto de mudanças trazidas pela pandemia da Covid-19, na qual aulas emergenciais passaram a ser realizadas por professores de forma online. Investigaram como, de acordo com as percepções de professores de Biologia, estratégias pedagógicas de ensino sobre a Covid-19 podem ser mediadas com o uso de aplicativos de criação de histórias em quadrinhos (HQ), durante as aulas remotas e após a pandemia. O estudo revelou que os professores não conhecem esses aplicativos e sugere que os aplicativos do Google Play voltados para a criação de HQ podem contribuir para o ensino emergencial e, no âmbito da pós-pandemia, por meio do ensino híbrido.

Silva e Pimentel (2020) apresentam o desenvolvimento de um protótipo do jogo digital "Combate Endemia" como estratégia de apoio para as aulas de Ciências. Trabalha as endemias: esquistossomose, dengue, zika e *chikungunya*. O jogo tem como objetivo ser instrumento auxiliar da aprendizagem dos estudantes sobre a importância de boas práticas em Educação e Saúde no combate as endemias de forma lúdica e motivadora nos anos iniciais e finais do Ensino Fundamental.

Pesquisas Envolvendo TIC e Ensino de Física

Silva (2012) discute a qualidade dos cursos de formação de professores, para além da formação para o exercício da docência em sala de aula, associada ao desafio de formá-los com as competências necessárias ao exercício da docência, por meio do uso das TIC e AVA no curso de Física Licenciatura da UAB/UFAL, através da oferta do Estágio de Docência Online: bases teóricas, proposta metodológica para as disciplinas, relato e análise da experiência desse estágio, que teve sua primeira oferta no segundo semestre de 2011. A experiência comprovou a necessidade de ampliar os espaços de formação para docência online nas licenciaturas.

Silva, Nunes e Mercado (2016) investigaram as potencialidades didáticas dos experimentos virtuais para a formação de professores de Física, a partir do componente curricular Estágio Supervisionado. Constataram que modelos empirista e apriorista são muito persistentes no ideário pedagógico dos sujeitos da docência em Física, mesmo entre aqueles que estão em processo de formação inicial. Verificaram que, mesmo reconhecendo o modelo construtivista como abordagem ideal para o trabalho com experimentos virtuais, as condições objetivas do trabalho docente e o ideário pedagógico desses professores em formação determinaram que as práticas pedagógicas com experimentos virtuais se concentrem em torno de demonstrações cujas principais funções são despertar a curiosidade dos estudantes, motivá-los, contextualizar o conteúdo abordado e ilustrar fenômenos que foram anteriormente expostos pelo professor.

Pesquisas Envolvendo TIC e Ensino da Matemática

Oliveira, Pimentel e Mercado (2011) apresentam a utilização do *Facebook* como ferramenta de ensino e aprendizagem nas aulas de Estágio Supervisionado de Matemática IV para criar um canal de ensino-aprendizagem com os estudantes, viabilizando o uso de diversos recursos no estágio, tais como: fotos, textos, orientações e diálogos, promovendo uma interação entre estudantes e o professor da disciplina em horários não estipulados pela universidade.

Pimentel e Freitas (2019) relatam experiência de utilização das tecnologias móveis como estratégia didática para a aprendizagem de conteúdos matemáticos, com o intuito de descobrir como podem contribuir significativamente para a formação inicial de professores que vão ensinar Matemática no Ensino Fundamental. O estudo foi realizado numa oficina com estudantes dos cursos de Pedagogia e licenciatura em Matemática na modalidade presencial da UFAL. Os resultados evidenciaram o interesse dos estudantes nas possibilidades e limitações do uso das tecnologias móveis como recursos de ensino e aprendizagem dos conteúdos matemáticos dos campos conceituais trabalhados.

Freitas e Pimentel (2019) investigaram a gamificação da disciplina de Pesquisa Educacional do curso de Licenciatura em Matemática da UFAL como estratégia didática para a promoção de aprendizagens significativas sobre os conteúdos desenvolvidos. A investigação envolveu uma pesquisa-ação com 28 participantes em momentos online e presencial das aulas da disciplina. Os resultados permitiram identificar o lugar/espaço da gamificação na Educação Matemática como metodologia ativa que incorpora as TIC; a construção de quadro conceitual sobre a contribuição da gamificação na educação matemática para a aprendizagem dos conteúdos da disciplina de Pesquisa Educacional e elaboração de plano de ensino da disciplina de Pesquisa Educacional gamificada e plano de aula e sequências didáticas.

Oliveira (2013) apresenta um relato de experiência sobre a utilização de jogos online nas aulas da disciplina Saberes e Metodologias do Ensino de Matemática 1, no Curso de Pedagogia, como prática educativa na formação do pedagogo, a partir de jogos disponíveis na internet. Constatou que os jogos online matemáticos são pouco utilizados pelos estudantes nas aulas do Curso de Pedagogia e, quando bem utilizados, as aulas se tornam mais prazerosas e investigativas.

Soares e Mercado (2020) descrevem a experiência de sala de aula invertida (SAI) com objetivo de demonstrar a eficácia do ensino híbrido para a melhoria do ensino da Matemática a partir da relação do uso das TIC. Envolveu pesquisa-ação baseada nas habilidades propostas na unidade temática Geometria da BNCC, utilizando a plataforma adaptativa *Khan Academy*. Foi desenvolvida uma sequência didática na qual a professora e os estudantes experimentaram um processo de ensino e aprendizagem personalizado e que estendesse o tempo e o espaço para aquisição de conhecimento. Os resultados mostram que, com o apoio da equipe gestora e a formação continuada de professores, é possível trabalho envolvendo modelos de ensino híbrido sustentados, contribuindo para a igualdade e a equidade de oportunidades para o aprendizado dos estudantes da rede pública.

Pesquisas Envolvendo TIC e Ensino de Biologia

Amorim e Mercado (2020a) investigam as possibilidades e os desafios do uso do jogo digital *Pokémon Go®* em escolas de Maceió para a mediação do ensino de Biologia. A metodologia utilizada envolveu pesquisa qualitativa de caráter exploratório com dois professores de Biologia, jogadores. Como resultados, o jogo *Pokémon Go®* apresentou potencial para o ensino em contextos extraescolares, em espaços informais, sob mediação pedagógica dos professores.

Amorim *et al.* (2017) discutem os desafios e as possibilidades do uso de jogos digitais enquanto estratégia didática, a partir da proposição do jogo Bioconexão, relacionado à Educação Ambiental e à sua experimentação por estudantes do Ensino Médio.

Mercado *et al.* (2019) apresentam diferentes metodologias para uso e exploração pedagógica de jogos online para o ensino de Biologia. Apresentam propostas de aulas de Biologia usando os jogos *The Great Flu* (A Grande Gripe), Pirâmide dos Alimentos e DNA-Dupla Hélice.

Amorim e Mercado (2020b) investigaram se os jogos do *Facebook* se configuram como ambiências híbridas formativas no processo de ensino e aprendizagem de Biologia. O estudo envolveu dois professores de Biologia e os principais achados foram que existem jogos que se configuram como ambiências híbridas formativas sob mediação pedagógica dos professores.

Amorim e Costa (2021b) defendem, no isolamento social, os jogos digitais como alternativa de ensinar e de aprender. Investigaram as percepções de dois professores de Biologia e dois estudantes *gamers* em torno dos desafios e possibilidades da experimentação deles, durante e após a pandemia Covid-19. Analisaram os desafios enfrentados para a aprendizagem baseada em jogos digitais online no contexto pandêmico e concluíram que existem desafios de acessibilidade para a experimentação de jogos em tempos da pandemia da Covid-19.

Silva, Lima e Pimentel (2018) analisaram como a produção de games digitais, desenvolvidos por estudantes do Ensino Médio, pode contribuir para uma melhor percepção de conteúdos de Botânica da diversidade e relações ecológicas encontradas em biomas do Estado de Alagoas, entre eles Mata Atlântica e Caatinga, utilizando estratégias de metodologia ativa.

Amorim e Mercado (2020c) investigam as potencialidades pedagógicas de *softwares* de criação de *role play games* no contexto do ensino de Biologia. O *RPG Maker MV*® apresentou potencial pedagógico para desenvolvimento de atividades com base nas escolas nas quais os dois professores de Biologia participantes da pesquisa atuam, ainda que se considere que o planejamento, desenvolvimento de competências em torno do uso do *software*, assim como maior disponibilidade de tempo nas escolas de ensino integral sejam pilares a serem considerados previamente à prática pedagógica.

Amorim e Mercado (2019) explicitam a análise de jogos digitais na educação, assim como seus principais desafios. Na experimentação e análise realizada do jogo digital *Plants x Zombies* no ensino de Botânica no Ensino Médio, mostram que a figura do professor é imprescindível na proposição de uma atividade que envolva esse tipo de metodologia.

Amorim e Mercado (2020d) investigam como o processo de criação de um *game* RPG entre professores e estudantes medeia o processo de aprendizagem de Citologia. A investigação teve abordagem qualitativa com delineamento em pesquisa-ação. Como resultados, a criação do *game*, articulada com outras estratégias de aprendizagem, promoveu o envolvimento dos sujeitos do estudo de modo a explorarem e refletirem sobre os conteúdos de Citologia sob a mediação pedagógica dos professores, articulando ficção com conteúdos científicos.

O RENOEN: novos cenários e temáticas de pesquisa

No ano de 2020, em plena pandemia, foi constituída a Rede RENOEN e aprovado o Doutorado em Ensino de Ciências e Matemática e o grupo TICFORPROD passou a fazer parte do polo Maceió da Rede com o credenciamento do autor deste capítulo.

Nesse contexto, novas temáticas passaram a ser objeto de estudo do grupo, envolvendo inovação curricular com tecnologias emergentes com ferramentas de autoria, colaboração e comunicação na internet articuladas com a Educação para o Desenvolvimento Sustentável (EDS), práticas pedagógicas mediadas por TIC na formação de professores envolvendo os Objetivos para o Desenvolvimento Sustentável (ODS).

A pesquisa atual propõe experiências de construção de projetos colaborativos integrando os ODS no currículo como estratégia didática para explorar a EDS, envolvendo construção autoral com múltiplas linguagens na produção de sequências didáticas para atender a promoção do desenvolvimento sustentável. A metodologia utiliza pesquisa experiencial na produção de material didático com uso de TIC em projetos ODS para EDS, experimentadas por professores e estudantes utilizando aplicativos, padlet, blog, redes sociais e outros artefatos tecnológicos nas suas práticas pedagógicas.

Novas temáticas serão induzidas nas pesquisas doutorais e atividades de extensão no contexto da pesquisa: contribuições da EDS para a transformação pós-pandemia da Covid-19; A EDS nos espaços híbridos e online: experiências adquiridas na pandemia da Covid-19; Avaliação de plataformas e recursos digitais envolvendo EDS do ensino de Ciências e Matemática; Programas de formação para EDS no ensino superior; Incorporação da EDS na prática pedagógica da educação básica; Curricularização da extensão com EDS; Curadoria de conteúdos e direitos autorais nos materiais didáticos produzidos e utilizados no ensino de Ciências e Matemática; Laboratórios virtuais em aulas híbridas ou online; Mundos Virtuais na educação presencial e online - simulações, jogos online, interações sociais em 3D.

Os produtos resultantes envolvem a seleção e desenvolvimento de plano de formação de professores, criação de diferentes materiais didáticos com TIC destinados à EDS, realização de experiências de aula empregando TIC e elaboração de guia didático para professores sobre o uso de aplicativos e redes sociais em projetos ODS. Na produção de materiais para os cursos desenvolvidos pelos professores, serão oferecidas oficinas sobre aplicativos, redes sociais e outros artefatos tecnológicos com projetos com TIC e elaboração de materiais curriculares digitais para EDS e serem trabalhados em componente curricular do Doutorado RENOEN.

Considerações Finais

Os resultados das pesquisas realizadas no grupo TICFORPROD e aqui apresentadas mostram superações docentes trazidas pelo uso de TIC na educação básica: inclusão digital do professor; conhecimento dos recursos das TIC; vivência de experiências concretas de atividades e projetos colaborativos;

introdução de novos paradigmas baseados na interação, colaboração e cooperação; desenvolvimento de práticas de autoria com TIC; desenvolvimento de formas dinâmicas que favoreçam a aprendizagem nos processos de educação formal. Mostram também as dificuldades no uso das TIC, como: as IES não estão formando professores para práticas com TIC e não as integram nos currículos e nas práticas desenvolvidas na formação; as atividades com TIC mais usadas estão centradas no professor, sem interação com os recursos.

A formação do professor apresenta grandes desafios, envolvendo mais do que prover conhecimentos sobre TIC. É preciso que, no preparo do professor, se propicie vivências de experiências com tecnologias inseridas no currículo, que contextualizem o conhecimento que o professor constrói, pois é o contexto da escola/universidade, a prática dos professores e a presença dos seus estudantes que determinam o que deve ser abordado nos cursos de formação.

Os processos formativos precisam proporcionar condições para os professores construam conhecimento sobre as TIC, entender por que e como integrá-las na prática pedagógica e ser capaz de superar dificuldades administrativas e pedagógicas, possibilitando uma abordagem integradora de conteúdo e voltada para a resolução de problemas do interesse dos estudantes.

Referências

AMORIM, D. C.; COSTA, C. J. Estratégias para o ensino da Covid-19 utilizando aplicativos de histórias em quadrinhos. **InterSaberes**, v. 15, p. 556-580, 2020a.

_____. Percepções de professores e estudantes sobre jogos digitais para a aprendizagem de Biologia no contexto da pandemia Covid-19. *In*: PIMENTEL, F. S. (Org.). **Aprendizagem baseada em jogos digitais:** teoria e prática. Rio de Janeiro: BG Business Graphics, 2021, p. 106-123.

AMORIM, D. C.; MERCADO, L. P. Possibilidades e desafios do uso do jogo digital *Pokémon Go* em espaços escolares no contexto da cibercultura e hibridismo tecnológico digital: trilhas iniciais para o ensino de Biologia. Revista Práksis, v. 2, p. 63-86, 2020a.

_____. Jogos do Facebook como ambiências híbridas formativas no ensino de Biologia. **Educação em Foco**, v. 25, p. 65-81, 2020b.

_____. Processo de aprendizagem de Citologia a partir da criação do game *RPG Invisible World:* aproximações entre professores e estudantes. **Temática**: revista eletrônica de publicação mensal, v. 16, p. 326-341, 2020c.

_____. Jogo digital *Plants x Zombies:* potencialidades para o ensino de Botânica para o Ensino Médio. *In*: SILVEIRA, D. S. *et al*. (orgs). **A formação de professores online em Ciências e Matemática.** Rio Grande: Editora da FURG, 2019, p. 73-88.

_____. Percepções de professores de Biologia sobre softwares de produção de Games RPG. **InterSaberes**, v. 15, n. 34, p. 1-14, 2020.

_____. Sentidos e aprendizagens com jogos digitais de celulares e redes sociais: olhares dos estudantes de Ciências Biológicas. *In*: COSTA, C. J.; PIMENTEL, F. S. (org). **Educação e tecnologias digitais da informação e comunicação:** inovação e experimentos. Maceió: Edufal, 2017, p. 185-196.

AMORIM, D. C.; SILVA, W. P.; CAMPELO, S. R.; MERCADO, L. P.; ALMEIDA, R. L. Jogo digital Bioconexão – uma contextualização no ensino superior sobre os impactos ambientais na cidade de Maceió. COSTA, C. J.; PIMENTEL, F. S. (org). **Educação e tecnologias digitais da informação e comunicação:** inovação e experimentos. Maceió: Edufal, 2017, p. 228-257.

ANJOS, V. M.; MERCADO, L. P. Ensino de Matemática com internet: a metodologia webquest no ensino de sólidos geométricos no 9º ano. *In*: MERCADO, L. P.; VIANA, M. A.; PIMENTEL, F. S. **Estratégias didática e as TIC:** ressignificando as práticas na sala de aula. Maceió: Edufal, 2018.

ARAÚJO, R. S.; MERCADO, L. P. Uso de mídias e gêneros digitais como instrumentos de avaliação: experiência da Oficina de Metodologia de Ensino com Tecnologias da Informação e Comunicação no Ensino de Ciências. **Actas...** Congresso Internacional Edutec 2012, Las Palmas: Universidad de Las Palmas de Gran Canarias, 2012, p. 790-803.

ARAÚJO, R. S. Objetos digitais de aprendizagem na Educação de Jovens e Adultos: usos e possibilidades. **Revista Edapeci.** 2011. DOI: https://doi.org/10.29276/redapeci.2011.7.7626.51-70

BARROS, L. A.; PIMENTEL, F. S. O uso das tecnologias da informação e comunicação no ensino de Química. *In*: MERCADO, L. P.; VIANA, M. A.; PIMENTEL, F. S. **Estratégias didática e as TIC:** ressignificando as práticas na sala de aula. Maceió: Edufal, 2018, p. 259-276.

CAVALCANTI, J. C.; MERCADO, L. P.; ABREU, N. G. Programa de Formação Continuada em Pesquisa Ação para Melhoria na Qualidade da Educação Básica Articulada com os Arranjos Produtivos Locais no Estado de Alagoas. **Anais...** VII Colóquio Luso-Brasileiro sobre Questões Curriculares, 2014, Braga-Portugal: Instituto de Educação da Universidade do Minho, 2014, p. 946-952.

CNPq. **Diretório dos Grupos de Pesquisa no Brasil.** Disponível em: http://dgp. cnpq.br/buscaoperacional/, 2018.

CORREIA, C. J.; SANTOS, J. L.; PINTO, A. C. Os museus como espaço para o ensino e a aprendizagem das ciências. **Revista de la Facultad de Ciencia y Tecnologia.** Universidad Pedagógica Nacional, v. Extra, p. 1755-1761, 2016.

CORREIA, C. J.; PINTO, A. C. Infográficos, redes sociais, ensino de Ciências e Educação Ambiental: algumas articulações possíveis desde uma pesquisa em construção. **Revista de la Facultad de Ciencia y Tecnologia.** Universidad Pedagógica Nacional, v. Extra, p. 1206-1213, 2016.

CORREIA, C. J.; PINTO, A. C. A mobilização da juventude ao redor das questões socioambientais: construindo uma comunidade virtual de aprendizagem sobre meio ambiente. **Educação Ambiental em Ação**, v. 62, p. 3015, 2017.

FREITAS, R. O.; PIMENTEL, F. S. Viajantes no tempo para resgatar a Matemática: gamificação da disciplina Pesquisa Educacional do curso de Licenciatura em Matemática da UFAL. **Anais...** XIII Seminário Jogos Eletrônicos, Educação e Comunicação. Maceió: UFAL, 2019, p. 360-360.

GALVÃO, M. T.; MERCADO, L. P. Uso da plataforma interativa de games Dragon Learn como ferramenta de aprendizagem de Matemática: relato de experiência com estudantes do 5º ano do Ensino Fundamental. *In*: MERCADO, L. P.; VIANA, M. A. **Narrativas reflexivas de professores em formação e as estratégia didáticas na educação básica.** Curitiba: CRV, 2022.

GRACINDO, H. B.; FIREMAN, E. C. Laboratório de informática, os objetos digitais de aprendizagem e a visão do professor. **Revista Edapeci.** DOI: https://doi. org/10.29276/redapeci.2010.4.4578.%25p.

LIMA, E. L.; DEUS, A. O uso do jogo *Township* na alfabetização matemática: relato de experiência em uma escola da rede pública de um município do interior de Alagoas. *In*: MERCADO, L. P.; VIANA, M. A. **Narrativas reflexivas de professores em formação e as estratégia didáticas na educação básica.** Curitiba: CRV, 2022, p. 345-359.

LIMA, R. R.; OLIVEIRA, C. A. Recursos educacionais abertos (REA) no ensino da Matemática: mapeamento e análise de artigos presentes no sítio Scielo. *In*: MERCADO, L. P.; VIANA, M. A. **Narrativas reflexivas de professores em formação e as estratégia didáticas na educação básica.** Curitiba: CRV, 2022, p. 465-485.

MERCADO, L. P. Blog e fórum na formação de professores utilizando objetos virtuais de aprendizagem. *In*: ARAUJO, A. C.; MOURÃO, A. R. (Org.). **Educação, culturas e diversidades.** Manaus: Fuá, 2011, v. 2, p. 125-143.

_____. (org.). **Percursos na formação de professores com tecnologias da informação e comunicação na educação.** Maceió: Edufal, 2007.

_____. **Integração e gestão de mídias na escola.** Maceió: Edufal, 2013a.

_____. **Práticas pedagógicas com mídias na escola.** Maceió: Edufal, 2013b.

_____. **Novas tecnologias na educação:** reflexão sobre a prática. Brasília: Comped/INEP, 2002.

_____. **Vivências na aprendizagem na internet.** Maceió: Edufal, 2005.

_____. **Experiências com tecnologias de informação e comunicação na educação.** Maceió: Edufal, 2006.

_____. **Tendências na utilização das tecnologias da informação e comunicação na educação.** Maceió: Edufal, 2004.

MERCADO, L. P.; BRITO, R. O.; CORREA, Y.; AMORIM, D. C. Aprendizagem com jogos online no ensino de Ciências Biológicas. *In*: GONÇALVES, V.; MOREIRA, J. A.; CORRÊA, Y. (Org.). **Educação e tecnologias na sociedade digital.** Santo Tirso - Portugal: Whitebooks, 2019, p. 163-183.

MERCADO, L. P.; PIMENTEL, F. S.; FREITAS, M. A; NEVES, Y. P.; OLIVEIRA, C. L. Projetos didáticos colaborativos com redes sociais no PROUCA Alagoas. *In*: COSTA, C. J.; PINTO, A. C. (Orgs.). **Tecnologias digitais da informação e comunicação na educação.** Maceió: Edufal, 2017, p. 73-99.

MERCADO, L. P.; SILVA, I. P; NEVES, Y. Objetos virtuais de aprendizagem na formação de professores do Ensino Médio. **IE Comunicaciones**. Revista Iberoeamericana de Informatica Educativa, v. 9, p. 35-49, 2009.

MERCADO, L. P.; ARAUJO, R. S.; ANJOS, C. I. Mediação tecnológica e interação social na escola: formação continuada para uso de metodologias de ensino com TIC no ensino de Ciências. *In*: EGLER, T. T. **De baixo para cima:** política tecnologia na Educação. Rio de Janeiro: UFRJ, 2014, p. 217-239.

MERCADO, L. P.; SILVA, I. P.; PINTO, R. Objetos virtuais de aprendizagem na formação de professores do Ensino Médio. In: MERCADO, L. P. (org). **Práticas de formação de professores na educação a distância.** Maceió: Edufal, 2008, p. 227-239.

OLIVEIRA, C. A.; PIMENTEL, F. S.; MERCADO, L. P. Estágio Supervisionado em Matemática e redes sociais: o Facebook no ensino-aprendizagem. **Revista Edapeci**, v. 7, p. 1-12, 2011.

OLIVEIRA,C.A.Matemática divertida e curiosa:jogos online na formação do pedagogo. **Revista Edapeci**. DOI: https://doi.org/10.29276/redapeci.2013.13.31846.377-390.

OLIVEIRA, C. A.; SANTOS, M. D. O ensino de Geometria através de dispositivos móveis. *In*: MERCADO, L. P.; VIANA, M. A. **Narrativas reflexivas de professores em formação e as estratégia didáticas na educação básica.** Curitiba: CRV, 2022, p. 453-464.

OLIVEIRA, C. F.; MERCADO, L. P. Competências e atitudes dos professores de Ciencias frente ao uso das TIC como prática pedagógica na escola de educação básica Professora Marieta Rodrigues Peixoto. *In*: MERCADO, L. P.; VIANA, M. A.; PIMENTEL, F. S. **Estratégias didática e as TIC:** ressignificando as práticas na sala de aula. Maceió: Edufal, 2018, p. 277-291.

PIATTI, T. M.; MERCADO, L. P.; OLIVEIRA, A. V.; SANTOS, A. A.; MURTA, E. G.; MONTE, G. M.; CAVALCANTE, M. C.; ABREU, N. G. A formação do professor pesquisador do ensino médio: uma pesquisa-ação em educação e saúde. **Experiências em Ensino de Ciências**, v. 3, n. 1, p. 23-41, 2008.

PIMENTEL, F. S.; FREITAS, R. A inserção das tecnologias móveis como estratégia didática para a aprendizagem dos conteúdos matemáticos. **Revista Edapeci**, v. 19, p. 18-27, 2019.

RODRIGUES, C. S.; EZEQUIEL, D. A.; LIMA, L. M.; MERCADO, L. P.; SANTOS, V. L. A abordagem do meio ambiente no Ensino Médio na Escola Estadual Professor Benedito Moraes, Maceió, Alagoas, Brasil. **Anais...** V Congresso Ibero-Americano de Educação Ambiental. Joinville, abril, 2006.

SILVA, I. P.; MERCADO, L. P. Aplicação de objetos virtuais de aprendizagem no ensino de Física em turmas do segundo ano do Ensino Médio noturno de uma escola pública de Maceió. **Anais...** XIV ENDIPE - Encontro Nacionla de Didática e Prática de Ensino, Porto Alegre: EdiPUCRS, 2008.

SILVA, I. P.; MERCADO, L. P.; BARROS, M. P. Objetos virtuais de aprendizagem na docência semi-presencial e online na formação de professores de Ciências da Natureza. **Anais...** XIV ENDIPE - Encontro Nacional de Didática e Prática de Ensino, Porto Alegre: EdiPUCRS, 2008, p. 1-4.

SILVA, I. P. O Estágio de Docência Online no curso de Física licenciatura modalidade a distância da UFAL: formando recursos humanos para além dos muros da escola. **Revista Edapeci.** DOI: https://doi.org/10.29276/redapeci.2012.11.11876.%25p

SILVA, I. P.; MERCADO, L. P. Produção de vídeo no Ensino Médio e web 2.0: a construção de material didático para o ensino de Física. **Anais...** XXVII Encontro de Físicos do Norte e Nordeste. Belém, novembro, 2009.

SILVA, I. P.; NUNES, E. T.; MERCADO, L. P. Experimentos virtuais no estágio supervisionado de Física. **Cadernos Brasileiro de Ensino de Física**, v. 33, p. 1115-1144, 2016. DOI: https://doi.org/10.5007/2175-7941.2016v33n3p1115.

SILVA, L. M.; FREITAS, M. A. Avaliação da aprendizagem no processo de inovação pedagógica: a incorporação das TDIC nas aulas de Matemática. *In*: MERCADO, L. P.; VIANA, M. A. **Narrativas reflexivas de professores em formação e as estratégia didáticas na educação básica.** Curitiba: CRV, 2022.

SILVA, M. E.; PIMENTEL, F. S. Combate endemia: um protótipo para o ensino de ciências. **Revista de Ensino de Ciências e Matemática (REnCiMa)**, v. 11, p. 232-245, 2020.

SILVA, M. J.; LIMA, L. R.; PIMENTEL, F. S. Botânica no Ensino Médio: uma proposta de ensino-aprendizagem por meio da produção de games. **Actas...** XIX Encuentro Virtual Educa Bahia, Salvador: Virtual Educa, 2018, p. 1-13.

SOARES, T. B.; MERCADO, L. P. Ensino híbrido com sala de aula invertida no ensino de Matemática no Ensino Fundamental. **Educaonline.** v. 14, n. 3, setembro/dezembro de 2020, p. 175-209.

SOUZA, E. C.; LIMA, L. V.; SILVA, M. C.; LIMA, S. V.; DUARTE, S. B.; FIREMAN, E. C. O ensino de Matemática na modalidade Normal-Médio: diagnóstico de suas contribuições. *In*: DAMASCENO, A. M.; MERCADO, L. P.; ABREU, N. G. (orgs). **Formando o professor pesquisador do Ensino Médio.** Maceió: Edufal, 2007, p. 43-46.

Capítulo 17

INVESTIGAÇÕES SOBRE FORMAÇÃO DE PROFESSORES QUE ENSINAM MATEMÁTICA: pesquisas e estudos dos Grupos de Pesquisa do Centro de Educação (Cedu) da Universidade Federal de Alagoas (Ufal)

Carloney Alves de Oliveira
Mercedes Carvalho

RESUMO

Neste capítulo apresentamos o mapeamento das pesquisas desenvolvidas pelos grupos que investigam a formação dos professores que ensinam Matemática: Grupo de Pesquisa em Tecnologias e Educação Matemática (TEMA) e o Grupo de Pesquisa em Educação Matemática (GPEM). Mesmo que sejam grupos que atendam a diferentes linhas de investigação, mantém diálogos colaborativos tanto nas bancas de qualificação e defesa, quanto na elaboração de projetos que possam vir a serem submetidos aos órgãos de fomento e outras atividades. De acordo com as nossas análises, acreditamos que necessitamos de políticas públicas que estimulem propostas pedagógicas nesta área do conhecimento, capazes de atender às demandas e desafios da sociedade contemporânea.

Palavras-chave: Educação Matemática. Grupos de Pesquisa. Formação de professores.

INTRODUÇÃO

O desafio de fazer pesquisa em Educação Matemática, nos remete a reflexões sobre as possibilidades e potencialidades que essa temática possui para produzir significados nos processos de ensino e de aprendizagem, dentro e fora da escola, para a reorganização do pensamento matemático relativo às mudanças curriculares, buscando encarar desafios, numa construção coletiva de conhecimento científico.

Mesmo que sejam dois grupos de pesquisas que atendam a diferentes linhas de investigação, mantêm diálogos colaborativos, tanto nas bancas de qualificação e defesa quanto na elaboração de projetos que possam vir a ser submetidos aos órgãos de fomento e em outras atividades.

Partindo desse contexto, o Grupo de Pesquisa em Tecnologias e Educação Matemática (TEMA) se propõe a desenvolver atividades de pesquisa e inovações relacionadas ao ensino e à aprendizagem Matemática e na formação do professor em cenários mediados pelas Tecnologias Digitais da Informação e Comunicação (TDIC), de modo a integrar a construção de conhecimentos matemáticos e saberes disciplinares na produção e análise de artefatos educativos, investigativos, desafiadores e contextualizados, procurando promover resultados mais efetivos nas aulas de Matemática. Buscamos atender às linhas investigativas: A Educação Matemática na Formação Inicial e Continuada de Professores, A Educação Matemática para Educação Infantil e anos iniciais do Ensino Fundamental e Educação Matemática e tecnologias digitais.

Já o Grupo de Pesquisa em Educação Matemática (GPEM) atua em três linhas de investigação: Formação de Professores que Ensinam Matemática, Formação de Professores que Ensinam Matemática e Tecnologias e História do Ensino da Matemática em Alagoas. No livro *Investigações em Educação Matemática: dez anos de pesquisa*, publicado pela editora Livraria da Física, apresentamos, de forma detalhada, o trabalho de investigação que desenvolvemos no referido grupo. Foram muitos os trabalhos em que acreditamos terem e estarem contribuindo para o ensino da matemática no estado alagoano.

Neste capítulo nos propomos a fazer um mapeamento do trabalho que os dois grupos de pesquisa que investigam a formação dos professores que ensinam matemática realizam e realizaram: Grupo de Pesquisa em Tecnologias e Educação Matemática (TEMA) e Grupo de Pesquisa em Educação Matemática (GPEM).

TESSITURAS DOS GRUPOS DE PESQUISA TEMA E
GPEM: uma combinação de fios enredados

As mudanças introduzidas pela Educação Matemática no contexto da pesquisa pode contribuir para o enriquecimento progressivo dos ambientes formativos, convidando o professor a ampliar e reformular suas práticas pedagógicas, para que os alunos possam escolher novos caminhos, visto que a produção do conhecimento está associada à ideia de construção conjunta, bem como a produção de significados e conceitos matemáticos a partir desses pressupostos têm possibilitado uma criação dialógica pelas interações entre pensamentos, conceitos, imagens, mídias e ideias, nas quais o sujeito atua de forma consciente com os objetos do conhecimento.

O **Grupo de Pesquisa em Tecnologias e Educação Matemática (TEMA)**, ao longo de sua história, tem dialogado com pesquisas de estudiosos da área como Silva (2003); Santos (2003); Valente (2004); Mercado (2009); Behrens (2011); Almeida (2003); Kenski (2003); Bairral (2007); Moran (2003); Okada (2003); Pallof e Pratt (2002), Borba; Silva e Gadanidis (2020), que têm discutido criticamente que os ambientes tecnológicos invadiram os espaços das relações e da prática pedagógica, pois estão forçando instituições educacionais a comprometer-se numa profunda reflexão e análise sobre todo o processo de ensino e de aprendizagem. Esses ambientes têm a capacidade de facilitar as oportunidades de aprendizagem superior e apoiar a nossa prática pedagógica na produção de significados e, de modo particular, nas aulas de Matemática, permitindo uma abertura e uma ligação ao mundo exterior.

Nessa concepção, os usuários de ambientes tecnológicos devem ser encorajados a confrontar-se com a realidade e a ser criativos em prol de novas descobertas e alternativas inovadoras mediante o desafio de educar numa "sociedade em rede", que segundo Castells (1999), a relação crescente entre máquinas e homem está alterando o modo pelo qual nascemos, trabalhamos, produzimos e vivenciamos uma revolução tecnológica centrada nesses ambientes, a qual favorece a criação de novas formas e canais de comunicação.

O emprego das Tecnologias Digitais da Informação e Comunicação (TDIC) como recurso educacional possibilita aos alunos resolver problemas, construir e buscar conhecimento, criando um ambiente desafiador e aberto ao questionamento, capaz de instigar a curiosidade e criatividade desses sujeitos.

Partindo desse pressuposto, temos desenvolvidos algumas ações de extensão como:

Geometria na vida e na escola: concepções e abordagens metodológicas – A geometria constitui-se em um dos grandes problemas do desenvolvimento da matemática no ensino 3 básico, muitos jovens chegam ao Ensino Médio e sofrem bastante com dificuldades na aprendizagem dos conteúdos da geometria espacial, e logo em seguida da geometria analítica; pois eles possuem considerável deficiência no desenvolvimento da geometria plana, que deveriam ter assimilado completamente ou pelo menos em maiores proporções do que foi assimilado nas séries anteriores.

Matemática e Arte: ensinando e aprendendo a Geometria pintando o sete – A matemática é tida por muitos como uma área extremamente abstrata, como um bicho de sete cabeças, algo que não faz conexão com a realidade. Porém, essa é uma ideia do senso comum que ignora a relação que a matemática tem com diversas áreas do conhecimento e da vida. Um exemplo da matemática inserida na realidade é sua presença na arte, onde é possível citar Maurits Cornelis Escher como um grande viabilizador dessa relação.

Clubes de Matemática: Espaços de aprendizagem e atividades de ensino – O projeto Clubes de Matemática tem como objetivo estimular alunos e professores de Matemática, priorizando atividades práticas e reflexivas, que levem os sujeitos a pensar, a produzir e a caminhar sozinhos, tirando suas próprias conclusões, desenvolvendo assim, a criatividade, o raciocínio lógico e a construção do conhecimento matemático (Figura 1). Dessa forma, temos alunos e professores comprometidos, seguros e criativos, com capacidade para solucionar problemas, logo, preparados para enfrentar os novos desafios do mercado de trabalho.

Figura 1 – Atividades práticas dos projeto.

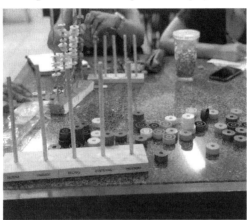

Fonte: Arquivo pessoal dos autores (2021).

Referente a pesquisa, o TEMA compreende que faz-se necessário refletir acerca das TDIC para a formação dos professores e seu impacto no contexto educacional, a partir das necessidades e dos objetivos em função de sujeito e da proposta pedagógica de cada curso, pois é por meio desses ambientes que o processo de ensino e de aprendizagem e a formação do professor que ensina Matemática ocorrem, sendo possível motivar, formar, auxiliar no desenvolvimento cognitivo do sujeito, atingir perfis diferentes, melhorar a formação, fornecer *feedback* e incorporar interfaces que promovam a troca de informações, reflexões e pesquisas mediante uma comunicação síncrona e assíncrona.

Aliados a essa assertiva, temos desenvolvido pesquisas a partir dos Trabalhos de Conclusão de Curso (TCC) e Dissertações/Teses, tais como:

TCC: Laboratório em Educação Matemática (LEM) e suas contribuições para formação inicial do pedagogo, Literatura de cordel como recurso didático no ensino de poliedros, O ensino de Matemática na formação do pedagogo: cotidianos e da monitoria e a prática colaborativa, Problemas multiplicativos envolvendo combinatória: estratégias de resolução de alunos do 4º ano do Ensino Fundamental, A utilização de materiais manipulativos no ensino da Matemática, Estratégias de resolução de problemas envolvendo adição e subtração de números inteiros com alunos do 6º ano do Ensino Fundamental, O ensino de Matemática e a produção de recursos pedagógicos para o autismo, Laboratório de Educação Matemática (LEM) na formação do pedagogo: possibilidades e contribuições, O uso do *Scratch* como recurso didático no aprendizado de áreas de figuras planas, Formação do pedagogo e as oficinas de matemática: estratégias para a mediação e construção do conhecimento, Jogos digitais para o ensino da Matemática: desafios e recomendações, Concepções dos professores em torno do uso de jogos matemáticos na educação infantil, O uso de materiais manipuláveis como recursos didáticos na resolução de problemas nos anos iniciais, Sudoku: uma alternativa lúdica para auxiliar no processo de ensino-aprendizagem de Matrizes, Possibilidades pedagógicas dos jogos nas aulas de Matemática do Ensino Médio, A formação do professor e o ensino de Matemática na Educação de Jovens e Adultos no município de Arapiraca – AL, dentre outros.

DISSERTAÇÕES/TESES: Memes na Cultura Digital: das produções de atividades matemáticas aos saberes matemáticos emergentes, Conversas discentes no *Whatsapp*: aprender matemática em tempos de Covid-19, Concepções de professores acerca do uso das Tecnologias Digitais da Informação e Comunicação (TDIC) nas aulas de Matemática em tempos de Covid-19, Realidade Aumentada para o aprendizado de Geometria Espacial baseada na metodologia de Gamificação, Tecnologias móveis e ubíquas no ensino da Educação Financeira Escolar, Gamificação aliada ao Geogebra no ensino da Geometria na Educação Infantil, A etnomatemática do filé alagoano: percursos para alfabetização matemática na Educação de Jovens e Adultos, Experimentação no ensino de física com o uso do simulador computacional

PhET na aprendizagem de força e movimento no Ensino Médio, Produção escrita de contos nas aulas de Matemática: evidências na perspectiva da Resolução de Problemas, Realidade Aumentada no Ensino de Física, O jogo digital *Quiz PG* para o aprendizado de progressão geométrica, Estudo do cálculo de áreas de figuras planas baseado em estratégias de resolução de problemas matemáticos, Gamificação nas aulas de Matemática: aprendizagem do campo multiplicativo, Tecnologias Móveis nos processos de ensino e de aprendizagem em Física: reflexões e possibilidades de um ambiente educacional interativo, Tecnologias na educação: evidenciando algumas experiências e contribuições no uso e produção de vídeos autorais nos anos iniciais por meio do letramento e alfabetização matemática e Autoria discente na produção de vídeos matemáticos digitais: saberes e fazeres geométricos em *touchscreen*.

Diante do exposto, acreditamos que as TDIC permitem ampliar o espaço de sala de aula, favorecendo a emergência de novas possibilidades, em que conhecimentos podem ser construídos, interesses, necessidades e desejos podem ser compartilhados, constituindo-se numa participação coletiva e de forma intuitiva, além da capacidade de aprender e do talento para socializar o aprendizado.

Nessa direção, surge então a proposta de realizarmos um Colóquio Alagoano de Educação Matemática nos Anos Iniciais, e assim fizemos, proporcionamos em 2019 (presencial) e 2022 (virtual)[16] tal evento, gerando espaços para reflexão a respeito da Matemática que se aprende e da Matemática que se ensina entre educadores da Educação Infantil, professores dos anos iniciais do Ensino Fundamental, estudantes da graduação em Pedagogia, estudantes da pós-graduação em Educação, Educação Matemática, Ensino de Ciências e Matemática ou áreas afins, pesquisadores e outros profissionais ligados a essa temática.

Considerando a relevância da inserção de inovações tecnológicas no contexto escolar, fomos surpreendidos com a pandemia da Covid-19, e o que fizemos então como grupo ao longo desse período? Disponibilizamos um canal no *YouTube*, TEMA UFAL (Figura 2), e lá realizamos encontros semanais com nossos convidados em transmissões ao vivo para que pudéssemos potencializar

---

16   A realização do Colóquio neste formato se deu devido a pandemia da Covid-19.

os espaços educativos e dialogar com os professores que ensinam Matemática sobre os mais diversos temas.

Figura 2 – Canal do TEMA UFAL.

Fonte: *YouTube* do TEMA UFAL (2020).

Amparados pelas TDIC, não paramos por aí, realizamos ao longo do ano de 2021, uma vez por mês, aos sábados, um encontro formativo que pudesse trabalhar com aplicativos (Figura 3) para o ensino de Matemática, tais como: *Classroom, Podcast, Padlet, Quizizz, Jamboard, Escape Room*, dentre outros.

Figura 3 – Imagem da oficina sobre *Escape Room*.

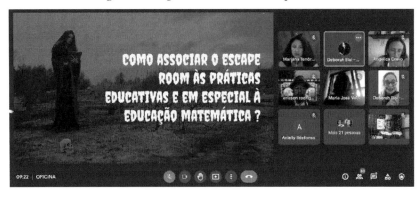

Fonte: Arquivo pessoal dos autores (2021).

Importante destacar que ambas as atividades são frutos de esforços formativos realizados pelo TEMA, e que para além desses espaços temos ainda o *Instagram* do grupo @tema.ufal (Figura 4) com o objetivo de incorporar no cotidiano dos alunos e professores uma busca da criação de sentidos dessas redes e possibilidades de transformação da prática educativa a partir de seu uso.

Figura 4 – Imagem do *Instagram* do TEMA.

Fonte: Página do *Instagram* (2022).

Tendo em vista esse panorama, pesquisar sobre Tecnologias e Educação Matemática e formar professores mediante tal perspectiva requer uma preocupação com esses profissionais para que sejam capazes de trabalhar em suas áreas específicas do conhecimento por meio de situações-problema que impulsionem a construção do conhecimento, buscando suporte em concepções pedagógicas baseadas na pesquisa, no acesso à informação, na complexidade, na diversidade e na imprevisibilidade, de modo a favorecer estratégias didáticas com utilização das TDIC.

Para o **Grupo de Pesquisa em Educação Matemática (GPEM)**, as investigações e estudos, se deram a partir de 2009, quando as atividades docentes da sua líder foram iniciadas na Universidade Federal de Alagoas (UFAL), no curso de Pedagogia, como professora de Saberes e Metodologias do Ensino da Matemática I e II, que em seguida foi credenciada no Programa de Pós-Graduação em Educação (PPGE), ofertando a disciplina Didática da Matemática.

Com o GPEM criado, buscamos aproximação com o curso de licenciatura em matemática com vistas a discutir a matemática ensinada nos anos iniciais, sendo que, na matriz curricular desse curso, ainda não havia espaço para reflexões sobre esse segmento educacional.

Para tanto, durante o desenvolvimento da disciplina Pesquisa Educacional, os graduandos da licenciatura em Matemática foram orientados a investigar trabalhos que tratassem da Matemática ensinada nos anos iniciais. Isso porque, as conclusões da tese Santos (2009), que investigou o ensino da matemática nos cursos de pedagogia, apontou para a necessidade de aprofundar estudos sobre a formação dos professores licenciados em matemática, em especial, aqueles que irão trabalhar com o 6º ano do Ensino Fundamental.

Nessa direção, por meio de projetos financiados, Programa Institucional de Bolsas de Iniciação Científica (PIBIC) e projetos de extensão, nos foi possível investigar as possibilidades de diálogo entre as licenciaturas em Pedagogia e Matemática, triangulando com o 5º ano do Ensino Fundamental. E os primeiros passos do GPEM no universo da pesquisa foram os Programas de Iniciação Científica (PIBIC) e, em seguida, o grupo participou de duas chamadas de editais: Edital Universal e Edital Ciências Humanas e também participou do Projeto Observatório da Educação em colaboração com as Universidade federal de Mato Grosso do Sul e Universidade Estadual da Paraíba. A seguir, fazemos uma síntese desses projetos:

PIBIC: Em 2011 concorremos ao edital de Iniciação Científica (PIBIC) apresentando o primeiro trabalho de investigação que envolveu a licenciatura em Matemática e os anos iniciais do Ensino Fundamental, *estágio supervisionado no Ensino Fundamental- espaço de formação de professores de Matemática*.

EDITAL UNIVERSAL: Entre os anos de 2012 e 2014, desenvolvemos o projeto intitulado *Estágio nos Anos Iniciais - Espaço de Formação de Professores de Matemática*, financiado pelo Conselho Nacional de Desenvolvimento Científico e Tecnológico (CNPq)[17]. Esse projeto empreendeu ações entre a Universidade Federal de Alagoas (UFAL) e uma escola básica de Ensino Fundamental I por meio do acompanhamento feito por cinco estagiários da licenciatura em Matemática nas salas do 5º ano do Ensino Fundamental, com o objetivo de investigar os conteúdos e os procedimentos matemáticos que fazem parte do currículo desse segmento.

A proposta do estágio, até então inédita na universidade, visava estabelecer o diálogo entre os estagiários (futuros professores de Matemática) e os Pedagogos (professores do Ensino Fundamental I) sobre os conceitos e procedimentos matemáticos trabalhados nos anos iniciais. Pela análise dos relatórios dos estagiários, foi possível depreender que essa experiência foi importante para sua formação profissional, pois além de observarem práticas docentes, puderam desenvolver atividades em que estabeleceram relações entre os conteúdos matemáticos do Ensino Fundamental e os conteúdos matemáticos que aprendem na licenciatura.

Portanto, na UFAL, o estágio dos alunos da Licenciatura em Matemática no 5º ano do Ensino Fundamental tornou-se uma experiência profícua para as discussões conceituais e pedagógicas acerca de conteúdos e procedimento matemáticos. Muitos egressos que passaram por essa experiência informaram que "está mais fácil trabalhar com o 6º ano, pois agora entendo esses alunos...", gerando um movimento de matrícula de alunos da Licenciatura em Matemática na disciplina Saberes e Metodologias do Ensino da Matemática I e II, do curso de Pedagogia, a fim de buscarem conhecimentos pedagógicos sobre o ensino da matemática na Educação Básica.

OBSERVATÓRIO DA EDUCAÇÃO: OBEDUC: Participamos da coordenação do projeto *Trabalho Colaborativo com Professores que ensinam*

---

17   Projeto Universal Chamada 14/2011 nº 484006/2011-8.

Matemática na Educação Básica em Escolas Públicas das regiões Nordeste e Centro-Oeste, aprovado em 2012 pela Coordenação de Aperfeiçoamento de Pessoal de Nível Superior (CAPES) – projeto Observatório da Educação[18], que reuniu a Universidade Federal de Mato Grosso do Sul (UFMS), a Universidade Estadual da Paraíba (UEPB) e a Universidade Federal de Alagoas (UFAL). Em linhas gerais, as três universidades realizaram uma pesquisa colaborativa entre a universidade e a escola básica, momento em que professores do Ensino Fundamental, professores do Ensino Médio, alunos da licenciatura e alunos de pós-graduação, trabalharam na busca de caminhos que favorecessem a aprendizagem dos conteúdos e procedimentos matemáticos dos alunos da escola básica.

A pesquisa desenvolvida na UFAL investigou a colaboração do trabalho matemático entre o Pedagogo que leciona Matemática no 5º ano e o professor de Matemática que leciona a disciplina no 6º ano do Ensino Fundamental, com vistas a observar se a proximidade desses profissionais, em um trabalho colaborativo, contribuiu para melhor compreensão dos conteúdos matemáticos pelo Pedagogo e, da metodologia para o ensino da Matemática, pelo professor de Matemática.

> Falar do pedagogo implica discutir a formação do professor especialista, pois foi com esse profissional que os pedagogos iniciaram-se nos conceitos básicos das diferentes áreas do conhecimento quando cursaram o ensino fundamental e o médio. (...) Pesquisas em Educação e em Educação Matemática apontam para a questão da complexidade da formação de professores. Formar professores com sólidos conhecimentos acadêmicos favorece sobremaneira as práticas docentes, contribuindo para a formação consistente dos alunos da educação básica, alguns deles possíveis futuros pedagogos (SANTOS, 2009, p. 181).

Cabe salientar que, de acordo com a devolutiva da direção e coordenação na escola em que a pesquisa foi desenvolvida, essa turma de alunos do 6º ano do Ensino Fundamental, que durante dois anos tiveram o Pedagogo e o professor de Matemática trabalhando em colaboração, são os alunos que apresentam os melhores índices de aprendizagem e que desenvolveram a mentalidade

---

18   Edital 049/2012/CAPES/INEP - SPArq 15597/2013.

INVESTIGAÇÕES SOBRE FORMAÇÃO DE PROFESSORES QUE ENSINAM MATEMÁTICA

de sempre receberem os novos alunos do 6º ano para que estes entendam como se dá essa nova etapa do Ensino Fundamental[19].

EDITAL CIÊNCIAS HUMANAS: O projeto *Tablets como recurso didático na formação inicial do professor de Matemática e do Pedagogo*[20], aprovado em 2014, objetivou utilizar os *tablets* nas aulas de Estágio Supervisionado I, disciplina da licenciatura em Matemática e nas aulas de Saberes e Metodologia do Ensino da Matemática I e II, disciplinas do curso de Pedagogia, como recurso didático para o desenvolvimento do conteúdo matemático e didática da Matemática, a partir dos aplicativos educacionais para formar os futuros docentes que irão ensinar Matemática aos nativos digitais. Assim como os outros projetos desenvolvidos, houve a intenção de mais uma vez fomentar o diálogo entre as licenciaturas em Matemática e Pedagogia.

Esse projeto foi motivado pelo fato de que, de acordo com Bairral (2013), refletir e discutir os processos de ensino e aprendizagem na atualidade implica em pensar na cibercultura:

> Em consonância com Santos (2012), entendo a cibercultura como a cultura contemporânea estruturada pelo uso das tecnologias digitais em rede nas esferas do ciberespaço e das cidades. Atualmente a cibercultura vem se caracterizando pela convergência de dispositivos e redes móveis (como os *laptops*, celulares inteligentes, mídias locativas, Internet) e pela emergência dos dispositivos que vêm estruturando redes sociais e educativas na interface ciberespaço e cidades (BAIRRAL, 2013, p. 1).

Diante desse cenário, o aluno que atualmente frequenta a Educação Básica, nasceu na era da cibercultura e seus professores, via de regra, formaram-se em uma realidade em que a tecnologia é uma disciplina que somente compõem a matriz curricular dos cursos de Licenciaturas. Nesse sentido, formar o professor com habilidades e competências para utilizar as inúmeras possibilidades que a tecnologia educacional oferece, deve habitar as discussões dos docentes que atuam nesses cursos e buscam uma educação de qualidade.

---

19   Estamos preparando um projeto para investigarmos esse processo.

20   Chamada 43/2013 - Ciências Humanas, Sociais e Sociais Aplicadas, processo nº 409272/2013-2

Durante esse projeto, os alunos estagiários da licenciatura em Matemática desenvolveram atividades com os alunos do 5º ano do Ensino Fundamental utilizando estas ferramentas e, tanto para as crianças quanto para os futuros professores, foi uma experiência profícua porque: foi a primeira vez para todos.

Assim, diante dos resultados apresentados pelas pesquisas desenvolvidas, acreditamos que fomentar práticas em que futuros professores de Matemática e pedagogos, quanto professores de matemática e pedagogos contribuem para construção de vínculos entre esses profissionais em que poderá aflorar *saberes complementares.*

Um dos caminhos na formação inicial pode ser o Estágio Supervisionado, as disciplinas do curso de Pedagogia serem eletivas para a licenciatura em Matemática, desenvolver propostas em que os estudantes desses cursos trabalhem juntos e, ainda, tanto o professor de matemática quanto o pedagogo desenvolvam projetos em colaboração, façam os planos das disciplinas em parceria e, especialmente, proponham atividades para os alunos do 5º ano do Ensino Fundamental realizarem o rito de passagem para o 6º ano do Ensino Fundamental. Assim, possivelmente, a Matemática passe a ser admirada por todos.

Cabe salientar ainda, que, a partir de 2013, o GPEM, a convite, passou a integrar o GHEMAT-Brasil e participou de projetos como: *L?Enseignement des mathématiques à l?école primaire, XIXe.-XXe. siècles: études comparatives, Brésil-France?* com a Universidade de Limoges-França, *A Constituição dos Saberes Elementares Matemáticos* envolvendo várias universidades brasileiras e o projeto *A matemática na formação de professores e no ensino: processos e dinâmicas de produção de um saber profissional, 1890-1990,* com a Universidade de Genebra. Esse diálogo com diversas universidades nos possibilitou empreender na história do ensino da Matemática em Alagoas, alargando as linhas de investigações e, assim, produzindo as primeiras pesquisas sobre a temática no estado, além de nos possibilitar organizar as fontes históricas alagoanas o ensino da Matemática.

Essas investigações, tanto as de cunho histórico sobre o ensino alagoano quanto as pesquisas que versaram sobre a formação dos professores que ensinam matemática com o uso das tecnologias ou demais recursos didáticos, originaram teses, dissertações, Trabalhos de Conclusão de Curso e indicam que ainda há muito a se fazer, pois determinadas crenças, como por exemplo, o aluno, na sua maioria, não gosta de matemática porque é difícil, ainda paira no imaginário docente. Porém, os estudos que mantiveram o diálogo entre os cursos de Pedagogia e a Licenciatura em Matemática revelaram que essa conversa contribui para quebrar velhos paradigmas.

> O professor de Matemática é licenciado para atuar do 6º ano do ensino fundamental ao ensino médio e em sua formação inicial tem conteúdos matemáticos avançados, porém, os aspectos pedagógicos do curso apresentam fragilidades. Por sua vez, o Pedagogo é formado para atuar na Educação Infantil e nos anos iniciais e em sua formação estuda práticas pedagógicas de sala de aula que possam contribuir com a aprendizagem dos alunos. Porém se gradua com lacunas significativas acerca dos conteúdos matemáticos (CARVALHO, 2021, p. 19).

CONSIDERAÇÕES FINAIS

Os dois grupos de pesquisa conversam com teóricos da educação e educação matemática comuns a essas áreas do conhecimento e buscam ações que possibilitem melhorar a qualidade do ensino de Matemática no estado alagoano.

Nessa direção, as pesquisas realizadas, os produtos acadêmicos, eventos, seminários, projetos de fomento desenvolvidos, tanto no Programa de Pós-Graduação em Educação (PPGE), no Programa de Pós-graduação no Ensino de Ciências e Matemática (PPGECIM) e na Rede Nordeste de Ensino (RENOEN), procuram atender as demandas educacionais do estado, e que são muitas. Entretanto, já demos um grande passo nesses anos de investigações, em especial, quando temos alunos da Licenciatura em Matemática, matriculados nas disciplinas de Matemática no curso de Pedagogia e participando dos grupos de pesquisa e produzindo saberes.

Um mergulho no universo da pesquisa em Educação Matemática, a partir da formação inicial ou continuada do professor que ensina Matemática, evidencia a necessidade e o entendimento de que é urgente repensar as práticas pedagógicas nesses ambientes, buscando ajustá-las às necessidades e aos objetivos de cada sujeito, selecionando materiais e dispositivos, sejam eles digitais ou não, que sejam adequados para determinados propósitos.

Portanto, necessitamos de políticas públicas voltadas para a formação de professores que ensinam Matemática, que integrem propostas pedagógicas nessa área do conhecimento, capazes de identificar e adequar a realidade de cada curso envolvido, visando uma formação de sujeitos críticos em sintonia com os desafios impostos pela sociedade contemporânea.

REFERÊNCIAS

ALMEIDA, M. E. Educação a distância na internet: abordagens e contribuições dos ambientes digitais de aprendizagem. **Educação e Pesquisa**, São Paulo, v. 29, n. 2.

BAIRRAL, M. C. **Discurso, interação e aprendizagem matemática em ambientes virtuais**. Rio de Janeiro: EDUFRJ, 2007.

BAIRRAL, M. **Do clique ao touchscreen: novas formas de interação e de aprendizado matemático.** 2013. Disponível em: http://36reuniao.anped.org.br/pdfs_trabalhos_aprovados/gt19_trabalhos_pdfs/gt19_2867_texto.pdf . Acesso em: 7 out. 2013.

BEHRENS, M. A. **Tecnologia interativa a serviço da aprendizagem colaborativa num paradigma emergente**. 2011. Disponível em: <http://www.tvebrasil.com.br/salto/boletins2011. Acesso em: 28 mar. 2013.

BORBA, M. C.; SILVA, R. S. R.; GADANIDIS, G. **Fases das tecnologias digitais em Educação Matemática**: Sala de aula e internet em movimento. Belo Horizonte: Autêntica, 2020.

CARVALHO, M. **Licenciatura em Matemática:** Estágios de Observação nos Anos Iniciais do Ensino Fundamental. Petrópolis: Vozes, 2012.

CARVALHO, M. **Os saberes profissionais dos professores de educação de jovens e adultos**. Dissertação de Mestrado. Pontifícia Universidade Católica de São Paulo. 2002.

CARVALHO, M. Saberes provenientes: diálogos entre o professor de matemática e o pedagogo que ensina matemática. *In*: CARVALHO, M. *et al.* (orgs). **Investigações em Educação Matemática**. 10 anos de pesquisa. Editora Livraria da Física. Disponível em: https://www.researchgate.net/publication/351103489_Investigacoes_em_Educacao_Matematica_10_anos_de_pesquisa

COCHRAN-SMITH, M.; VILLEGAS, A. M. Studying teacher preparation: The questions that drive research. **European Educational Research Journal**. 2015. 14(5), 379-394.

KENSKI, V. M. **Tecnologias e ensino presencial e a distância**. Campinas: Papirus, 2003.

MERCADO, L. P. *In*: MACHADO, G. J.; SOBRAL, M. N. (Org.). **Conexões**: educação, comunicação, inclusão e interculturalidade. Porto Alegre: Redes, 2009. p. 77-94.

MORAN, J. M. Contribuições para uma pedagogia da educação online. *In*: SILVA, M. (Org). **Educação online**. São Paulo: Loyola, 2003. p. 39-50.

PALLOF, R. M.; PRATT, K. **Construindo comunidades de aprendizagem no ciberespaço**: estratégias eficientes para salas de aula online. Porto Alegre: Artmed, 2002.

PONTE, J. P. A formação do professor de Matemática: passado, presente e futuro. In: **Em Educação matemática: Caminhos e encruzilhadas**, Encontro Internacional em Homenagem a Paulo Abrantes, Faculdade de Ciências da Universidade de Lisboa, 14-15 de Julho de 2005. 2005. Disponível em: http://repositorio.ul.pt/bitstream/10451/3169/1/05-Ponte%20%28Conf%20P-Abrantes%29.pdf. Acesso em: 15 mar. 2015.

PONTE, J. P.; SANTOS, L.; OLIVEIRA, H; HENRIQUES, A. Research on teaching practice of prospective secondary mathematics teachers' education. *In*: **ZDM Mathematic Educcation**. Spring editora. n. 49, p. 291-303, março 2017. Disponível em: https://link.springer.com/article/10.1007/s11858-017-0847-7. Acesso em: 20 out. 2020.

PONTE, J. P. Gestão curricular em Matemática. *In*: GTI (Ed.), **O professor e o desenvolvimento curricular** (pp. 11-34). Lisboa: APM, 2005.

SANTOS, E. O. Articulação de saberes na EAD online: por uma rede interdisciplinar e interativa de conhecimentos em ambientes virtuais de aprendizagem. *In*: SILVA, M. (Org.). **Educação online**. São Paulo: Loyola, 2003. p. 217-230.

SANTOS, M. B. Q. C. P. **Ensino da matemática em cursos de Pedagogia**. A formação do professor polivalente (tese de doutorado). São Paulo: PUC- SP, 2009.

SILVA, E. F. S. **Mapeamento das Produções Científicas Defendidas na Região Nordeste entre 2010 E 2019**: A Formação Continuada de Professores de Matemática Tese de Doutorado. Universidade Federal de Alagoas, 2020.

SILVA, M. Criar e professorar um curso online: relato de experiência. *In*: SILVA, M. (Org.). **Educação online**. São Paulo: Loyola, 2003. p. 51-73.

SHULMAN, L. S. Those who understand: knowledge growth. **Teaching Educational Researcher,** v. 15 n. 2, p. 4-14, 1986.

TARDIF, M. Saberes profissionais dos professores universitários. *In*: **Revista Brasileira de Educação**, São Paulo, n. 13, p. 5-24, jan/fev/mar/abr. 2000.

TARDIF, M.. **Saberes Docentes e Formação Profissional**. Petrópolis: Vozes, 2002.

VALENTE, J. A. **Diferentes usos do computador na educação**. 2004. Disponível em: <http://www.educacaopublica.rj.gov.br/biblioteca/index.php>. Acesso em: 10 mar. 2022.

POSFÁCIO

> "O educador se eterniza
> em cada ser que educa".
> Paulo Freire

Essa citação acompanha minha trajetória acadêmica desde que ingressei no magistério (há mais de vinte anos) e continua viva, a ecoar como uma verdade imutável que reverbera através dos séculos e se reflete vividamente no prefácio do livro *Pesquisas em Ensino e Formação Docente*. Nesta obra, que se edifica como um monumento ao labor incansável dos educadores, encontramos um repositório de conhecimento que transcende o fugidio, enraizando-se no terreno fértil da pedagogia para florescer em mentes ávidas por compreensão e transformação.

Ao longo das páginas deste livro, somos conduzidos a uma jornada introspectiva, na qual o ato de ser professor(a) se desvela como mais que uma vocação, uma verdadeira busca constante por refinamento e autenticidade. Os capítulos entrelaçam-se em um tecido complexo de reflexões, experiências e descobertas, delineando o panorama multifacetado da docência contemporânea.

Desde a reflexão sobre a própria profissão até a investigação das práticas pedagógicas inclusivas, cada contribuição ressoa com a urgência de repensar e reinventar a educação em meio aos desafios de uma sociedade marcada por desigualdades e conservadorismo. Através de uma análise aguda da Base Nacional Comum Curricular e do estudo de casos sobre empreendedorismo na educação profissional, emerge a conscientização sobre a necessidade premente de uma abordagem crítica e transformadora no âmbito educacional.

As incursões históricas pelas ferramentas de ensino a distância, assim como a investigação do uso da narrativa multimodal na mediação pedagógica, evidenciam a contínua evolução das práticas educativas em consonância com o avanço tecnológico e as demandas sociais. Entretanto, é no enfrentamento corajoso da crise estrutural do capital e na defesa intransigente da educação inclusiva que encontramos o cerne da missão do educador: forjar um futuro mais justo e igualitário para as gerações vindouras.

Nesse cenário, cada capítulo deste livro é um convite à reflexão, um convite a desvelar as camadas profundas da prática docente e a vislumbrar horizontes de possibilidades infinitas. Das notas etnográficas sobre corpos insurgentes à análise reflexiva sobre a aplicação de sequências de ensino, somos confrontados com a seriedade da tarefa educativa e com a responsabilidade de moldar mentes e corações.

Portanto, é com imensa satisfação que testemunho a publicação desta obra monumental, fruto do labor diligente dos Pesquisadores Professores e Doutorandos do Programa de Pós-Graduação em Ensino da Rede Nordeste de Ensino. Que este livro seja mais do que um registro acadêmico, mas sim um farol de inspiração e sabedoria para todos os educadores que se empenham na nobre missão de iluminar mentes e transformar vidas. Que ele ecoe através das salas de aula e dos corredores das instituições de ensino, recordando-nos, a cada página virada, que o educador verdadeiramente se eterniza em cada ser que educa.

Prof.(a) Dra. Ana Karine Portela Vasconcelos
Docente permanente do Mestrado em Ensino de Ciências e Matemática (PGECM/ IFCE) e do Doutorado em Ensino (Rede Nordeste - RENOEN) - Polo IFCE.

OS AUTORES

ADEMIR DE JESUS SILVA JUNIOR

Docente da Universidade Estadual do Sudoeste da Bahia – UESB. Docente do Programa de Pós-Graduação em Educação Científica e Formação de Professores da UESB – PPGECPF.

ADRIANO SILVEIRA MACHADO

Professor de Educação Básica e Técnico do Conselho Municipal de Educação de Fortaleza. Doutorado em Ensino pelo Programa de Pós-Graduação em Ensino da Rede Nordeste de Ensino (RENOEN-UFC).

ALEXYA HELLER NOGUEIRA RABELO

Mestranda em Ensino de Ciências e Matemática pelo Instituto Federal de Educação, Ciência e Tecnologia do Ceará – IFCE. Bolsista da Coordenação de Aperfeiçoamento de Pessoal de Nível Superior – CAPES.

ANA JORGE BALULA PEREIRA DIAS

Professora da Universidade de Aveiro (UA), Portugal. Professora Coordenadora da Escola Superior de Tecnologia e Gestão de Águeda – Univesidade de Aveiro, Portugal.

ANA KARINE PORTELA VASCONCELOS

Docente no Instituto Federal de Educação, Ciência e Tecnologia do Ceará, IFCE *Campus* Paracuru. Docente no programa de Pós-Graduação em Ensino da Rede Nordeste de Ensino (RENOEN-IFCE). Docente no programa de Pós-Graduação em Ensino de Ciências e Matemática (PGECM-IFCE).

ANA MARIA DOS ANJOS CARNEIRO LEÃO

Professora do Departamento de Morfologia e Fisiologia Animal da Universidade Federal Rural de Pernambuco – DMFA/UFRPE. Professora na Pós-Graduação em Ensino de Ciências e Matemática – PPGEC/UFRPE.

Professora do Programa de Pós-Graduação em Ensino da Rede Nordeste de Ensino (RENOEN-UFRPE).

ANA PAULA FONSECA BRAGA

Bolsista da Fundação de Amparo à Pesquisa de Alagoas. Doutoranda em Ensino no Polo RENOEN da Universidade Federal de Alagoas.

ANDERSON ARAÚJO-OLIVEIRA

Docente na Université du Québec à Montrél – UQAM. Docente na Universitédu Québec à Trois-Rivières – UQTR.

ANDERSON DE CASTRO LIMA

Docente no Instituto Federal de Educação, Ciência e Tecnologia do Ceará, IFCE *Campus* Maracanaú. Doutorando em Ensino pelo programa de Pós-Graduação em ENSINO da Rede Nordeste de Ensino (RENOEN-IFCE).

ANTÔNIO MARLEY DE ARAÚJO STEDILE

Doutorando em Ensino no programa de Pós-Graduação em Ensino da Rede Nordeste de Ensino (RENOEN-IFCE). Bolsista do Conselho Nacional de Desenvolvimento Científico e Tecnológico – CNPq.

ANTÔNIO NUNES DE OLIVEIRA

Docente no Instituto Federal de Educação, Ciência e Tecnologia do Ceará, IFCE *Campus* Cedro. Doutor em Engenharia de Processos pela Universidade Federal de Campina Grande (UFCG) e Doutorando em Ensino pelo programa de Pós-Graduação em Ensino da Rede Nordeste de Ensino (RENOEN-IFCE).

ANTONIO RODRIGO DOS SANTOS SILVA

Técnico Administrativo no Instituto Federal de Educação, Ciência e Tecnologia do Ceará, IFCE – Reitoria. Doutorando em Ensino pelo Programa de Pós-Graduação em Ensino da Rede Nordeste de Ensino (RENOEN-IFCE).

OS AUTORES

BETINA DA SILVA LOPES

Docente na Universidade de Aveiro, Portugal (UA). Doutora em Didática e Desenvolvimento Curricular pela Universidade de Aveiro, Portugal (UA).

BRUNO FERREIRA DOS SANTOS

Docente da Universidade Estadual do Sudoeste da Bahia – UESB. Docente do Programa de Pós-Graduação em Educação Científica e Formação de Professores da UESB – PPGECPF.

CARINA MARIA RODRIGUES LIMA

Docente e orientadora de nível técnico pelo Instituto Centro de Ensino Tecnológico – CENTEC.

CARLONEY ALVES DE OLIVEIRA

Doutor em Educação pela Ufal. Professor do Centro de Educação (Cedu) da Universidade Federal de Alagoas (Ufal). Líder do Grupo de Pesquisa em Tecnologias e Educação Matemática (TEMA).

DANIEL BRANDÃO MENEZES

Docente e pesquisador da Universidade Estadual do Ceará. Professor Pesquisador Voluntário do Programa de Pós-Graduação em Ensino da Rede Nordeste de Ensino (RENOEN-UFC).

EDSON JOSÉ WARTHA

Docente da Universidade Federal de Sergipe – UFS. Docente no programa de Pós-Graduação em Ensino da Rede Nordeste de Ensino (RENOEN/UFS) e do Programa de Pós-Graduação em Ensino de Ciências e Matemática -PPGECIMA/UFS.

FRANCISCO RÉGIS VIERA ALVES

Docente no Instituto Federal de Educação, Ciência e Tecnologia do Ceará – IFCE *Campus* Fortaleza. Docente no programa de Pós-Graduação em Ensino da Rede Nordeste de Ensino (RENOEN-IFCE).

GEORGYANA GOMES CIDRÃO

Doutoranda em Ensino no programa de Pós-Graduação em Ensino da Rede Nordeste de Ensino (RENOEN-IFCE). Bolsista da Fundação Cearense de Apoio ao Desenvolvimento Científico e Tecnológico – FUNCAP/CE.

GILVANDENYS LEITE SALES

Professor aposentado no Instituto Federal de Educação, Ciência e Tecnologia do Ceará, IFCE *Campus* Fortaleza. Docente no programa de Pós-Graduação em Ensino da Rede Nordeste de Ensino (RENOEN-IFCE).

GREYCIANNE FELIX CAVALCANTE LUZ

Docente na rede de ensino estadual do Ceará – SEDUC. Mestranda no programa de Pós-Graduação em Ensino de Ciências e Matemática (PGECM-IFCE).

IVANDERSON PEREIRA DA SILVA

Professor da Universidade Federal de Alagoas (UFAL). Docente no programa de Pós-Graduação em Ensino da Rede Nordeste de Ensino (RENOEN-UFAL).

JOÃO EVANGELISTA DE OLIVEIRA NETO

Docente na rede de ensino estadual do Ceará – SEDUC. Doutorando em Ensino no programa de Pós-Graduação em Ensino da Rede Nordeste de Ensino (RENOEN-UFC).

JONATHAN FELIPE DA SILVA

Técnico Administrativo no Instituto Federal de Educação, Ciência e Tecnologia do Ceará, IFCE *campus* Morada Nova. Doutorando em Ensino pelo Programa de Pós-Graduação em Ensino da Rede Nordeste de Ensino (RENOEN-IFCE).

JUSCILEIDE BRAGA DE CASTRO

Professora titular do curso de pedagogia da Universidade Federal do Ceará (UFC) e do mestrado PGECM/IFCE.

OS AUTORES

LARA RONISE DE NEGREIROS PINTO SCIPIÃO

Professora da Educação Básica na rede de ensino municipal de Fortaleza SME. Doutorado em Ensino pelo Programa de Pós-Graduação em Ensino da Rede Nordeste de Ensino (RENOEN-UFC).

LUÍS PAULO LEOPOLDO MERCADO

Programa de Pós-Graduação em Educação e Doutorado em Ensino em Rede – Renoen. Universidade Federal de Alagoas.

MÁRCIO MATOSO DE PONTES

Doutorando em Ensino no programa de Pós-Graduação em Ensino da Rede Nordeste de Ensino (RENOEN-IFCE).

MARIA GORETTI DE VASCONCELOS SILVA

Docente do Doutorado em Ensino pelo Programa de Pós-Graduação em Ensino da Rede Nordeste de Ensino (RENOEN-UFC). Docente do Mestrado Profissional em Ensino de Ciências e Matemática da Universidade Federal do Ceará (ENCIMA-UFC).

MARIA MOZARINA BEZERRA ALMEIDA

Docente do Doutorado em Ensino pelo Programa de Pós-Graduação em Ensino da Rede Nordeste de Ensino (RENOEN-UFC). Docente do Mestrado Profissional em Ensino de Ciências e Matemática da Universidade Federal do Ceará (ENCIMA-UFC).

MERCEDES CARVALHO

Doutora em Educação Matemática pela PUC-SP. Professora do Centro de Educação (Cedu) da Universidade Federal de Alagoas (Ufal). Líder do Grupo de Pesquisa em Educação Matemática (GPEM).

MARIA CLEIDE DA SILVA BARROSO

Docente no Instituto Federal de Educação, Ciência e Tecnologia do Ceará, IFCE *Campus* Fortaleza. Docente no programa de Pós-Graduação em Ensino da Rede Nordeste de Ensino (RENOEN-IFCE). Docente no programa de Pós-Graduação em Ensino de Ciências e Matemática (PGECM-IFCE).

NAYANA DE ALMEIDA SANTIAGO NEPOMUCENO

Docente no Instituto Federal de Educação, Ciência e Tecnologia do Ceará – IFCE *Campus* Acaraú. Doutoranda em Ensino no programa de Pós-Graduação em Ensino da Rede Nordeste de Ensino (RENOEN-IFCE).

PAULA TRAJANO DE ARAÚJO ALVES

Docente na rede de ensino estadual do Ceará – SEDUC/CE. Doutoranda em Ensino no programa de Pós-Graduação em Ensino da Rede Nordeste de Ensino (RENOEN-IFCE). Bolsista da Fundação Cearense de Apoio ao Desenvolvimento Científico e Tecnológico – FUNCAP/CE.

RAFAEL SANTOS DE AQUINO

Professor do Instituto Federal do Sertão Pernambucano – IFSertãoPE. Professor do Programa de Mestrado Profissional em Rede Nacional em Educação Profissional e Tecnológica – ProfEPT pelo IFSertãoPE, *Campus* Salgueiro.

SANDRO CÉSAR SILVEIRA JUCÁ

Docente no Instituto Federal de Educação, Ciência e Tecnologia do Ceará – IFCE *Campus* Fortaleza. Docente no programa de Pós-Graduação em Ensino da Rede Nordeste de Ensino (RENOEN-IFCE).

SOLONILDO ALMEIDA DA SILVA

Docente no Instituto Federal de Educação, Ciência e Tecnologia do Ceará – IFCE *Campus* Fortaleza. Docente no programa de Pós-Graduação em Ensino da Rede Nordeste de Ensino (RENOEN-IFCE).

VLADIMIR LIRA VERAS XAVIER DE ANDRADE

Professor do Departamento de Matemática da UFRPE. Professor do Programa de Pós-Graduação em Ensino de Ciências e Matemática – PPGEC/UFRPE.

WOLDNEY DAMIÃO SILVA ANDRÉ

Professor efetivo da Secretaria de Educação e Esportes do Estado de Pernambuco na Escola de Referência de Ensino Médio Ginásio Pernambucano

– Aurora. Bolsista de Mestrado Capes pelo Programa de Pós-Graduação em Ensino de Ciências – PPGEC/UFRPE.